大学赤本シリーズ

469

追手門学院大学

教学社

は　し　が　き

おかげさまで，大学入試の「赤本」は，今年で創刊 70 周年を迎えました。

これまで，入試問題や資料をご提供いただいた大学関係者各位，掲載許可をいただいた著作権者の皆様，各科目の解答や対策の執筆にあたられた先生方，そして，赤本を使用してくださったすべての読者の皆様に，厚く御礼を申し上げます。

以下に，創刊初期の「赤本」のはしがきを引用します。これからも引き続き，受験生の目標の達成や，夢の実現を応援してまいります。

本書を活用して，入試本番では持てる力を存分に発揮されることを心より願っています。

編者しるす

＊　＊　＊

学問の塔にあこがれのまなざしをもって，それぞれの志望する大学の門をたたかんとしている受験生諸君！　人間として生まれてきた私たちは，自己の欲するままに，美しく，強く，そして何よりも人間らしく生きることをねがっている。しかし，一朝一夕にして，この純粋なのぞみが達せられることはない。私たちの行く手には，絶えずさまざまな試練がまちかまえている。この試練を克服していくところに，私たちのねがう真に人間的な世界がはじめて開かれてくるのである。

人生最初の最大の試練として，諸君の眼前に大学入試がある。この大学入試は，精神的にも身体的にも，大きな苦痛を感ぜしめるであろう。あるスポーツに熟達するには，たゆみなき，はげしい練習を積み重ねることが必要であるように，私たちは，計画的・持続的な努力を払うことによって，この試練を克服し，次の一歩を踏みだすことができる。厳しい試練を経たのちに，はじめて満足すべき成果を獲得できるのである。

本書は最近の入学試験の問題に，それぞれ解答を付し，さらに問題をふかく分析することによって，その大学独特の傾向や対策をさぐろうとした。本書を一般の参考書とあわせて使用し，まとはずれのない，効果的な受験勉強をされるよう期待したい。

（昭和 35 年版「赤本」はしがきより）

挑む人の、いちばんの味方

赤本創刊70周年

1954年に大学入試の過去問題集を刊行してから70年。赤本は大学に入りたいと思う受験生を応援しつづけてきました。これからも，苦しいとき落ち込むときにそばで支える存在でいたいと思います。

そして，勉強をすること，自分で道を決めること，努力が実ること，これらの喜びを読者の皆さんが感じることができるよう，伴走をつづけます。

そもそも赤本とは…

受験生のための大学入試の過去問題集！

70年の歴史を誇る赤本は，500点を超える刊行点数で全都道府県の370大学以上を網羅しており，過去問の代名詞として受験生の必須アイテムとなっています。

…………… なぜ受験に過去問が必要なのか？ ……………

大学入試は大学によって問題形式や頻出分野が大きく異なるからです。

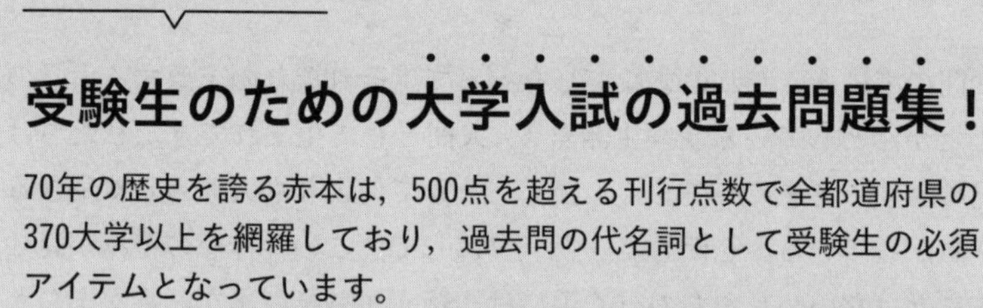

赤本の掲載内容

傾向と対策

これまでの出題内容から，問題の「**傾向**」を分析し，来年度の入試に向けて具体的な「**対策**」の方法を紹介しています。

問題編・解答編

- 年度ごとに問題とその解答を掲載しています。
- 「**問題編**」ではその年度の試験概要を確認したうえで，実際に出題された過去問に取り組むことができます。
- 「**解答編**」には高校・予備校の先生方による解答が載っています。

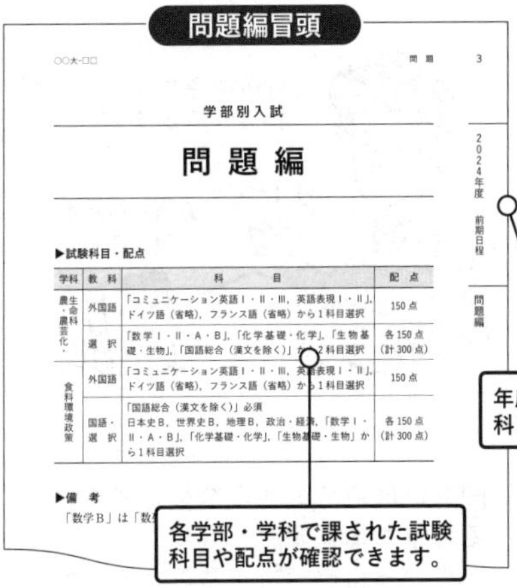

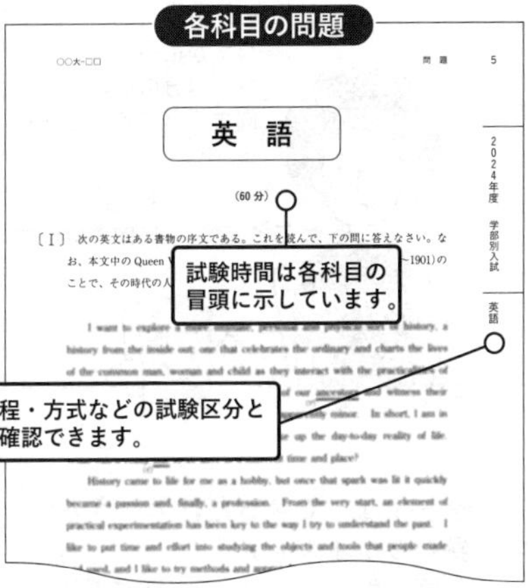

他にも，大学の基本情報や，先輩受験生の合格体験記，在学生からのメッセージなどが載っていることがあります。

掲載内容について

著作権上の理由やその他編集上の都合により問題や解答の一部を割愛している場合があります。なお，指定校推薦入試，社会人入試，編入学試験，帰国生入試などの特別入試，英語以外の外国語科目，商業・工業科目は，原則として掲載しておりません。また試験科目は変更される場合がありますので，あらかじめご了承ください。

受験勉強は

過去問に始まり，

STEP 1　なにはともあれ

まずは解いてみる

しずかに…
今，自分の心と
向き合ってるんだから
ムーン
それは
問題を解いて
からだホン!

過去問は，**できるだけ早いうちに解く**のがオススメ！
実際に解くことで，**出題の傾向，問題のレベル，今の自分の実力**がつかめます。

STEP 2　じっくり具体的に

弱点を分析する

分析の結果だけど
英・数・国が苦手みたい
スリー
必須科目だホン
頑張るホン

間違いは自分の弱点を教えてくれる**貴重な情報源**。
弱点から自己分析することで，**今の自分に足りない力や苦手な分野**が見えてくるはず！

合格者があかす 赤本の使い方

傾向と対策を熟読
(Fさん／国立大合格)
大学の出題傾向を調べるために，赤本に載っている「傾向と対策」を熟読しました。

繰り返し解く
(Tさん／国立大合格)
1周目は問題のレベル確認，2周目は苦手や頻出分野の確認に，3周目は合格点を目指して，と過去問は繰り返し解くことが大切です。

過去問に終わる。

STEP 3

志望校にあわせて

苦手分野の重点対策

参考書や問題集を活用して，苦手分野の**重点対策**をしていきます。**過去問を指針**に，合格へ向けた具体的な学習計画を立てましょう！

STEP 1 ▶ 2 ▶ 3

サイクルが大事!

実践を繰り返す

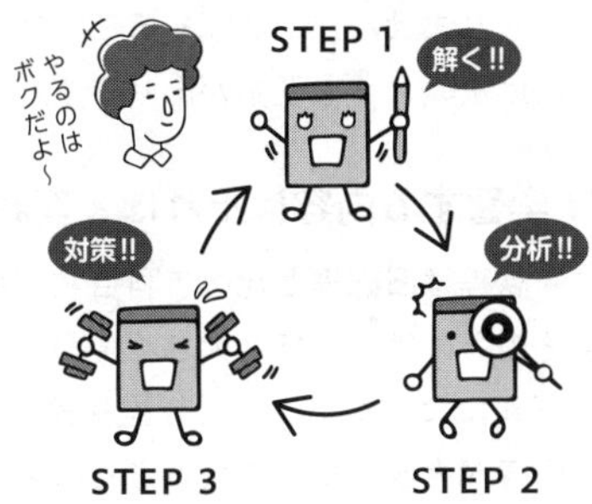

STEP 1～3を繰り返し，実力アップにつなげましょう！
出題形式に慣れることや，**時間配分を考えること**も大切です。

目標点を決める
(Yさん／私立大合格)
赤本によっては合格者最低点が載っているので，それを見て目標点を決めるのもよいです。

時間配分を確認
(Kさん／私立大学合格)
赤本は時間配分や解く順番を決めるために使いました。

添削してもらう
(Sさん／私立大学合格)
記述式の問題は先生に添削してもらうことで自分の弱点に気づけると思います。

新課程入試Q&A

2022 年度から新しい学習指導要領（新課程）での授業が始まり，2025 年度の入試は，新課程に基づいて行われる最初の入試となります。ここでは，赤本での新課程入試の対策について，よくある疑問にお答えします。

Q1. 赤本は新課程入試の対策に使えますか？

A. もちろん使えます！

旧課程入試の過去問が新課程入試の対策に役に立つのか疑問に思う人もいるかもしれませんが，心配することはありません。旧課程入試の過去問が役立つのには次のような理由があります。

● 学習する内容はそれほど変わらない

新課程は旧課程と比べて科目名を中心とした変更はありますが，学習する内容そのものはそれほど大きく変わっていません。また，多くの大学で，既卒生が不利にならないよう「経過措置」がとられます（Ｑ３参照）。したがって，出題内容が大きく変更されることは少ないとみられます。

● 大学ごとに出題の特徴がある

これまでに課程が変わったときも，各大学の出題の特徴は大きく変わらないことがほとんどでした。入試問題は各大学のアドミッション・ポリシーに沿って出題されており，過去問にはその特徴がよく表れています。過去問を研究してその大学に特有の傾向をつかめば，最適な対策をとることができます。

出題の特徴の例	・英作文問題の出題の有無 ・論述問題の出題（字数制限の有無や長さ） ・計算過程の記述の有無

新課程入試の対策も，赤本で過去問に取り組むところから始めましょう。

Q2. 赤本を使う上での注意点はありますか？

A. 志望大学の入試科目を確認しましょう。

過去問を解く前に，過去の出題科目（問題編冒頭の表）と 2025 年度の募集要項とを比べて，課される内容に変更がないかを確認しましょう。ポイントは以下のとおりです。科目名が変わっていても，実際は旧課程の内容とほとんど同様のものもあります。

英語・国語	科目名は変更されているが，実質的には変更なし。 ▶▶ **ただし，リスニングや古文・漢文の有無は要確認。**
地歴	科目名が変更され，「歴史総合」「地理総合」が新設。 ▶▶ **新設科目の有無に注意。ただし，「経過措置」(Q3参照)により内容は大きく変わらないことも多い。**
公民	「現代社会」が廃止され，「公共」が新設。 ▶▶ **「公共」は実質的には「現代社会」と大きく変わらない。**
数学	科目が再編され，「数学 C」が新設。 ▶▶ **「数学」全体としての内容は大きく変わらないが，出題科目と単元の変更に注意。**
理科	科目名も学習内容も大きな変更なし。

数学については，科目名だけでなく，どの単元が含まれているかも確認が必要です。例えば，出題科目が次のように変わったとします。

旧課程	「数学Ⅰ・数学Ⅱ・数学 A・数学 B（数列・ベクトル）」
新課程	「数学Ⅰ・数学Ⅱ・数学 A・**数学 B（数列）・数学 C（ベクトル）**」

この場合，新課程では「数学C」が増えていますが，単元は「ベクトル」のみのため，実質的には旧課程とほぼ同じであり，過去問をそのまま役立てることができます。

Q3. 「経過措置」とは何ですか？

A. 既卒の旧課程履修者への対応です。

多くの大学では，既卒の旧課程履修者が不利にならないように，出題において「経過措置」が実施されます。措置の有無や内容は大学によって異なるので，募集要項や大学のウェブサイトなどで確認しておきましょう。

○旧課程履修者への経過措置の例

- 旧課程履修者にも配慮した出題を行う。
- 新・旧課程の共通の範囲から出題する。
- 新課程と旧課程の共通の内容を出題し，共通範囲のみでの出題が困難な場合は，旧課程の範囲からの問題を用意し，選択解答とする。

例えば，地歴の出題科目が次のように変わったとします。

旧課程	「日本史 B」「世界史 B」から 1 科目選択
新課程	「**歴史総合**，日本史探究」「**歴史総合**，世界史探究」から 1 科目選択※ ※旧課程履修者に不利益が生じることのないように配慮する。

「歴史総合」は新課程で新設された科目で，旧課程履修者には見慣れないものですが，上記のような経過措置がとられた場合，新課程入試でも旧課程と同様の学習内容で受験することができます。

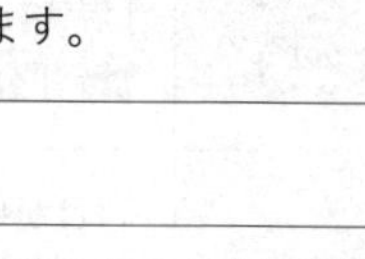

要チェックだホン

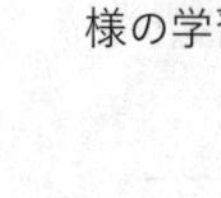

新課程の情報は WEB もチェック！
より詳しい解説が赤本ウェブサイトで見られます。
https://akahon.net/shinkatei/

科目名が変更される教科・科目

	旧課程	新課程
国語	国語総合 国語表現 現代文A 現代文B 古典A 古典B	現代の国語 言語文化 論理国語 文学国語 国語表現 古典探究
地歴	日本史A 日本史B 世界史A 世界史B 地理A 地理B	歴史総合 日本史探究 世界史探究 地理総合 地理探究
公民	現代社会 倫理 政治・経済	公共 倫理 政治・経済
数学	数学Ⅰ 数学Ⅱ 数学Ⅲ 数学A 数学B 数学活用	数学Ⅰ 数学Ⅱ 数学Ⅲ 数学A 数学B 数学C
外国語	コミュニケーション英語基礎 コミュニケーション英語Ⅰ コミュニケーション英語Ⅱ コミュニケーション英語Ⅲ 英語表現Ⅰ 英語表現Ⅱ 英語会話	英語コミュニケーションⅠ 英語コミュニケーションⅡ 英語コミュニケーションⅢ 論理・表現Ⅰ 論理・表現Ⅱ 論理・表現Ⅲ
情報	社会と情報 情報の科学	情報Ⅰ 情報Ⅱ

目　次

2024 年度
問題と解答

2023年度 問題と解答

掲載内容についてのお断り

- 本書では，下記の日程を掲載しています。
  学校推薦型選抜公募制推薦入試前期日程 1 日程分
  一般選抜一般入試前期日程 2 日程分

・UNIVERSITY GUIDE・

大学情報

基本情報

学部・学科の構成

大　学

●理工学部※

数理・データサイエンス学科※

機械工学科※

電気電子工学科※

情報工学科※

※すべて仮称／2025年4月開設予定・認可申請中。

●文学部

人文学科（日本文学専攻，歴史文化専攻，美学・建築文化専攻）

●国際学部

国際学科（グローバルスタディーズ専攻，国際文化専攻）

●心理学部

心理学科（心理学専攻，人工知能・認知科学専攻）

●社会学部

社会学科（社会学専攻，スポーツ文化学専攻）

●法学部

法律学科

●経済学部

経済学科

●経営学部

経営学科（経営・マーケティング専攻，ビジネス法務専攻，ビジネス心理専攻，情報システム専攻）

●地域創造学部

地域創造学科

大学院

経営・経済研究科 / 心理学研究科 / 現代社会文化研究科

大学所在地

茨木総持寺キャンパス

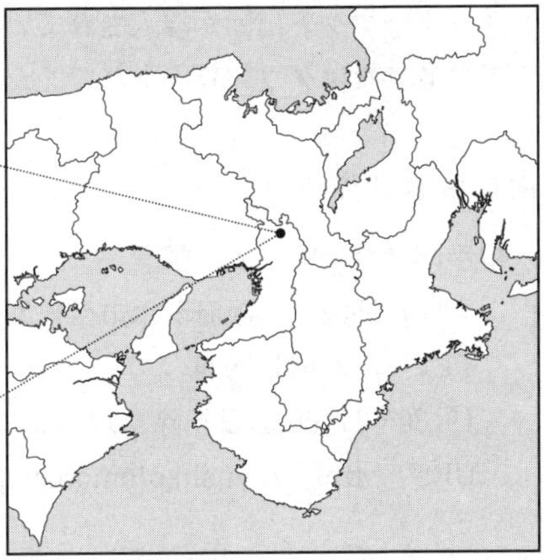

茨木安威キャンパス

茨木総持寺キャンパス	〒567-0013	大阪府茨木市太田東芝町1－1
茨木安威キャンパス	〒567-8502	大阪府茨木市西安威2－1－15

募集要項（出願書類）の入手方法

インターネット出願が導入されています。募集要項は，大学ホームページで確認またはダウンロードしてください。

問い合わせ先

追手門学院大学　入試課

〒567-8502　大阪府茨木市西安威2－1－15

TEL　072-641-9644

(9:30～17:00 土日祝除く)

URL　https://nyushi.otemon.ac.jp

TREND & STEPS

傾向と対策

科目ごとに問題の「傾向」を分析し，具体的にどのような「対策」をすればよいか紹介しています。まずは出題内容をまとめた分析表を見て，試験の概要を把握しましょう。

注　意

「傾向と対策」で示している，出題科目・出題範囲・試験時間等については，2024 年度までに実施された入試の内容に基づいています。2025 年度入試の選抜方法については，各大学が発表する学生募集要項を必ずご確認ください。

来年度の変更点

理工学部以外の学部では，2025 年度公募制推薦入試において，以下の変更が予定されている（本書編集時点）。

- 数学基礎学力型の数学は，「数学Ⅰ・A」または「数学Ⅰ・Ⅱ・A」からいずれかを選択する形式になる。
- 英数総合評価型（英語：100 点，数学：100 点〈「数学Ⅰ・A」または「数学Ⅰ・Ⅱ・A」からいずれかを選択〉，調査書：50 点の計 250 点満点）の新設。
- 英数基礎学力型（英語：100 点，数学：100 点〈「数学Ⅰ・A」または「数学Ⅰ・Ⅱ・A」からいずれかを選択〉の計 200 点満点）の新設。
- 国際学部独自型（英語 1 科目：100 点）の新設。国際学部のみ実施。

2025年4月，理工学部を新設予定。公募制推薦入試および一般入試の日程・科目等は以下を参照（本書編集時点）。

入試日程		選考型	科目・配点
公募制推薦	前期・後期	英数総合評価型	英語：100点，数学[※1]：100点，調査書：50点
		英数基礎学力型	英語：100点，数学[※1]：100点
		数学基礎学力型	数学[※1]：100点
一般	前期	3教科型	英語：100点，数学[※2]：100点，理科（「物理基礎・物理」「化学基礎・化学」「生物基礎・生物」から1科目選択）*：100点
	前期・後期	英数型	英語：100点，数学[※2]：100点
	前期	理工学部独自型	数学[※2]：100点，理科（物理・化学・生物から1科目選択）*：200点
	最終	数学重視型	数学[※3]：100点

【数学の出題範囲】

※1：「数学Ⅰ・Ⅱ・A・B（数列）・C（ベクトル）」または「数学Ⅰ・Ⅱ・Ⅲ（積分法除く）・A・B（数列）・C（ベクトル）」からいずれかを選択

※2：「数学Ⅰ・Ⅱ・A・B（数列）・C（ベクトル）」または「数学Ⅰ・Ⅱ・Ⅲ・A・B（数列）・C（ベクトル，平面上の曲線と複素数平面）」からいずれかを選択

※3：「数学Ⅰ・Ⅱ・A・B（数列）・C（ベクトル）

【理科の選択について】

＊機械工学科または電気電子工学科に出願する場合は，物理，化学から選択する。

英　語

▶学校推薦型選抜　公募制推薦入試前期日程

年度	番号	項目	内容
2024 ●	〔1〕	読解	空所補充，内容説明，主題，内容真偽
	〔2〕	文法・語彙	空所補充，誤り指摘
	〔3〕	会話文	文整序
	〔4〕	文法・語彙	語句整序
2023 ●	〔1〕	読解	空所補充，内容説明，主題，内容真偽
	〔2〕	文法・語彙	空所補充，誤り指摘
	〔3〕	会話文	文整序
	〔4〕	文法・語彙	語句整序

（注）●印は全問，◑印は一部マークセンス方式採用であることを表す。

▶一般選抜　一般入試前期日程

年度		番号	項目	内容
2024 ●	1月23日実施分	〔1〕	読解	空所補充，同意表現，主題，内容真偽
		〔2〕	読解	空所補充，内容説明，主題，内容真偽
		〔3〕	文法・語彙	空所補充，誤り指摘
		〔4〕	会話文	文整序
		〔5〕	文法・語彙	語句整序
	2月3日実施分	〔1〕	読解	空所補充，内容説明，主題，内容真偽
		〔2〕	読解	空所補充，内容説明，主題，内容真偽
		〔3〕	文法・語彙	空所補充，誤り指摘
		〔4〕	会話文	文整序
		〔5〕	文法・語彙	語句整序
2023 ●	1月25日実施分	〔1〕	読解	空所補充，内容説明，主題，内容真偽
		〔2〕	読解	空所補充，内容説明，主題，内容真偽
		〔3〕	文法・語彙	空所補充，誤り指摘
		〔4〕	会話文	文整序
		〔5〕	文法・語彙	語句整序

1月26日実施分	〔1〕	読　　解	空所補充，内容説明，主題，内容真偽
	〔2〕	読　　解	空所補充，内容説明，主題，内容真偽
	〔3〕	文法・語彙	空所補充，誤り指摘
	〔4〕	会　話　文	文整序
	〔5〕	文法・語彙	語句整序

（注）●印は全問，◑印は一部マークセンス方式採用であることを表す。

傾向　基礎的な文法力と語彙力に基づいた正確な読解力が必要

01　出題形式は？

全問マークセンス方式。公募制推薦入試は大問4題で，試験時間は国語と2科目で90分。一般入試は大問5題で試験時間は60分。

02　出題内容はどうか？

公募制推薦入試は読解問題1題，文法・語彙問題2題，会話文の整序問題1題の計4題，一般入試は読解問題2題，文法・語彙問題2題，会話文の整序問題1題の計5題の出題となっている。

長文読解問題では，エッセーや評論，新聞のコラム風の文章などが用いられ，社会の諸相を扱った幅広いトピックスの英文が取り上げられている。設問は，内容説明，空所補充，主題，内容真偽などで構成されている。客観性のあるしっかりとした設問なので，本文中の根拠をきちんと押さえれば確実に答えることができる。

文法・語彙問題では，空所補充と誤り指摘が合わせて1題のものと語句整序が1題出題され，基本的な文法事項を中心に幅広く問われている。

会話文問題は，文を並べかえて対話を完成する形式で，英文の理解力と論理性が問われており，柔軟な思考力が必要である。

03 難易度は？

長文読解問題の英文のレベルは比較的平易なので，普段の授業内容を確実に理解していれば十分に対処できる。英文の構造を一文一文つかむ練習を繰り返した上で，本文の内容を速く正確に読みとることを心がけたい。文法・語彙問題は，基本事項がほとんどで平易といえるが，基本的な事項を習得した後に頻出事項を繰り返し練習して知識の定着をはかっておこう。会話文問題は，論理性をもって設問にあたらなければ正解が得られない良問である。公募制推薦入試は適切な問題量であると思われるが，国語と合わせて 90 分の試験時間であるため，過去問で時間配分をシミュレーションしておきたい。一般入試は読解問題に時間をかけすぎないように注意し，会話文問題に時間をかけるようにしたい。

対策

01 文法力の養成

教科書を中心に基礎からもれなくしっかりと学習すること。基本事項を扱った問題集を 1 冊必ずマスターした上で，入試に頻出の問題を扱った問題集に取り組んでほしい。文法の知識を確認する教材としては『[データ分析] 大学入試 UPGRADE 英文法・語法問題』（数研出版）などが良いだろう。

02 英作文力の養成

語句整序問題は，基本的には英作文の能力が問われており，表現力も必要だが，英文を構成する文法力を身につける必要がある。また，日本語を英語にしやすい日本語に読みかえる，いわゆる和文和訳も必要になる。過去問のほか，整序問題や誤文訂正問題を多く含む問題集などで十分に演習を積んでおきたい。

03 語彙力の養成

語彙力を身につけるには，まずは学校の教科書に出てくる単語を覚えよう。手作りの単語帳を作ることはもちろん，音読を通して，正確な発音やアクセントを確認することも大切である。教科書の学習に加えて単語集も利用し，語彙力を早期に固めることをすすめたい。辞書を引くことは大切だが，長文の中に知らない語が数多くあると，辞書を引くことに時間を取られてしまい，読解の訓練や単語の暗記に時間を割けなくなる。長文読解において意味のわからない単語が出てきたら，まず前後関係からその意味を考え，後で辞書を引くとよい。単語の意味は，暗記して初めて実力につながっていくことを忘れず，語彙力の養成に努めたい。

04 読解力の養成

比較的平易な，300～400 語くらいの長文読解問題集を 1 冊マスターすること。英文を一文一文しっかり読み，設問のどの箇所が英文のどの箇所と対応するかを確認し，解答を出すこと。正解できなかった場合は，なぜ間違った答えに至ったのか理由をきちんと確認しよう。長文読解問題のテーマは多岐にわたっており，そのテーマによって使われる単語の傾向が違ってくるので，より多くの英文にふれ，正しい内容把握ができるようにしたい。

日本史

▶一般選抜　一般入試前期日程

年　度		番号	内　容	形　式
2024 ●	1月23日実施分	〔1〕	原始〜近代の文化・政治・経済・外交 ✓地図・視覚資料	選択・配列
		〔2〕	「長崎志」「石橋湛山評論集」―近世・近代の外交 ✓史料	選　択
		〔3〕	近代・現代の経済・政治・文化・外交 ✓視覚資料	選　択
	2月3日実施分	〔1〕	原始〜近世の文化・政治・経済 ✓地図・図	選　択
		〔2〕	「徳川禁令考」「工場法」―近代・現代の外交・経済・政治 ✓史料	選　択
		〔3〕	近代・現代の経済・外交・政治	選　択
2023 ●	1月25日実施分	〔1〕	原始〜近世の文化・政治・経済・外交 ✓地図	選　択
		〔2〕	「『魏志』倭人伝」「日米修好通商条約」―原始・近代の政治・外交 ✓史料	選　択
		〔3〕	近現代の政治・経済・外交・文化	選　択
	1月26日実施分	〔1〕	原始〜近世の文化・政治・外交 ✓地図	選　択
		〔2〕	「上米の制」「日米新安保条約」―近世・現代の政治・外交 ✓史料	選　択
		〔3〕	近現代の文化・政治・外交 ✓視覚資料	選　択

（注）●印は全問，◑印は一部マークセンス方式採用であることを表す。

傾向　基本的な歴史用語の理解が問われる　史料問題が頻出

01　出題形式は？

大問は3題，解答個数40個，試験時間は60分である。全問マークセンス方式で，4つの選択肢から選ぶ選択問題である。リード文中の空所補充や下線部に関連する問題が出題の中心であるが，正文（誤文）選択問題や年代配列問題もみられる。

なお，2025 年度は出題科目が「日本史探究」となる予定である（本書編集時点）。

02 出題内容はどうか？

時代別にみると，原始から現代まで各時代から出題されているが，そのうち近現代からの出題が目立っている。

分野別では，政治史を中心に経済・外交・社会・文化から幅広く出題されているが，年度によって分野に偏りがあることに注意が必要である。文化史に関しては，視覚資料を用いた出題があり，2023 年度は明治時代の絵画，2024 年度は奈良時代の美術・建築物についての問題が出題された。

史料問題は，ここ数年，大問 1 題があてられており，その比重は大きい。教科書に掲載されていない史料も出題されるが，設問内容は基本事項が中心なので，あわてず落ち着いて取り組めば正答できる。設問は史料文中の空所補充や下線部に関する事項を中心に，その史料の著者や関連する地域・人物などが問われている。

また，地理的知識を問う設問も多く，2023 年度は筑紫や名護屋城，江戸時代の醬油の生産地などの場所について，2024 年度は岩宿遺跡や吉野ヶ里遺跡，鎮西探題，島原の乱の原城跡などの場所について，地図から該当する地域や県などを選択する問題が出題されており，注意が必要である。

03 難易度は？

教科書本文の事項を中心に問う標準的な問題であるが，特に近現代史を中心に，選択肢の用語に教科書の脚注レベルの用語や教科書に記載されていない用語も出題されているので，難しく感じるかもしれない。しかし教科書を熟読し，基本事項の正確な知識を身につけておけば正答可能である。試験時間には比較的余裕があるが，見直しの時間を十分に確保できるよう，手早く確実に解き進めていこう。

対策

01 教科書の精読を

教科書本文の基本的な事項を，幅広く正確に理解しているかが問われる標準的な問題である。史料問題や地名を問う出題も多いので，教科書記載の史料や地図と地名，脚注まで目を通し，本文の記述内容との関係を意識しながら精読・理解しておこう。また各時代・各分野とも幅広く出題されるので，不得意な時代・分野はなくしておくこと。2024 年度に出題されたバブル経済のように現代史まで出題されることもあるため，早めの対策を心がけたい。文化史については教科書や図説で図版などの視覚資料も確認しておこう。

難問は少ないので，基本的な歴史用語を正確に理解・定着させることを優先すること。さらに重要事項は『日本史用語集』（山川出版社）も併用して理解を深めておきたい。

02 史料問題対策

史料問題は頻出で，その比重も大きいので，史料問題対策は重要である。出題されている史料には教科書に掲載されていないものもあるので，教科書の史料はもちろんのこと，『詳説 日本史史料集』（山川出版社）などの史料にもあたっておきたい。その際，史料文中の用語の意味を確認するとともに，口語訳や解説文を読んでおくと，史料文の意味や，史料の背景・意義をより確実に理解できる。また，教科書に掲載されている有名史料等は，音読するのも効果的である。基本史料をしっかり学習して史料文に慣れておけば，初見史料が出題されても史料文中の用語や設問を参考に正答することが可能である。

03 過去問の研究を

全問マークセンス方式であり，出題形式も定着しているので，本書を活用して過去問に取り組んでおくこと。過去の問題の傾向や内容をつかんで学習に取り組むと効果的である。また，マーク式の標準的な問題集や一問一答形式の問題集を利用して多くの問題にあたり，実戦的な学習を重ねることで，基本的用語の理解の定着をはかっておこう。

世界史

▶一般選抜　一般入試前期日程

年　度		番号	内　容	形　式
2024 ●	1月23日実施分	〔1〕	17 世紀後半以降の地中海世界とイタリア	選択・配列・正誤
		〔2〕	17 世紀以降のヨーロッパにおける「戦争」	選択・配列
		〔3〕	中国史についての小問集合	選　択
	2月3日実施分	〔1〕	帝国主義とアジアの民族運動	配列・選択
		〔2〕	レコンキスタ	選択・正誤
		〔3〕	中国史・欧米史についての小問集合	選択・配列
2023 ●	1月25日実施分	〔1〕	19 世紀ヨーロッパの社会思想	選　択
		〔2〕	前 5 ～後 6 世紀のユーラシア世界　✓**年表**	選択・配列・正誤
		〔3〕	欧米史についての小問集合	正誤・選択
	1月26日実施分	〔1〕	世界商品と世界の一体化	選択・配列
		〔2〕	冷戦期の世界	選　択
		〔3〕	アジア史・欧米史についての小問集合	選択・正誤・配列

（注）●印は全問，◐印は一部マークセンス方式採用であることを表す。

傾向　教科書レベルの標準的出題

01　出題形式は？

全問マークセンス方式で大問 3 題，解答個数 40 個。語句選択と正文・誤文選択の問題が大半を占めるが，配列法・正誤法も出題されている。試験時間は 60 分。

なお，2025 年度は出題科目が「世界史探究」となる予定である（本書編集時点）。

02 出題内容はどうか？

地域別では，やや欧米地域がアジア地域よりも多くなっている。ただし，グローバルな視点が求められる出題も増えているので注意したい。

時代別では，古代から第二次世界大戦後の現代史まで幅広い時代が問われている。2023 年度 1 月 25 日実施分では 3 つの地域について年表形式で問う出題もあった。

分野別では，政治史・外交史が主体となっているが，宗教史・文化史に関する問題も多い。また，島や国の位置，地域名といった地理的知識を問う出題も散見される。

03 難易度は？

やや難度の高い問題も一部みられるものの，大半は教科書レベルの標準的な問題である。偏りのない学習を心がけたい。時間配分については各大問 15〜20 分程度で取り組み，見直しする時間を確保するようにしよう。

対策

01 教科書を精読する

正文・誤文選択問題や配列問題にやや難度の高い問題がみられるが，大半は基本的知識を問う問題である。教科書を精読し，歴史的流れや因果関係を理解・把握することに努めよう。その際，教科書の本文だけでなく脚注にも注意を払いながら読むことが大切である。

02 用語集・図説の活用を

基本的知識の習得には，『世界史用語集』（山川出版社）などの用語集が役立つ。また，知識の定着を確認するものとして『山川　一問一答世界史』（山川出版社）があり，用語集と併用して活用すれば，効果的に語句を覚えることができる。また，地理的知識を問う問題もみられるので，都市や地域については教科書収録の地図や図説などでその位置を確認しておくとよいだろう。

03 頻出事項は入念に

政治史を中心に，社会史・経済史・文化史への言及がみられる。政治史と社会・経済・文化史が別の箇所で扱われている教科書や用語集だけを用いた勉強では流れがつかみにくい。『はじめる世界史 要点&演習［改訂版]』（Z 会）など，文化史なども含んだ時代ごとに整理された実践形式の問題集も活用しながら学習すると，対応力がついていくであろう。

04 過去問を有効に活用しよう

本書を十分に活用して過去問の研究を早めに行い，問題のレベルを知っておこう。受験生の中には入試直前に本書で演習を行っている人もいるが，それでは本書を十分に活用できているとはいえない。早めに過去問にふれることで，自分に不足しているものを発見し，それに対する対策を行うことが大切である。

政治・経済

▶一般選抜　一般入試前期日程

年　度		番号	内　容	形　式
2024 ●	1月23日実施分	〔1〕	国民の政治参加と地方自治	選択・配列
		〔2〕	労働問題	選　択
		〔3〕	国際経済の歩み	選　択
	2月3日実施分	〔1〕	統治機構	選　択
		〔2〕	小さな政府 ⊘グラフ	選　択
		〔3〕	戦後の国際経済秩序体制	選択・計算・配列
2023 ●	1月25日実施分	〔1〕	日本政治の現状と課題 ⊘年表	選　択
		〔2〕	日本の金融政策	選　択
		〔3〕	日本財政の歴史	選択・配列
	1月26日実施分	〔1〕	第二次世界大戦後の国際社会	選　択
		〔2〕	資本主義経済の発展	選　択
		〔3〕	市場メカニズム	選　択

（注）●印は全問，◑印は一部マークセンス方式採用であることを表す。

傾向　高校の教材に忠実な良問　経済分野に重点

01 出題形式は？

例年，大問３題で，解答個数は50個，試験時間は60分。解答は全問マークセンス方式で，４つの選択肢から語句や文章，数値などを１つ選ぶ形式のものが多いが，年度によっては，いくつかの組み合わせから選ぶ形式もある。また，選択法でも，計算が必要な問題が出題されることがある。

02 出題内容はどうか？

政治分野から 1 題，経済分野から 2 題というパターンが多かったが，2024 年度は政治分野 2 題，経済分野 1 題であった。社会保障・労働問題や国際関係・国際経済からもよく出題されている。設問は，基本的事項に関する設問から時事問題までバランスのよい出題である。2024 年度は，年代を問う問題が比較的多く出題された。

03 難易度は？

問題のリード文をよく読み，基本的知識をもとに思考すれば正解にたどりつける良問が大部分を占める。60 分の試験時間も，基本をしっかりと学習した受験生にとっては十分であろう。リード文，設問文ともに読む分量が多めだが，最後にマークミスを見直す時間がとれるように時間配分をしたい。

対策

01 教科書から基本的知識を

まず，教科書に書かれている内容を完全に理解することが必要である。教科書を繰り返し精読するとともに，文章完成式のサブノート的な問題集を利用すれば，基本的事項をより確実にマスターすることができる。

02 資料集・用語集の活用

教科書だけではなく，学校で使用している資料集なども活用して，統計・図表・条文などを読み取る力を習得しておこう。さらに，『政治・経済用語集』（山川出版社）などを参照し，基本的な用語についての理解を深めたい。

03 経済分野に注意

経済分野のウエートが高く，重点的な対策が必要である。時事的な問題が出題されることもあるので，新聞やテレビのニュースに普段から注意を払っておくこと。その際，新聞記事の解説や論説なども熟読して，何が問題になっているのかを理解するように努めよう。

04 問題演習

全問が選択式の問題なので，知識の定着を確認するために，受験用のマーク式の問題集を活用したい。また，問題を解くにあたっては，正解以外の選択肢についても確認しておくこと。すべての選択肢に○×をつけて，その根拠を確認し，間違えたもの，迷ったものについては，そのつど調べるようにするとよい。

数　学

▶学校推薦型選抜　公募制推薦入試前期日程

年度	番号	項　目	内　容
2024	〔1〕	小 問 4 問	(1) 2 次関数 (2)集合 (3)命題と条件 (4)余弦定理，三角形の面積
	〔2〕	確　　率	くじの確率，条件付き確率
	〔3〕	図形と計量	三角形の面積，余弦定理，内接円の半径
	〔4〕	小 問 3 問	(1)直線が x 軸となす角 (2)指数方程式 (3)微分法
2023	〔1〕	小 問 3 問	(1)式の値 (2)絶対値付き連立 1 次不等式 (3)命題と条件
	〔2〕	確　　率	硬貨を投げる反復試行の確率
	〔3〕	図形と計量	台形，三平方の定理，余弦定理，正弦定理
	〔4〕	小 問 3 問	(1)指数・対数 (2)三角方程式 (3)微・積分法

（注）
- 〔1〕，〔2〕，〔3〕を解答
  社会学科，法律学科，経済学科，経営学科（情報システム以外），地域創造学科
- 〔1〕，〔2〕，〔4〕を解答
  人文学科（美学・建築文化），心理学科，経営学科（情報システム）

▶一般選抜　一般入試前期日程

年　度		番号	項　目	内　容
2024 ●	1月23日実施分	〔1〕	小 問 3 問	(1)集合 (2)定義域付き 2 次関数の最大値・最小値 (3)余弦定理，正弦定理，三角形と外接円の中心がつくる四角形の面積
		〔2〕	確　　率	さいころの確率，条件付き確率
		〔3〕	小 問 3 問	(1)三角関数の合成，グラフ (2)等差数列，数列の積の最大となる項数 (3)微分法，3 次関数の極大値・極小値，接線
		〔4〕	ベ ク ト ル	内積，分点公式，直交条件，三角形の面積比
	2月3日実施分	〔1〕	小 問 3 問	(1)数と式 (2)正四面体の辺の内分点がつくる線分の長さ，三角形の面積 (3) 2 次関数のグラフの平行移動，対称移動
		〔2〕	確　　率	座標平面上の点をさいころの目の数で動かすときの確率，条件付き確率
		〔3〕	小 問 3 問	(1)対数，整数の桁数 (2)三角関数の 2 倍角公式，3 次関数の最大値・最小値 (3)階差数列，分数式の和
		〔4〕	図形と方程式	2 点で交わる 2 円，接線，共通接線，接点間の距離

2023 ●	1月25日実施分	〔1〕	小問4問	⑴絶対値付き連立1次不等式 ⑵放物線と直線が2点で交わる条件，2交点間の距離 ⑶三角比の値 ⑷集合の共通部分
		〔2〕	場合の数と確率	3色7個の玉の並べ方，確率，条件付き確率
		〔3〕	小問4問	⑴解から2次方程式の係数決定，3次式の値 ⑵ 24の24乗の桁数，最高位の数字 ⑶極限 ⑷3次関数のグラフと x 軸で囲まれた部分の面積
		〔4〕	図形と方程式	3つの直線の交点がつくる三角形の面積，3点を通る円，定点と領域内の点との距離のとりうる値の範囲
	1月26日実施分	〔1〕	小問3問	⑴因数分解，不定方程式 ⑵命題と条件 ⑶放物線の原点対称移動，平行移動，x 軸と限定範囲で交わる条件
		〔2〕	確率	3色5個ずつ1から5まで数字の書かれた玉に関する確率，条件付き確率
		〔3〕	小問3問	⑴ $x^3=1$ の虚数解に関する式の値 ⑵定積分表示された関数の導関数，極大値 ⑶台形に関する平面ベクトルの内積，内分点，大きさ
		〔4〕	三角関数	三角関数の値，2倍角公式，三角関数の合成，三角関数の最小値，三角方程式の解の個数

（注）●印は全問，◑印は一部マークセンス方式採用であることを表す。

出題範囲の変更

2025年度入試より，数学は新教育課程での実施となります。詳細については，大学から発表される募集要項等で必ずご確認ください。なお，以下は新設の理工学部を除いた既存学部の情報です。理工学部の出題範囲は，「傾向と対策」の6ページを参照してください（以下は本書編集時点の情報）。

	2024年度（旧教育課程）	2025年度（新教育課程）
学校推薦型選抜	①数学Ⅰ・A	「数学Ⅰ・A」または「数学Ⅰ・Ⅱ・A」のいずれかを選択
	②数学Ⅰ・Ⅱ・A	
一般選抜（前期日程）	数学Ⅰ・Ⅱ・A・B（数列，ベクトル）	数学Ⅰ・Ⅱ・A・B（数列）・C（ベクトル）

学校推薦型選抜：①社会学科，法律学科，経済学科，経営学科，（情報システム以外），地域創造学科
②人文学科（美学・建築文化），心理学科，経営学科（情報システム）

旧教育課程履修者への経過措置

旧教育課程履修者に不利にならないように配慮した出題を行う。

傾向　基本・標準問題が中心，幅広い学習を

01　出題形式は？

公募制推薦入試では，大問４題のうち３題が空所補充問題，残り１題が計算過程を明記する記述式である。大問４題から志望学科により解答する３題が指定されていたが，2025 年度は志望学科による指定はなくなり，「数学Ⅰ・A」または「数学Ⅰ・Ⅱ・A」からいずれかを選択する形式に変更される予定である。試験時間は 60 分。一般入試では，大問４題で，すべてマークセンス方式である。試験時間は 60 分。

問題冊子はいずれの日程もＢ５判で計算用の余白は十分に与えられている。

02　出題内容はどうか？

公募制推薦入試・一般入試とも，小問集合形式を取り入れて，出題範囲から幅広く出題されている。なかでも確率は，いずれの日程でも頻出である。また，公募制推薦入試は図形と計量が，一般入試は図形と方程式がよく出題されている。

03　難易度は？

いずれの日程も基本・標準問題が中心で，教科書の例題，章末問題程度の出題である。問題量と試験時間を考慮すると，日頃から速く正確な処理を意識して問題を解くことが大切である。

対策

01 教科書で基礎固め

教科書を中心に，基本的な定理・公式などを十分にマスターしておくこと。また，定理・公式は単に覚えるだけでなく，理解して応用できるようにしておきたい。そのためには教科書の例題や節末・章末問題などを繰り返し徹底的に学習するのがよい。

02 豊富な問題演習を

文字をうまく使えるか，整式をいかに扱うかが大きなポイントになる。したがって，教科書での学習を補うために，ややレベルの高い教科書傍用問題集や標準的な問題集などで豊富な問題演習を行いたい。問題集は書店などで自ら確認し，これならやりきれそうだと思えるものを選ぼう。参考となる問題集を以下に複数あげておく。

『大学入試 全レベル問題集 数学Ⅰ＋A＋Ⅱ＋B＋ベクトル 1 基礎レベル』（旺文社），『チョイス新標準問題集』シリーズ（数学Ⅰ・A，数学Ⅱ，数学B＋ベクトル）（河合出版），『文系数学Ⅰ・A／Ⅱ・B＋C 最重要問題 100』（ナガセ）

なお，新設の理工学部は，日程や問題の選択によっては，数学Ⅲや数学Cの「平面上の曲線と複素数平面」が出題範囲に含まれる。出題範囲が広い方の問題を選択する場合は，上記の出題範囲についても忘れずに問題演習を行って対策しておこう。

03 空所補充・マークセンス方式に慣れよう

空所補充・マークセンス方式では，前問の結果を利用したり，誘導に沿った考え方を要求されることがよくある。実戦的な解答力を養成するため空所補充・マークセンス方式の基礎的な入試問題集や過去問を利用することも効果的である。

国　語

▶学校推薦型選抜　公募制推薦入試前期日程

年度	種類	類別	内　容	出　典
2024 ●	現代文	評論	書き取り，語意，内容説明，文の構造，空所補充，内容真偽	「負動産地獄」　牧野知弘
2023 ●	現代文	評論	書き取り，読み，語意，内容説明，空所補充，内容真偽	「デジタル社会の地図の読み方作り方」　若林芳樹

（注）●印は全問，◐印は一部マークセンス方式採用であることを表す。

▶一般選抜　一般入試前期日程

年　度		番号	種類	類別	内　容	出　典
2024 ●	1月23日実施分	〔甲〕	現代文	評論	書き取り，語意，内容説明，指示内容，空所補充，文の構造	「風景にさわる」　長谷川浩己
		〔乙〕	現代文	評論	書き取り，語意，空所補充，内容説明，内容真偽	同上
	1月24日実施分	〔甲〕	現代文	評論	書き取り，読み，語意，指示内容，空所補充，内容説明，内容真偽	「陰謀論」　秦正樹
		〔乙〕	現代文	評論	書き取り，語意，空所補充，内容説明，文の構造，内容真偽	同上
2023 ●	1月25日実施分	〔甲〕	現代文	評論	書き取り，語意，文整序，空所補充，内容説明，部首，読み，内容真偽	「科学技術の現代史」　佐藤靖
		〔乙〕	現代文	評論	語意，空所補充，内容説明，読み，内容真偽	同上
	1月26日実施分	〔甲〕	現代文	評論	書き取り，語意，空所補充，指示内容，内容説明，文整序	「目に見えないもの」湯川秀樹
		〔乙〕	現代文	評論	書き取り，読み，語意，空所補充，内容説明，内容真偽	同上

（注）●印は全問，◐印は一部マークセンス方式採用であることを表す。

傾向　長文の評論からの出題　読解力の充実をはかろう

01 出題形式は？

全問マークセンス方式による選択式での出題。公募制推薦入試・一般入試ともに現代文のみの出題で，公募制推薦入試は大問１題で試験時間は英語と２科目で 90 分，一般入試は大問２題だが，同じ出典または同じ本の別の箇所が出題されており，試験時間は 60 分。

02 出題内容はどうか？

基本的には長文の評論からの出題である。比較的最近の文章が多い。設問内容は，書き取り，語意，内容説明，指示内容，空所補充が頻出で，そのほかに読み，内容真偽などがある。文の構造（主語などを問うもの）や文整序が出題されることもある。内容説明では，正確な本文の読み取りを要求するものが多い。また，一般入試の内容真偽では，大問ごとではなく〔甲〕〔乙〕の全体を通して考えなければならないものもある。

03 難易度は？

全体としては標準レベルといってよいが，内容説明問題には紛らわしい選択肢もあるので，慎重に取り組まなければならない。公募制推薦入試は英語との時間配分に注意しよう。一般入試は大問１題を 20 分程度で解答し，見直しの時間をとるとよいであろう。

対策

01 読解の練習

人文・社会科学の分野の評論文を中心に，読解の練習を重ねよう。指示語や個々の語意をしっかり押さえ，論理の展開をたどり，論旨や主題を理解するように心がけること。空所補充問題では，わかりやすいところから考えて消去法を用いるとよい。『マーク式基礎問題集 現代文』（河合出版）や『大学入試 全レベル問題集 現代文〈3 私大標準レベル〉』（旺文社）などの問題集を利用して，練習を重ねておこう。

02 漢字と語意

常用漢字は正確に読み書きができるように，市販の練習帳や便覧などを使って，繰り返し練習しよう。読解練習のときにも，意味のわからない語句や読めない漢字が出てきたら，面倒がらずに調べること。語意を問う設問も多い。外来語，慣用句，四字熟語の知識もつけておこう。

03 読書の習慣

新書などで評論や随筆の類を折にふれて読むように努めよう。新聞の社説やコラムを積極的に読むことも，読解力養成の上で大きな力となる。

2024年度

問題と解答

学校推薦型選抜　公募制推薦入試前期日程

問題編

▶試験科目・配点【スタンダード方式】

区　分	教科等	科　目　等	配　点
総合評価型	英　語	コミュニケーション英語Ⅰ・Ⅱ・Ⅲ	100 点
	国　語	国語総合（古文・漢文を除く）・現代文B	100 点
	調査書	全体の学習成績の状況（評定平均値）を 10 倍にして点数化	50 点
2 教科 基礎学力型	英　語	コミュニケーション英語Ⅰ・Ⅱ・Ⅲ	100 点
	国　語	国語総合（古文・漢文を除く）・現代文B	100 点
数学 基礎学力型	数　学	**文（美学・建築文化）・心理・経営（情報システム）学部**：数学Ⅰ・Ⅱ・A **社会・法・経済・経営（情報システム以外）・地域創造学部**：数学Ⅰ・A	100 点

▶備　考

【総合評価型・2 教科基礎学力型】

- 文・国際・心理（心理学）・社会・法・経済・経営・地域創造学部で実施。
- スタンダード方式・高得点科目重視方式の 2 つの選考方法がある。

〔スタンダード方式〕

英語および国語については，標準得点換算により点数調整を行う。

$$\frac{素点-平均点}{標準偏差}\times 10+60$$

〔高得点科目重視方式〕

スタンダード方式で受験した結果，英語あるいは国語の高得点だった科目の得点を 2 倍にする。

・**英語資格保持者「みなし得点制度」**を利用できる。この制度は，大学の定める英語に関する各種資格・スコアを，英語の点数（70点・85点・100点のみなし得点）に換算する制度。ただし，当日の英語の試験は受験必須である。合否判定には当日の得点換算後の点数と比較して得点の高い方を採用する。

【数学基礎学力型】

・文（美学・建築文化）・心理・社会・法・経済・経営・地域創造学部で実施。
・標準得点換算により点数調整を行う。

$$\frac{\text{素点}-\text{平均点}}{\text{標準偏差}}\times 10+60$$

英　語

（国語と合わせて 90 分）

〔Ⅰ〕次の文章を読み、問いに答えよ。

Businessman Elon Musk became the owner of Twitter just three weeks ago, and many people have been concerned about the future of the social media company ever since.

Alexandra Roberts is a law and media professor at Northeastern University in Boston, Massachusetts. She had this to say: “I have been a really active Twitter user for a long time and I have made (1) connections there that have helped with my scholarship and with my teaching. And also, I've been able to learn from a lot of other people and I've been able to build a network. And I've gotten a lot of opportunities there as well.”

Since Musk took over, Roberts said, “Everything became confusing.” She noted that Twitter may no longer be as safe a space as in the past. There is less certainty that people are who they say they are.

Shortly after his takeover of Twitter, Musk started a service called Twitter Blue that permitted anyone willing to pay $8 a month to get a “verified” account. In the past, a verified account was only (2) the government, companies, reporters, and well-known figures verified by Twitter.

Someone then set up a verified account with the name of the drug company Eli Lilly. The account sent out a tweet saying its insulin drug which helps people with diabetes would be free. The (3) tweet forced the real company to post an apology.

Others set up false accounts under the names of well-known politicians and athletes and even Musk's own companies of Tesla and SpaceX. Twitter Blue has since been (4).

Musk also cut half of Twitter's workforce, and changes in the service made some important employees decide to leave. The developments concern people who have used the service for 16 years. Already, people are leaving Twitter and companies are pulling back advertisements.

A 2018 study published in the journal *PLOS One* says Twitter has played an important role "in the discovery of scholarly information and the spreading of knowledge from different fields." The study also says people use (5)the service to share real-time information and make connections.

Roberts agreed that Twitter has been a good service for professors and students to connect with those who have similar work or school interests. During the COVID-19 pandemic, (6) going in-person to their offices and large business events, many people stayed home and were able to use Twitter to stay connected.

But Roberts added that the service "just became a lot less safe" and "this might be a time when people want to be more careful about what they share." Roberts said it is probably a good idea for people to "(7)back up" all the information they have on Twitter. She suggested students add other services, such as email or LinkedIn, to stay in touch with their contacts. "You don't need to necessarily move things completely offline. But once you make a connection, it's smart to have some other way to continue that conversation with that person."

Roy Gutterman teaches Media Law at Syracuse University in New York state. He advised students to be cautious and make sure that information was from "trusted sources." On Twitter, Gutterman said it is a good idea to look at who is following an account to determine whether (8)it is real. He said technology has made it easier for people to share and connect, but that they should be prepared for changes.

問1　空所（　1　）を満たすものとして最も適切なものを①～④の中から一つ選べ。　1

① impossible　② fantastic
③ unfortunate　④ awful

問2　空所（　2　）を満たすものとして最も適切なものを①～④の中から一つ選べ。　2

① available to　② involved in
③ different from　④ composed of

問3　空所（　3　）を満たすものとして最も適切なものを①～④の中から一つ選べ。　3

① slow　② correct　③ fast　④ false

問4　空所（　4　）を満たすものとして最も適切なものを①～④の中から一つ選べ。　4

① created　② continued
③ suspended　④ extended

問5　下線部(5)の内容として最も適切なものを①～④の中から一つ選べ。　5

① *PLOS One*　② Twitter
③ Space X　④ advertisements

出典追記：Voice of America

問6 空所（ 6 ）を満たすものとして最も適切なものを①～④の中から一つ選べ。 6

① instead of ② in addition to
③ depending on ④ more than

問7 下線部(7)の内容として最も適切なものを①～④の中から一つ選べ。 7

① accept ② steal ③ save ④ shrink

問8 下線部(8)の内容として最も適切なものを①～④の中から一つ選べ。 8

① the conversation ② Twitter
③ the account ④ Gutterman

問9 本文の表題として最も適切なものを①～③の中から一つ選べ。 9

① Elon Musk's Successful Takeover of Twitter
② Experts Advise People to Be Cautious on Twitter
③ How to Expand Your Connections through Twitter

問10 本文の内容と一致するものを①～⑥の中から三つ選べ。ただし、解答の順序は問わない。 10 ～ 12

① After Musk became the owner of Twitter, it became easier for people to lie about their identity online.
② Musk also owns the companies Tesla, Space X and *PLOS One*.
③ Some staff stopped working at Twitter due to the changes made in the system.

④ Some companies have reduced advertisements on Twitter since Musk took over.

⑤ After you connect with someone on Twitter, it is highly recommended to continue the relationship offline.

⑥ Gutterman teaches computer science at a university in New York.

〔Ⅱ〕次の問いに答えよ。

問1　各文の空所（ 13 ）～（ 16 ）に入る最も適切なものを①～④の中から一つ選べ。

1．（ 13 ）30 flights were canceled because of the heavy snow yesterday.

① As many as　　② As much as
③ As little as　　④ As soon as

2．I wish the man beside me（ 14 ）talking on his smartphone. It is really annoying.

① stop　　② stopping　　③ to stop　　④ would stop

3．（ 15 ）he was very tired, he continued working in the office.

① Despite　　② In spite　　③ Whether　　④ Even though

4．The African Bush Elephant is（ 16 ）land mammal in the world.

① a second tallest　② the second tallest
③ second taller　④ a second taller

問2 以下の英文には、誤りがそれぞれ一か所ある。下線部(1)～(4)の中から一つ選べ。

1. People say, "We (1)cannot live (2)by bread alone, (3)or can we (4)live without bread." 17

2. My son has been (1)admitted to the university. I (2)hope him to (3)have a good time (4)on campus. 18

3. Because my watch was (1)broken, I (2)wasn't managed to (3)make it to the job interview (4)on time. 19

4. Elizabeth (1)is good at (2)playing a piano, and she (3)can play it better than (4)anyone else in her class. 20

〔Ⅲ〕次の会話文の下線部 [21] ～ [25] を補うのに最も適切な英文を①～⑤の中から一つ選べ。英文はすべて使用し、同じ英文を二度使うことはない。

1. Richie: ______[21]______

Shinsuke: That guy? He got fired from his job.

Richie: ______[22]______

Shinsuke: ______[23]______

Richie: So that means he wasn't fired. He just quit, right?

Shinsuke: ______[24]______

Richie: I'm so confused.

Shinsuke: ______[25]______

① Are you serious? Did he do something wrong?

② That's right. But his final words were, "I didn't quit my job. My job quit me."

③ So is everyone else. He is a mysterious guy.

④ Whatever happened to that guy who always used to come here with his dog?

⑤ Nothing like that. In fact, he requested that he be removed.

〔Ⅳ〕次の各文の意味内容に合うように、与えられた語①～⑤をすべて用いて英文を完成させた際に、空所（ 26 ）～（ 30 ）に入る最も適切なものを一つ選べ。

1．海外の家庭でホームステイをすることで、コミュニケーション能力を養えるだろう。

Doing a homestay with a family in another country ( ) ( ) (26) ( ) ( ) communication skills.

① develop ② help ③ would
④ you ⑤ your

2．彼女はインフルエンザにかかり、1週間ほど自宅待機を余儀なくされた。

Because she came down with the flu, ( ) ( ) (27) ( ) ( ) at home for a week.

① forced ② she ③ stay
④ to ⑤ was

3．その商品は1ヶ月間品薄状態が続いた。

The product continued ( ) ( ) (28) ( ) ( ) for a month.

① be ② in ③ short
④ supply ⑤ to

4. この業務の詳細はまだ発表されていない。

The details of this job have (　　) (　　) (　　) (29) (　　).

① be　② known　③ made
④ to　⑤ yet

5. 彼女がミスをしたことが判明した。

It (　　) (　　) (30) (　　) (　　) made a mistake.

① had　② out　③ she
④ that　⑤ turned

数学

（60分）

志願する学科・専攻により，解答する問題番号が異なります。下の囲みの中をよく読んで解答すること。

社会学科（社会学専攻，スポーツ文化学専攻），法律学科，経済学科，経営学科（経営・マーケティング専攻，ビジネス法務専攻，ビジネス心理専攻），地域創造学科の志願者は問題〔Ⅰ〕，〔Ⅱ〕，〔Ⅲ〕を解答すること。 人文学科（美学・建築文化専攻），心理学科（心理学専攻，人工知能・認知科学専攻），経営学科（情報システム専攻）の志願者は，問題〔Ⅰ〕，〔Ⅱ〕，〔Ⅳ〕を解答すること。

指定された問題以外は採点しません。

問題〔Ⅱ〕は，答えだけでなく，答えに至る過程も説明しなさい。

〔Ⅰ〕次の文章の空欄 [(ア)] ， [(イ)] ， [(カ)] ， [(キ)] に当てはまる数値を， [(ウ)] ～ [(オ)] に当てはまる選択肢を，解答用紙の所定の空欄に記入せよ。ただし，分数で答える場合は，分母を有理化し，既約分数で答えよ。

(1)　xy 平面上で，ある2次関数のグラフが3点 $(x,\ y)=(10,\ 200)$，$(x,\ y)=(20,\ 200)$，$(x,\ y)=(0,\ 0)$ を通るとき，この放物線の頂点の y 座標は [(ア)] である。

(2)　全体集合 $U=\{1,\ 2,\ 3,\ 4,\ 5,\ 6,\ 7,\ 8,\ 9\}$ の部分集合 A，B について，$\overline{A}\cap\overline{B}=\{1,\ 2,\ 3\}$，$A\cap\overline{B}=\{4,\ 5,\ 6\}$，$A\cup\overline{B}=\{1,\ 2,\ 3,\ 4,\ 5,\ 6,\ 7\}$ であるとき，$A\cap B$ の要素を全て挙げると [(イ)] である。ただし，$\overline{A}$，$\overline{B}$ はそれぞれ集合 A，B の補集合を表す。

(3) 正の整数nに関する条件を次のように定める。

条件A）nは2で割り切れる

条件B）nは3で割り切れる

条件C）nは5で割り切れる

条件D）nは10で割り切れる

次の［(ウ)］～［(オ)］に最も適する語句を選択肢①～④の中から1つ選べ。

・「条件A」は「条件D」の［(ウ)］。

・「条件D」は「条件Aかつ条件C」の［(エ)］。

・「条件Bかつ条件D」は「条件Aかつ条件C」の［(オ)］。

選択肢：

① 必要十分条件である

② 必要条件であるが，十分条件ではない

③ 十分条件であるが，必要条件ではない

④ 必要条件でも十分条件でもない

(4) $\triangle ABC$において，$\angle CAB = 45°$，$AB = 3$，$AC = \sqrt{2}$のとき，BCは［(カ)］で，$\triangle ABC$の面積は［(キ)］である。

〔II〕 3本のあたりが入った10本のくじがある。ここからA，B，Cの3人が順に1本ずつくじを引く。くじは常にA，B，Cの順で引き，それぞれがくじを引いた後に，引いたくじを元に戻すかどうかは各問題の指示に従う。このとき，以下の確率を求めよ。ただし，どのくじを引くことも同様に確からしいとする。また，分数で答える場合には，既約分数で答えよ。

(1) くじをもとに戻す場合，3人ともがあたりのくじを引く確率。

(2) くじをもとに戻さない場合，3人ともがあたりのくじを引く確率。

(3) くじをもとに戻す場合，2人だけがあたりのくじを引く確率。

(4) くじをもとに戻さない場合，2人だけがあたりのくじを引く確率。

(5) くじをもとに戻す場合，少なくとも2人があたりのくじを引くとき，Bがあたりのくじを引く条件付き確率。

(6) くじをもとに戻さない場合，少なくとも2人があたりのくじを引くとき，Bがあたりのくじを引く条件付き確率。

〔Ⅲ〕 次の文章の空欄 [(ア)] ～ [(カ)] に当てはまる数値を，解答用紙の所定の空欄に記入せよ。ただし，分数で答える場合は，分母を有理化し，既約分数で答えよ。

AB＝10，BC＝9，面積が $\dfrac{45\sqrt{3}}{2}$ である△ABC において，辺 AB の中点を M，辺 BC を 1：2 に内分する点を N とする。このとき，△BMN の面積は [(ア)]，$\sin B=$ [(イ)]，MN＝ [(ウ)] または [(エ)]，△BMN の内接円の半径は [(オ)] または [(カ)] である。ただし， [(ウ)] ＜ [(エ)]， [(オ)] ＜ [(カ)] とする。

〔Ⅳ〕 次の文章の空欄 [(ア)] ～ [(エ)]， [(カ)] および [(キ)] に当てはまる数値を， [(オ)] には当てはまる数式を，解答用紙の所定の空欄に記入せよ。ただし，分数で答える場合は，分母を有理化し，既約分数で答えよ。

(1) 直線 $y=x+1$ とのなす角が $\dfrac{\pi}{6}$ である直線で，原点を通るものの方程式は $y=\left(\text{[(ア)]}\right)x$，$y=\left(\text{[(イ)]}\right)x$ である。ただし，
[(ア)] ＜ [(イ)] とする。

(2) 不等式 $8\left(\dfrac{1}{4}\right)^{x+1}-5\left(\dfrac{1}{2}\right)^{x}+2<0$ の解は [(ウ)] $<x<$ [(エ)] である。

(3) 底面の直径と高さの和が24である直円錐の体積を V とする。底面の半径を x とするとき，V を x の関数として表すと $V=$ [(オ)] である。
$x=$ [(カ)] のとき，V は最大となりその値は $V=$ [(キ)] である。

⑤　意図通りに相続できること

問十八　傍線部シ「憂鬱なイベント」となる原因を筆者は何だと述べているか。もっとも適当なものを次の中から一つ選べ。　58

①　相続の負担が大きいこと　②　ローンの返済が続くこと　③　家系の断絶が起こること
④　隣人との葛藤が生じること　⑤　相続争いを避けられないこと

問十九　本文の内容に合致するものを、次の中から二つ選べ。なお、解答の順は問わない。　59　60

①　団塊世代の男性たちは学生運動に情熱を注ぎ、その思想を抱いたまま、企業に就職した
②　団塊世代の女性の多くは、夫の定年退職を機に郊外ニュータウンからの住み替えを進めた
③　高齢単身者世帯の多くはすでに一次相続を終えた人々で、今後多くの二次相続の発生が見込まれる
④　厚生労働省の調査によると、２０１９年には日本の65歳以上の人がいる世帯の約半数がすでに単身世帯になっている
⑤　相続人の人数が少ないと相続税課税の対象となりにくいことも、現代家族の核家族化を推し進めた一因である
⑥　相続税課税の論理は「家族」を中心に構成されており、配偶者や、親と同居してきた子供は優遇される
⑦　戦争で苦労した世代は総じて戦後財産を築いたが、きょうだいも多く、相続争いが多発した

問十五　傍線部**ケ**「一次相続で相続税を支払った記憶がなく」という理由としてもっとも適当なものを、次の中から一つ選べ。　55

① 配偶者が被相続人と住んでいた自宅は、子供だけが相続することになるから
② 配偶者はすでに一度相続が発生した状態にあり、重ねての相続税の負担はないから
③ 配偶者が相続した自宅に関しては相続税がかからないから
④ 配偶者は「小規模宅地等の特例」を必ず受けることができるから
⑤ 配偶者は税制上優遇されるため、実際に納税するケースがほとんどないから

問十六　傍線部**コ**「二次相続」に関する説明として本文の内容に合致するものを、次の中から一つ選べ。　56

① 被相続人と同居していなかった被相続人の配偶者は自宅を相続することができない
② 相続人が被相続人と同居していたことを税務署に証明するためには、住民票が移転されていればよい
③ 子が相続する場合、相続税評価額から1億6000万円または法定相続分相当額を控除することができる
④ 「小規模宅地等の特例」を利用するには、被相続人と相続人が生計を一緒にして同居していた事実が必要である
⑤ 子が親と以前から同居していて、その家を相続することに決めている場合は、自宅の評価額にかかわらず課税されない

問十七　傍線部**サ**「否応なしに手元に入ってくる」とはどういうことか。もっとも適当なものを次の中から一つ選べ。　57

① 苦労せずに相続すること　　② 本人の意志にかかわらず所有物になること
③ なし崩し的に引き継がされること　　④ 知らないうちに押し付けられること

問十三 傍線部**キ**「家だけをどんなに守っても将来が俯瞰できない」とはどのようなことを意味するのか。もっとも適当なものを次の中から一つ選べ。 52

① どれだけ家に手をかけても、将来の資産価値に期待できないこと
② 郊外住宅を抱えたままだと、妻の行動の自由が制限されること
③ 今、家を維持しても、二次相続の段階で結局家を失うと想定されること
④ 健康寿命が残りわずかであるため、住み慣れたマイホームにいても前向きな気持ちになれないこと
⑤ このまま現在の自宅に住み続けても、快適に暮らしていける見通しが持てないこと

問十四 傍線部**ク**「家の扱いに悩むのはほとんどが妻、女性たちになる」理由として適当なものを、次の中から二つ選べ。なお、解答の順は問わない。 53 54

① 夫の死後は、妻が一人で住宅ローンを返済しなくてはならないから
② 平均寿命や夫婦の年齢構成を考えると、夫が先に亡くなる可能性が高いから
③ 団塊世代の女性の多くは専業主婦となって、自身の収入を得てこなかったから
④ 団塊世代の夫婦の役割分業においては、家のことを管轄するのはもっぱら妻とされてきたから
⑤ 現代の家族では、子供の多くが親との同居を選ばないから
⑥ 妻は子供たちを家に呼び戻さないといけないから
⑦ 夫に先立たれた妻にとっては、家が最も貴重な財産だから

問九　傍線部**オ**「親の残した家」とあるが、ここでの「家」に関する記述として本文の内容に**合致しないもの**を、次の中から一つ選べ。 46

① 地方の実家である　② 団塊世代の多くが取得した　③ 首都圏郊外にある
④ 一次相続時点で団塊世代の配偶者に引き継がれる　⑤ ヤッカイ者になる可能性がある

問十　空欄 C ～ E に入る語としてもっとも適当なものを、次の中からそれぞれ一つ選べ。ただし、同じものを二度用いることはできない。 C 47　D 48　E 49

① まず　② すでに　③ ところが　④ また　⑤ むしろ　⑥ つまり

問十一　空欄 F に入る語としてもっとも適当なものを、次の中から一つ選べ。 50

① 滝　② こい　③ 山　④ うなぎ　⑤ 右肩

問十二　傍線部**カ**「私の知人」に関する記述として本文の内容に合致するものを、次の中から一つ選べ。 51

① バスの本数が減り交通が不便になったために、友人との交流も途絶えた
② 先祖代々の家を守る必要があるという「家」概念に縛られ、自宅を売却できない
③ 残された家を売却して便利な場所に移りたいが、希望の値段で家がなかなか売却できない
④ 街に若い人が少なくなったため、地域コミュニティが失われ寂しく思っている
⑤ 家の管理に手がかかることから子世代との同居を希望しているが、叶《かな》えられない

① 私　② ひとまわりほど下の世代　③ サラリーマン時代　④ 諸先輩方　⑤ プロジェクト

問五　傍線部**ウ**「美学とする」の内容としてもっとも適当なものを、次の中から一つ選べ。 **42**

① 普遍的な哲学として強制する　② 自分たちの価値基準として重んじる　③ 建前として主張する
④ 社会人の常識として守り抜く　⑤ 快楽として追求する

問六　空欄 **A** に入る漢字としてもっとも適当なものを、次の中から一つ選べ。 **43**

① 座　② 軍　③ 線　④ 味　⑤ 門

問七　空欄 **B** に入る漢字としてもっとも適当なものを、次の中から一つ選べ。 **44**

① 千　② 見　③ 皮　④ 仕　⑤ 封

問八　傍線部**エ**「「新人」が加入してくる」とあるが、具体的にはどのようなことか。もっとも適当なものを次の中から一つ選べ。 **45**

① 後期高齢者が一次相続を終えること　② １９４７年から49年に生まれた人が天寿を全うすること
③ 団塊世代がリタイアの時期を迎えること　④ 経済的には恵まれた層が相続ラッシュに向き合うこと
⑤ 団塊世代が後期高齢者となること

(1) 翻して

① 忘れ果てて　② 内に秘めて　③ 急に改めて
④ ひもとき直して　⑤ 全否定して

36

(2) 脂がのる

① 円滑に事が進み報酬が高くなる　② 任せられる仕事の量が増える
③ 地位が高くなる　④ 調子が出て物事がはかどる
⑤ 経験が蓄積される

37

(3) 随所

① 意に添うところ　② 適切な場所　③ いたるところ
④ 勝負どころ　⑤ 気ままな場所

38

(4) 往時

① 最盛期　② 表通り　③ 行き　④ 去年　⑤ 以前

39

問三 傍線部**ア**「団塊世代」の全体的な傾向として本文中で述べられている内容に合致するものを、次の中から一つ選べ。

40

① 平成バブルの頃に企業に就職し、２０２２年から後期高齢者の仲間入りを始めた
② 都心ターミナル駅から郊外に延びる鉄道沿線にマイホームを求め、共働きでローンを返済した
③ １９８０年代前後にマイホームを取得したため、すでに二次相続のラッシュを迎えている
④ 親から遺産を相続したとしても、せいぜい地方の実家、付随した田畑や山林などであった
⑤ 学生運動などで鍛えたリーダーシップを武器に企業戦士として活躍し、都心に居を構えた

問四 傍線部**イ**「元気にやりまくった」の動作主体としてもっとも適当なものを、次の中から一つ選べ。

41

現代の家族では、親と同居する子供がいないケースが多いです。しかし、相続はとにかく「家族」を中心に論理構成がなされていますので、親と同じ家に住むなら、その資産である家くらいは子供に引き継がせてやろうというのが根幹の発想になっています。*

課税がされなくても、親の家という、今後住むあてのない家が二次相続ではサ否応《いやおう》なしに手元に入ってくる。処分に困る地方の家、都市郊外の家、他人に貸したりするマーケットがない家、売りに出しても買い手がつかないような家は、世の中にたくさん存在します。さてどうする、です。

二次相続はそういった意味では、相続人にとって親や代々の資産を受け継ぐことを強烈に意識させられる相続なのです。特に少子化が進み、相続人自体の数が少なくなっていくこれからの社会で、悩みの多い、シ憂鬱なイベントともいえるのです。

（牧野知弘『負動産地獄　その相続は重荷です』による）

問一　二重傍線部**a**～**e**のカタカナを漢字に直したとき、もっとも適当なものを次の中からそれぞれ一つ選べ。

a　ハッキ　①気　②起　③軌　④旗　⑤揮　**31**

b　ジュンタク　①託　②沢　③卓　④拓　⑤宅　**32**

c　ヤッカイ　①壊　②戒　③悔　④介　⑤怪　**33**

d　ケイフ　①富　②符　③譜　④負　⑤浮　**34**

e　エイセイ　①成　②生　③世　④星　⑤勢　**35**

問二　波線部(1)～(4)の意味としてもっとも適当なものを、次の中からそれぞれ一つ選べ。

ても、二次相続はそんなに甘くはないことを、多くの未来の相続人たちは気付いていません。相続は確実に発生します。発生した場合に生じることを、未来の相続人たちの間でよく理解しておくことが肝要です。

一次相続の場合、あまり相続税が問題とならないのは、配偶者が相続する場合の特典が多いからです。まず配偶者の相続分は、相続税評価額から1億6000万円または法定相続分相当額のいずれか多い額を控除することができます。つまり遺産を受け取る配偶者（妻または夫）はとても優遇されているのです。

さらに配偶者が被相続人と住んでいた自宅については、財産評価を行う際に小規模宅地等の特例が適用され、土地部分の評価額を面積330m^2（100坪）までについて、なんと80％も減額することができます。

一次相続の場合、多くの家でまず税金の心配がいらないと言われるのは、この「配偶者控除」と「小規模宅地等の特例」があるからです。

ところが**コ**二次相続の場合、相続するケースの多くは子供です。妻や夫ではありません。つまり配偶者控除はそもそも適用されようがないのです。子供だけが相続するため、基礎控除額（3000万円＋600万円×法定相続人の数）についても人数が減る分、控除額は減額になってしまいます。

では自宅はどうでしょうか。一次相続の時に適用された小規模宅地等の特例を使って相続税評価額の減額を受けるには、相続人（例えば子）は、原則として被相続人（例えば親）と生計を一緒にして同居していなければなりません。つまり親と以前から同居していて、その家を相続することに決めている場合にしか適用されないということです。

同居していることを税務署に証明するには、住民票が移転されているだけでなく、実際に生計を同じにしていたかを十分に証明するものがないと適用されないとも言われます。これが同居していないとなった場合には、親の家の相続評価にあたっての特典が受けられないことになり、自宅の評価額によっては課税されてしまう恐れがあるのです。

　この知人にどんな家に移りたいのかと聞くと、必ずしも都心に出なくてもよいけれど、マンションがよいと言います。鍵一つで出入りができるし、車に乗らなくても困らない生活がしたいとのことです。

　これは郊外ニュータウンにかぎったことではありません。夫が亡くなったあと妻が生きる時間は長くなっています。相続する家が必ずしも快適でなく、その維持に汲々《きゅうきゅう》とする妻が増えています。昔は、先祖代々の家を守らなくてはならないといった「家」という概念に縛られてきましたが、郊外ニュータウンの家に守らなければならないだけの理由も歴史もありません。また多くの人が都会に出て行ってしまい、人口減少や激しい高齢化が進展する地方で、**キ**家だけをどんなに守っても将来が俯瞰《ふかん》できない、そんな事例が増えているのです。

　残された家という財産が、必ずしも妻たちにとって貴重なものではなくなってきています。**ク**家の扱いに悩むのはほとんどが妻、女性たちになるのがこれからの相続問題です。

　厚生労働省「国民生活基礎調査」によれば、２０１９年における高齢単身者世帯数（65歳以上の単身者世帯）は７３６万９千世帯になっています。約20年前の２０００年でその数は３０７万９千世帯、35年前の１９８５年で１１３万１千世帯であったことを考えると、日本中で今、高齢者の単身世帯が激増しているさまが窺《うかが》えます。65歳以上の人がいる世帯全体の約３割がすでに単身者世帯となっていることも衝撃的です。

　高齢単身者世帯には次の３つの類型があります。①配偶者が亡くなり、一人住まいを続けている人、②離婚をした人、③生涯独身を貫いている人、です。最近では②や③の人も増えていますが、世の中で多くを占めている高齢単身者世帯は、①の配偶者と死別した人です。つまり家族の中ではすでに一度相続が発生した状態にあるということです。そしてこの高齢単身者世帯の急増が意味するのは、今後かなり早い時期に多くの二次相続（二回目の相続）が発生するということです。

　さて二次相続の場合、最初に起こった一次相続とはどう異なるのでしょうか。実は**ケ**一次相続で相続税を支払った記憶がなくにマイホームを求めました。妻にとっては、夫が毎朝毎夕、都心にある会社まで通勤をする。自分は家事、子育てに専念するという完全な分業体制にありました。したがって立地は地価の安い郊外に限定され、自然環境や子供の教育環境が重視されました。お受験が盛んになったのもこの頃から。郊外エイｅセイ都市駅前の学習塾には夜になると、子供を迎えに来る車が列をなしましたが、ハンドルを握るのは妻たちでした。

　子供たちが学校を卒業し、夫が定年退職を迎えると、ローンを必死に返してようやくわがものとなった家の中も、子供部屋が空いてなんだか妙に広く感じるようになります。そしてそれから夫が亡くなると、いよいよこの広い一軒家をどうしたらよいのか妻たちが悩むようになります。

　カ私の知人で、千葉県大網白里市で１９９０年代初期に大手デベロッパーが分譲したニュータウン内の戸建て住宅に住む女性がいます。夫は5年前に亡くなり、現在は彼女が家を相続して住んでいます。年齢はすでに70歳を超えていますが今でも大変お元気で、地域コミュニティの世話役をやり、地域内にそれなりに友人も多いそうです。

　ところが彼女に話を聞くと、とにかく早く引っ越したいと言います。理由は、家が広すぎて管理が面倒とのこと。家は普通の戸建て。床面積１２０m^2くらいの４ＬＤＫです。ご自身は独り身になって、別に寂しいわけではないそうですが、家の掃除が大変。また駅まではバスが基本。バスは(4)往時よりどんどん本数が減ってしまい不便なことこのうえない。まだ車の運転ができるが、そろそろ免許も返納したい。周囲は年寄りばかりになり街に活気もなく、タウン内にあったスーパーもなくなり、買い物にも苦労する。ところがなかなか希望の値段で家を買う人も現れない。こんな嘆きが延々と続きます。

　この年代の方々は、夫の会社への通勤と、年収で買うことができる範囲で家選びをしてきました。専業主婦の妻の要望は家族の健康などのささやかなものでした。夫が亡くなり相続によって得た家は、自由な身となった妻たちにとって、必ずしも快適ではなくなっているのです。

らの子供の多くが、果たして オ 親の残した家に住むことを選択するでしょうか。

そして親の残していく財産の中でも、このマイホームが意外な c ヤッカイ者になる可能性があるのです。＊

国内では初めて相続ラッシュの時代を迎えます。日本は戦争で多くの国民を失いました。戦後から平成にかけて亡くなった多くの人たちは戦争で苦労をし、廃墟《はいきょ》の中から立ち上がってきた人たちです。人口ボリュームも小さく、また金融資産や不動産といった財産も少なかったのです。団塊世代の方々でも親からたくさんの遺産を相続したという人は少なく、せいぜい地方の実家、付随した田畑や山林などでした。きょうだいも多いので資産は分散し、相続争いなどもごく一部のお金持ちの話に限られていました。

世代が代わり新たな問題となるのは、これから亡くなる方の多くが、ある程度の金融資産を持ち、マイホームを持っているということです。戦後三世代、あるいは四世代目に引き継がれていくこれからの家族の d ケイフで、相続の問題は複雑化し、悩ましいものになっていきます。

どうやら団塊世代が後期高齢者入りを果たす２０２２年以降は、相続激増の号砲が鳴り響く時代と言えそうです。

世の中では一般的に男性よりも女性のほうが長生きです。 C 夫婦の年齢構成も、特に高齢世帯になるほど男性のほうが年上である割合が高くなります。 D 一般的な世帯では、平均寿命から考えても、 E 男性から亡くなることになります。

団塊世代以上、つまり後期高齢者の世帯では妻の多くが専業主婦でした。団塊世代の多くが結婚していた１９８０年では、専業主婦世帯と共働き世帯の割合はおおむね2対1でした。現在はその割合が完全に逆転して1対2くらいになっていますが、当時は職場結婚でも女性が退職して専業主婦になるのがあたりまえでした。

80年代、東京の地価はバブルのピークを目指して F のぼり。団塊世代は都心ターミナル駅から郊外に延びる鉄道沿線私は団塊世代からはひとまわりほど下の世代にあたりますが、サラリーマン時代はイ元気にやりまくった諸先輩方のプロジェクトの「後始末」に追われる日々でした。彼らは常に声が大きく、学生運動などで鍛えたリーダーシップを(3)随所でハッaキし、常に集団（チーム）で行動することをウ美学とする、体育会系的な方々でした。製薬会社の広告の、どこにでも出没して猛烈に働くジャパニーズ・ビジネスマンの象徴的存在が彼らだったのです。

彼らの多くは、一部経営者などで残っている人を除いて、すでに企業社会では一 A を退かれています。しかし、リタイア後の彼らは、今度はその元気を国内外の旅行や地域活動などにハッキして、活躍の場を広げています。年金も後続の世代に比べればジュンbタク。大企業に勤めていた人達などは、厚生年金に加えて手厚い企業年金を受け取るなど、経済的には恵まれた層とも言えます。

さてこの元気いっぱい世代も47年生まれを B 切りに、２０２２年から後期高齢者（75歳以上）の仲間入りを始めました。日本人の健康寿命は男性が72・68歳、女性が75・38歳（２０２１年）です。全員が今後も元気に過ごせる年齢ではなくなっています。実際に２０２１年時点での団塊世代人口は６００万人ほど。出生時の75％に減少しています。これから平均寿命である男性81・47歳、女性87・57歳までのあと5年から10年の期間にこのうちのかなりの方が亡くなる、つまり相続が発生することになります。

２０２１年時点での後期高齢者人口は全国で１８６５万人です。このカテゴリーにあとわずか3年間で現在の数の3分の１に相当する６００万人近くものエ「新人」が加入してくるインパクトは絶大です。そして健康寿命を超え、天寿を全うし始めたときに生じるのがこれから日本で確実に起こる相続ラッシュなのです。*

首都圏でも例外なく相続ラッシュになることが容易に想像されます。団塊世代の多くは１９８０年代を中心にマイホームを首都圏の郊外部に取得しています。これらの家は一次相続時点では配偶者に無事引き継がれるでしょうが、二次相続になると、彼

国語

（英語と合わせて九〇分）

問題文の中の「＊」の記号は、原文にあったその直後の文章が省略されていることを示しています。解答にあたって考慮する必要はありません。

次の文章を読んで、あとの問いに答えよ。なお、出題の都合により一部省略・改変したところがある。

ア団塊世代と言われる１９４７年から49年に生まれた人は、出生数約８０６万人。この世代は日本の人口ピラミッドの中で常に最大派閥を形成してきました。彼らが18歳から22歳の大学生にあたる頃、国内では70年に期限を迎える日米安保条約の延長をめぐり、全共闘や左翼系諸派の学生運動が盛んになりますが、この中心にいたのが彼ら団塊世代です。

彼らの多くは安保闘争が終息すると、これまでの過激な思想をすっかり(1)翻して企業などに就職、企業戦士として今度はそのあふれる情熱を仕事のために注ぎ込みます。特に企業組織の中にあって最も(2)脂がのる40歳前後、彼らは平成バブルの真っただ中にいました。彼らは世界中を飛び回って優秀な日本製品を売り込み、国内外の不動産を買いまくり、稼いだカネを銀座や六本木で豪快にばらまきました。

解答編

英　語

I　解答　**1**－②　**2**－①　**3**－④　**4**－③　**5**－②　**6**－①
7－③　**8**－③　**9**－②
10～12－①・③・④（順不同）

解説

《専門家によるツイッターへの注意の助言》

1． 空所１を含む文は,「私は長い間本当に活発なツイッターユーザーであり，そこで私の学問や指導の役に立っている（　1　）つながりを作ってきた」という意味。第２段第３文（And also, I've …）より，アレクサンドラ＝ロバーツはツイッターに対して肯定的な考えを持っていることがわかる。よって正解は②「すばらしい」。

2． 空所２を含む文は,「かつては，認証されたアカウントはツイッターによって認証された政府や企業，記者，そしてよく知られた人物のみ（　2　）ものだった」という意味。よって正解は①「～に利用できる」。

3． 空所３を含む文は,「その（　3　）ツイートによって本物の会社は謝罪を投稿することを余儀なくされた」という意味。同じ段落の中で実在する会社の名をかたる何者かがインスリンの薬を無料にする，という投稿をしたことが示された上で，その会社が謝罪に至っていることから，④「誤った」が正解。

4． 空所４を含む文は,「ツイッターブルーはその後（　4　）」という意味。第５段と第６段（Someone then set … since been (4).）で誤った情報を流すアカウントや偽物のアカウントが出現するなどの問題が生じていることが述べられていることから，③「一時停止される」が正解。

5． 第８段第１文（A 2018 study …）にツイッターの重要な役割が述べられている。続く第2文（The study also…）にalsoがあることから，ツイッターの役割への追加情報が書かれていると判断する。よって②が正解。

6． 空所6を含む文は，「新型コロナウイルス感染症の世界的流行の間，会社や大きなビジネスイベントに直接行く（　6　），多くの人々は家に滞在してつながりを保つためにツイッターを使うことができた」という意味。外出と在宅の対比を表す内容だと考える。①「～の代わりに」が正解。

7． 下線部(7)は「万一のためにコピーをとる」という意味。③「保存する」が正解。

8． 第11段第2文（He advised students…）に，情報が信頼できる情報源からきているか確かめることが助言されている。下線部(8)を含む文は，「ツイッター上で，それが本物かどうか見極めるために誰がそのアカウントをフォローしているかを見ることはよい考えであるとガターマンは言った」という意味。この文における情報源はアカウントであると判断できるため，③が正解。

9． 本文では，イーロン＝マスクがツイッターの所有者になってから情報の信頼性がこれまでよりも低くなったことが述べられている。よって②が正解。

10～12． ①「マスクがツイッターの所有者になってから，人々がオンライン上で身元について嘘をつくことがより簡単になった」

第4段第1文（Shortly after his…）に月額8ドルで誰もが認証アカウントを入手することができ，第5・6段（Someone then set…since been (4).）に企業や有名人の名前を使用した偽物のアカウントが問題になっていることが述べられている。よって一致する。

②「マスクはテスラやスペースX，プロスワンの会社も所有している」

第6段第1文（Others set up…）にテスラとスペースXを所有していることは述べられているが，プロスワンについては述べられていない。第8段第1文（A 2018 study…）においても，雑誌『プロスワン』の中でツイッターの役割についての内容が記載されていたことがわかるが，その所有者については述べられていない。よって一致しない。

③「システム上で行われた変化が原因で，ツイッターで働くことを辞めた社員もなかにはいる」

第7段第1文（Musk also cut…）に「サービスの変化が重要な社員に去るという決断をさせた」と述べられているため，一致する。

④「マスクが引き継いでからツイッター上での宣伝を減らした会社もなかにはある」

第7段第3文（Already, people are…）に企業は広告から撤退していることが述べられているため，一致する。

⑤「ツイッター上で誰かとつながった後，オフラインで関係を続けることが非常に勧められている」

第10段第3文（She suggested students…）で，ツイッターだけでなく電子メールやリンクトインなどのサービスで連絡を取り合うことが提案されており，続く第4文（“You don’t need…）に「必ずしも完全にオフラインに物を移す必要はない」と述べられている。よって一致しない。

⑥「ガターマンはニューヨークの大学でコンピュータサイエンスを教えている」

第11段第1文（Roy Gutterman teaches…）でメディア関連の法律を教えていると述べられているため，一致しない。

Ⅱ 解答

13—① **14**—④ **15**—④ **16**—②
17—(3) **18**—(2) **19**—(2) **20**—(2)

解説

13.「昨日，大雪のために30もの便がキャンセルされた」

空所の後ろに可算名詞が続いているので，As many as ～「～もの」が正しい。

14.「隣の男性がスマートフォンで話をするのをやめてくれればなあ。本当に迷惑だ」

I wish の後ろには仮定法が続くため，仮定法過去の would stop が正しい。

15.「彼はとても疲れていたのだけれど，会社で働き続けた」

主節と従属節の内容を意味が通るようにつなげるために，譲歩を表す副詞節を導く Even though を選ぶ。

16.「アフリカゾウは世界で2番目に大きな陸生哺乳類だ」

the＋序数詞＋最上級で「…番目に～」という意味。

17. (3)の前で否定の内容が述べられており，後ろにＶＳの倒置が起きていることから，nor「～もまた…でない」が正しい。

18. hope は後ろに O to *do* の形をとることはできない。代わりに want を用いれば正しい文になる。

19. manage to *do* は「何とか～する」の意味になり，受け身の形では用いない。make it to～「～に間に合う」

20. play の後に続く楽器の前には通例 the が付く。

III　解答　21—④　22—①　23—⑤　24—②　25—③

解説

《仕事をクビになった男の話》

リッチー：いつも犬と一緒にここに来ていた男に何が起こったんだろうか？（④）

シンスケ：あの男？　彼は仕事をクビになったよ。

リッチー：本気？　彼は何か悪いことをしたのかい？（①）

シンスケ：そんなことはないよ。それどころか，彼は解雇されることを要求していたんだ。（⑤）

リッチー：つまりそれは彼がクビにならなかったということだ。彼はただ辞めた，そうだね？

シンスケ：その通りだよ。でも彼の最後の言葉は，「私は仕事を辞めたんじゃない。仕事が私を辞めさせたんだ」だったんだ。（②）

リッチー：とても混乱しているよ。

シンスケ：他のみんなもそうだよ。彼は不思議な男だね。（③）

IV　解答　26—④　27—①　28—②　29—③　30—④

解説

26. (Doing a homestay with a family in another country) would help you develop your (communication skills.)

help *A* *do*「*A* が～するのを助ける」

27. (Because she came down with the flu,) she was forced to stay (at home for a week.）

force *A* to *do*「*A* に〜することを強制する」

28. （The product continued） to be in short supply （for a month.）

be in short supply「供給が不足している」

29. （The details of this job have） yet to be made known（.）

have yet to *do*「まだ〜していない」

30. （It） turned out that she had （made a mistake.）

it turns out that 〜「〜だと判明する」

数学

I 解答

(1)(ア) 225

(2)(イ) 7

(3)(ウ)—②　(エ)—①　(オ)—③　(カ) $\sqrt{5}$　(キ) $\frac{3}{2}$

解説

《小問 4 問》

(1)　点 (0, 0) を通るので，2 次関数の方程式を

$$y=ax^2+bx$$

とおける。

2 点 (10, 200), (20, 200) を通ることから

$$200=a\cdot 10^2+b\cdot 10,\ 200=a\cdot 20^2+b\cdot 20$$

整理して

$$\begin{cases} 10a+b=20 \\ 20a+b=10 \end{cases}$$

これを解いて　$\begin{cases} a=-1 \\ b=30 \end{cases}$

よって 2 次関数の方程式は

$$y=-x^2+30x$$
$$=-(x-15)^2+225$$

と変形できるので，この放物線の頂点の y 座標は　225　→(ア)

(2)　$\overline{A}\cap\overline{B}=\{1,\ 2,\ 3\}$, $A\cap\overline{B}=\{4,\ 5,\ 6\}$

$A\cup\overline{B}=\{1,\ 2,\ 3,\ 4,\ 5,\ 6,\ 7\}$

$U=\{1,\ 2,\ 3,\ 4,\ 5,\ 6,\ 7,\ 8,\ 9\}$

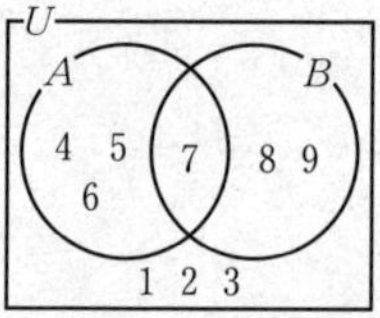

を図に書き込んでいくと，右のようになる。

よって　$A\cap B=\{7\}$　→(イ)

(3)　正の整数 n について

n が 2 で割り切れても 10 で割り切れるとはいえない。(反例 $n=4$)

n が 10 で割り切れるとき，$n=10m=2(5m)$（m は正の整数）と表せるので，n は 2 で割り切れる。

よって「条件 A」は「条件 D」の必要条件であるが，十分条件ではないので，正解は②　→(ウ)

n が 10 で割り切れるとき，$n=10m=2(5m)=5(2m)$（m は正の整数）と表せるので，n は 2 で割り切れ，かつ 5 で割り切れる。逆に n が 2 と 5 で割り切れるとき n は 10 の倍数であるから 10 で割り切れる。

よって「条件 D」は「条件 A かつ条件 C」の必要十分条件であるから，正解は①　→(エ)

n が 3 で割り切れ，かつ 10 で割り切れるとき，n は 30 の倍数であるから，n は 2 でも 10 でも割り切れる。逆に，n が 2 で割り切れ，かつ 10 で割り切れるとき n は 20 の倍数であるから，n は 10 では割り切れるが 3 で割り切れるとはいえない。

よって「条件 B かつ条件 D」は「条件 A かつ条件 C」の十分条件であるが，必要条件ではないので，正解は③　→(オ)

(4)　余弦定理を適用して

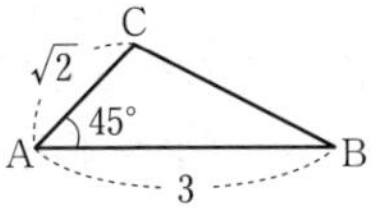

$$\begin{aligned}BC^2&=AB^2+AC^2-2AB\cdot AC\cdot\cos\angle CAB\\&=3^2+(\sqrt{2})^2-2\cdot3\cdot\sqrt{2}\cos45^\circ\\&=3^2+(\sqrt{2})^2-2\cdot3\cdot\sqrt{2}\cdot\frac{1}{\sqrt{2}}=5\end{aligned}$$

$BC>0$ より　　$BC=\sqrt{5}$　→(カ)

$\triangle ABC$ の面積は

$$\begin{aligned}\frac{1}{2}AB\cdot AC\cdot\sin\angle CAB&=\frac{1}{2}\cdot3\cdot\sqrt{2}\cdot\sin45^\circ\\&=\frac{1}{2}\cdot3\cdot\sqrt{2}\cdot\frac{1}{\sqrt{2}}=\frac{3}{2}\end{aligned}$$　→(キ)

Ⅱ ― 解答

(1)　$\dfrac{3}{10}\times\dfrac{3}{10}\times\dfrac{3}{10}=\dfrac{27}{1000}$　……(答)

(2)　$\dfrac{3}{10}\times\dfrac{2}{9}\times\dfrac{1}{8}=\dfrac{1}{120}$　……(答)

(3)　${}_3C_2\left(\dfrac{3}{10}\right)^2\left(1-\dfrac{3}{10}\right)^1=3\times\dfrac{9}{100}\times\dfrac{7}{10}=\dfrac{189}{1000}$　……(答)

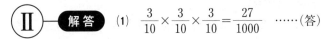

(4) あたりを○，はずれを×で表すと，2人だけがあたる場合は○○×，○×○，×○○の場合があり，求める確率はそれぞれの確率の和であるから

$$\frac{3}{10}\times\frac{2}{9}\times\frac{7}{8}+\frac{3}{10}\times\frac{7}{9}\times\frac{2}{8}+\frac{7}{10}\times\frac{3}{9}\times\frac{2}{8}=\frac{3\cdot(3\times2\times7)}{10\cdot9\cdot8}=\frac{7}{40}$$

……(答)

(5) くじをもとに戻す条件で

(少なくとも2人があたりのくじを引くとき，

Bがあたりのくじを引く条件付き確率)

$$=\frac{(\text{少なくとも2人があたりのくじを引きかつBがあたりくじを引く確率})}{(\text{少なくとも2人があたりのくじを引く確率})}$$

$$=\frac{(\text{Bを含む2人があたりで1人はずれの確率})+(\text{3人ともあたりの確率})}{(\text{2人あたり1人はずれの確率})+(\text{3人ともあたりの確率})}$$

$$=\frac{\left(\frac{3}{10}\times\frac{3}{10}\times\frac{7}{10}+\frac{7}{10}\times\frac{3}{10}\times\frac{3}{10}\right)+\frac{27}{1000}}{\frac{189}{1000}+\frac{27}{1000}}=\frac{17}{24}$$ ……(答)

(6) くじをもとに戻さない条件で

(少なくとも2人があたりのくじを引くとき，

Bがあたりのくじを引く条件付き確率)

$$=\frac{(\text{少なくとも2人があたりのくじを引きかつBがあたりくじを引く確率})}{(\text{少なくとも2人があたりのくじを引く確率})}$$

$$=\frac{(\text{Bを含む2人があたりで1人はずれの確率})+(\text{3人ともあたりの確率})}{(\text{2人あたり1人はずれの確率})+(\text{3人ともあたりの確率})}$$

$$=\frac{\frac{3}{10}\cdot\frac{2}{9}\cdot\frac{7}{8}+\frac{7}{10}\cdot\frac{3}{9}\cdot\frac{2}{8}+\frac{1}{120}}{\frac{7}{40}+\frac{1}{120}}=\frac{15}{22}$$ ……(答)

解説

《くじの確率，条件付き確率》

(1)，(2) 一般に，2つの独立な試行S，Tを行うとき，Sでは事象Aが起こり，Tでは事象Bが起こるという事象をCとすると，事象Cの確率は$P(C)=P(A)P(B)$であることを利用する。

(3) 反復試行の確率の公式，1回の試行で事象Aが起こる確率をpとし，

この試行を n 回繰り返し行うとき，事象 A がちょうど r 回起こる確率は ${}_n\mathrm{C}_r p^r(1-p)^{n-r}$ であることを利用する。

(4)　2人だけがあたる場合が3通りあることに注意する。

(5), (6)　条件付き確率 $P_A(B)$ は，$P_A(B)=\dfrac{P(A\cap B)}{P(A)}$ で求められる。

(1)～(4)を利用し計算を簡略化することができる。

III　解答

(ア) $\dfrac{15\sqrt{3}}{4}$　**(イ)** $\dfrac{\sqrt{3}}{2}$　**(ウ)** $\sqrt{19}$　**(エ)** 7　**(オ)** $\dfrac{\sqrt{3}}{2}$

(カ) $\dfrac{\sqrt{3}\,(8-\sqrt{19}\,)}{6}$

解説

《三角形の面積，余弦定理，内接円の半径》

△ABC の面積を S，△BMN の面積を T とすると，辺 AB の中点が M，辺 BC を 1：2 に内分する点が N であることから

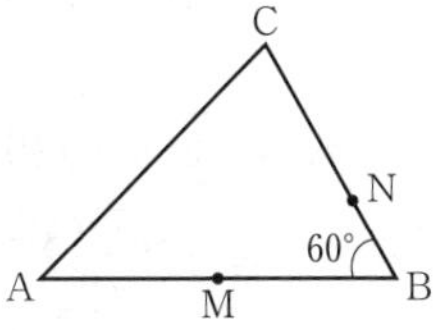

$$T=\frac{1}{2}\cdot\frac{1}{3}S=\frac{1}{2}\cdot\frac{1}{3}\cdot\frac{45\sqrt{3}}{2}=\frac{15\sqrt{3}}{4}\quad\to(\text{ア})$$

また，$S=\dfrac{1}{2}\mathrm{AB}\cdot\mathrm{BC}\cdot\sin\angle\mathrm{ABC}$ だから

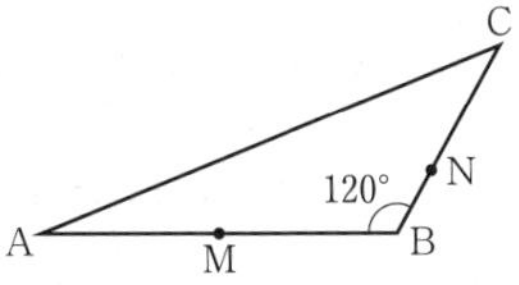

$$\frac{45\sqrt{3}}{2}=\frac{1}{2}\cdot 10\cdot 9\cdot\sin\angle\mathrm{ABC}$$

よって

$$\sin\angle\mathrm{ABC}=\frac{\sqrt{3}}{2}\quad\to(\text{イ})$$

$0^\circ<\angle\mathrm{ABC}<180^\circ$ より　　$\angle\mathrm{ABC}=60^\circ$　または　$\angle\mathrm{ABC}=120^\circ$

△BMN に余弦定理を適用して

$$\begin{aligned}\mathrm{MN}^2&=\mathrm{BM}^2+\mathrm{BN}^2-2\mathrm{BM}\cdot\mathrm{BN}\cdot\cos\angle\mathrm{MBN}\\&=\mathrm{BM}^2+\mathrm{BN}^2-2\mathrm{BM}\cdot\mathrm{BN}\cdot\cos\angle\mathrm{ABC}\end{aligned}$$

また，△BMN の内接円の半径を r とすると

$$T=\frac{1}{2}r(\mathrm{MB}+\mathrm{BN}+\mathrm{MN})$$

だから　$r=\dfrac{2T}{\mathrm{MB}+\mathrm{BN}+\mathrm{MN}}$

よって

(i)　$\angle\mathrm{ABC}=60^\circ$ のとき

$$\mathrm{MN}^2=5^2+3^2-2\cdot5\cdot3\cdot\cos60^\circ$$
$$=5^2+3^2-2\cdot5\cdot3\cdot\frac{1}{2}=19$$

$\mathrm{MN}>0$ より　$\mathrm{MN}=\sqrt{19}$

よって

$$r=\frac{2\times\dfrac{15\sqrt{3}}{4}}{5+3+\sqrt{19}}$$
$$=\frac{15\sqrt{3}}{2(8+\sqrt{19})}$$
$$=\frac{15\sqrt{3}}{2(8+\sqrt{19})}\times\frac{8-\sqrt{19}}{8-\sqrt{19}}$$
$$=\frac{15\sqrt{3}(8-\sqrt{19})}{2(64-19)}=\frac{\sqrt{3}(8-\sqrt{19})}{6}$$

(ii)　$\angle\mathrm{ABC}=120^\circ$ のとき

$$\mathrm{MN}^2=5^2+3^2-2\cdot5\cdot3\cdot\cos120^\circ$$
$$=5^2+3^2-2\cdot5\cdot3\cdot\left(-\frac{1}{2}\right)=49$$

$\mathrm{MN}>0$ より　$\mathrm{MN}=7$

よって　$r=\dfrac{2\times\dfrac{15\sqrt{3}}{4}}{5+3+7}=\dfrac{\sqrt{3}}{2}$

$\sqrt{19}<7$ より

$\mathrm{MN}=\sqrt{19}$　→(ウ)

または

$\mathrm{MN}=7$　→(エ)

$$\frac{\sqrt{3}(8-\sqrt{19})}{6}-\frac{\sqrt{3}}{2}=\frac{1}{6}(8\sqrt{3}-\sqrt{57}-3\sqrt{3})$$
$$=\frac{1}{6}(5\sqrt{3}-\sqrt{57})$$

$$=\frac{1}{6}(\sqrt{75}-\sqrt{57})>0$$

よって　$\dfrac{\sqrt{3}}{2}<\dfrac{\sqrt{3}(8-\sqrt{19})}{6}$

したがって，△BMN の内接円の半径は

$\dfrac{\sqrt{3}}{2}$　または　$\dfrac{\sqrt{3}(8-\sqrt{19})}{6}$　→(オ)，(カ)

Ⅳ　解答

(1)(ア) $2-\sqrt{3}$　(イ) $2+\sqrt{3}$

(2)(ウ) -1　(エ) 1

(3)(オ) $\dfrac{2}{3}\pi(12x^2-x^3)$　(カ) 8　(キ) $\dfrac{512}{3}\pi$

解説

《小問 3 問》

(1)　直線 $y=x+1$ の傾きは 1 なので，直線 $y=x+1$ と x 軸がなす角は

$\dfrac{\pi}{4}$

よって，直線 $y=x+1$ となす角が $\dfrac{\pi}{6}$ である直線が，x 軸となす角は

$$\frac{\pi}{4}+\frac{\pi}{6}=\frac{5}{12}\pi \quad と \quad \frac{\pi}{4}-\frac{\pi}{6}=\frac{\pi}{12}$$

である。

したがって，それらの直線の傾きは $\tan\dfrac{5}{12}\pi$ と $\tan\dfrac{\pi}{12}$ である。

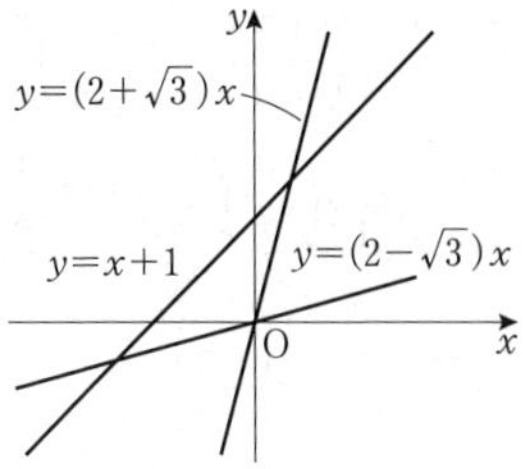

$$\tan\frac{5}{12}\pi=\tan\left(\frac{\pi}{4}+\frac{\pi}{6}\right)$$

$$=\frac{\tan\frac{\pi}{4}+\tan\frac{\pi}{6}}{1-\tan\frac{\pi}{4}\tan\frac{\pi}{6}}$$

$$=\frac{1+\frac{1}{\sqrt{3}}}{1-1\cdot\frac{1}{\sqrt{3}}}$$

$$=\frac{\sqrt{3}+1}{\sqrt{3}-1}$$

$$=\frac{\sqrt{3}+1}{\sqrt{3}-1}\times\frac{\sqrt{3}+1}{\sqrt{3}+1}$$

$$=\frac{(\sqrt{3}+1)^2}{(\sqrt{3})^2-1^2}$$

$$=\frac{4+2\sqrt{3}}{2}=2+\sqrt{3}$$

$$\tan\frac{\pi}{12}=\tan\left(\frac{\pi}{2}-\frac{5}{12}\pi\right)$$

$$=\frac{1}{\tan\frac{5}{12}\pi}$$

$$=\frac{1}{2+\sqrt{3}}$$

$$=\frac{1}{2+\sqrt{3}}\times\frac{2-\sqrt{3}}{2-\sqrt{3}}$$

$$=\frac{2-\sqrt{3}}{2^2-(\sqrt{3})^2}=2-\sqrt{3}$$

$2-\sqrt{3}<2+\sqrt{3}$ より，求める直線の方程式は

$y=(2-\sqrt{3})x$　→(ア)

$y=(2+\sqrt{3})x$　→(イ)

(2)　$8\left(\frac{1}{4}\right)^{x+1}-5\left(\frac{1}{2}\right)^{x}+2<0$

$$8\cdot\frac{1}{4}\left(\frac{1}{4}\right)^{x}-5\left(\frac{1}{2}\right)^{x}+2<0$$

$$2\left(\frac{1}{2}\right)^{2x}-5\left(\frac{1}{2}\right)^{x}+2<0$$

$$\left\{2\left(\frac{1}{2}\right)^{x}-1\right\}\left\{\left(\frac{1}{2}\right)^{x}-2\right\}<0$$

$$\frac{1}{2}<\left(\frac{1}{2}\right)^{x}<2$$

$$\left(\frac{1}{2}\right)^{1}<\left(\frac{1}{2}\right)^{x}<\left(\frac{1}{2}\right)^{-1}$$

$-1<x<1$　→(ウ)，(エ)

(3)　この直円錐の高さは $24-2x$ と表せ，$x>0$ かつ $24-2x>0$ より，

$0<x<12$ である。

$$V=\frac{1}{3}(\pi x^2)(24-2x)$$

$$=\frac{2}{3}\pi(12x^2-x^3) \quad \to (オ)$$

V の増減を調べると

$$\frac{dV}{dx}=\frac{2}{3}\pi(24x-3x^2)$$

$$=2\pi x(8-x)$$

よって

$x=8$ のとき，V は最大となり　→(カ)

その値は

$$V=\frac{1}{3}(\pi\cdot 8^2)(24-2\cdot 8)$$

$$=\frac{1}{3}\pi\cdot 64\cdot 8=\frac{512}{3}\pi \quad \to (キ)$$

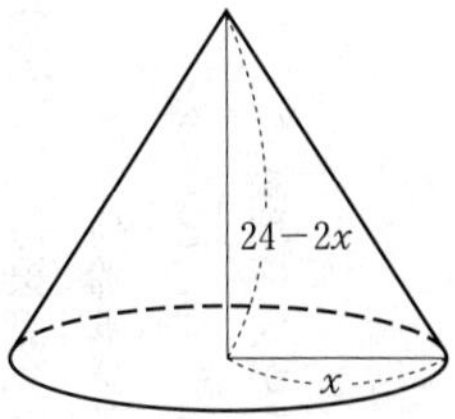

x	0	…	8	…	12
$\frac{dV}{dx}$		+	0	−	
V		↗	最大	↘	

問十四　空欄C・D・Eを含む段落に「夫婦の年齢構成も、特に高齢世帯になるほど男性のほうが年上である割合が高くなります」「一般的な世帯では、平均寿命から考えても……男性から亡くなることになります」とあることから、②が一つめの答えである。後ろから三つ目の段落に「現代の家族では、親と同居する子供がいないケースが多い」とあることから、もう一つの答えは⑤である。

問十五　傍線部コを含む段落の前の段落に「一次相続の場合、多くの家でまず税金の心配がいらないと言われるのは、この『配偶者控除』と『小規模宅地等の特例』があるからです」とあることから、⑤が答えである。

問十六　傍線部コを含む段落の次の段落に「小規模宅地等の特例を使って相続税評価額の減額を受けるには、相続人（例えば子）は、原則として被相続人（例えば親）と生計を一緒にして同居していなければなりません」とあることから、④が答えである。

問十七　傍線部サの「否応なしに」と「手元に入ってくる」が、それぞれ②の「本人の意志にかかわらず」と「所有物になる」に対応することから、②が答えである。

問十八　傍線部シの三つ前の段落に「自宅の評価額によっては課税されてしまう」、また最後から二つ目の段落に「課税がされなくても」「処分に困る地方の家……売りに出しても買い手がつかないような家」とあり、経済的にも実務的にも相続は負担が大きいことが述べられている。よって①が答えである。

問十九　傍線部ケを含む段落の前の段落に「家族の中ではすでに一度相続が発生した状態にあるということです。そしてこの高齢単身者世帯の急増が意味するのは、今後かなり早い時期に多くの二次相続（二回目の相続）が発生するということです」とあることから、③が一つめの答えである。後ろから三つ目の段落の「相続はとにかく『家族』を中心に論理構成がなされていています」と、問十五・十六の〔解説〕から、⑥が二つめの答えである。

問十五　⑤
問十六　④
問十七　②
問十八　①
問十九　③・⑥

解説

問三　二重傍線部ｃを含む段落の次の段落に「団塊世代の方々でも親からたくさんの遺産を相続したという人は少なく、せいぜい地方の実家、付随した田畑や山林などでした」とあることから、④が答えである。

問四　傍線部イを含む一文は「諸先輩方」が「プロジェクト」を「元気にやりまくった」ということであるから、④が答えである。

問八　空欄Ｂを含む一文に「この元気いっぱい世代も47年生まれを Ｂ 切りに、２０２２年から後期高齢者（75歳以上）の仲間入りを始めました」とあることから、⑤が答えである。

問九　傍線部オを含む段落に「団塊世代の多くは１９８０年代を中心にマイホームを首都圏の郊外部に取得しています」とあり、この家が、傍線部オの「親が残した家」であることから、①の「地方の実家」は、ここでの「家」に関する本文の内容に合致しない。

問十二　傍線部カを含む段落の次の段落に「とにかく早く引っ越したい」「なかなか希望の値段で家を買う人も現れない」とあることから、③が答えである。

問十三　「俯瞰」とは〝上から全体を見おろすこと〟という意味。傍線部キ直前に「人口減少や激しい高齢化が進展する地方」、また波線部⑷のある段落に「周囲は年寄りばかりになり街に活気もなく」とあり、明るい未来を思い描けない現状が指摘されている。これが⑤の「快適に暮らしていける見通しが持てない」にあたる。よって⑤が答えである。

国語

一

出典 牧野知弘『負動産地獄——その相続は重荷です』〈第1章 激増する「いらない相続」〉（文春新書）

解答

問一 a—⑤ b—② c—④ d—③ e—④

問二 (1)—③ (2)—④ (3)—③ (4)—⑤

問三 ④

問四 ④

問五 ②

問六 ③

問七 ③

問八 ⑤

問九 ①

問十 C—④ D—⑥ E—①

問十一 ④

問十二 ③

問十三 ⑤

問十四 ②・⑤

一般選抜 一般入試前期日程

問 題 編

▶試験科目・配点【スタンダード方式】

区　分	教　科	科　　　目	配　点
3 教科型	英　語	コミュニケーション英語Ⅰ・Ⅱ・Ⅲ，英語表現Ⅰ・Ⅱ	100 点
	選　択	日本史Ｂ，世界史Ｂ，政治・経済，「数学Ⅰ・Ⅱ・Ａ・Ｂ（数列・ベクトル）」から１科目選択※	100 点
	国　語	国語総合（古文・漢文を除く）・現代文Ｂ	100 点
2 教科型	英　語	コミュニケーション英語Ⅰ・Ⅱ・Ⅲ，英語表現Ⅰ・Ⅱ	100 点
	国　語	国語総合（古文・漢文を除く）・現代文Ｂ	100 点
英 数 型	英　語	コミュニケーション英語Ⅰ・Ⅱ・Ⅲ，英語表現Ⅰ・Ⅱ	100 点
	数　学	数学Ⅰ・Ⅱ・Ａ・Ｂ（数列・ベクトル）	100 点
地歴公民重視型	英　語	コミュニケーション英語Ⅰ・Ⅱ・Ⅲ，英語表現Ⅰ・Ⅱ	100 点
	選　択	日本史Ｂ，世界史Ｂ，政治・経済から１科目選択	200 点
国際学部独自型	英　語	コミュニケーション英語Ⅰ・Ⅱ・Ⅲ，英語表現Ⅰ・Ⅱ	100 点

※心理（人工知能・認知科学）学部は，数学を選択。

▶備　考

- 一般入試前期日程の５日程より，各科目２日程分を掲載。

【3 教科型・2 教科型・英数型】

3 教科型・英数型：全学部・専攻で実施（１月 25 日，２月４日は実施なし）。

2 教科型：文・国際・心理（心理学）・社会・法・経済・経営・地域創造学部で実施。

- スタンダード方式・高得点科目重視方式・共通テスト併用方式の３つの選考方法がある。

〔**スタンダード方式**〕

すべての科目について，標準得点換算により点数調整を行う。

$$\frac{\text{素点}-\text{平均点}}{\text{標準偏差}}\times 10+60$$

〔**高得点科目重視方式**〕

スタンダード方式で受験した科目から最も高得点だった科目の得点を2倍にした合計点で合否判定を行う。

〔**共通テスト併用方式**〕

3教科型：スタンダード方式で受験した3教科のうち高得点2教科に大学入学共通テストの高得点1教科の得点を加えた合計点で合否判定を行う。

2教科型・英数型：スタンダード方式で受験した2教科に大学入学共通テストの高得点1教科の得点を加えた合計点で合否判定を行う。

【地歴公民重視型】

- 文・国際・心理（心理学）・社会・法・経済・経営・地域創造学部で実施（2月3日のみの実施）。
- すべての科目について，標準得点換算により点数調整を行う。

$$\frac{\text{素点}-\text{平均点}}{\text{標準偏差}}\times 10+60$$

- 日本史，世界史，政治・経済は点数調整後の点数を2倍にする。

【国際学部独自型】

- 国際学部でのみ実施。
- 標準得点換算により点数調整を行う。

$$\frac{\text{素点}-\text{平均点}}{\text{標準偏差}}\times 10+60$$

●英語資格保持者「みなし得点制度」について

大学の定める英語に関する各種資格・スコアを，英語の点数（70点・85点・100点のみなし得点）に換算する制度。3教科型・2教科型・英数型・地歴公民重視型で利用できる。ただし，当日の英語の試験は受験必須である。合否判定には当日の得点換算後の点数と比較して得点の高い方を採用する。

英　語

◀1月23日実施分▶

（60分）

〔Ⅰ〕次の文章を読み、問いに答えよ。

In 2009, UNESCO, in its *Atlas of the World's Languages in Danger*, designated the Ainu language as being critically endangered. As the most (　1　) of the five categories—only extinct is worse—used in the report, it highlighted the dangerous situation that the language is in. Still, over the years before and since, a variety of initiatives have been undertaken to save Ainu by stirring interest in it through pop culture, scholarship, the Internet and other means.

An oral language that did not have its own writing system, Ainu has been brought to the edge through the process of making its speakers, most prominently the original inhabitants of Hokkaido, become a part of Japanese society. Ainu people were taught Japanese in schools built by the newcomers. (　2　) minority status and the economic realities of needing to do business with the newcomers in their language led many in the original population to (　3　) their traditions and not teach their native language to their children.

"UNESCO said a few years ago that there are still 15 native speakers of Ainu, but we observers simply do not think that is the case," explains Hiroshi Nakagawa, a Chiba University professor of linguistics and Ainu culture. "Today, there is no one who speaks only Ainu, and there is no one who can speak Ainu better than they can speak Japanese."

Nakagawa belongs to a number of scholars and activists, as well as people in the arts, business and government, who are determined to keep the language and culture alive, not just today, but for tomorrow as well. Their various efforts may already be having some impact. "While we don't have exact statistics, my sense is that the number of people who can speak Ainu to at least some degree—especially young people—(4)," Nakagawa noted. "Increasing the number of people who speak Ainu as a native language is necessary as a remote objective, but what's crucial as a realistic objective is increasing the numbers of those who study in connection with their own ethnic identity."

(5) manga writer Satoru Noda, Nakagawa found himself playing a role he perhaps never expected: Since 2014, he has served as the Ainu-language supervisor on Noda's popular comic book series, *Golden Kamuy*. Nakagawa's chief role has been to offer detailed advice related to Ainu terms and language, though he occasionally offered suggestions about characters and situations. "Essentially," he explained, "I answer whatever questions Noda has" about Ainu culture and language.

The manga certainly seems to have struck a chord (6) in Japan. Aside from sales of the original magazines, some 18 million copies of the 28-volume series in book form have been sold so far. Among other awards, it took the Manga Grand Prize in the 2018 edition of the prestigious Tezuka Osamu Cultural Prize.

"Economics are the basic reason why minority languages disappear," Nakagawa observed. "People stopped using Ainu because they couldn't get by if they couldn't use Japanese," he went on, stressing the need for bonds to be formed between economic activities and Ainu culture.

Still, the basic interest in keeping Ainu alive is there, as shown by the response to *Golden Kamuy*. For example, as Nakagawa pointed out, there has been the positive development of a small increase in the number of television programs that cover Ainu topics. Things like *Golden Kamuy* are first steps, Nakagawa said, and the issue now for those people seeking to rescue Ainu language and culture is how to take the interest that has been created to the next level. "The situation that I think we should be aiming for is one in which the Ainu language and culture are allowed to develop in a way that does not seem to be out of place (7). Hearing Ainu spoken in the course of everyday life should not seem like something exotic. Hopefully, something like *Golden Kamuy* can contribute in some way in this regard."

問 1　空所（　1　）を満たすものとして最も適切なものを①～④の中から一つ選べ。　1

①　destructive　②　serious　③　aggressive　④　stable

問 2　空所（　2　）を満たすものとして最も適切なものを①～④の中から一つ選べ。　2

①　Ainu native speakers'　②　Japanese native speakers'
③　Endangered languages'　④　Poor peoples'

問 3　空所（　3　）を満たすものとして最も適切なものを①～④の中から一つ選べ。　3

①　abandon　②　learn　③　defend　④　adopt

問 4　空所（　4　）を満たすものとして最も適切なものを①～④の中から一つ選べ。　4

出典追記：The Japan Times, February 21, 2022

① is rising　② is falling
③ is clear　④ is not important

問5　空所（　5　）を満たすものとして最も適切なものを①～④の中から一つ選べ。　5

① In addition to　② In spite of
③ Thanks to　④ After

問6　下線部(6)の意味として最も適切なものを①～④の中から一つ選べ。　6

① become musical　② become popular
③ become rich　④ become old

問7　下線部(7)の意味として最も適切なものを①～④の中から一つ選べ。　7

① not polite　② not natural
③ not national　④ not legal

問8　本文の表題として最も適切なものを①～③の中から一つ選べ。　8

① Award-Winning Comic Book Brings Hope for Native Tongue
② Chiba Professor Wins Comic Book Award
③ UNESCO Raises Alarm about Human Rights in Hokkaido

問9　本文の内容と一致するものを①～⑥の中から三つ選べ。ただし、解答の順序は問わない。　9 ～ 11

① Instruction in the Japanese language contributed to the decrease in native speakers of Ainu.

② There are less than 15 people who speak Ainu better than Japanese today.

③ Statistics clearly show that the number of people studying Ainu is now increasing.

④ Nakagawa wrote the dialogue for the Ainu characters in *Golden Kamuy*.

⑤ Speaking Ainu is an essential part of economic activities for people living in Hokkaido today.

⑥ Popular culture plays an important role in the protection of minority languages.

〔Ⅱ〕次の文章を読み、問いに答えよ。

One of the first things I had to do when moving to Japan back in 1999 was to go and get myself an official *hanko*. [12] . The *hanko* stamp is made of the characters that make up your family name and you carry it around with a little block of red ink and stamp anything official. My written signature meant nothing, but my new stamp opened a bank account, registered me with the town office and got me my apartment. You cannot live in Japan without a *hanko*. But will things have to change...?

It is even more important in business with official contracts and financial transactions signed off with a stamp. With the recent spread of the coronavirus and remote teleworking encouraged to limit the spread, this potentially throws up problems for business and use of the official seal.

[13] . Originally imported from China and formalized by the Japanese government in the early 19th century, when they required everyone to register with their *hanko*, they are still used on a daily

basis by businesses and individuals. Company processes often depend on the *hanko* and an official physical seal is needed to sign off documentation, contracts or even to acknowledge that certain people have seen a document. Nothing happens until documents have a *hanko* stamp and this is the case especially so in the public sector.

Although there has been some change over more recent years with the introduction of the digital *hanko*, it is still the case that the majority of company employees will have to venture into their offices to give the official stamp on contracts and documentation. Despite being one of the most technologically advanced nations in the world and having the capabilities for home teleworking, [14] .

The government's plan to reduce social interaction by 80% in order to stop the spread of the virus is being prevented by the tradition of the official *hanko*, as well as the "must work" attitude that many Japanese have.

Having declared a state of emergency, the government has called for work practices and the use of the *hanko* to be reviewed quickly in order to stamp out the spread of coronavirus. The virus could mean the end of this ancient practice as we know it, or perhaps its use is so established in certain sectors that this could be a case of too much change needed too soon. We shall see if the recommendations get the *hanko* stamp of approval.

問 1　下線部 [12] ～ [14] を補うものとして最も適切なものを①～③の中から一つ選べ。ただし、文頭の大文字は小文字に変更している。

① the simple *hanko* stamp is proving to be a bit of an obstacle
② the *hanko* has a history that goes back a thousand years
③ for all intents and purposes, the *hanko* is your official signature in Japan

問2 以下の設問の答えとして最も適切なものを①～③の中から一つ選べ。

1. Why did the writer of this article get an official *hanko*? [15]

① Because the writer had always wanted a *hanko*.
② Because it was required to enter Japan.
③ Because it was needed to complete basic tasks.

2. What does the Japanese government recommend society does about the *hanko*? [16]

① People should reconsider using the *hanko*.
② People should stop using the *hanko* completely.
③ People should get a digital *hanko*.

問3 本文の表題として最も適切なものを①～③の中から一つ選べ。 [17]

① *Hanko* Stamp Being Stamped Out
② *Hanko* Beats Handshakes in the COVID-19 Era
③ *Hanko* Identified as Major Transmitter of Disease

問4 本文の内容と一致するものを①～④の中から二つ選べ。ただし、解答の順序は問わない。 [18] ～ [19]

① The *hanko* has been shown to reduce the spread of COVID-19 infection in Japan.
② Japan imported *hanko* stamps from Korea in the modern period.
③ Use of the *hanko* is very common in the public sector.
④ *Hanko* culture has made it difficult for the government to reduce social interaction.

〔Ⅲ〕次の問いに答えよ。

問1　各文の空所（ 20 ）～（ 23 ）に入る最も適切なものを①～④の中から一つ選べ。

1．（ 20 ） your sincere support, I could not have succeeded.

① Did it not have　② Should it not be for
③ Had it been　④ Had it not been for

2．You should （ 21 ） to gamble all your money.

① know better with　② know better than
③ know less with　④ know less than

3．（ 22 ） alone in the room, the baby began to cry.

① Leave　② Leaving　③ Left　④ To leave

4．They come to work the next day （ 23 ）.

① no matter how are they tired
② no matter how they are tired
③ no matter how tired are they
④ no matter how tired they are

問2　以下の英文には、誤りがそれぞれ一か所ある。下線部(1)～(4)の中から一つ選べ。

1．One of (1)the biggest (2)problems that my students have (3)been a lack (4)of motivation. [24]

2．The train arrived (1)lately (2)due to the heavy rain, so I (3)missed the shuttle bus I was going to (4)take. [25]

3．When my grandfather (1)had born in Nagoya (2)in 1945, the war (3)had ended only a few months (4)before. [26]

〔Ⅳ〕次のそれぞれの会話文の下線部 [27] ～ [36] を補うのに最も適切な英文を①～⑤の中から一つ選べ。英文はすべて使用し、同じ英文を二度使うことはない。

1．Wilson: Thank you for calling Island Paradise Incorporated. How may I help you?

Chuck: ＿＿＿＿[27]＿＿＿＿

Wilson: ＿＿＿＿[28]＿＿＿＿

Chuck: ＿＿＿＿[29]＿＿＿＿

Wilson: That's a splendid choice and has been highly rated by customers in the past.

Chuck: ＿＿＿＿[30]＿＿＿＿

Wilson: Is that so? Customers have described it as "exciting" and "thrilling."

Chuck: ＿＿＿＿[31]＿＿＿＿

① Which are you referring to?

② Why is it called that? It sounds frightening.

③ Yeah, I'm calling about one of the island travel packages you have advertised.

④ How many customers have actually returned, exactly?

⑤ The one listed on page 32 of your brochure called "Death Trap Island."

2. Chris: ＿＿＿＿ 32 ＿＿＿＿

PJ: Come on—you lost fair and square, and those are the rules.

Chris: ＿＿＿＿ 33 ＿＿＿＿

PJ: ＿＿＿＿ 34 ＿＿＿＿

Chris: Are you saying the Internet is incorrect?

PJ: ＿＿＿＿ 35 ＿＿＿＿

Chris: You're a horrible dictator.

PJ: ＿＿＿＿ 36 ＿＿＿＿

① But I checked online, and your interpretation of the rules is completely invalid.

② You should be careful what you read online.

③ Maybe so, but at least I didn't lose the game!

④ That was the last time I ever play this game with you!

⑤ Even if it isn't, it's my game, so you have to accept my interpretation.

〔V〕次の各文の意味内容に合うように、与えられた語①～⑤をすべて用いて英文を完成させた際に、空所（ 37 ）～（ 40 ）に入る最も適切なものを一つ選べ。ただし、文頭の大文字は小文字に変更している。

1．その事故のことを考えただけでぞっとした。

I was (　　)(　　)(　　)(37)(　　) of the accident.

① at　② mere　③ scared
④ the　⑤ thought

2．このチームが優勝するには、やるべきことはまだたくさん残っている。

(　　)(　　)(38)(　　)(　　) for this team to win the championship.

① be　② done　③ much
④ remains　⑤ to

3．私の父は有名な画家に自画像を描いてもらった。

My father (　　)(39)(　　)(　　)(　　) a famous painter.

① by　② had　③ his
④ painted　⑤ portrait

4．あの国の子どもの死亡率は私たちの国の子どもの死亡率の２倍以上高い。

The child mortality rate in that country is (　　)(　　)(40)(　　)(　　) as that in our country.

① as　② high　③ more
④ than　⑤ twice

◀2月3日実施分▶

（60分）

〔Ⅰ〕次の文章を読み、問いに答えよ。

A new tool from the maker of ChatGPT aims to help deal with concerns about how artificial intelligence (or AI) can be used to cheat in school. The tool is called AI Text Classifier. It is designed to identify writing that was produced not by students but by AI programs.

The tool was launched by OpenAI, an AI technology company based in San Francisco. The company is the maker of ChatGPT, an AI system that can produce any kind of writing on demand. Many education officials are concerned that ChatGPT could fuel academic dishonesty and harm learning.

But, OpenAI (1) that its new AI Text Classifier tool—like others already available—is not perfect. The method for detecting AI-generated writing "will be wrong sometimes," said Jan Leike of OpenAI. "Because of that(2)," he added, "it shouldn't be solely relied upon when making decisions."

Teenagers and college students were among the millions of people who began experimenting with ChatGPT after it launched on November 30. The tool is a free service on OpenAI's website.

Many people have found ways to use it creatively and harmlessly. Still, some educators are concerned about the ease with which students could use it to (3) take-home test questions or do other assignments. School districts around the country report they are seeing discussions about ChatGPT change quickly.

By the time schools opened for the new year, New York City, Los

Angeles, and other big public school districts in the United States began to block its use in classrooms and on school devices.

The Seattle Public School district blocked ChatGPT on all school devices in December but then opened it to educators. District spokesman Tim Robinson said teachers wanted to use ChatGPT as a teaching tool. “We can’t afford to ignore it(4),” Robinson said. The district is also discussing expanding the use of ChatGPT to classrooms to let teachers use it to teach students critical thinking. Students could also use the service as a “personal tutor” or to help create ideas when working on an assignment, Robinson said.

OpenAI wrote about the limitations of its detection tool on a blog recently. But the company added that the tool could help to find false information campaigns and misuse of AI to mimic humans in addition to catching cheating.

The longer a piece of writing, (5) the tool is at detecting if an AI system or a human wrote something. AI Text Classifier can examine any piece of writing whether it is a college admissions essay, or a literary study of Ralph Ellison’s *Invisible Man*. The tool will then say that it is “very unlikely, unlikely, unclear if it is, possibly, or likely” AI-created.

But much like ChatGPT itself, it is not (6) to say how AI Text Classifier comes up with a result, Leike said. There is a lot about the tool that is still not well understood. He said, “There’s really not much we could say at this point about how the classifier actually works.”

Colleges around the world also have begun debating responsible use of AI technology. The Paris Institute of Political Studies, or Sciences Po, one of France’s most famous universities, banned its use recently. Sciences Po warned that anyone found using ChatGPT and other AI tools to produce written or spoken work could be banned from the school and other institutions.

To answer criticism, OpenAI said it has been working for several weeks to create new recommendations to help educators. France's digital economy minister Jean-Noël Barrot recently met in California with OpenAI leaders, including CEO Sam Altman. Barrot a week later told people gathered at the World Economic Forum in Davos, Switzerland that he was (7) about the technology. But the government minister said there are also difficult moral questions that will need to be dealt with.

問 1　空所（ 1 ）を満たすものとして最も適切なものを①～④の中から一つ選べ。　1

① warns　② forgets

③ recommends　④ denies

問 2　下線部(2)の内容として最も適切なものを①～④の中から一つ選べ。　2

① that the tool is immoral

② that the tool is foreign

③ that the tool is imperfect

④ that the tool is old-fashioned

問 3　空所（ 3 ）を満たすものとして最も適切なものを①～④の中から一つ選べ。　3

① make　② repeat　③ ask　④ answer

問 4　下線部(4)の内容として最も適切なものを①～④の中から一つ選べ。　4

① teaching　② the district

出典追記：Voice of America

③ ChatGPT ④ the assignment

問5 空所（ 5 ）を満たすものとして最も適切なものを①～④の中から一つ選べ。 5

① the shorter ② the more ③ the harder ④ the better

問6 空所（ 6 ）を満たすものとして最も適切なものを①～④の中から一つ選べ。 6

① easy ② difficult ③ likely ④ good

問7 空所（ 7 ）を満たすものとして最も適切なものを①～④の中から一つ選べ。 7

① scared ② depressed ③ hopeful ④ concerned

問8 本文の表題として最も適切なものを①～③の中から一つ選べ。 8

① New Tool to Identify AI Writing Released
② Designing ChatGPT for Many People
③ How to Protect Yourself from ChatGPT

問9 本文の内容と一致するものを①～⑥の中から三つ選べ。ただし、解答の順序は問わない。 9 ～ 11

① ChatGPT and the AI Text Classifier were developed by the same company.
② Many people think that ChatGPT might have a negative impact on students' education.

③ American people cannot work out how to use ChatGPT properly.

④ Some public schools in the United States do not accept ChatGPT in their classrooms.

⑤ It is impossible for teachers to use ChatGPT for teaching.

⑥ A European country's government banned ChatGPT.

〔II〕 次の文章を読み、問いに答えよ。

At the end of World War II, over half a million Japanese servicemen left behind overseas were shipped off to labor camps in the Soviet Union. Some of them wouldn't make it back to Japan until 1956; many didn't get that far.

Among the captives was a linguist named Hatao Yamamoto, whose story is given a sentimental treatment in Takahisa Zeze's *Fragments of the Last Will*, based on a 1989 nonfiction book by Jun Henmi.

As played by the energetic Kazunari Ninomiya, he's a saintly figure with a heart big enough to warm even the frozen wastes of Siberia.

The story starts in 1945. When Soviet forces stage a surprise attack on Manchuria (the country set up and controlled by Japan in the northeastern part of China) during the dying days of the war, Yamamoto is separated from his wife, Mojimi (Keiko Kitagawa), and children—though not before promising that they will see each other again.

[12]______. Fluent in Russian, Yamamoto is often called on to act as an interpreter, even as his moral goodness makes him a frequent target for abuse by friends and enemies alike.

The war may be over, but old Imperial Army ranks still exist among the Japanese prisoners, which prevents them from being able to work together smoothly. Yamamoto's insistence on preserving basic standards of decency earns him the jealousy of Mitsuo Aizawa (Kenta Kiritani), a former sergeant, though he finds a potential ally in the cowardly Kenzo Matsuda (Tori Matsuzaka).

Their struggles are paralleled by the experiences of Mojimi, who never loses her hope that her husband will eventually come back. But when not everyone is able to make the return journey, it's left to the survivors to convey the final testament of a fallen comrade, which the film maximizes for emotional impact during its shamelessly long final act.

[13]. Zeze's approach isn't subtle and he indulges in some overblown performances from his cast (Kiritani being the worst offender). All the same, it's hard not to get caught up in the film's dramatic narrative, with snowy Niigata making an acceptable substitute for Siberia—even though the CGI could have been better.

As people who lived through the war and its aftermath become fewer and fewer, Japanese movies about that era—like the memories themselves—are getting unclear.

Zeze's film was scripted by Tamio Hayashi, who also wrote the screenplay for Takashi Yamazaki's more problematic *The Eternal Zero* (2013). Although it doesn't share the latter's biased historical interpretation, *Fragments of the Last Will* aims to be just as stimulating, seeking to find the best of humanity in a period of history that exposed the very worst of it.

[14]. Presumably, camp regulations are the only thing preventing the prisoners from wearing badges that say: "We love Yamamoto."

It's hard to ignore the resemblance to Masaki Kobayashi's three-part *The Human Condition* (1959-61), in which Tatsuya Nakadai plays another do-gooder, trying to preserve his humanity as he goes from Manchurian labor camp supervisor to Soviet prisoner of war. Compared to the moral complexity of Kobayashi's film, this is simple stuff, but if you're looking for heartwarming holiday viewing, why not give it a go?

問 1　下線部 12 ～ 14 を補うものとして最も適切なものを①～③の中から一つ選べ。

① This promise becomes his main source of motivation as he endures the difficulties of life in a Soviet prisoner-of-war camp

② But the film's protagonist is just a little too perfect

③ Until that point, this attractively old-fashioned period drama is very watchable

問 2　以下の設問の答えとして最も適切なものを①～③の中から一つ選べ。

1. What is the main difficulty faced by the Japanese prisoners? 15

① They do not see each other as equals.

② They do not have enough courage to fight back.

③ They have no way to communicate with the Russians.

2. How many of the prisoners in the film return to Japan from Siberia? 16

① All of the prisoners.

② Some of the prisoners.

③ Only Yamamoto.

問 3　本文の表題として最も適切なものを①～③の中から一つ選べ。 17

① The Best of Humanity during One of History's Darkest Moments

出典追記：The Japan Times, December 8, 2022

② The Fallen State of Manchuria

③ Japan and Siberia Cooperate on New WWII Movie

問4　本文の内容と一致するものを①～④の中から二つ選べ。ただし、解答の順序は問わない。　[18] ～ [19]

① *Fragments of the Last Will* is based on a true story.

② In the film, Yamamoto is treated well by the Russians because of his language skills.

③ Recent war films are often more historically accurate than older films.

④ On the whole, the author of this article thinks that people will enjoy *Fragments of the Last Will*.

〔Ⅲ〕次の問いに答えよ。

問1　各文の空所（ [20] ）～（ [23] ）に入る最も適切なものを①～④の中から一つ選べ。

1. He ([20]) to take care of his baby by himself when his wife worked nights.

① is about　　② ought

③ used　　④ was used

2. Would you ([21]) me the contact information?

① be so kind to send　　② be so kind as to send

③ send so as to be kind　　④ send as so to be kind

3. The University of Melbourne, (**22**) in 1853, is a comprehensive research university located in the city of Melbourne, Australia.

① found　② founded
③ founding　④ was founded

4. He was absent from school today, (**23**) is often the case with him.

① as　② if　③ so　④ what

問2 以下の英文には、誤りがそれぞれ一か所ある。下線部(1)〜(4)の中から一つ選べ。

1. It is (1)a normal human instinct, to my mind, (2)run away (3)at times from the (4)thought of things going wrong. **24**

2. It is (1)the hard-working and committed men (2)which are (3)the rulers of (4)the world. **25**

3. It is (1)easy to say ill of (2)a man behind his back, but (3)difficult to praise him (4)to his face. **26**

〔Ⅳ〕次のそれぞれの会話文の下線部 27 ～ 36 を補うのに最も適切な英文を①～⑤の中から一つ選べ。英文はすべて使用し、同じ英文を二度使うことはない。

1．Taro: Hey Jack! So, you found the cafeteria okay! Why don't you join us at this table?

Jack: ＿＿＿＿ 27 ＿＿＿＿

Taro: I see you like Japanese food!

Jack: ＿＿＿＿ 28 ＿＿＿＿

Taro: ＿＿＿＿ 29 ＿＿＿＿

Jack: ＿＿＿＿ 30 ＿＿＿＿

Taro: ＿＿＿＿ 31 ＿＿＿＿

Jack: Thanks, but I think I'll be able to manage it. Here we go!

① Try it together with your rice. If you don't like it, you can leave it. Nobody will mind.

② Hey Taro. I'll just get a drink and then come sit down.

③ I love sushi and ramen, but actually I'm not sure what this is.

④ I see. How am I supposed to eat it?

⑤ We call it *umeboshi*. It means "pickled plum."

2．Nathan: We have to discuss this passage. What do you make of it?

Sophie: ＿＿＿＿ 32 ＿＿＿＿

Nathan: ＿＿＿＿ 33 ＿＿＿＿

Sophie: ＿＿＿＿ 34 ＿＿＿＿

Nathan: Yes, that's it. The boy asks the man what makes people turn bad, and he just replies, "Money."

Sophie: ＿＿＿＿ 35 ＿＿＿＿

Nathan: ＿＿＿＿ 36 ＿＿＿＿

Sophie: I think I get what he is trying to say. Money gives people security, but it also makes their hearts impure.

① Hmm... Yeah, I remember reading that section several times.
② It's where they are talking about what makes people turn evil.
③ Sorry, I wasn't listening properly. Which passage?
④ Okay, I found it, chapter 29, right?
⑤ Well, do you agree?

〔V〕次の各文の意味内容に合うように、与えられた語①～⑤をすべて用いて英文を完成させた際に、空所（ 37 ）～（ 40 ）に入る最も適切なものを一つ選べ。ただし、文頭の大文字は小文字に変更している。

1．そのテストの結果が分かり次第、すぐに電話をください。

Give (　　) (　　) (　　) (　　) (37) you know the results of the exam.

① a　② call　③ me
④ moment　⑤ the

2．夫は私を説き伏せて新車を買わせようとした。

My husband tried (　　) (　　) (　　) (38) (　　) a new car.

① buying　② into　③ me
④ persuade　⑤ to

3．彼がどんなに困っているか私はほとんど知らなかった。

Little (　　) (39) (　　) (　　) (　　) he was in.

① did ② I ③ know
④ trouble ⑤ what

4. 冬は寒いものと相場は決まっている。

(　　)(　　)(　　)(40)(　　) that it is cold in winter.

① for ② granted ③ it
④ people ⑤ take

日本史

◀1月23日実施分▶

（60分）

〔Ⅰ〕次のＡ～Ｈの文章を読み，提示された白地図とあわせて，設問に答えよ。なお，白地図の記号は，現在の都道府県で示している。

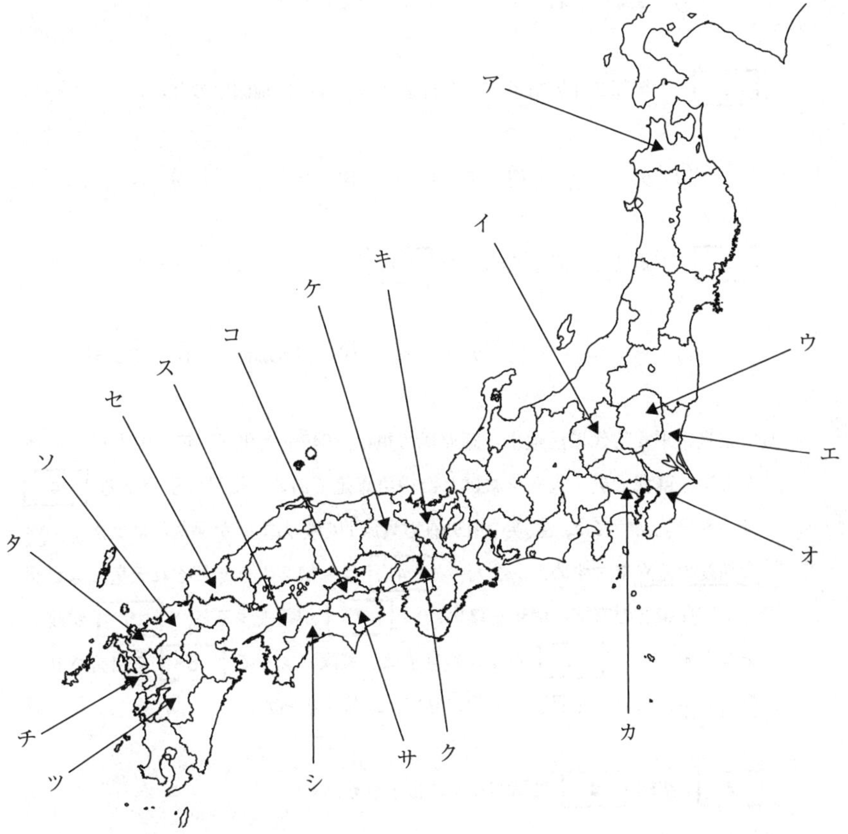

A　かつては，日本列島に【1a】の遺跡は存在しないと考えられていた。1949年の岩宿遺跡[2]の調査において，更新世にたい積した関東ローム層のなかから【1b】が発見された。その後，各地で更新世の地層から【1b】の発見があいつぎ，【1a】の文化の存在が確認された。

【1】　空欄【1a】・【1b】の組み合わせで適切なものはどれか。

① 1a：旧石器時代　1b：縄文土器
② 1a：新石器時代　1b：弥生土器
③ 1a：旧石器時代　1b：打製石器
④ 1a：新石器時代　1b：磨製石器

【2】　下線部2「岩宿遺跡」が含まれるのは，白地図中のどれか。

①　ア　　②　イ　　③　ウ　　④　エ

【3】　下線部2「岩宿遺跡」で【1b】を発見した人物はどれか。

①　モース　　②　ナウマン　　③　相沢忠洋　　④　柳田国男

B　奈良・平安時代に活躍する藤原氏の祖は，645（大化元）年，中大兄皇子とともに，蘇我蝦夷・入鹿を滅ぼした中臣鎌足である。鎌足の子である【4】は，8世紀初めには，皇族や中央有力貴族間の勢力均衡が保たれたなかで，律令制度の確立[5]をすすめた。また，【4】は，娘2人をそれぞれ天皇に嫁がせて，天皇家との密接な関係を築いた。【4】が死去すると，【6】が政権を担当するが，【4】の4人の息子は，策謀によって【6】を自害させ，聖武天皇[7]に嫁いだ光明子を皇后に立て，政権を握った。

【4】　空欄【4】に適切なものはどれか。

① 藤原基経　② 藤原冬嗣
③ 藤原仲麻呂（恵美押勝）　④ 藤原不比等

5 下線部5「律令制度の確立」がすすめられたなかで，空欄 **4** の人物が関わったこととして，最も適切なものはどれか。

① 八色の姓の制定　② 大宝律令の制定
③ 三世一身法の制定　④ 墾田永年私財法の制定

6 空欄 **6** に適切なものはどれか。

① 長屋王　② 橘　諸兄　③ 道　鏡　④ 橘奈良麻呂

7 下線部7「聖武天皇」に関連して，天平文化の代表的な美術・建築作品として，適切でないものはどれか。

①

①の写真は著作権の都合により，類似の写真と差し替えています。

②

③

④

C　11世紀後半，［8 a］天皇は，荘園の増加による公領（国衙領）の圧迫を解消し，朝廷の徴税機能を強化するために，延久の荘園整理令[9]を出した。摂関家の荘園も例外ではなく荘園整理令の対象とされ，基準にそぐわない荘園は停止，没収され，公領（国衙領）とされた。これにより，徴税しうる公領の確定が進み，荘園整理令はかなりの成果を上げた。

初めて院政[10]を敷いた［8 b］上皇も，荘園整理の断行をよしとする国司（受領）を支持勢力に取り込んで，人事権を握った。院の御所には北面の武士を置き，源平の武士を側近にするなどして，院の権力を強化した。

［8］　空欄［8 a］・［8 b］の組み合わせで適切なものはどれか。

① 8 a：後三条　8 b：鳥　羽

② 8 a：鳥　羽　8 b：堀　河

③　8 a：堀　河　　8 b：白　河

④　8 a：後三条　　8 b：白　河

9　下線部9「延久の荘園整理令」に関連して，荘園整理に関する説明として，適切でないものはどれか。

① 記録荘園券契所を設けて，荘園領主から提出された証拠書類（券契）と国司からの報告をあわせて審査して，年代の新しい荘園，書類不備などに該当する荘園を停止した。

② 荘園整理令にあわせて，枡の大きさを一定にした（宣旨枡）。これは枡の基準として，のちの太閤検地まで用いられた。

③ 藤原通憲（信西）や藤原信頼といった学識に優れた人材が登用されて，強力に荘園整理が進められた。

④ 律令制度の下で国・郡・里（郷）の上下の区分で構成されていた一国の編成は，荘・郡・郷などが並立する荘園と公領とで編成される体制に変化していった。

10　下線部10「院政」期の出来事に関する説明として，適切でないものはどれか。

① この時期の院政は，**8 b** 上皇から数えて3代100年余り続いた。院政は，自分の子孫の系統に皇位を継承させようとするところからはじまったが，法や慣例にこだわらず，院が政治の実権を専制的に行使するようになった。

② 上皇は仏教を厚く信仰した。出家して法皇となり，六勝寺など多くの寺院を造営し，堂塔・仏像をつくって，盛大な法会を行い，紀伊の熊野詣や高野詣を繰り返した。

③ 転換期に立って過去を振り返ろうとする貴族たちの考えから『大鏡』や『今鏡』といった和文体のすぐれた歴史物語が書かれた。また，インドや中国・日本の1000余りの説話を集めた『今昔物語集』には，

この時期の武士や庶民の生活などが描かれている。

④　現世利益を求めるさまざまな信仰と並んで，現世の不安から逃れようとする浄土教が盛んに信仰された。空也が京の市でこれを説法し，源信（恵心僧都）は『往生要集』を著して，念仏往生の教えを説くと，浄土教への信仰は貴族をはじめ，庶民にも広がっていった。

D　チンギス＝ハンの孫のフビライは，都を大都に移し，国号を元と改めた。元は，朝鮮半島の国 [11] を攻撃し，やがてこれを服属させ，日本に対しても朝貢を要求した。執権 [12] はこれを拒絶し，その結果，2度にわたり元軍が日本を攻撃した。この元寇への対応は，すでに分割相続で所領が細分化していた御家人たちに多大な負担を負わせたが，それに対して十分な恩賞がなく，御家人たちをいっそう困窮に追い込んだ。幕府は永仁の徳政令13を発して，こうした動きに対応しようとした。

[11]　空欄 [11] に最も適切なものはどれか。

①　高　麗　　②　新　羅　　③　刀　伊　　④　朝　鮮

[12]　空欄 [12] の次の執権が設置した，政務と裁判などにあたった機構の所在地が含まれるのは，白地図中のどれか。

①　キ　　②　セ　　③　ソ　　④　タ

[13]　下線部13「永仁の徳政令」に関する説明として，適切なものはどれか。

①　柳生街道の峠口にある巨石に，この法令の内容が刻まれている。
②　数万人の農民たちが一揆をおこして，この法令を要求した。
③　取引に良質の貨幣を選ぶことを禁止する内容がある。
④　御家人の所領の質入れや売買を禁止する内容がある。

E　時代を追うごとに商品流通は盛んになるが，室町時代14には行商人の活動も目立つようになった。連雀商人や振売，京都では大原女などの活動もみられるようになった。連雀商人の「連雀」とは，[15]を意味するものであった。

[14]　下線部14「室町時代」における出来事の説明として，適切でないものはどれか。

① 初代将軍足利尊氏と，幕府行政を取り仕切っていた弟・直義とのあいだで権力争いがおきて，守護たちも双方の立場で争った。加えて，末端の武士に至るまで，親兄弟などで南朝方，北朝方に分かれて骨肉の争いを展開した。

② 3代将軍足利義満は，南北朝合一を実現した。その後，将軍位を4代義持に譲ると，自らは太政大臣として公家の最高位に位置し，実権をふるった。出家した後，明の皇帝から冊封を受け，勘合貿易を開始した。

③ 鎌倉時代の武士の上流層に広まった曹洞宗は，夢窓疎石が将軍尊氏の厚い帰依を受けて以来，幕府の保護を受けて，繁栄した。義満の時代には，南宋の官寺の制にならって，五山・十刹の制がほぼ完成した。

④ 武家・公家問わず，広く連歌が流行し，能楽も多くの人々を集めて上演された。茶寄合も各地で行われた。茶の異同を飲み分ける勝負ごとの闘茶が流行した。

[15]　空欄[15]に適切なものはどれか。

① 天秤棒　　② 関　銭
③ 木製の背負い道具　　④ 定期市

F　1637（寛永14）年におきた島原の乱は，飢饉のなかで島原城主と天草領主16が領民に過酷な年貢を課し，キリスト教徒を弾圧したことに抵抗した土豪や百姓の一揆であった。益田（天草四郎）時貞を首領とし，原城跡17に立てこもった3

万人余りの一揆勢に対して，江戸幕府は約12万人の兵力を動員し，翌年，この一揆を鎮圧した[18]。

16　下線部16「島原城主と天草領主」に関連して，島原半島と天草諸島は，かつてキリシタン大名の領地であり，一揆勢のなかには，彼らの牢人やキリスト教徒が多かった。かつてこの地の領主であったものの組み合わせとして，適切なものはどれか。

① 大内義隆・大友義鎮（宗麟）　② 大村純忠・高山右近
③ 有馬晴信・小西行長　④ 福島正則・加藤清正

17　下線部17「原城跡」が含まれるのは，白地図中のどれか。

① ソ　② タ　③ チ　④ ツ

18　下線部18「この一揆を鎮圧した」後の時期における出来事の説明として，適切でないものはどれか。

① キリスト教徒を根絶するため，江戸幕府は，絵踏を強化するとともに，寺院が檀家であることを証明する寺請制度を設け，宗門改めを実施し，仏教への転宗を強制するなどの政策を展開した。
② 江戸幕府の機構が整備され，平和が続くなかで，戦乱を待望する牢人や，秩序におさまらないかぶき者を扇動して由井正雪が乱を起こした。その後，幕府は，牢人やかぶき者への取り締まりを強化した。
③ 江戸幕府は，百姓の小経営を安定させ，年貢収入を確実にするために，田畑永代売買の禁止令，分地制限令などを発して，百姓の日常の労働や暮らしにまで細々とした指示を加えて，その生活を統制した。
④ 江戸幕府は，禁中並公家諸法度を出して，朝廷運営の基準を示し，京都所司代に朝廷を監視させた。また，武家伝奏を通じて，朝廷統制の主導権を持たせた摂家を操作した。

G　10代将軍徳川家治の時代になると，1772（安永元）年に **19** から老中となった田沼意次が十数年間にわたって政治の実権を握った。この時代を田沼時代[20]と呼ぶ。

意次は，行きづまった幕府財政を立て直すために，手賀沼・印旛沼[21]の干拓工事を始めるなど新田開発を積極的に試み，年貢増徴につとめた。その一方で，そうした年貢増徴につながる政策だけではなく，民間の経済活動を活発にして，そこで得られた富の一部を財源に取り込もうとした。都市や農村の商人，職人の仲間を，株仲間として広く公認し，運上・冥加などの営業税の増収を目指すなど重商主義政策を展開した。

19　空欄 **19** に適切なものはどれか。

①　側用人　　②　若年寄　　③　大目付　　④　勘定奉行

20　下線部20「田沼時代」の出来事の説明として，適切でないものはどれか。

①　初めて定量の計数銀貨が鋳造され，金を中心とする貨幣制度への一本化が試みられた。

②　仙台藩の医師工藤平助の意見をもとに，最上徳内が蝦夷地に派遣されて，蝦夷地の開発やロシア人との交易の可能性を調査した。

③　京都の商人である石田梅岩が，儒教道徳に仏教や神道の教えを加味した陽明学を立ち上げ，町人を中心とした庶民の生活倫理を説いた。

④　幕府役人のあいだで賄賂や縁故による人事が横行するなど，武士本来の士風を退廃させたとの評価を受けた。

21　下線部21「手賀沼・印旛沼」が含まれるのは，白地図中のどれか。

①　イ　　②　ウ　　③　エ　　④　オ

H　15代将軍徳川慶喜は，フランスの援助を受け，幕政の立て直しにつとめた。しかし，1867（慶応3）年，前年に同盟を結んでいた薩摩・長州の両藩は武力倒幕を決意した[22]。これに対し，公武合体の立場をとっていた【23 a】藩は，藩士の後藤象二郎や坂本龍馬などが，前藩主の山内容堂を通じて，慶喜に倒幕派の機先を制する大政奉還を建議した。それを受け入れた慶喜は，同年10月下旬，大政奉還の上奏を朝廷に提出した。ここに徳川幕府は終焉を迎えたが，慶喜は新たな政体でもその中心的役割を果たすつもりでいた。しかし，薩長両藩と岩倉具視[24]らは，倒幕の密勅を得て，同年12月初旬，王政復古の大号令を発し，新政府の樹立を宣言した。その宣言の夜には，小御所会議で慶喜に内大臣の辞退と朝廷への領地の一部返上（辞官納地）を命じる処分が決定された。これに反発した慶喜は，二条城から【23 b】城に引き上げ，旧幕府軍は新政府軍と軍事的に対決することとなった。

【22】　下線部22「同盟を結んでいた薩摩・長州の両藩は武力倒幕を決意した」に関連して，薩長同盟にいたる出来事を順番に並べたものとして，適切なものはどれか。

① 禁門の変（蛤御門の変）→薩英戦争→四国連合艦隊下関砲撃事件→第1次長州征討
② 薩英戦争→禁門の変（蛤御門の変）→第1次長州征討→四国連合艦隊下関砲撃事件
③ 四国連合艦隊下関砲撃事件→第1次長州征討→禁門の変（蛤御門の変）→薩英戦争
④ 第1次長州征討→四国連合艦隊下関砲撃事件→薩英戦争→禁門の変（蛤御門の変）

【23】　空欄【23 a】・【23 b】には，江戸時代の旧藩名・旧地名が入る。旧藩名については藩庁の所在地が，旧地名についてはその城の所在地が，それぞれ含まれる白地図中の記号の組み合わせとして，適切なものはどれか。

① 23a：コ　23b：ケ　② 23a：サ　23b：キ

③ 23a：シ　23b：ク　④ 23a：ス　23b：カ

24 下線部24「岩倉具視」は，新政府樹立後の1871年に岩倉使節団の大使として，アメリカ・ヨーロッパに派遣された。岩倉使節団についての説明として，適切でないものはどれか。

① 欧米の制度や文物の視察を目的としていた。

② 条約改正に関する予備交渉を目的としていた。

③ 大久保利通，西郷隆盛，伊藤博文，山口尚芳の副使以下約50人に及ぶ大規模なものであった。

④ 留学生60人が加わっており，そのなかには，津田梅子や山川捨松など5人の女子留学生が含まれていた。

〔Ⅱ〕次の史料A・Bを読み，設問に答えよ。なお，史料には改めた部分がある。

A　一，文禄の初年より長崎，京都，堺の者御朱印25頂戴して広南《コーナン》*1，東京《トンキン》*2，占城《チャンパ》，柬埔寨《カンボジア》，六昆《リゴール》，太泥《パタニ》*3，暹羅《シャム》，台湾，呂宋《ルソン》26，阿媽港《アマカワ》*4等に商売として渡海する事御免これあり。

（『長崎志』）

＊1　広南：現在の長江以南の中国南部地方。

＊2　東京：現在のベトナムのハノイ辺りの地。

＊3　六昆・太泥：現在のマレー半島にある町と港。

＊4　阿媽港：現在のマカオ。

25 下線部25「御朱印」によって，長崎や京都，堺の商人に，中国・東南アジア地域との貿易を最初に許可し，奨励した人物はどれか。

① 織田信長　② 豊臣秀吉　③ 徳川家康　④ 徳川家光

26　下線部26「呂宋」の旧総督を頼ってノビスパンに渡ったが，通商の目的を果たせなかった京都の商人はどれか。

①　末次平蔵　②　茶屋四郎次郎
③　田中勝介（勝助）　④　角倉了以

27　史料Aに示された時期の対外政策の説明として，適切なものはどれか。

①　大名は朱印状を得ることができず，貿易に従事することはできなかった。
②　海賊取締令が出て，倭寇などの海賊行為は禁じられたが，効果はなかった。
③　貿易活動と一体化していた宣教師による庶民へのキリスト教布教が奨励された。
④　マニラのスペイン政庁やゴアのポルトガル政庁，高山国（台湾）などに服属と入貢を要求した。

B　(前略) 朝鮮の独立運動，台湾の議会開設運動，支那およびシベリヤの排日は，すでにその前途の何たるかを語っておる。(中略) 軍事的にいうならば，　28　主義を固執すればこそ，軍備を要するのであって，これを棄つれば軍備はいらない。国防のため，朝鮮または満州を要すというが如きは，全く原因結果を顛倒《てんとう》せるものである。(中略) 朝鮮・台湾・樺太・満州という如き，わずかばかりの土地を棄つることにより，広大なる支那の全土を我が友とし，進んで東洋の全体，否，世界の弱小国全体を我が道徳的支持者とすることは，いかばかりの利益であるか計り知れない。

（『　29　評論集』）

28　空欄　28　に適切なものはどれか。

①　大日本　②　小日本　③　民　本　④　民　権

29　空欄 **29** に適切なものはどれか。なお，空欄 **29** には，史料Bを執筆した時期には東洋経済新報社の記者であり，戦後には内閣総理大臣になった人物の名前が入る。

① 吉田　茂　② 片山　哲　③ 芦田　均　④ 石橋湛山

30　史料Bの説明として，適切でないものはどれか。

① 日本の植民地支配や対外進出への反発としてのさまざまな運動が，朝鮮や台湾，中国やシベリアといった地域で起こっていた。
② アジア地域への勢力拡大を目指すことで，日本の軍事力を必要とするので，そうした野心を棄てた方がよい。
③ 日本の国防のために，朝鮮・満州地域を領有，あるいは勢力圏とすることが必要となるという主張は妥当なものである。
④ 朝鮮・台湾・樺太・満州といった植民地や勢力圏を放棄することで，日本は，東洋や，世界の弱小国の道徳的支持を得ることができ，それは計り知れないほどの国益となる。

〔Ⅲ〕次のA～Eの文章を読んで，設問に答えよ。

A　生糸は幕末から最大の輸出品であり，製糸業は，欧米向け輸出産業として急速に成長した。当初は簡単な手動装置である座繰製糸が普及し，家内工業的な生産が維持されていた。しかし品質の安定と大量生産のために，外国技術が導入され，各地にも工場が続々と生まれた[31]。さらにその外国技術を参考に，在来の技術を改良工夫して，力織機も導入された。製糸業でも，日清戦争ごろには器械製糸の生産量が増え，アメリカ向けを中心に生糸輸出は伸びて，日露戦争後の1909年には世界最大の輸出国となった。産業革命[32]の軽工業部門の主軸であった紡績業に並んで，製糸業も日本の外貨獲得の重要産業部門となった。

31　下線部31「外国技術が導入され，各地にも工場が続々と生まれた」に関連して，フランス式の製糸工場が造られた地はどれか。

①　釜　石　　②　韮　山　　③　富　岡　　④　八　幡

32　下線部32「産業革命」の時期の説明として，適切でないものはどれか。

①　1883年には渋沢栄一らが大阪紡績会社を設立して，輸入の紡績機械・蒸気機関を用いた１万錘の大規模経営に成功した。

②　日露戦争のころには，臥雲辰致が考案した小型の国産力織機が，問屋制家内工業生産が行われていた農村の綿織物業に導入され，小工場生産に転じる動きが進行した。

③　日清戦争のころから中国・朝鮮への綿糸輸出が急増して，1897年には綿糸輸出量が綿糸輸入量を上まわった。

④　横山源之助『日本之下層社会』（1899年刊）や農商務省編『職工事情』（1903年刊）などから，工場労働者がおかれた厳しく劣悪な労働環境が世の中に知られるようになった。

B　日露戦争後，帝国列強の仲間入りを果たしたことで，国民のあいだに国家主義に対する疑問が生まれるようになった。第２次桂太郎内閣[33]は，こうした傾向に対し，勤倹節約や個人主義，享楽主義などの風紀の是正を国民に求める戊申詔書を発して，帝国列強にふさわしい国民道徳の強化につとめ，内務省を中心に地方改良運動[34]を推進した。

33　下線部33「第２次桂太郎内閣」の時期の出来事として，適切でないものはどれか。

① 関税自主権の回復　　② 大逆事件
③ 韓国併合　　④ 鉄道国有法の公布

34　下線部34「地方改良運動」の説明として，適切でないものはどれか。

① 江戸時代の村落共同体である旧町村を，行政単位としての新しい町村に再編成した。
② 地租や間接税の負担増のもとで，農業生産が停滞し，農村が困窮したので，新町村の租税負担力の増強を図るためのものであった。
③ 全国的に公共土木事業を展開し，農民を日雇で雇用して，「自力更生」をスローガンに農山漁村の更生をはからせた。
④ 帝国在郷軍人会の設立により，町村ごとにあった在郷軍人会をその分会として組織した。

C　右の彫刻は，1918年ごろに，フランスの彫刻家ロダンの影響を受け，仏像の手印に着想を得て造形した **35** の作品である。また， **35** は，『道程』や『智恵子抄』などを発表した詩人としても有名である。

著作権の都合により，類似の写真と差し替えています。

35　空欄 **35** に適切なものはどれか。

① 高村光太郎　② 高村光雲

③ 荻原守衛　④ 横山大観

D　対米開戦後，およそ半年の間，日本軍は，対英米両軍に対して優位な戦闘を続けて，1942年夏には日本軍の最大侵攻領域を確保した。しかし，1942年6月のミッドウェー海戦における大敗北をきっかけに，戦局が大きく転換した。日本軍も戦略の再検討が迫られ，1943年9月30日の御前会議では，千島・小笠原・マリアナ・カロリン・西ニューギニア・ビルマを含む圏域（ **36** ）まで，防衛線を後退させることが決まった。1944年7月のマリアナ諸島サイパン島の陥落は，米軍に **36** の一角を破られることを意味した。その責任を負って，東条英機内閣は総辞職し，小磯国昭内閣[37]が成立した。

36 空欄 **36** に適切なものはどれか。

① 東亜新秩序　② 大東亜共栄圏

③ 絶対国防圏　④ 主権線

37 下線部37「小磯国昭内閣」の時期の出来事として，適切でないものはどれか。

① B29による本土空襲が本格化した。

② 学徒出陣が初めて行われた。

③ 米軍が沖縄に上陸した。

④ 硫黄島が占領された。

E　中国の内戦で共産党が勝利し，中華人民共和国が建国されたことに触発された朝鮮民主主義人民共和国（北朝鮮）は，1950年6月，北緯38度線を越えて，大韓民国（韓国）に侵攻し，朝鮮戦争[38]がはじまった。占領下の日本は，朝鮮戦争によって，さまざまな影響を受けたが[39]，1951年9月，サンフランシスコ平和条約[40]を締結し，主権を回復した。

38 下線部38「朝鮮戦争」に関する説明として，適切でないものはどれか。

① 当初，北朝鮮軍はソウルを占拠し，朝鮮半島南部を席巻したが，アメリカ軍が国連軍として介入し，韓国軍を支援した結果，北朝鮮軍を押し返した。

② アメリカ軍は，1950年９月の仁川上陸作戦を転機として，北緯38度線を越えて，中国の国境線に迫った。これに対し，中国人民義勇軍が北朝鮮側で参戦し，北緯38度線付近で戦線は膠着した。

③ 1951年７月からアメリカ軍と中国人民義勇軍のみで休戦会談が始まり，1953年７月に板門店で休戦協定が調印された。

④ 朝鮮戦争は，現在も休戦状態であり，終戦しないまま，70年以上が過ぎた。

39 下線部39「占領下の日本は，朝鮮戦争によって，さまざまな影響を受けた」ことの説明として，適切でないものはどれか。

① 在日米軍が朝鮮半島に動員された後の軍事的空白を埋める目的で，連合国軍最高司令官総司令部（GHQ／SCAP）の指令により警察予備隊が設けられた。

② GHQは，戦争犯罪人や陸海軍軍人などの公職追放を命じると同時に，共産主義者の追放（レッドパージ）を実行し，マスコミから民間企業・官公庁へと広がった。

③ アメリカ軍の武器・弾薬の製造などの朝鮮戦争による特需景気によって，ドッジ=ライン下で不況に苦しんでいた日本経済は活気を取り戻し，好況に転じた。

④ GHQの後押しもあって，日本労働組合総評議会（総評）が結成され，労働運動の主導権を握った。

40 下線部40「サンフランシスコ平和条約」に関する説明として，適切なものはどれか。

① この条約の締結時に，賠償請求権を行使する交戦国が多かったため，日本の賠償責任は著しく重く，日本経済の低迷をもたらした。

② この条約と同時に日米安全保障条約を結び，日本はアメリカの同盟国となった。

③ この条約によって，日本の領土は，ポツダム宣言受諾以前の状態に復帰することとなった。

④ 中華人民共和国は講和会議に招かれず，代わって中華民国が招かれ，条約に調印した。

◀2月3日実施分▶

（60分）

〔Ⅰ〕 次のA～Hの文章を読み，提示された白地図とあわせて，設問に答えよ。なお，白地図の記号は，現在の都道府県で示している。

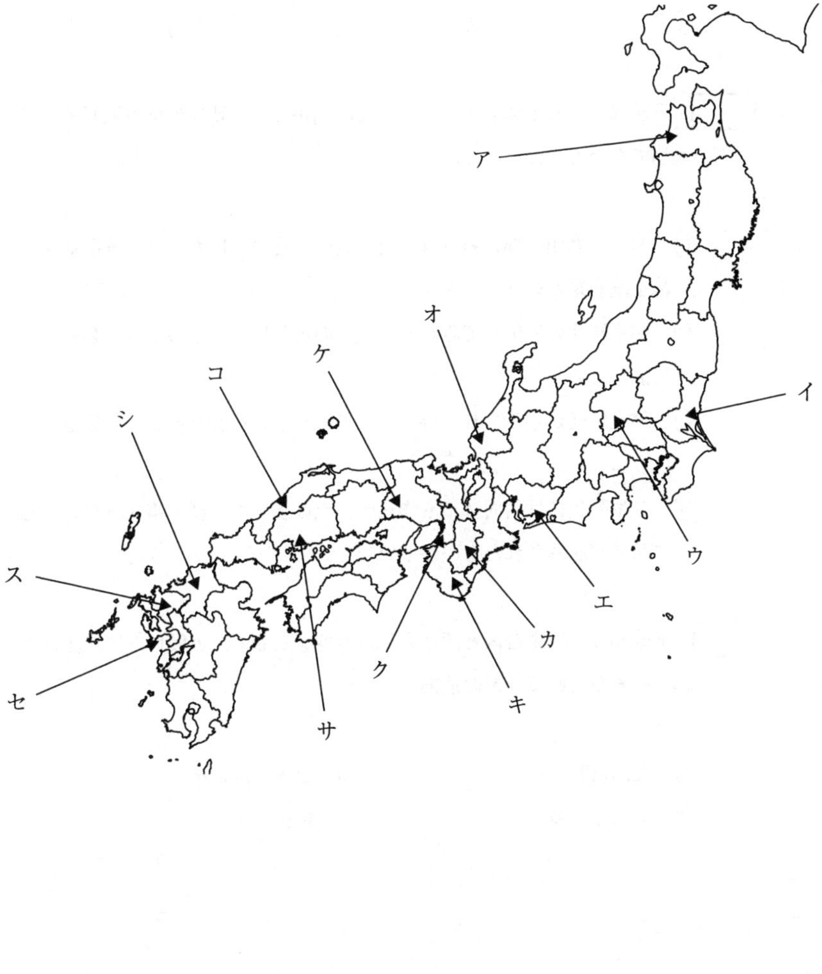

A　2023年4月，吉野ヶ里遺跡1にて弥生時代後期の有力者とみられる石棺墓2が出土した。内部からは赤で塗られたような跡が見つかり，埋葬されたのは身分の高い者と考えられる。弥生時代は戦いの時代であり，強力な「ムラ」は近隣の「ムラ」を統合し，やがて「クニ」が誕生した。今回出土した墓の被葬者はこうした「クニ」の王と考えられるが，邪馬台国と関連する可能性3も秘める。

1　下線部1「吉野ヶ里遺跡」が含まれるのは，白地図中のどれか。

① ア　② カ　③ ス　④ セ

2　下線部2「石棺墓」のような縄文時代から弥生時代の墓の説明として，適切でないものはどれか。

① おもに九州北部にみられ，自然石の支柱の上に大きな平石を乗せた墓を支石墓という。
② 弥生時代の近畿にてみられ，墳丘の周りにミゾをめぐらす墓を方形周溝墓という。
③ 縄文時代からみられ，特製の大型の土器に死者を葬る墓を甕棺墓という。
④ 弥生時代には共同墓地も作られ，土壙墓・木棺墓・箱式石棺墓などに死者が屈葬されたものが多い。

3　下線部3「邪馬台国と関連する可能性」として，近畿地方にて注目されている奈良県桜井市の遺跡はどれか。

① 纒向遺跡　② 唐古・鍵遺跡
③ 高松塚古墳　④ 稲荷山古墳

B　玄界灘に浮かぶ沖ノ島4では，4世紀後半から9世紀にわたる祭祀遺跡が出土している。そこでは，日本列島と朝鮮半島の間の海上交通の安全を祈る国家的な祭祀5が行われていたと考えられている。そのため「神宿る島」として，2017年には世界遺産6に登録された。

[4]　下線部4「沖ノ島」が含まれるのは，白地図中のどれか。

① コ　② シ　③ ス　④ セ

[5]　下線部5「国家的な祭祀」について，沖ノ島を神としてまつる沖津宮がある神社はどれか。

① 伊勢神宮　② 出雲大社　③ 住吉大社　④ 宗像大社

[6]　下線部6「世界遺産」に関連して，世界遺産に登録されている資産が含まれる白地図中の記号との組み合わせが，適切でないものはどれか。

① 日光東照宮・ウ　② 法隆寺・カ
③ 姫路城・ケ　④ 厳島神社・サ

C　710（和銅3）年に奈良盆地北部へ遷都された平城京は，碁盤の目状に東西・南北に走る道路で区画される条坊制7を用いた（下図参照）。条坊制では，条は北から数え，坊は朱雀大路から数えて位置を表した。左京・右京には官営の[8 a]が設けられ，監督官庁も置かれた。[8 a]では，地方から運ばれた産物，官吏たちに支給された布や糸などが交換された。また，唐にならい[8 b]も作成した。[8 b]は都の造営に雇われた人びとに支給され，政府はその流通をめざしたものの，地方には浸透せず，物品の交換が引き続き行われた。

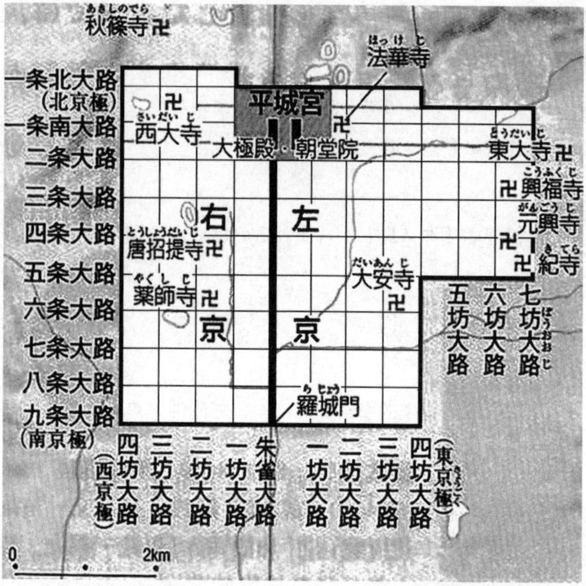

『詳説日本史Ｂ　改訂版』山川出版社（2019年）

7　下線部７「条坊制」を用いた平城京内の寺院の位置を表した組み合わせとして，適切でないものはどれか。

① 唐招提寺：右京五条二坊　　② 薬師寺：右京五条一坊
③ 大安寺：左京六条四坊　　④ 興福寺：左京三条七坊

8　空欄 **8 a** ・ **8 b** の組み合わせとして，適切なものはどれか。

① 8 a：関　8 b：駅　鈴　　② 8 a：市　8 b：駅　鈴
③ 8 a：関　8 b：銭　貨　　④ 8 a：市　8 b：銭　貨

D　1156（保元元）年，鳥羽法皇が死去すると，かねてより法皇と対立していた崇徳上皇は，関白藤原忠通（9 a）と不仲だった左大臣藤原頼通（9 b）と結び，源為義（9 c）・平忠盛（9 d）などの武士を味方につけた。一方，鳥羽法皇路線を引き継いだ後白河天皇は藤原通憲の進言により，源義朝・平清盛らを動員し，崇徳上皇方を破った。

これを保元の乱という。天台宗の僧であった慈円は，日本国はこれ以後「武者の世」と史論書 [10] に記した。すなわち武士の時代のはじまりだと認識したのである。

[9] 下線部９ａ～９ｄの人物のうち，適切ではないものが２人いるが，その組み合わせはどれか。

① ９ａ：藤原忠通　　９ｃ：源　為義
② ９ａ：藤原忠通　　９ｄ：平　忠盛
③ ９ｂ：藤原頼通　　９ｃ：源　為義
④ ９ｂ：藤原頼通　　９ｄ：平　忠盛

[10] 空欄 [10] に適切なものはどれか。

① 『歎異抄』　② 『愚管抄』　③ 『吾妻鏡』　④ 『方丈記』

E　後醍醐天皇は，建武の新政といわれる$_{11}$天皇への権限集中の政治体制作りへと着手した。しかし，天皇中心の新政策は，それまでの$_{12}$武士社会の慣習を無視する結果となり，$_{13}$多くの武士の不満と抵抗を引き起こした。

[11] 下線部11「天皇への権限集中の政治体制」の説明として，適切でないものはどれか。

① すべての土地所有権の確認は，院宣を必要とする趣旨の法令を打ち出した。
② 天皇の権威を示すために，荒廃していた大内裏の造営を計画し，その造営費調達のために，乾坤通宝の鋳造を計画した。
③ 建武という年号は，中国の光武帝が漢王朝を復興した時の年号を採用したものである。
④ 天皇政治の最盛期と言われた醍醐・村上天皇の親政を理想として，

自らのおくり名も「後醍醐」とした。

[12]　下線部12「武士社会の慣習」に関連して，建武の新政が始まったとされる1334（建武元）年においても，武士の間で用いられた武家社会の慣習を明文化した武家法として，適切なものはどれか。

① 建武式目　② 御成敗式目
③ 永仁の徳政令　④ 応安新式

[13]　下線部13「多くの武士の不満と抵抗」に関連して，信濃で挙兵し，鎌倉を占領した人物として，適切なものはどれか。

① 平　頼綱　② 楠木正成　③ 北条時行　④ 足利尊氏

F　1543（天文12）年，ポルトガル人を乗せた船が種子島に漂着した。島主は彼らの持っていた鉄砲を買い求め，以後，日本に鉄砲の生産[14]が広まることとなった。さらに，スペイン人も来航し，南蛮人と呼ばれた彼らがもたらした中国産の [15] と日本の銀[16]などを交易した。また，キリスト教の宣教師も来日するようになり，教会としての南蛮寺や，宣教師の養成学校である [17a] や，神学校の [17b] などを作って布教につとめた。

[14]　下線部14「鉄砲の生産」地として，生産地と白地図中の記号との組み合わせが，適切でないものはどれか。

① 根　来・キ　② 雑　賀・キ
③ 堺・ク　④ 国　友・カ

[15]　空欄 [15] に適切なものはどれか。

① 生　糸　② 刀　剣　③ 漆　器　④ 硫　黄

16 下線部16「銀」について，17世紀初頭の日本の銀の生産量は世界の総産銀量のどれくらいに当たるのか。その割合として適切なものはどれか。

①　2分の1　②　3分の1　③　4分の1　④　5分の1

17 空欄 **17a** ・ **17b** の組み合わせとして，適切なものはどれか。

①　17a：コレジオ　17b：セミナリオ
②　17a：セミナリオ　17b：コレジオ
③　17a：ノビシャド　17b：セミナリオ
④　17a：コレジオ　17b：ノビシャド

G　江戸幕府の政治が安定してきた元禄時代，5代将軍徳川綱吉は暗殺された大老に代わり，側用人の **18a** を重用した。綱吉は儒教や仏教を重視し政策をおこない，身分格式を重んじる風潮へと変えていった。しかし，財政面においては明暦の大火後の復興や寺社造営に多くの支出を費やし破綻を招いた。そこで勘定吟味役として **18b** を登用し，質の悪い貨幣を鋳造し収益をあげようとしたが，貨幣価値の下落は物価の高騰を招いた。追い打ちをかけるように，1707年（宝永4）には **19** が大噴火（宝永大噴火）し，降砂による大被害をもたらせた。

18 空欄 **18a** ・ **18b** の組み合わせとして，適切なものはどれか。

①　18a：堀田正俊　18b：荻生徂徠
②　18a：堀田正俊　18b：荻原重秀
③　18a：柳沢吉保　18b：荻生徂徠
④　18a：柳沢吉保　18b：荻原重秀

19 空欄 **19** に適切なものはどれか。

① 浅間山　② 阿蘇山　③ 富士山　④ 御嶽山

H　江戸時代後期，大坂の特権商人などによる流通独占に対し，生産地の百姓や在郷商人は [20] とよばれる大規模な反対闘争をおこした。畿内では綿や菜種をめぐって訴願が行われたりもした。生産物に関しては，財政難に苦しむ各地の藩は，財政の再建と藩権力の立て直しのために藩政改革に乗り出した。こうした藩政改革は21雄藩とよばれる成功した藩もあれば，22失敗した藩もあった。

[20]　空欄 [20] に適切なものはどれか。

① 打ちこわし　② 村方騒動
③ 越　訴　④ 国　訴

[21]　下線部21「雄藩」に関連する説明として，適切でないものはどれか。

① 薩摩藩では，調所広郷のもと奄美諸島特産の黒砂糖の専売の強化と，琉球王国との密貿易によって藩財政の立て直しを図った。
② 長州藩では，村田清風のもと紙や蠟の専売制を改革し，下関に入港する船を相手に商品を購入し，委託販売をすることなどで収益を上げた。
③ 土佐藩では，吉田東洋ら「おこぜ組」とよばれる改革派を起用し，藩財政の強化と軍備強化を図った。
④ 肥前藩では，藩主松平慶永が均田制を実施し，寄生地主制の強化を図るとともに，陶磁器の専売も進めて藩財政に余裕を生み出した。

[22]　下線部22「失敗した藩」に関連して，藩主徳川斉昭が専売制により軍備強化を図ろうとしたが，藩内の保守派の反対などにより改革を失敗した藩がある。その藩が含まれるのは，白地図中のどれか。

① イ　② エ　③ オ　④ キ

〔Ⅱ〕次のA・Bの史料を読み，設問に答えよ。なお，史料には改めた部分がある。

A　一，異国え日本の船これを遣《つかわ》すの儀，堅く停止《ちょうじ》の事。

一，日本人異国え遣し申す間敷《まじく》候。若《も》し忍び候て乗渡る者これ有るにおいてハ，其《その》者ハ死罪，其船船主共ニ留置《とどめお》き，言上　仕《ごんじょうつかまつ》るべき事。（中略）

25 寛永十二年《かんえい》

（『徳川禁令考』）

23　史料Aの法令の説明として適切なものはどれか。

① ポルトガル人の子孫の海外追放と宣教師の取り締まりを命じた法令である。

② オランダ商館の出島移転を命じた法令である。

③ 日本人の海外渡航を全面的に禁止した法令である。

④ 特定の交易品を特権商人が一括購入することを定めた法令である。

24　史料Aの法令より後に出された法令はどれか。

① 伴天連《ばてれん》儀日本の地にはおかせられ間敷《まじく》候間，今日より廿《(二十)》日の間に用意　仕《つかまつり》　帰国すべく候。

② 自今以後，かれうた《(ポルトガル船)》渡航の儀停止《ちょうじ》せられおわんぬ。此上若《も》し差渡るニおいては，其船を破却し，幷《ならび》に乗来る者は速かに斬《ざん》に処せらるべきの旨，仰《おお》せ出さるる所也。

③ 異国え奉書船の外《ほか》，舟遣し候儀，堅く停止《ちょうじ》の事。

④ 伴天連門徒御制禁也《せいきんなり》。若《も》し違背《いはい》の族《やから》有らば，忽《たちま》ち其科《そのとが》を遁《のが》るべからざる事。

25　下線部25「寛永十二年」は，西暦1635年であるが，この年の出来事として，適切なものはどれか。

① 徳川家康は将軍職を徳川秀忠にゆずり，大御所（前将軍）として幕府権力の実権を握り続けた。

② 武家諸法度が改められ，参勤交代の期日や500石以上の大船建造の禁止が定められた。

③ 後水尾天皇が，届け出なく紫衣着用を勅許したことを，幕府は問題とした。

④ 徳川家綱の将軍就任祝賀と日光東照宮への拝礼を目的とした朝鮮通信使が来日した。

B　第二条　工場主ハ十二歳未満ノ者ヲシテ工場ニ於《おい》テ就業セシムルコトヲ得ス。但シ本法施行ノ際十歳以上ノ者ヲ引続キ就業セシムル場合ハ此《こ》ノ限《かぎり》ニ在《あ》ラス。

行政官庁ハ軽易《けいい》ナル業務ニ付就業ニ関スル条件ヲ附《ふ》シテ十歳以上ノ者ノ就業ヲ許可スルコトヲ得。

第三条　工場主ハ十五歳未満ノ者及《および》女子ヲシテ一日ニ付十二時間ヲ超エテ就業セシムルコトヲ得ス。（中略）

第四条　工場主ハ十五歳未満ノ者及女子ヲシテ午後十時ヨリ午前四時ニ至ル間ニ於テ就業セシムルコトヲ得ス。

（『法令全書』）

26　史料Bの法令として，適切なものはどれか。

① 工場法　　② 労働基準法
③ 産業組合法　　④ 労働組合法

27　史料Bの法令制定の背景として労働運動があげられるが，次の労働組合のうち結成年が最も古いものはどれか。

① 友愛会　　② 労働組合期成会
③ 大日本労働総同盟友愛会　　④ 日本労働総同盟

28　史料Bの法令の説明として，適切でないものはどれか。

① 劣悪な労働環境のもと，低い賃金で長時間労働に従事していた賃金労働者に対する，日本で最初の労働者保護法である。

② 15歳未満の少年と女性労働者の就業時間の限度を12時間とし，さらに深夜労働を禁止した。

③ 10歳以上でもこの法令の施行時に就業していれば引き続き就業させることができ，施行後でも官庁の許可があれば10歳以上の者を就業させることができた。

④ この時期における労働運動勃興の社会背景もあり，さしたる反対もなく，法の成立後，すんなり施行することができた。

〔Ⅲ〕次のA～Dの文章を読み，設問に答えよ。

A　2024年，20年ぶりに新貨幣が発行される予定である。1万円札の肖像には「日本資本主義の父」といわれる渋沢栄一が採用された。彼の功績としては，1872年の国立銀行条例 29 a にもとづく，第一国立銀行の設立があげられる。貨幣に関しては，その1年前に明治政府は新貨条例を定め，円・銭・ **30** を単位に新硬貨を作った。しかし，金銀の正貨の保有高は悪く，その蓄積のため1882年に日本銀行 29 b を設立し，貨幣の価値を高めようとした。さらに，日清戦争で多額の賠償金を得た政府は，1897年の貨幣法 29 c によって，貨幣価値の安定と貿易の振興 31 をはかった。

29　下線部29 a「国立銀行条例」，29 b「日本銀行」，29 c「貨幣法」の説明の組み合わせとして，適切なものはどれか。

〔説明〕

あ　金本位制を採用した。

い　銀本位制を採用した。

う　金本位制を定めたが，金不足により金銀複本位制となった。

① 29 a：国立銀行条例・い　29 b：日本銀行・う
29 c：貨幣法・あ
② 29 a：国立銀行条例・い　29 b：日本銀行・あ
29 c：貨幣法・う
③ 29 a：国立銀行条例・う　29 b：日本銀行・い
29 c：貨幣法・あ
④ 29 a：国立銀行条例・う　29 b：日本銀行・あ
29 c：貨幣法・い

30　空欄 **30** に適切なものはどれか。

① 文　② 匁　③ 分　④ 厘

31　下線部31「貿易の振興」のために設立され，のちに特殊銀行となった銀行として，適切なものはどれか。

① 横浜正金銀行　② 台湾銀行
③ 日本勧業銀行　④ 日本興業銀行

B　黒田清隆内閣のもとで公布された衆議院議員の選挙法では，選挙権は<u>直接国税</u>[32]15円以上を収める満25歳以上の男性に限定されていた。1900年，**33 a** 内閣は地租増徴の実現の代わりに，直接国税の制限を10円以上に引き下げた。1919年原敬内閣のもとでは，納税資格をさらに3円以上に引き下げ，そして1925年，第1次加藤高明内閣のもとでようやく制限を撤廃し，<u>普通選挙が実現</u>[34]することになる。ただし，女性に選挙権が与えられるのは1945年の **33 b** 内閣による改正まで待たねばならなかった。

32　下線部32「直接国税」に含まれるものはどれか。

①　地　租　　　　②　小作料
③　織物消費税　　④　関　税

33　空欄 **33 a** ・ **33 b** の組み合わせとして，適切なものはどれか。

①　33 a ：第２次山県有朋　　33 b ：第１次吉田茂
②　33 a ：第２次山県有朋　　33 b ：幣原喜重郎
③　33 a ：第１次大隈重信　　33 b ：第１次吉田茂
④　33 a ：第１次大隈重信　　33 b ：幣原喜重郎

34　下線部34「普通選挙が実現」した結果，当時の日本の全人口比率における選挙人の比率として，適切なものはどれか。

①　5.5%　　②　20.8%　　③　46.5%　　④　50.4%

C　1937年， **35** 郊外の盧溝橋付近における日中両国軍の衝突をきっかけに始まった日中戦争は，全面戦争に発展した。戦争が長期化すると，各地に日本の言いなりになる政権を樹立する方針に切り替えた。また，声明を発表し，親日勢力の統合をはかった。しかしこれらの政略36は成功したとはいいがたく，戦争は泥沼化していく。国内では軍事費と国家予算が膨張し，1938年の国家総動員法の制定以降37，国民生活は全面的に統制されることとなる。

35　空欄 **35** に適切なものはどれか。

①　奉　天　　②　北　京　　③　南　京　　④　上　海

36　下線部36「これらの政略」の説明として，適切でないものはどれか。

①　国民政府の要人である汪兆銘を重慶から脱出させ，汪を首班とする親日の新国民政府を南京に樹立した。

② 善隣友好・共同防共・経済連携をうたい，戦争の目的が日本・満州・中華民国の三国連帯による東亜新秩序の建設にあることを声明した。

③ 第一次近衛文麿内閣は「国民政府を対手とせず」との声明を出し，国民政府との交渉による和平の可能性を断ち切った。

④ 第一次近衛文麿内閣は，ドイツの駐華大使トラウトマンを介して，ひそかに援蔣ルートを構築し，雲南省などから蔣介石政権への物資援助をおこない，そのみかえりに日華間の防共協定を結んだ。

［37］ 下線部37「国家総動員法の制定以降」の説明として，適切でないものはどれか。

① 国民徴用令によって，一般国民が軍需産業へと動員されるようになった。

② 傾斜生産方式によって，軍需品が優先的に生産されるようになった。

③ 切符制・配給制によって，生活必需品への統制が強まった。

④ 供出制が実施され，農村では政府による米の強制的な買い上げがおこなわれた。

D　1980年代，日本の対米貿易黒字が激増したため，アメリカは自動車などの輸出自主規制を求め，農産物の輸入自由化[38]をせまった。1985年，［39］にてドル高の是正が認められると，円高が一気に加速し，輸出産業を中心に円高不況が深刻化した。しかし，1987年半ばごろから，内需に主導されて日本経済は回復した。この内需景気は，超低金利政策のもとで，地価や株価の暴騰をともなって進行し，のちに［40］とよばれるようになった。

［38］ 下線部38「農産物の輸入自由化」に関連して，1991年に輸入自由化された農産物として適切なものはどれか。

① バナナ　② 米

③ 牛肉・オレンジ　④ ねぎ・生しいたけ・畳表

39 空欄 **39** に適切なものはどれか。

① シャウプ勧告　② ニクソン=ショック

③ 第二次石油危機　④ プラザ合意

40 空欄 **40** の説明として，適切でないものはどれか。

① 円高が進行し，欧米やアジアに生産拠点を移す日本企業が増え，生産の空洞化が進んだ。

② コンピュータと通信機器を利用した生産・流通・販売のネットワーク化が進み，コンビニエンスストアや量販店が急成長した。

③ 阪神・淡路大震災を契機に，「平成不況」とよばれる長期的な不景気となった。

④ 極端な長時間労働が慢性化して，ホワイトカラーなどの「過労死」が深刻な社会問題となった。

世界史

◀1月23日実施分▶

（60分）

〔Ⅰ〕 次の文を読み，以下の問いに答えよ。

十七世紀後半(A)の地中海世界は，政治的にも大きな構造転換の時期を迎えていた。東の大国オスマン帝国(B)はクレタ島(C)をヴェネツィアから奪って史上最大の版図を得たが，第二次ウィーン包囲に失敗すると，それに続く諸戦争に敗北してハンガリー(D)などを喪失し，勢力を大きく減退させた。西の大国スペインも本国での経済的な衰退に加え，カタルーニャの反乱やオランダ(E)との戦争に苦しみ，往年の輝きを失っていった。スペインの退潮を尻目に勢力を増したルイ十四世(F)治下のフランスは，ハプスブルク家のスペイン，オーストリア(G)を主たる敵として幾度もの戦争を繰り広げていく。

このフランスとハプスブルク家との抗争のはざまにありながら，イタリアの有力な一国として台頭したのがサヴォイア公国である。

十九世紀に成立した統一イタリア王国(H)の王家として君臨することになるサヴォイア家であるが，もとはといえばアルプスの狭小な領地を保有する地方貴族にすぎなかった。家の起源については未詳であるが，十一世紀前半(I)にウンベルト一世が時の神聖ローマ皇帝(J)からサヴォイア伯を授与された。(…)

その後，十六世紀前半のイタリア戦争(K)時にはフランスに所領の大半を占領されるという苦境にも見舞われたが，カトー・カンブレジ条約で領土を回復すると，その後は都をシャンベリ（現フランス領）からトリノに移し，国力を増大させた。

一七〇〇年にスペイン国王が跡継ぎを残さずに急逝し，王位がハプスブルク家からブルボン家出身者の手に渡ることになった。これをフランスによる膨張とみなして不満を抱くオーストリア，イギリス(L)（イングランド），オランダなどが同盟を結び，フランスに対する戦争が始まった。これまでスペインによる支配を受けてきた北イタリアの諸地域も，継承をめぐる紛争の対象となり，激戦の舞台となった。

サヴォイア公国は当初フランス・スペインの側に立ったが，間もなくオーストリア側に転じてフランスと戦う。(…) 一七〇六年，フランス軍は猛攻をしかけトリノ近郊まで攻め入るが，スペルガの丘での攻防戦を耐え忍んだサヴォイア軍は遂にフランスを敗走に追いやった。(…)

フランスの敗走は，オーストリアによるイタリア支配に道を開いた。翌年にオーストリアはミラノやマントヴァを占領し，さらにナポリ王国をスペインから奪う。一七一三年に結ばれたユトレヒト条約(M)において，オーストリアはミラノ公国，ナポリ王国，サルデーニャ王国(N)などを領有した。

(北村暁夫『イタリア史10講』岩波新書，2019。出題の都合上，一部を省略し表記を改めた。)

下線部(A)について

17世紀後半の出来事として正しいものを，次の①～④から一つ選べ。 **1**

① 土木の変　② 三藩の乱

③ オランダが東インド会社設立　④ 白蓮教徒の乱

下線部(B)について

オスマン帝国の関係する次の①～④を古い順に並べたとき，三番目に来るものを選べ。 **2**

① ニコポリスの戦い　② プレヴェザの戦い

③ コンスタンティノープル陥落　④ 第二次ウィーン包囲

セリム２世がフランス商人に与えた，領内での居住と通商の自由を公に認める特権として正しいものを，次の①～④から一つ選べ。 **3**

① ティマール　② イェニチェリ

③ カピチュレーション　④ ジズヤ

オスマン帝国の統治について**誤っているもの**を，次の①～④から一つ選べ。 **4**

① 強大な権力を持つ専制君主であったが，イスラーム法に基づく政治を行った。

② 16世紀以降，オスマン帝国のスルタンは，シーア派イスラーム教を守護する中心となった。

③ キリスト教徒やユダヤ教徒の共同体には，法に定められた自治を認めた。

④ キリスト教徒の子弟を強制的に集めて歩兵の常備軍を組織した。

タンジマートを開始した人物として正しいものを，次の①～④から一つ選べ。 **5**

① ミドハト=パシャ　② アブデュルメジト1世

③ ムハンマド=アリー　④ アッバース1世

オスマン帝国と陸地で国境を接していた国として**誤っているもの**を，次の①～④から一つ選べ。 **6**

① サファヴィー朝　② ロシア帝国

③ カージャール朝　④ ムガル帝国

下線部(C)について

クレタ島で栄えたクレタ文明に関する次の文A，Bの正誤の組み合わせとして正しいものを，次の①～④から一つ選べ。 **7**

A：クレタ文明を築いたのはギリシア人である。

B：クノッソスに代表される宮殿が建築された。

① A－正　B－正　② A－正　B－誤

③ A－誤　B－正　④ A－誤　B－誤

下線部(D)について

オスマン帝国がハンガリーを失った条約として正しいものを，次の①～④から一つ選べ。 **8**

① カルロヴィッツ条約　② トリアノン条約

③　セーヴル条約　　④　ウェストファリア条約

下線部(E)について

オランダ独立戦争時にこの地域を支配していた国として正しいものを，次の①～④から一つ選べ。 9

①　フランス　　②　スペイン

③　オーストリア　　④　イギリス

下線部(F)について

ルイ14世に関する次の文A，Bの正誤の組み合わせとして正しいものを，次の①～④から一つ選べ。 10

A：ナントの王令を発布して，ユグノーとカトリックの融合に努めた。

B：リシュリューを財務総監に任じて，重商主義政策を展開した。

①　A－正　B－正　　②　A－正　B－誤

③　A－誤　B－正　　④　A－誤　B－誤

下線部(G)について

オーストリアがフランスと同盟した戦争として正しいものを，次の①～④から一つ選べ。 11

①　アウステルリッツの戦い　　②　七年戦争

③　北方戦争　　④　オーストリア継承戦争

下線部(H)について

イタリアの民族統一と共和制を目指して結成された組織として正しいものを，次の①～④から一つ選べ。 12

①　ファシスト党　　②　未回収のイタリア

③　青年イタリア　　④　イタリア共産党

下線部(I)について

11世紀前半の出来事として正しいものを，次の①～④から一つ選べ。 13

① ワールシュタットの戦い　② 靖康の変
③ 澶淵の盟　④ 紅巾の乱

下線部(J)について

神聖ローマ帝国の皇帝選挙の手続きを定め，皇帝選出権を七選帝侯に認めた金印勅書の時期として正しいものを，次の①～④から一つ選べ。 **14**

① 10世紀　② 12世紀　③ 14世紀　④ 16世紀

下線部(K)について

イタリア戦争に関する次の文Ａ，Ｂの正誤の組み合わせとして正しいものを，次の①～④から一つ選べ。 **15**

Ａ：フランソワ１世はカール５世とヨーロッパの覇権をめぐって激しく戦った。

Ｂ：ハプスブルク家とフランス王家はカトー・カンブレジ条約のあと和解し，18世紀後半まで同盟関係を維持した。

① Ａ－正　Ｂ－正　② Ａ－正　Ｂ－誤
③ Ａ－誤　Ｂ－正　④ Ａ－誤　Ｂ－誤

下線部(L)について

17世紀後半のイギリスに関係する次の①～④を古い順に並べたとき，三番目に来るものを選べ。 **16**

① 航海法　② 人身保護法
③ チャールズ２世による王政復古　④ 権利の章典

下線部(M)について

ユトレヒト条約に関する次の文Ａ，Ｂの正誤の組み合わせとして正しいものを，次の①～④から一つ選べ。 **17**

Ａ：イギリスがフランスからニューファンドランド地方などを得た。

Ｂ：フランスはブルボン家のスペイン王位継承を各国に認めさせた。

① Ａ－正　Ｂ－正　② Ａ－正　Ｂ－誤
③ Ａ－誤　Ｂ－正　④ Ａ－誤　Ｂ－誤

下線部(N)について

19世紀のサルデーニャ王国において近代化を推進した自由主義者の首相として正しいものを，次の①～④から一つ選べ。 **18**

① マッツィーニ　② カヴール

③ ガリバルディ　④ ヴィットーリオ=エマヌエーレ２世

〔Ⅱ〕 次の文を読み，以下の問いに答えよ。

ヨーロッパは過去400年の間，壊滅的な打撃を受ける全面戦争(A)を経験した。しかし，ヨーロッパと世界を悩ませていた戦争は，敵対する相手よりも優位に立とうとする国民国家(B)間の戦争ではなく，ある種のイデオロギー戦争であった。三十年戦争(C)はカトリックのハプスブルク家(D)の覇権をヨーロッパに確立するために行われた戦争である。それは，旧来の政治秩序を覆し，ヨーロッパ大陸全土とそれ以外にも，フランスの自由主義(E)を確立しようとしたナポレオン(F)戦争にも当てはまる。第二次世界大戦にも当てはまり，ドイツのナチス(G)帝国は新秩序を確立しようとした。

このようなイデオロギーの大変動とは対照的に，第一次世界大戦(H)は典型的な国民国家間の戦争として引き合いに出されることが多い。確かに，セルビア(I)のナショナリズムとオーストリア=ハンガリー(J)帝国の衝突が戦争の直接的な原因であった。しかし，特定の領土(K)を解放しようというセルビア人の願望だけでは，世界の列強の資源を最大限動員し，４年以上にわたってヨーロッパ大陸を物理的に破壊した戦争を動機づけることはできないし，継続もできなかったはずだ。また，欧州同盟(L)制度の硬直性といったその他の考察も説得力に欠ける。

第一次世界大戦を持続させたものは何だったのかを理解するためには，イギリス，フランス，ロシア，ドイツの政策を支配した帝国主義(M)に目を向けるしかないだろう。1871年から1914年(N)にかけて，ヨーロッパ人と日本人によるアフリカやアジア，太平洋地域を中心とした地球上の約４分の１に当たる土地の征服と併合(O)をもたらした帝国の海外領土の熱狂的な拡大と切り離して考えることはできない。ドイツ皇帝ヴィルヘルム２世とその閣僚たちは，すでに圧倒的に世界を支配しているイギリスの世界国家に対抗するためには，大陸の重要勢力であるフランスを封じ込めて，ドイツの「統率力」の下に中欧と東欧の大半を統一するしかないと考えたようだ。

第一次世界大戦の原因は，第二次世界大戦と著しい類似が見られる。どちらも主にドイツが，(P)ヨーロッパを統一するかどうかをめぐって争われた。

（ヨラム・ハゾニー『ナショナリズムの美徳』 庭田よう子訳，東洋経済新報社，2021年。改変して掲載。）

下線部(A)について

冷戦期，アメリカとソ連はキューバ危機に際して全面戦争の瀬戸際に立たされた。キューバ危機当時の米，ソ連，キューバの各指導者の組み合わせとして正しいものを，次の①～④から一つ選べ。 **19**

① ケネディ，ブレジネフ，バティスタ

② ケネディ，フルシチョフ，カストロ

③ ケネディ，コスイギン，ペロン

④ ケネディ，エリツィン，ピノチェト

下線部(B)について

ヨーロッパの近代国民国家成立をめぐる説明として**誤っているもの**を，次の①～④から一つ選べ。 **20**

① フランス革命で徴兵制が導入された。

② ナポレオン軍支配下のベルリンで，哲学者フィヒテがドイツ人の国民意識を高揚させる連続講演を行った。

③ イタリア王国はプロイセン=オーストリア戦争に際してはオーストリア側に立って参戦した。

④ 19世紀のドイツ統一では小ドイツ主義がとられた。

下線部(C)について

この戦争についての説明として最も適切なものを，次の①～④から一つ選べ。

21

① カール５世のカトリック信仰強制が引き金になった。

② 旧教国フランスは，一貫してハプスブルク家側に立って戦った。

③ ウェストファリア条約により，スウェーデンはバルト海の覇権を握った。

④ ウェストファリア条約により，スイスとベルギーの独立が正式に認められた。

下線部(D)について

次の文の空欄（　ア　）と（　イ　）に入れる語の組合わせとして正しいものを，次の①～④から一つ選べ。 **22**

マリア＝テレジアの長男（　ア　）は啓蒙専制君主として自由主義的改革を進める一方，（　イ　）に加わった。

① ア：フリードリヒ２世　　イ：第１回ポーランド分割

② ア：ヨーゼフ２世　　イ：第１回ポーランド分割

③ ア：フリードリヒ２世　　イ：第１回対仏大同盟

④ ア：ヨーゼフ２世　　イ：第１回対仏大同盟

下線部(E)について

次の文の空白（　ア　）と（　イ　）に入れる語の組み合わせとして正しいものを，次の①～④から一つ選べ。 **23**

フランス革命とナポレオン体制をきっかけにしてヨーロッパ各地に自由主義が広まったが，ナポレオン戦争後の国際秩序の再建を図る（　ア　）の結果，自由主義と国民主義（ナショナリズム）は抑えられた。（　ア　）では，ヨーロッパの政治的現状維持を目指す保守主義の（　イ　）が議長を務めた。

① ア：ウィーン会議　　イ：メッテルニヒ

② ア：ベルリン会議　　イ：ビスマルク

③ ア：ウィーン会議　　イ：クレマンソー

④ ア：ベルリン会議　　イ：チェンバレン

下線部(F)について

ナポレオンの政権掌握以前，ゲーテが「世界史の新しい時代が始まる」と論評した戦いを，次の①～④から一つ選べ。 **24**

① アウステルリッツの戦い

② ライプツィヒの戦い

③ ヴァルミーの戦い

④ ワーテルローの戦い

ナポレオンが自らを盟主とする西南ドイツ諸邦の同盟を結成した結果，神聖ローマ帝国の消滅がもたらされたが，その同盟として正しいものを，次の①～④から一つ選べ。 25

① ライン同盟　② シュマルカルデン同盟

③ カルマル同盟　④ デロス同盟

下線部(G)について

ナチス独裁政権成立以前，ヴァイマル共和国における議会主義の空洞化を招いたと指摘される法規定として最も適切なものを，次の①～④から一つ選べ。 26

① 全権委任法　② 大統領緊急令

③ ワグナー法　④ 社会主義者鎮圧法

下線部(H)について

第一次世界大戦に至る国際関係について述べた次の文中の空欄（ ア ）（ イ ）（ ウ ）に入れる語の組み合わせとして正しいものを，次の①～④から一つ選べ。 27

ドイツは（ ア ）との再保障条約更新を見送った。これに反発した（ ア ）は（ イ ）に接近し，両国は共同防衛を取り決めた同盟を結んだ。ドイツはさらに，（ ウ ）との間で建艦競争を引き起こした。

① ア：フランス　イ：オーストリア　ウ：ロシア

② ア：ロシア　イ：フランス　ウ：イギリス

③ ア：フランス　イ：アメリカ　ウ：ロシア

④ ア：ロシア　イ：イタリア　ウ：オーストリア

第一次世界大戦中の出来事①～⑤を古い順に並べたとき，３番目に位置するものを選べ。 28

① フセイン=マクマホン協定
② ドイツが無制限潜水艦作戦開始
③ タンネンベルクの戦い
④ ブレスト=リトフスク条約締結
⑤ アメリカの参戦

第一次世界大戦終結後に締結されたヴェルサイユ条約について説明したものとして正しいものを，次の①～④から一つ選べ。 29

① 設置された国際連盟はロイド=ジョージが提案した。
② ドイツはアルザスをフランスに，ロレーヌをベルギーに返還した。
③ ドイツは，南西アフリカ植民地の保持を認められた。
④ ラインラントの非武装化が決められた。

第一次世界大戦後の東アジア・太平洋地域の利害を調整するため，ワシントン会議が開かれたが，この会議で締結された条約について説明した文のうち**誤りを含むもの**を，次の①～④のから一つ選べ。 30

① 九カ国条約の締結国は中国の主権尊重・領土保全を約束した。
② アメリカ，イギリス，日本，フランスの間で四カ国条約が結ばれた。
③ 四カ国条約により，日英同盟が解消された。
④ ワシントン海軍軍備制限条約でアメリカ，イギリス，日本3カ国の補助艦艇保有比率が定められた。

下線部(I)について

1999年，北大西洋条約機構（NATO）は，（　ア　）に住むアルバニア系住民に対する弾圧を止めることを理由にセルビアを空爆した。（　ア　）に入る地名として正しいものを，次の①～④から一つ選べ。 31

① ボスニア　② コソヴォ　③ チェチェン　④ クロアティア

下線部(J)について

ハンガリー人（マジャール人）の言語系統として正しいものを，次の①～④から

一つ選べ。 **32**

① インド=ヨーロッパ語族　② ウラル語族

③ アルタイ語族　④ アフロ=アジア語族

下線部(K)について

ロシアのピョートル１世と清の康熙帝の間で締結された国境画定条約として正しいものを，次の①〜④から一つ選べ。 **33**

① アイグン条約　② キャフタ条約

③ ネルチンスク条約　④ イリ条約

下線部(L)について

同盟について述べた文として正しいものを，次の①〜④から一つ選べ。 **34**

① ローマは征服した諸都市と個別に同盟を結び，それぞれ異なる権利と義務を与えた。

② ペロポネソス戦争で，アテネはペロポネソス同盟の盟主だった。

③ 西ドイツは冷戦終結とともに北大西洋条約機構（NATO）への加盟を認められた。

④ 1999年にオーストリアは永世中立を放棄し，NATO に加盟した。

下線部(M)について

列強とアフリカにおける植民地の組み合わせとして**誤っているもの**を，次の①〜④から一つ選べ。 **35**

① フランス ― マダガスカル　② イタリア ― リビア

③ イギリス ― ナイジェリア　④ スペイン ― アルジェリア

下線部(N)について

この期間内に起きた①〜④の出来事を古い順に並べた場合，２番目に位置するものを選べ。 **36**

① ポーツマス講和条約調印　② パナマ運河開通

③ パリ=コミューンの樹立　④ 義和団事件

下線部(O)について

併合・被併合の関係を示す次の①～④の組み合わせのうち，**誤っているもの**を，次の①～④から一つ選べ。 37

① ロシア ― ボスニア＝ヘルツェゴヴィナ

② 日本 ― 韓国

③ ドイツ ― ズデーテン

④ アメリカ ― ハワイ

下線部(P)について

ヨーロッパ統合について述べた文のうち**誤っているもの**を，次の①～④から一つ選べ。 38

① クーデンホーフ＝カレルギーはヨーロッパ統合構想の先駆者となった。

② フランス外相シューマンの提案でヨーロッパ石炭鉄鋼共同体が設立された。

③ ヨーロッパ石炭鉄鋼共同体は当初，西ドイツの参加を認めていなかった。

④ マーストリヒト条約の発効により，ヨーロッパ連合（EU）が発足した。

〔Ⅲ〕 以下の小問に答えよ。

清朝の八旗制の改革や軍機処を創設し，君主独裁を強化した皇帝として正しいものを，次の①～④から一つ選べ。 39

① 順治帝　② 雍正帝　③ 康熙帝　④ 乾隆帝

8世紀以降に導入された唐の政策として正しいものを，次の①～④から一つ選べ。 40

① 両税法　② 均田制　③ 科挙　④ 府兵制

◀2月3日実施分▶

(60分)

〔Ⅰ〕次の文を読み，以下の各問に答えよ。

ヨーロッパ人が「文明」の名のもと有色人種を「野蛮」や「未開」でひとくくりにして得得としている様をみて，それを厳しく批判したのは有色人種の知識人たちであった。明治(A)の初めパリで自由・平等や民主主義を学んだ中江兆民は帰途スエズ(B)やサイゴンに寄港して，英仏の白人がアジア人を犬・豚同然にあつかうのをみて憤慨した。「そもそも欧州人が自ら文明を唱えながら，こういう振る舞いをするのをどう考えるべきか。トルコ人やインド人も同じく人間であることを知らないのだろうか」(「外交を論ず」1882年)(現代語訳―引用者)という兆民の批判は彼の信念「民権これ至理なり，自由平等これ大義なり。欧米の専有にあらず」にもとづいていた。帝国主義(C)時代に欧米の知識人の多くが人種差別(D)の虜になって西欧文明の原理を忘れがちであったのにたいし，それを学んだばかりのアジアの青年知識人(E)はその普遍性を確信していた。もっとも，兆民のように自由平等の普遍性を信じた日本の知識人はむしろ例外で，大多数は福沢諭吉の「脱亜入欧」が示すように，蔑まれるアジアを捨て，差別するヨーロッパに仲間入りすることを望んだのであったが。

一方，イギリスのインドでの差別政策(F)と本国の自由主義立法の使い分けへの批判から西洋文明の価値そのものの否定に進んだのが20世紀インドの独立運動指導者(G)ガンディーであった。ガンディーは帝国主義イデオロギーの差別主義が白人，物質的豊かさ，男性的力強さなどをたたえ，有色人種，貧困，女性的優しさを卑しめるのを逆手にとって，差別される弱者が己の価値にめざめ，屈服させられない尊厳を身につけることを説いた。両大戦間期(H)にガンディーが展開した「非暴力抵抗」運動はこの理念を実践に移したもので，イギリスのインド支配や(　Ⅰ　)の否定という高い目的を掲げながら，断食，ハルタール(罷業)，非協力・不服従(J)というだれにもわかりやすいかたちをとる彼の闘いは，敵への直接的打撃よりも，味方の共感の輪を広げ，参加者に自覚と自己変革を迫る，それまでの政治闘争の常識を破るものであった。そしてこの運動を支えたガンディーの思想には西洋の物質文明にたいする厳しい拒否の姿勢があった。「インドの救いは過去50年間に学んだ無学にある。鉄道・病院・弁護士・医者といったものは，すべてなくなるべきであり，いわゆる上流階級は単純な農民生活を学んでそれが真の幸福であることを知るべきなのだ……」という彼の言葉には，インドをかくも長く差別し，苦しめてきたイギリス＝西洋文明にたいする深い憤りと絶望感があふれでている。

ヨーロッパ文明にたいするこのような原理的批判は「帝国主義時代」の欧米人の心に届かなかったとはいえ，ヨーロッパ人も白人優位の差別主義を振りかざしながら，内心では有色人種の潜在的な力とその「復讐」を恐れていた。(…)ヨーロッパ人の胸には中世以来フン(K)，モンゴル，オスマン・トルコ(L)の侵入などアジアから受けた数々の侵略の記憶が重く沈んでおり，これがおりにふれて新たな恐怖を呼び覚ました。

木谷勤『帝国主義と世界の一体化』 世界史リブレット40　山川出版社，1997。
出題の都合上，一部を省略し表記を改めた。

下線部(A)について

この時代のアジアについて述べた①～④の文を古い順に並べたとき，２番目に来るものを選べ。 [1]

① 辛亥革命が起こる。

② 下関条約を締結する。

③ アギナルドがフィリピン独立宣言を行う。

④ インドシナでドンズー運動が発展する。

下線部(B)について

スエズ運河についての説明として**誤っているもの**を，次の①～④から一つ選べ。 [2]

① ディズレーリ首相は，スエズ運河会社の株を買収して運河の経営権を握った。

② フランス人レセップスが建設したこの運河は，地中海と黒海を結ぶものである。

③　スエズ運河株式会社の株式は当初，フランス政府とエジプト政府が所有した。

④　この運河は，スエズ運河株式会社が1859年に着工し69年に完成した。

この運河の国有化の説明として正しいものを，次の①～④から一つ選べ。［3］

①　1956年，アギトが国有化を宣言した。

②　国有化宣言をきっかけに，ソ連，イギリス，フランスがエジプトに侵攻した。

③　国有化はアスワン=ハイダム建設の資金確保が目的であった。

④　国有化宣言をきっかけに起こったスエズ戦争は，第１次中東戦争とも呼ばれる。

下線部(C)について

この用語の説明として正しいものを，次の①～④から一つ選べ。［4］

①　19世紀後半以降の，ヨーロッパ列強の対外膨張と植民地の獲得行動。

②　個人の自由を尊重し，それを集団や国家に優先させようとする思想。

③　国民ないし民族という政治的共同体を重視する思想や運動。

④　政治権力を否定し，完全な自由を持つ個人の自主的な結合による社会を目指す思想。

下線部(D)について

国際社会における人種差別の撤廃に関する動きについて述べた次の①～④を古い順にならべたとき，２番目に来るものを選べ。［5］

①　奴隷解放宣言

②　公民権法制定

③　イギリス帝国全域での奴隷貿易廃止

④　アパルトヘイト関連諸法撤廃

下線部(E)について

アジア諸国の民族運動指導者とその人物の出身国についての組み合わせとして正しいものを，次の①～④から一つ選べ。［6］

①　カルティニ―フィリピン

② チョイバルサン―ベトナム

③ ファン=ボイ=チャウ―フィリピン

④ アフガーニー―イラン

下線部(F)について

イギリスの海外進出に関する説明として**誤っているもの**を，次の①～④から一つ選べ。 **7**

① 17世紀中盤にオランダと3回にわたって争い，最終的に海上覇権を手にした。

② カーナティック戦争でフランスに勝利をおさめ，南インドでの覇権を確立した。

③ ウラービー運動を鎮圧し，エジプトをイギリスの保護国とした。

④ シパーヒーの反乱を鎮圧したイギリスは，アフガニスタンを直接統治下に置いた。

19世紀初め，イギリスがインド南部や西部で導入した，農民から直接地税を徴収する制度として正しいものを，次の①～④から一つ選べ。 **8**

① ディーワーニー

② ザミンダーリー制

③ プロノイア制

④ ライヤットワーリー制

イギリス統治下のインドで起きた次の出来事①～④を古い順にならべたとき，3番目に来るものを選べ。 **9**

① ベンガル分割令が発表された。

② インド国民会議が結成された。

③ プールナ=スワラージが決議された。

④ 英印円卓会議が招集された。

下線部(G)について

インドの独立運動指導者について説明した文として正しいものを，次の①～④か

ら一つ選べ。 **10**

① アンベードカルはイギリス留学後，第一次サティヤーグラハに参加した。

② ティラクは不可触民差別撤廃運動に献身した。

③ ジンナーはベンガル分割反対運動を指導し，大衆の反英意識を高揚させた。

④ ガンディーはヒンドゥー教徒急進派により暗殺された。

ガンディーの功績とは**関係のないもの**を，次の①～④から一つ選べ。 **11**

① 南アフリカでインド人労働者の権利のために戦った。

② 独立後，憲法起草委員長を務めた。

③ あらゆる階級の人々を独立運動に結集させた。

④ カリフ擁護運動を指導した。

下線部(H)について

この時期にアジア地域で起きたこととして**誤っているもの**を，次の①～④から一つ選べ。 **12**

① バルフォア宣言

② 『阿Q正伝』発表

③ スルタン制廃止

④ 上海事変

空欄（　I　）について

空欄には，第一次世界大戦後に一連の講和条約で形成されたヨーロッパの国際秩序を指す用語が入る。正しいものを次の①～④から一つ選べ。 **13**

① ワシントン体制

② ウィーン体制

③ ヴェルサイユ体制

④ ブレトン=ウッズ国際経済体制

下線部(J)について

ガンディーが形成したこの運動の理念をあらわす言葉として正しいものを，次の

①〜④から一つ選べ。 **14**

① スワラージ

② ジハード

③ スワデーシ

④ サティヤーグラハ

下線部(K)について

フン人に関する説明として正しいものを，次の①〜④から一つ選べ。 **15**

① 4世紀後半，フン人は西ゴート人の大半を征服し，東ゴート人を圧迫した。

② 5世紀前半にオドアケルが大帝国をたてた。

③ 匈奴の一部が西進してフン人の支配層となったとも考えられている。

④ 西アジアの草原地帯からヨーロッパへの侵攻を繰り返した。

下線部(L)について

オスマン帝国が最盛期を迎えたときの統治者として正しいものを，次の①〜④から一つ選べ。 **16**

① セリム1世

② セリム2世

③ スレイマン1世

④ メフメト2世

〔Ⅱ〕次の文を読み，以下の各問に答えよ。

(…) フランコ(A)による20世紀の長期独裁体制(B)が唱えた歴史認識は，19世紀に創られた伝統的国民史学(C)に支えられていた。722年のコバドンガの戦いから1492年(D)のグラナダ(E)陥落までの約800年は「レコンキスタ(F)」の時代と称され，それを主導したのはカスティーリャ王国に結実するキリスト教諸国の歴代国王で，西ゴート(G)王国の血筋を継承した者たちとされた。統一的カトリック(H)王国の「復興」として，王権の歴史的正当性が謳われたのである。

だが，異教徒からの国土奪還という理念は，当初にはなかった。「レコンキスタ」という言葉は中世には使われていない。ただ，9世紀(I)に北西部のガリシアで，十二使徒のひとりである聖（大）ヤコブのものとされる墓が「発見」されたことには，ヨーロッパのキリスト教世界の中に自らを位置づけようとする作為が込められていたのも確かである。10世紀初めの『アルフォンソ三世年代記』は，「ゴート人の軍の再興」と「異教徒の撃退」がコバドンガの戦いの主たる動機であったと叙述している。(…)

レコンキスタは，12世紀になって明確に十字軍(J)の色彩を帯びた。アンダルスで（　K　）が支配者となり，キリスト教諸国との対立が深まったからである。ローマ教皇が唱えるイスラーム(L)に対する十字軍は，イベリア半島(M)のキリスト教諸国にもレコンキスタの機運を盛り上げた。その結果，1212年のラス・ナバス・デ・トローサの戦いでの勝利となった。

だが境域に位置するイベリア半島では，キリスト教諸国によるアンダルスの領土奪還はイスラーム教徒の放逐を意味しなかった。1085年にトレードを再征服したカスティーリャ=レオン王アルフォンソ六世は，自らを「二宗教の皇帝」，つまりキリスト教徒とイスラーム教徒双方の君臨者と称した。その後もイスラーム教徒は「ムデハル」と呼ばれ，キリスト教徒社会の中での存在を許されている。

立石博高『スペイン史10講』岩波新書，2021年より。本文を一部省略し，表記を改めた。

下線部(A)について

フランコが独裁政権を樹立するきっかけとなったスペイン内戦の説明として**誤っ**

ているものを，次の①～④から一つ選べ。 **17**

① イギリス，フランスはフランコに対抗するために，人民戦線派による政府を支援した。

② イタリアとドイツはフランコ側を支援した。

③ 人民戦線派による政府には，ソ連や国際的な義勇軍による援助があった。

④ ピカソは，爆撃されて焦土となった小都市ゲルニカを素材とした作品を描いた。

下線部(B)について

20世紀における独裁体制の人物と国名の組み合わせとして**誤っているもの**を，次の①～④から一つ選べ。 **18**

① ピノチェト―チリ　　② ムッソリーニ―イタリア

③ スハルト―インドネシア　　④ チャウシェスク―東ドイツ

下線部(C)について

19世紀の歴史家として正しいものを，次の①～④から一つ選べ。 **19**

① ランケ　　② ボーダン　　③ クック　　④ モンテスキュー

下線部(D)について

1492年より後に起こった出来事として正しいものを，次の①～④から一つ選べ。

20

① ビザンツ帝国滅亡　　② 百年戦争終結

③ ドイツ農民戦争　　④ 永楽帝即位

下線部(E)について

グラナダに最後に残ったイスラーム王朝名として正しいものを，次の①～④から一つ選べ。 **21**

① 後ウマイヤ朝　　② ナスル朝

③ ムワッヒド朝　　④ マムルーク朝

下線部(F)について

レコンキスタを説明した文A，Bの正誤の組み合わせとして正しいものを，次の①～④から一つ選べ。 22

A：12世紀までには半島の南半分がキリスト教圏に入った。

B：レコンキスタの過程で，トレドを中心に，アラビア語に翻訳された古代ギリシアの文献が次々とスペイン語に訳された。

① A－正　B－正　② A－正　B－誤

③ A－誤　B－正　④ A－誤　B－誤

レコンキスタ完成後のイベリア半島の出来事として正しいものを，次の①～④から一つ選べ。 23

① カスティーリャ王国とアラゴン王国とが合併して，正式にスペイン王国となった。

② フェリペ２世がポルトガルの王位を兼ねた。

③ コルテスがインカ帝国を滅ぼした。

④ スペイン人カブラルがブラジルに漂着した。

下線部(G)について

西ゴートの説明として**誤っているもの**を，次の①～④から一つ選べ。 24

① 西ゴート人がドナウ川を渡ることで，他のゲルマン諸部族も大規模な移動を開始するきっかけとなった。

② 西ゴート人は410年にローマを略奪した。

③ ガリア南西部とイベリア半島に西ゴート王国を建国した。

④ 西ゴート王国は，ヴァンダル王国に征服されて，アフリカに逃れた。

下線部(H)について

カトリックを説明した文A，Bの正誤の組み合わせとして正しいものを，次の①～④から一つ選べ。 25

A：カトリックという呼称は，ギリシア正教を含む宗教改革以前のキリスト教の総称に由来する。

B：16世紀後半に宗教改革の波が及んだスペインは，三十年戦争ではプロテスタント側に立ちカトリック陣営と戦った。

① A－正　B－正　　② A－正　B－誤
③ A－誤　B－正　　④ A－誤　B－誤

下線部(I)について

9世紀の出来事として正しいものを，次の①～④から一つ選べ。 26

① 唐が滅亡し，宋が建国された。
② カール大帝が戴冠した。
③ フランク王国がメルセン条約によって分裂した。
④ ウマイヤ朝が滅亡した。

下線部(J)について

十字軍の時代に起きたヨーロッパ社会の変動を説明した文A，Bの正誤の組み合わせとして正しいものを，次の①～④から一つ選べ。 27

A：この時期の西ヨーロッパは気候が寒冷であったため，農業生産が停滞し，多くの農民がエルベ川以東に移住を余儀なくされた。
B：十字軍の影響で交通が発達すると，遠隔地貿易で発達する都市もあらわれた。

① A－正　B－正　　② A－正　B－誤
③ A－誤　B－正　　④ A－誤　B－誤

空欄（　K　）について

空欄には当時アフリカを中心に展開していたイスラーム国家が入る。正しいものを，次の①～④から一つ選べ。 28

① ソンガイ王国　　② 奴隷王朝
③ ムラービト朝　　④ ファーティマ朝

下線部(L)について

アッバース朝以前のイスラーム王朝が被征服地の先住民だけにかけた税金として正しいものを，次の①～④から一つ選べ。 29

① 教会税　② 通行税　③ 地租　④ 十分の一税

下線部(M)について

婚姻関係によってイベリア半島を領有したハプスブルク家出身で，神聖ローマ皇帝を兼ねたスペイン王として正しいものを，次の①～④から一つ選べ。 **30**

① カルロス１世　② フェルナンド５世

③ フェリペ２世　④ イサベル女王

〔Ⅲ〕 以下の小問に答えよ。

三国時代の魏から行われた官吏任用制度として正しいものを，次の①～④から一つ選べ。 **31**

① 郷挙里選　② 科挙　③ 屯田制　④ 九品中正

北魏の第６代皇帝で，平城から洛陽に遷都し，漢化政策を行った人物として正しいものを，次の①～④から一つ選べ。 **32**

① 孝文帝　② 太武帝　③ 洪武帝　④ 永楽帝

12世紀初め，遼を滅ぼした金が宋の都を陥落させ，徽宗と欽宗をとらえたできごととして正しいものを，次の①～④から一つ選べ。 **33**

① 紅巾の乱　② 靖康の変　③ 靖難の役　④ 土木の変

チンギス＝ハンの死後即位し，カラコルムに都を定めた人物として正しいものを，次の①～④から一つ選べ。 **34**

① フラグ　② バトゥ　③ オゴタイ　④ フビライ

イギリス革命に関連する記述として**誤っているもの**を，次の①～④から一つ選べ。

35

① 1603年にイングランド王に即位したジェームズ1世は，神から授かった王権は人民に拘束されないという王権神授説をとなえた。

② 1628年，国王の専制政治を国民の歴史的な権利に基づいて批判した権利の請願が議会で可決されたが，チャールズ1世は翌年議会を解散した。

③ 1640年秋に招集された長期議会は国王を激しく批判し，42年には王党派と議会派のあいだに内戦が起こった。

④ 独立派のクロムウェルは，議会派を勝利に導いた後，議会から長老派を追放し，1649年にはチャールズ1世を処刑して，立憲君主政をうちたてた。

ロシア皇帝エカチェリーナ2世の治世に関する記述として**誤っているもの**を，次の①～④から一つ選べ。 **36**

① 18世紀後半，クリミア半島をオスマン帝国から奪った。

② オホーツク海まで進出し，日本にも使節ラクスマンを送った。

③ 治世の初期には啓蒙専制君主として種々の改革をこころみた。

④ 1773年～75年のステンカ＝ラージンの農民反乱の後は農奴制を強化した。

プロイセンのフリードリヒ2世（大王）の治世に関する記述で正しいものを，次の①～④から一つ選べ。 **37**

① 1740年，オーストリアのマリア＝テレジアがハプスブルク家の全領土を継承したことに異議をとなえ，ウィーンを占領した。

② オーストリアとの七年戦争ではフランス，スペインと結んで，シュレジエンを獲得した。

③ ヴォルテールらのフランスの啓蒙思想によって，内政面では信教の自由を認め，産業の育成，司法改革など，国民の福祉向上を目標に掲げた。

④ フリードリヒ2世は啓蒙専制君主の典型とされるが，その統治はジェントリを支柱としたものであった。

近世ヨーロッパに関する出来事の時系列として正しいものを，次の①～④から一つ選べ。 **38**

① プラッシーの戦い → イギリス革命（ピューリタン革命） → スペイン継承戦争 → ナントの王令廃止

② スペイン継承戦争 → ナントの王令廃止 → プラッシーの戦い → イギリス革命（ピューリタン革命）

③ ナントの王令廃止 → スペイン継承戦争 → イギリス革命（ピューリタン革命） → プラッシーの戦い

④ イギリス革命（ピューリタン革命） → ナントの王令廃止 → スペイン継承戦争 → プラッシーの戦い

アメリカ合衆国の領土拡大について，①～④の獲得年を古い順に並べたとき，4番目に来るものを選べ。 **39**

① カリフォルニア　② フロリダ

③ フィリピン　④ アラスカ

第二次世界大戦後のアメリカの大統領とその政策ないしスローガンの組み合わせとして**誤っているもの**を，①～④から一つ選べ。 **40**

① トルーマン＝封じ込め政策

② アイゼンハワー＝ニューディール

③ ケネディ＝ニューフロンティア政策

④ レーガン＝「強いアメリカ」

政治・経済

◀1月23日実施分▶

（60分）

〔Ⅰ〕次の文章を読み，後の問いに答えよ。

選挙(a)は，現代の大衆民主主義(b)において，私たちが自らの意思を政治に反映させるための最も重要な手段であり，また，有権者と国民を結びつける機会でもある。しかし，政党や候補者に対して投票するだけでは，有権者のさまざまな意見を政策決定に反映させるのは難しく，選挙以外にも，いろいろな場面での政治参加(c)が必要である。

日本国憲法(d)では，民主主義の基盤としての地方自治を尊重するために，大日本帝国憲法(e)にはなかった「地方自治」（第８章）を規定している。これによって地方自治法が制定された。

地方自治の仕組みの中で，とくに注目されるのが，地域住民による直接参加である。住民は，地方公共団体の長や議会の議員に対する選挙権をもつ。また，憲法第95条は，住民自治の観点から，一つの地方公共団体だけに適用される特別法に対する住民投票を定めている。さらに，地方自治法によって，直接請求権(f)が認められている。

さらに，地方自治法上の制度ではないが，1990年代以降，いくつかの地方公共団体では，その地方の重要な問題について住民投票を実施している。この住民投票の結果には法的拘束力はないが，住民の意思の直接のあらわれとして，尊重することが求められる。

1990年以降の地方分権改革(g)によって，国から地方に事務が移譲された。地方自治体には新たに環境，福祉，まちづくりなどの仕事が課せられ，これを遂行する能力が求められるようになった。こうした地方の課題についても，私たち住民の参加や協力が必要であるといえよう。

問1　文中の下線部(a)に関する次の文章を読み，以下の問いに答えよ。

Ａさんは高校で模擬選挙を経験して政治に関心を抱き，18歳になったら選挙権(ア)を行使しようと考えた。大学に進学した年，ちょうど衆議院(イ)議員選挙がおこなわれることとなった。自分の住む市町村を含む選挙区(ウ)には３人の立候補者がおり，政党(エ)の公約や，選挙と同時におこなわれる最高裁判所(オ)の裁判官国民審査(カ)のことも公報で知った。さて投票日を迎え，事前に投票(キ)を済ませていた母は仕事に出かけ，Ａさんは父やきょうだいと投票に行った。

問1－1　下線部(ア)に関する以下の記述のうちから，誤っているものを一つ選べ。　1

① 日本で男女普通選挙権が認められたのは1945年である。

② 最高裁判所は，永住外国人の自治体選挙（地方議会議員や首長の選挙）への選挙権を認める法改正は憲法が禁じているとはいえないと判断している。

③ 1950年から選挙人としての資格は，住民登録をしている自治体に６か月以上居住していることとされた。

④ 1910年代に，尾崎行雄や犬養毅らの政党政治家が展開した憲政擁護運動の結果，1918年には本格的な政党内閣が成立し，1925年には25歳以上の男性を有権者とする普通選挙法が成立した。

問1－2　文中の下線部(イ)に関する以下の記述のうちから，正しいものを一つ選べ。　2

① 法律案には，国会議員自らが起案し提出する議員発議法案と，政府が提出する内閣提出法案がある。議員が発議する場合，衆議院では20人以上，参議院では10人以上の賛成を必要とする。ただし，予算をともなう法律案の場合，衆議院では50人以上，参議院では20人以上の賛成を必要とする。

② 衆議院において不信任決議案が可決されるか，信任決議案が否決された

場合，内閣は10日以内に総辞職するか，衆議院を解散するかのいずれかを選択しなければならない（憲法第69条)。この規定に基づいた衆議院の解散は過去一度もない。

③ 大日本帝国憲法では，皇族・華族・勅任議員からなる貴族院と，各都道府県知事の任命する議員で組織される衆議院は，同等の権限があった。

④ 衆議院で可決した法律案に対して参議院が異なる議決をするか，国会休会中の期間を除いて60日以内に議決をしない時には，衆議院が出席議員の過半数で再度可決すれば法律となる。

問1-3　文中の下線部(ウ)に関する以下の記述のうちから，正しいものを一つ選べ。 **3**

① 参議院議員選挙では，非拘束名簿式比例代表制と小選挙区選挙が併用されている。

② 参議院議員選挙では，候補者は選挙区と比例区の両方に立候補する重複立候補が認められている。

③ 一票の格差の問題とは，選挙区の人口や議員定数の関係で，議員一人当たりの有権者数に偏り（議員定数不均衡）が起き，一票の価値に不平等が生じていることをいう。

④ 小選挙区制は，得票率が獲得議員比率より大きくなる傾向があり，安定した政権や二大政党制を生み出しやすい。その反面，当選に結びつかない死票も多くなり，少数者の意見が無視されやすい傾向にある。

問1-4　文中の下線部(エ)に関する以下の記述のうちから，正しいものを一つ選べ。 **4**

① 1960年代後半には，高度経済成長にともなう地域開発によって，公害や都市問題が深刻になり，住民運動が広がった。この動きを背景に，1971年の統一地方選挙で，公明党や共産党などの支持を受けた候補が大都市の知事・市長選挙で多数当選し，革新自治体が誕生した。

② 1994年に政党助成法が制定され，政党は多額の資金（政党助成金）を税金から支出されるようになり，同法にもとづいて政治資金の監査が義務付けられた。

③ 自由民主党と日本社会党を中心とした「55年体制」は，両党が定期的に政権を担った体制をいう。

④ 政党に対する不信感などから，特定の支持政党をもたない無党派層が増加した。現在無党派層は有権者の40％ほどを占めているため，その投票動向は選挙結果に大きな影響を及ぼしている。

問１－５　下線部(オ)に関する以下の記述のうちから，正しいものを一つ選べ。 **5**

① 最高裁判所の長官と裁判官は内閣が任命する。

② 憲法違反を理由に最高裁判所に上訴することを特別上告・特別抗告という。

③ 憲法は最高裁判所のみに違憲法令審査権を与えている。

④ 司法制度改革審議会の最終意見書に基づき，法曹人口を大幅に増やすことのほか，裁判官の任命手続きに国民の声を反映させる裁判所裁判官指名諮問委員会を発足させることとなった。この委員会を通し，最高裁判所の裁判官の指名がおこなわれるようになった。

問１－６　文中の下線部(カ)に関する以下の記述のうちから，正しいものを一つ選べ。 **6**

① 国民審査は，憲法で定められた手続で，投票用紙にやめさせたい裁判官の名前を記載して投票する。

② 過去に実施された国民審査の結果，弾劾裁判に訴えられ罷免された裁判官は７名いる。

③ 司法制度改革審議会の最終意見書に基づいて，司法の民主化をはかるため，国民審査の権限強化がはかられた。

④ これまで実施された国民審査の結果，やめさせられた裁判官は誰もいない。

問1－7 文中の下線部(キ)に関する以下の記述のうちから，最も不適当なものを一つ選べ。 **7**

① 国外に居住する有権者が，衆参両議院の議員選挙に投票できることのみを在外選挙制度という。
② 仕事やレジャー，冠婚葬祭などの事由で投票日以前に投票することを期日前投票という。
③ 仕事や進学で住民票と異なる市町村に滞在している場合，手続きをとることで滞在先で投票することが可能である。これを不在者投票という。
④ 視覚障がいやけがなどの場合，代理や点字による投票が可能である。これを代理投票という。

問2 文中の下線部(b)に関連する以下の記述を，年代順に並べたものとして，正しい選択肢を一つ選べ。 **8**

ア 大正時代に入ると，明治憲法の下でも，国民の政治参加は少しずつ拡大した。第一次世界大戦後は，世界的に民主主義を求める運動が高揚し，日本でも民本主義や天皇機関説などが主張され，その結果，政党内閣による政治が「憲政の常道」とされるようになった。
イ 情報通信網の発達による情報の共有化が民衆の政治的な連帯を促し，社会の変革がもたらされる傾向もある。中東・北アフリカの反政府デモによる独裁政権の崩壊（アラブの春）はその一例である。
ウ 産業革命後のイギリスでは，労働者階級が増加するにつれて，彼らから普通選挙権を要求する声が高まっていった。
エ 東西対立の一方，緊張緩和の動きが進んだことで，チェコスロバキアではプラハの春とよばれる自由化路線が登場し，他の東欧諸国でも自由化を求める民衆の声が高まった。

[選択肢]

① ア - ウ - イ - エ　② ア - ウ - エ - イ
③ ウ - ア - イ - エ　④ ウ - ア - エ - イ

問3　文中の下線部(c)に関する以下の記述のうちから，正しいものを一つ選べ。 **9**

① 地方自治は，身近な問題への取り組みを通して人々が国政の運営に必要とされる能力を養う場と考えられてきた。ミルなどの学者たちは「地方自治は民主主義の学校」とした。

② 日本でも男女普通選挙制は実現され，定住外国人に地方参政権が与えられた。

③ 内閣府が公表した2020年１月の意識調査によると，国の政策に国民の考えや意見が反映されているかという問いに，29.1％が反映されていないと回答している。

④ 政治参加の方法は選挙だけに限られるわけではなく，政党への寄付，特定の政策の実施を求める署名活動などによっても，政策決定に影響を与えることができる。

問4　文中の下線部(d)に関する以下の記述のうちから，最も不適当なものを一つ選べ。 **10**

① 国の財政の処理は，すべて，法律に基づいておこなわなければならない（第83条）。国の収入である租税の賦課・徴収は，勅令によらなければならない（第84条）。

② 前文は「主権が国民に存する」ことを宣言し，「国政は，国民の厳粛な信託によるものであつて，その権威は国民に由来し，その権力は国民の代表者がこれを行使し，その福利は国民がこれを享受する」という原則を，「人類普遍の原理」としている。

③　第9条に関する政府の見解は，憲法改正によらず，解釈を変えることによって変化してきた。これは解釈改憲といわれる。

④　代議政治（間接民主制）を基本としながらも，憲法改正の国民投票や最高裁判所裁判官の国民審査など直接民主制を一部取り入れている。

問5　文中の下線部(e)に関する以下の文中の [11] ～ [15] に入れるのに最も適当なものを，下の各選択肢のうちから一つ選べ。

明治維新後，憲法の制定を求める声は [11] として高まり，植木枝盛らは自ら憲法案を起草した。こうした動きを受けて，1889年に明治天皇はついに大日本帝国憲法（明治憲法）を発布したが，これは [12] の憲法などの影響が色濃い [13] 憲法であった。そこでは天皇大権，すなわち天皇に絶対的な権力があることが前提とされ，社会契約説や国民主権，基本的人権といった原則に基づく現行の日本国憲法とは性格が異なっていた。そこで認められた権利は基本的人権ではなく「 [14] の権利」であり，法律によって制限できるものとされた。立法・行政・司法権は統治権の総攬者《そうらんしゃ》である天皇の名において行使され，宣戦布告をはじめとする外交権や陸海軍の [15] なども天皇大権に属するとされた。

［選択肢］

[11]　①　公民権運動　　②　労働運動
　　　③　#MeToo 運動　　④　自由民権運動

[12]　①　中国　　②　アメリカ　　③　プロイセン　　④　リベリア

[13]　①　欽定　　②　寄合　　③　民選　　④　民定

[14]　①　国民　　②　人民　　③　臣民　　④　公民

[15] ① 統帥権 ② 経営権 ③ 自由権 ④ 入会権

問6 文中の下線部(f)に関する次の文中の [16] ～ [19] に入れるのに最も適当なものを，下の各選択肢のうちから一つ選べ。

地方公共団体の長（知事・市区町村長）および地方議会の議員は，住民によって直接選挙される。特定の地方公共団体のみに適用される法律については，地域住民の投票でその [16] の同意を得なければならない，という住民投票の制度（ [17] ）もある。また，条例の [18] （イニシアティブ），議会の解散請求や首長・議員の解職請求（ [19] ）などの権利を認めている。

［選択肢］

[16] ① 過半数 ② 三分の二 ③ 四分の三 ④ 五分の三

[17] ① オンブズマン ② リストラ
③ リコール ④ レファレンダム

[18] ① 制定・改廃請求 ② 公開請求
③ 召集請求 ④ 執行請求

[19] ① オンブズマン ② リストラ
③ リコール ④ レファレンダム

問7 文中の下線部(g)に関する以下の記述の時期について，地方自治を主管する省庁が変わったのはいつか，選択肢として正しいものを一つ選べ。 [20]

ア 小泉内閣は三位一体改革で税源配分・補助金・地方交付税の改革をおこない，地方の財政の自立性を高めようとした。

イ　市町村合併特例法に基づく財政支援や国などの積極的な関与により「平成の大合併」が進められることとなった。

ウ　財源不足を補うことを目的に地方公共団体が独自に発行できる地方債については，従来国の許可制であったが，事前協議制になった。

エ　地方税法の改正で導入されたふるさと納税制度によって，任意の自治体に寄付をおこなうことで，寄付金額の一部が所得税・住民税から控除されることとなった。

［選択肢］

① アの前　　② アとイの間　　③ イとウの間　　④ ウとエの間

〔Ⅱ〕次の文章は，国保祥子『働く女子のキャリア格差』（ちくま新書，2018年）からの抜粋である。この文章を読み，後の問いに答えよ。

女性同士のミスコミュニケーションの一つのケースに，世代間のものがあります。40代から50代の管理職世代の女性と，女性部下とのミスコミュニケーションです。

管理職世代で職場に残っている女性たちは，仕事を続けるためには相当な努力を強いられてきました。彼女たちにとって，若い女性たちが当然のように長い育休をとったり，時短でも評価はしてほしいと主張したりする姿は，働く覚悟が甘いように映ります。

この話をするには，女性の社会進出を支援する制度の歴史(a)を振り返らなくてはなりません。嚆矢《こうし》は，1986年(b)に施行された男女雇用機会均等法（以下均等法）です。均等法は労働(c)者や求職者を性別(d)によって差別することを禁じたもので，女性も仕事上で男性と同じチャンスを与えられたという意味では画期的でしたが，これは家事育児を任せることができる専業主婦のパートナーを持つ男性と同等に働くことを前提としたものでした。

必然的に，仕事を続ける以上は実家を頼ったり夫の親と同居するなど，フルバックアップ態勢を構築することが必要になりますし，頼れる実家がない女性は家庭やこども(e)を持つことを諦めざるを得なかった時代でもあります。

例えば均等法の恩恵を受けて一部上場企業(f)に1986年から1990年(g)に総合職として採用された世代（以下「均等法世代」と呼びます）を対象に2004年(h)に実施した調査を見ると，回答者の女性の91人中，未婚者は38人（41.8%），こどもがいない人は64人（70.3%）に上っており，仕事を続けるために結婚や出産をしなかった人が多かったことが窺《うかが》えます。

そんな中こどもを産んで働き続けた人たちは，相当の覚悟があったと思われますし，働く女性の環境はこうした人々のおかげで整ってきたというのはまぎれもない事実です。育児を任せるために親に近くに引っ越してもらったり，そのような対策をしておくことでこどもが熱を出しても当然のように仕事を優先したりというやり方で働いてきたのです。

ただ，均等法世代並みのハードワークや覚悟を前提とすると，多くの人は働き続けられません。女性の就業継続率を上げるためには，もっと裾野を広げる，ハードワークをする覚悟がない人でも容易に両立できるような環境をつくっていく必要があります。

その後，1999年の男女共同参画社会基本法(i)の施行，均等法の改正や労働基準法(j)の改正による女性の深夜労働・残業の制限撤廃，さらに2001年には，育児・介護休業制度(k)（以下，育休制度）の改正など徐々に整ってきています。

こうした制度の充実の恩恵を受けているのが，2001年以降に入社した世代です。この「育休世代」は，育児とキャリアの両立支援に関する制度面での充実が図られたことで，出産しても育休制度を使って復帰してくる率が均等法世代の39.3%から53.1%と確実に増えてきています。

問1 文中の下線部(a)に関する次の記述のうちから，最も不適当なものを一つ選べ。 21

① 1985年制定の男女雇用機会均等法によって，事業主に対して募集・採用・配置・昇進・教育訓練の均等な機会を女性に与えることが努力義務とされた。

② 1985年制定の男女雇用機会均等法によって，定年・退職・解雇についての差別的待遇が禁止された。

③ 1985年の制定時から，セクシュアル・ハラスメントの防止は事業主の義務として男女雇用機会均等法に定められている。

④ 2007年からは，マタニティ・ハラスメント（妊娠・出産を理由とした職場での嫌がらせや降格・解雇など）も男女雇用機会均等法で禁止されている。

問2 文中の下線部(b)の年の出来事として正しいものを，下の選択肢のうちから一つ選べ。 22

① イギリスとブラジルの間で，フォークランド諸島の領有権を争う紛争が勃発《ほっぱつ》した。

② 日米欧のG5が外国為替市場に協調介入し，ドル高是正をおこなうことで合意した。

③ スペインとポルトガルが欧州共同体（EC）に加盟した。

④ 中距離核戦力（INF）全廃条約が締結され，米ソ初の核軍縮が合意された。

問3 文中の下線部(c)に関する次の記述のうちから，最も不適当なものを一つ選べ。 23

① 労働運動は日清戦争前後から台頭したが，当時は公認されておらず，治安警察法や治安維持法により，しばしば厳しい弾圧を受けた。

② 日本の労働組合は，職業別組合や産業別組合が多い。

③ 1950年代以降，毎年春に労働組合が産業ごとに賃上げなどの交渉をおこなう春闘が定着している。

④ 組合のない企業の社員の中には，個人の資格で加入する地域労組で活動する者もいる。

問4　文中の下線部(c)に関する次の記述のうちから，正しいものを一つ選べ。 24

① 15世紀後半，イギリスで最初に産業革命が起こった。

② 19世紀初めに起こったラッダイト運動は，機械に対する打ち壊し運動であった。

③ 19世紀前半に起こったサボタージュ運動は，労働者の参政権を要求した運動であった。

④ 世界恐慌時のニューディール政策の下で制定されたタフト・ハートレー法は，団結権・団体交渉権を保護するためのものであった。

問5　文中の下線部(c)に関する次の記述のうちから，最も不適当なものを一つ選べ。 25

① 使用者側が労働組合の結成・加入を理由として労働者を解雇することは，不当労働行為として禁止されている。

② 労働組合が争議行為をおこなった場合，それが適法な行為である限り刑罰は科されないことを，民事免責という。

③ 労働関係調整法は，労使関係を調整し，争議を予防・解決することを目的としている。

④ 1985年の成立当時の労働者派遣法では，通訳やアナウンサーなど限られた専門職について派遣労働が認められた。

問6　文中の下線部(d)に関する次の記述のうちから，最も不適当なものを一つ選べ。 26

① 1890年の第1回普通選挙では，直接国税15円以上を納める満25歳以上の男子のみが有権者の資格を得た。

② 第二次世界大戦後の混乱期における女性労働者の過酷な生活の実態を告発するものとして『女工哀史』が刊行された。

③　日本の総理大臣，アメリカの大統領ともに，国政を代表する存在としてドイツのメルケル首相のような女性が選出されたことはない。

④　近年，セクシュアル・マイノリティを表す言葉の一つとして，LGBTが用いられている。これは性的指向に関するレズビアン，ゲイ，バイセクシュアルと，性自認に関するトランスジェンダーの頭文字を組み合わせた言葉である。

問７　文中の下線部(e)に関する次の記述のうちから，最も不適当なものを一つ選べ。 **27**

①　マルクスが『資本論』を著した背景の一つには，当時のイギリスの過酷な児童労働の状況があったとされている。

②　日本国憲法第25条では，すべて国民はその保護する子女に普通教育を受けさせる義務を負うことが定められている。

③　児童福祉は，社会保障制度のうち社会福祉の範疇《はんちゅう》に含まれる。

④　児童の権利条約は，1989年に採択され翌年発効したが，日本が批准したのは1994年であった。

問８　文中の下線部(f)に関する次の記述のうちから，正しいものを一つ選べ。 **28**

①　株式や債券などの証券が売買される市場を為替市場という。

②　株式会社の最高議決機関は取締役会であり，そこで任命された株主が会社の経営にあたる。

③　会社の倒産時に会社の負債を出資者が自分の財産を投げうってでも弁償しなければならないことを有限責任とよぶ。

④　出資比率などに応じて企業から利潤の分配を受ける権利を持ち分とよび，株式会社の場合，この持ち分を株式という。

問9　文中の下線部(g)の年の出来事として正しいものを，下の選択肢のうちから一つ選べ。 **29**

① ソ連と東欧８か国で結成されたワルシャワ条約機構が解散した。
② 経済相互援助会議（COMECON）が解散した。
③ 東西ドイツの統一が実現した。
④ 中国で天安門事件が起こった。

問10　文中の下線部(h)の年の出来事として正しいものを，下の選択肢のうちから一つ選べ。 **30**

① 世界貿易機関（WTO）が発足した。
② アジア通貨危機がはじまった。
③ EUに中欧・東欧の10か国が加盟した。
④ 地球温暖化防止京都会議が開催された。

問11　文中の下線部(i)に関する次の記述のうちから，最も不適当なものを一つ選べ。 **31**

① 同法の制定により，「男女が均等に政治的・経済的・社会的及び文化的利益を享受することができ，かつ，共に責任を担うべき社会」をつくることがめざされた。
② 女性差別への取り組みにおける大きな出来事の一つに1979年に女子差別撤廃条約が国連で採択されたことがあるが，日本はこの条約を採択間もない1980年に批准した。
③ 同法の下，５年に１回作成される「男女共同参画基本計画」で各分野について政策の進捗状況がチェックされるようになった。
④ 実質的平等を確保する観点から，社会で不利益を受けてきた人々に認められるとされる優遇措置を，アファーマティブ・アクションという。

問12　文中の下線部(j)がはじめに制定された年として，正しいものを一つ選べ。 **32**

① 1925年　② 1936年　③ 1947年　④ 1958年

問13　文中の下線部(j)に関する次の記述のうちから，正しいものを一つ選べ。 **33**

① 労働基準法は，労働契約や解雇の濫用《らんよう》の禁止を明文化している。

② 労働基準法は，不当労働行為に対して，労働者たちが第三者機関である労働委員会に申し立てる権利を保障している。

③ 労働基準法は，団体交渉によって結ばれる労働協約が，使用者側が定める就業規則よりも効力をもつことを定めている。

④ 労働基準法は，労働条件の最低基準を定めている。

問14　文中の下線部(j)が定める主な労働条件に関する次の記述のうちから，最も不適当なものを一つ選べ。 **34**

① 賃金について，時間外・休日・深夜労働に対しては割増賃金が支払われる。

② 年少者について，15歳未満の労働は禁じられている。また，18歳未満の深夜労働も禁止されている。

③ 法定労働時間は，1日8時間，週40時間以内と定められている。

④ 時間外や休日の労働については，使用者側と全労働者との間で，書面での協定（三六協定）を結ぶことが必要である。

問15　文中の下線部(k)に関する次の記述のうちから，正しいものを一つ選べ。 **35**

① 1991年制定の育児休業法では，女性にのみ育児休業の取得が認められた。

② 1995年に介護休業制度が導入され，育児・介護休業法と改称された。

③ 2009年の改正では，父親の育休取得を後押しする項目が追加されたが，二度目の育休取得は認められなかった。

④ 育児・介護を理由とした嫌がらせ（マタハラ・パワハラ）を防止する規定は望まれているものの，まだ実現していない。

〔Ⅲ〕次の文章を読み，後の問いに答えよ。

19世紀後半に成立した国際通貨(a)体制は，イギリスをはじめとする主要国が採用した金本位制(b)に基づくものであった。しかし，各国の通貨発行量は金保有量によって制限されていたため，次第に世界貿易(c)の規模に見合うほどの通貨量を十分に供給できなくなり，世界的にデフレとなる傾向をもたらした。

こうした中，1929年に起きた世界恐慌(d)の影響を受けて，1930年代に各国は相次いで金本位制を離脱して，自国通貨の平価切り下げ競争を展開し，輸出(e)を増加させることによって恐慌を乗り切ろうとした。また，こうした動きと同時に，各国は自国産業(f)の保護と輸出相手先の確保を目的としてブロック経済化を進めた。しかし，排他的な市場(g)の形成によって世界貿易は収縮し，第二次世界大戦に至ることになった。

これを教訓として，新しい国際経済の秩序を樹立しようとする努力が，アメリカを中心に1944年のブレトン・ウッズ会議からはじまり，IBRD，IMF，GATTなどの国際的経済組織(h)がつくられていった。

先進資本主義諸国は，1961年にOECDを設立し，日本などもこれに加盟して，経済・貿易政策の調整をおこなってきた。その下部組織である［ A ］は，OECD加盟国による発展途上国援助の調整にあたってきた。

1970年代のドル危機(i)や石油危機によって，世界経済秩序に混乱が生じると，1975年に［ B ］で先進資本主義国6か国の首脳が先進国首脳会議（サミット）(j)を開き，政策協議をおこなうようになった。

問1　文中の下線部(a)に関する次の記述のうちから，最も不適当なものを一つ選べ。［36］

① 現金通貨と預金通貨の総計をM_1とよび，全預金取扱機関の預貯金を包含するM_3は，マネーストックの指標としてよく使われる。

② 預金通貨には，普通預金や小切手を振り出して引き出せる当座預金などの要求払い預金がある。

③ 今日の管理通貨制度の下では，中央銀行は金の保有量とは関係なく，経済や金融の状況に応じて金との兌換《だかん》が約束されない不換紙幣を発行して，金融を調節している。

④ デフレになると，通貨の価値が下落し，通貨の購買力が低下するため，債務の負担を軽くする一方で，預貯金を実質的に目減りさせる。

問2　文中の下線部(b)に関する次の記述のうちから，正しいものを一つ選べ。［37］

① 金本位制の下では，自国の通貨価値を金の価値に合わせて変動させる変動相場制が採用され，各国通貨間の為替相場の安定がはかられた。

② 金本位制で基準とされる，自国通貨と金や基軸通貨との交換比率のことを平価といい，第二次世界大戦前はユーロが基軸通貨として採用されていた。

③ ブレトン・ウッズ体制の下では，ドルは金1オンス＝360ドルの比率で金との交換を保証された。

④ 日本では，1897年に金0.75gを1円とする貨幣法が制定された。

問3　文中の下線部(c)に関連する次の文中の［38］～［41］に入れるのに最も適当なものを，下の各選択肢のうちから一つ選べ。

世界には多くの国々が存在し，労働人口，原材料や機械設備の保有量，土地の大小に相違がある。各国のこのような相違は，生産条件の差異となってあらわれる。 38 は，『 39 』の中で，国際分業の利益と，これに基づいておこなわれる国際貿易の意義を説明した。 38 が提唱した国際分業の理論は比較生産費説とよばれ，自由貿易論の基礎となっている。

自由貿易の下では，発展途上国が工業化を進めることや，先進国が農業生産を維持することが難しい場合がある。 40 は，『政治経済学の国民的体系』の中で，自由貿易論が先進国の論理であると批判し，当時の発展途上国が先進国に追いつくためには，保護貿易政策が必要であると主張した。

保護貿易政策では，国内の産業を保護・育成するために，輸入品に対して関税を高くしたり， 41 による輸入量の規制をおこなったりする。

［選択肢］

38 ① リカード ② アダム＝スミス
③ トマス＝マン ④ フリードマン

39 ① 国富論
② 選択の自由
③ 外国貿易によるイングランドの財宝
④ 経済学および課税の原理

40 ① マルクス ② シュンペーター
③ エンゲルス ④ リスト

41 ① セーフガード ② ダンピング
③ レイオフ ④ ゼロ・エミッション

問4 文中の下線部(d)に関する次の記述のうちから，正しいものを一つ選べ。
42

① アメリカのブッシュ大統領は，大不況を克服するためにニューディール

政策をとり，テネシー川流域開発公社などの公共事業を中心に，全国産業復興法や農業調整法の制定などさまざまな景気振興策を実施した。

② ケネーは，不況の原因は消費や投資などの有効需要の不足にあり，完全雇用を達成するためには，自由放任を改め，政府が財政・金融政策によって有効需要を増加させなければならない，と説いた。

③ 1929年のロンドン株式市場の株価暴落にはじまる大恐慌は，世界の資本主義国に波及し，イギリスでは国民所得が約２分の１に落ち込み，失業者は約1,300万人にのぼった。

④ イギリスの経済学者ピグーは，独占の公的規制や税制（累進所得税）による所得再分配，さらに環境問題の発生原因者に課税する環境税の導入で，人々の福祉（経済厚生）が高まることを理論的に示して政府介入を正当化した。

問５　文中の下線部(e)に関する次の記述のうちから，最も不適当なものを一つ選べ。 43

① 1973年の第四次中東戦争の勃発《ほっぱつ》にともない，アラブ石油輸出国機構（OAPEC）が原油輸出を制限し，また石油輸出国機構（OPEC）も価格を大幅に引き上げたため，世界各国が不況に陥った。

② 1989年から1990年にかけて，日米貿易の不均衡を是正するために日米包括経済協議がおこなわれ，これが1993年に日米構造協議に改称された。

③ 1986年の前川レポートでは，日米経済摩擦の解消のために，輸出主導型の経済構造を改め，消費や住宅投資などの内需拡大をめざすことや，市場開放と規制緩和によって，経常収支の不均衡の是正と金融の自由化を進めることなどが提言された。

④ アメリカは，日本には不公正な貿易慣行や輸入障壁が存在するとして，「スーパー301条」を適用することで対抗した。

問６　文中の下線部(f)に関する次の記述のうちから，正しいものを一つ選べ。

44

① イギリスでは，18世紀後半にはじまった産業革命によって，従来の工場制機械工業からマニュファクチュアへと発展し，産業資本が成立した。

② 自国企業が工場などの生産拠点を海外に移転することは，自国内における産業の空洞化をまねき，雇用の減少などによって国内経済が停滞する一因となる。

③ 経済が発展するにつれて，産業の中心が第三次産業から第二次産業へ，さらには第一次産業へシフトしていく傾向があり，これをペティ＝クラークの法則という。

④ 日本では，第一次石油危機により，企業が省エネルギーのために合理化・減量化を進めた結果，自動車や工作機械などの加工組立て産業から，鉄鋼や石油化学などの素材産業へと，基軸となる産業の転換が進んだ。

問7　文中の下線部(g)に関する次の記述のうちから，最も不適当なものを一つ選べ。 45

① 価格には財やサービスの需要量と供給量を自動的に調整する作用がある。この機能は市場機構とよばれ，社会全体の資源の配分を最適におこなう働きをしている。

② 1997年の独占禁止法の改正によって，第二次世界大戦後の財閥解体以来禁止されていた持株会社の設立が可能になった。

③ 広告・宣伝・商品の差別化・販売方法などによって，自社のマーケット・シェアの拡大と利潤の確保をめざすことを非価格競争という。

④ 管理価格のように，価格が需給関係によらず企業によって意識的に決定されるようになると，需要の減少や生産コストの低下があっても価格は下がらなくなる。このように，寡占下で価格が下がりにくい状態を，価格の上方硬直性という。

問8　文中の下線部(h)に関する次の記述のうちから，最も不適当なものを一つ選べ。 46

① 1960年には発展途上国政府への長期で低利率の融資機関として，国際開発協会が設立された。

② 通商条約などを結んだ国どうしが，租税や権利の保護，事業活動について，それぞれ自国民に与えているのと同様の待遇を，相手国の国民，事業者などに与えることを最恵国待遇という。

③ IMFは，1980年代以降，累積債務危機や通貨危機などに陥った途上国に対し，経済政策の改善を勧告し，これを条件に資金を貸し付けて救済する役割を担うようになった。

④ UNCTAD第1回総会に提出されたプレビッシュ報告は「援助より貿易を」を掲げ，先進国が発展途上国からの輸入品には低い関税率で一方的に優遇する一般特恵関税や，価格安定化のための国際商品協定などが整備された。

問9 文中の **A** に入れるのに最も適当なものを，下の選択肢のうちから一つ選べ。 **47**

① DAC　② ODA　③ EPA　④ ARF

問10 文中の下線部(i)に関する次の記述のうちから，正しいものを一つ選べ。 **48**

① アメリカは，ベトナム戦争への介入や西側諸国への経済援助による財政支出の拡大に加えて，国内のデフレによって貿易黒字の縮小が続いた。この結果，ドル危機が深刻化した。

② ドル危機を回避しようとすれば，アメリカはドルの流通量を制限せざるをえないが，そうすればアメリカ以外の国で必要とするドルが不足する。このような状況を国際流動性のジレンマという。

③ 1971年8月，レーガン大統領は新経済政策を発表し，金・ドル交換を停止した。

④ スミソニアン合意では，金に代わってSDRを中心的な準備資産とする

ことが取り決められた。

問11　文中の [B] に入れるのに最も適当なものを，下の選択肢のうちから一つ選べ。[49]

①　フランス　②　イギリス　③　アメリカ　④　イタリア

問12　文中の下線部(j)に関する次の記述のうちから，最も不適当なものを一つ選べ。[50]

①　1985年には，アメリカの貿易赤字を縮小させるため，G5が開かれ，ドル高を是正するために各国が協調するというプラザ合意が成立した。

②　1976年にはカナダが，翌77年にはEC委員長も加わり，毎年各国の持ち回りで開催されている。

③　1986年以来，国際通貨・金融問題を協議する場として，G7も定期的に開催されている。

④　リーマン・ショック後の混乱を受けて，2008年に開かれたG20によって，加盟国の財政出動や，先進国中央銀行の量的引き締めによる危機的対応策がとられ，世界経済はかろうじて大恐慌の再発を防ぐことができた。

◀2月3日実施分▶

(60分)

〔Ⅰ〕次の文章を読み，後の問いに答えよ。

日本の政治機構は，権力分立と議会制民主主義(a)を基本原理として構成されている。権力分立について，日本国憲法は，三権分立(b)制を採用しており，三権は抑制と均衡の関係にある。

国会(c)は「国の唯一の立法機関」であり，「国権の最高機関」とされる（憲法第 A 条）。これは主権(d)者たる国民の意見を直接代表する国会が，国の機関の中で最も重要であるということである。同時に，それは天皇に直属する行政(e)府が中心であるという大日本帝国憲法(f)下の考えからの転換を意味する。

日本の国会では両院制が採用され，国会は衆議院と参議院から構成される。両院の意思の一致によって国会の議決となるが，両院の一致がない場合には，両院協議会を開いて協議する。しかし，国会としての統一した意思決定をなすために，法案の議決，予算(g)の先議と議決，条約(h)の承認，内閣総理大臣(i)の指名，衆議院による内閣不信任決議案については，衆議院の優越が認められている。

内閣の権限の中心は，行政権である。実際の行政事務は，内閣みずからが直接すべておこなうわけではなく，内閣の下に設けられた行政各部が，それぞれ担当する。内閣は，行政の最高機関として，それらを統括し，責任を負う。

行政機関は広範な許認可権限をもって，行政目的を達成しようとするため，個人・法人・団体などに協力を求める行政指導をおこなうことがある。行政運営の公正性・透明性を確保する目的で，1993年に行政手続法が制定された。1999年には行政機関が持つ情報を広く公開する情報公開法が制定され，拡大した行政権の活動を国民(j)の側に説明する義務が明記された。

社会に生ずるさまざまな紛争を，法に基づいて裁判し，解決する国家の機能を司法(k)権という。裁判は，国民の権利に重大な影響を及ぼすから，あくまでも法に基づいて厳正かつ公正におこなわれる必要があり，政権(1)からの圧力や干渉は，一切排除されなければならない。ここから，近代の民主的司法の大原則として，「司法権の独立」の原則が確立されてきた。

問1　文中の下線部(a)に関する次の記述のうちから，正しいものを一つ選べ。 **1**

① 古代ギリシアの代表的ポリスであるアテネでは，暴君化した僭主政にかわって紀元前6～5世紀にかけて直接民主制が成立した。

② ルソーは『社会契約論』のなかで，「各人は国家の統治者である国王に，人が生まれながらにもっている自然権を委譲すべきである」と説いた。

③ 日本では，1925年に男女の普通選挙制が導入された。

④ イギリスの議会は，世襲貴族などの終身議員からなる上院と国民が選挙で選んだ議員からなる下院によって構成され，下院に対する上院優位の原則が確立している。

問2　文中の下線部(b)に関する次の記述のうちから，正しいものを一つ選べ。 **2**

① 国会による立法権の独占の憲法上の例外として，両院の規則制定権，最高裁判所の規則制定権がある。

② 内閣は三権分立に基づき成文法である政令を制定する権限をもつため，法律の委任がなくとも罰則や義務を設けたり，権利を制限したりすることができる。

③ 裁判官は，国会に設けられる弾劾裁判所の裁判による場合や行政機関による懲戒処分の場合を除いて罷免されない。

④ 1949年に参議院の法務委員会が，大津地裁の下した判決の量刑を不当とする決議をおこない，これに対して最高裁が司法権の独立を侵害するものだと抗議した。

問3　文中の下線部(c)に関する次の記述のうちから，最も不適当なものを一つ選べ。[3]

① 衆議院の解散中には，内閣の求めにより参議院の緊急集会が開かれることもあるが，緊急集会での議決は，次の国会開会後10日以内に衆議院の同意がない場合は失効する。

② 衆議院で与党が過半数の議席を有していても，参議院で過半数の議席に達しない場合には，両院の意思が異なることになり，ねじれ国会となる。

③ 国会議員には，国会会期中は法律の定める場合を除き，逮捕されない不逮捕特権や，議院内でおこなった発言や表決について，院外でその責任を問われない免責特権が認められている。

④ 審議活性化を目的として，1999年に国会審議活性化法が制定され，政府委員制度の導入と国家基本政策委員会の廃止が定められた。

問4　文中の [A] に入れるのに最も適当なものを，下の選択肢のうちから一つ選べ。[4]

① 41　② 62　③ 65　④ 76

問5　文中の下線部(d)に関連する次の文中の [5] ～ [7] に入れるのに最も適当なものを，下の各選択肢のうちから一つ選べ。

国際社会の観念が生まれたのは，[5] 後に結ばれたウェストファリア条約（ [6] 年）以降であるとされる。ウェストファリア条約は，カトリック教会と神聖ローマ帝国の聖俗《せいぞく》の権威によって支えられたヨーロッパ中世世界にかえ，一定の領土を排他的に支配する主権国家を基本的な単位として構成される国際社会像を提示した。このような国際社会像は，革命・戦争後の混乱を収拾し，主要な主権国家間の勢力均衡の原則に従って秩序を回復することを目的に1814年から1815年にかけて開かれた [7] 会議によって，いっそう明確にされた。

[選択肢]

5　① 三十年戦争　② ナポレオン戦争
③ 名誉革命　④ フランス革命

6　① 1635　② 1648　③ 1658　④ 1659

7　① ジュネーブ　② 万国平和
③ バンドン　④ ウィーン

問6　文中の下線部(e)に関する次の記述のうちから，正しいものを一つ選べ。
8

① 行政の違法や不当な活動に対して，国民の苦情を中立的な立場で調査し，是正措置を勧告することで，簡易迅速に問題を処理するレファレンダム制度を設けている地方公共団体もある。

② 1999年に成立した国家公務員制度改革基本法に基づいて，2001年に1府22省庁から1府12省庁体制に再編された。

③ 特殊法人であった国際交流基金は2003年に独立行政法人になった。

④ 2009年からの自民党政権では，政治主導の推進を目的として，政策決定過程から官僚を外すなどの方針がとられた。

問7　文中の下線部(f)に関する次の記述のうちから，正しいものを一つ選べ。
9

① 大日本帝国憲法の起草は，ドイツのロエスレルを顧問に，尾崎行雄が中心となり井上毅など少数の者によって進められ，1888年に完成，枢密院の審議に付された。

② 天皇を国家機関とみなす憲法学説を天皇機関説といい，吉野作造によって提唱された。

③　民間による憲法案を私擬憲法といい，植木枝盛の「五日市憲法草案」，千葉卓三郎による「東洋大日本国国憲按」などがある。

④　内閣に関する憲法上の規定はなく，国務各大臣は天皇に対してのみ責任を負い，内閣総理大臣も同輩中の首席にすぎなかった。

問8　文中の下線部(g)に関する次の記述のうちから，最も不適当なものを一つ選べ。 [10]

①　国の歳入・歳出の予算は，内閣が編成し，国会に提出して国会で審議・議決されると，政府の各省庁が執行する。

②　予算執行の過程で，天災が起きたり，経済情勢が変化したりして，当初の予算どおりに執行できない場合は，国会の議決を経て，当初の予算を変更することがあり，これを補正予算という。

③　両院協議会は，衆議院と参議院のそれぞれ10名（計20名）により構成され，法律案に関しては任意であるが，予算の議決や条約の締結，内閣総理大臣の指名の場合は必ず開かれる。

④　議員提出法案を国会に提出するには，予算をともなう法律案の場合，衆議院議員60人以上，または参議院議員30人以上の賛成が必要である。

問9　文中の下線部(h)に関連する次の文中の [11] ～ [14] に入れるのに最も適当なものを，下の各選択肢のうちから一つ選べ。

地球環境への国際的な取り組みとして，1972年にスウェーデンのストックホルムで [11] が開催された。この会議は「かけがえのない地球」をスローガンに掲げ， [12] の設置を決定した。

1992年にブラジルのリオデジャネイロで開かれた [13] では，「持続可能な開発」を基本理念とした「リオ宣言」が採択され，その行動計画としてアジェンダ21が策定された。また，同年に発効した [14] によって，有害廃棄物の国境を越える移動やその処分が規制されることになった。

［選択肢］

11　① 環境・開発サミット　② 地球サミット
③ COP3　④ 国連人間環境会議

12　① UDEP　② UNESCO
③ UNEP　④ UNHCR

13　① 環境・開発サミット　② 地球サミット
③ COP10　④ 国連人間環境会議

14　① バーゼル条約　② ロッテルダム条約
③ ワシントン条約　④ ラムサール条約

問10　文中の下線部(i)に関する次の記述のうちから，最も不適当なものを一つ選べ。 **15**

① 争議行為が電力・ガスなどの公益事業に関するものや，争議規模が大きいために国民の日常生活を著しく害する恐れがある場合などには，内閣総理大臣は中央労働委員会の意見を聞き，緊急調整を決定し，争議行為を50日間禁止することができる。
② 内閣総理大臣は，国務大臣を任命する権限をもっているが，権力の集中と濫用《らんよう》を防止するため，任意にこれを罷免することは禁止されている。
③ 内閣不信任の場合で衆議院を解散しなかったとき，衆議院議員総選挙後の新国会召集のときのほか，内閣総理大臣が欠けたときにも，内閣は総辞職しなければならない。
④ 在任中の国務大臣の訴追《そつい》には，内閣総理大臣の同意が必要とされている。

問11　文中の下線部(j)に関する次の記述のうちから，最も不適当なものを一つ選べ。 **16**

① 特別法の住民投票は，1949年の広島平和記念都市建設法や長崎国際文化都市建設法などで用いられたが，1950年の首都建設法でおこなわれたのを最後に，この制度は活用されていない。

② 最高裁判所の裁判官については，国民が直接審査する国民審査の制度がある。

③ 日本国憲法の改正には，国会で各議院の総議員の３分の２以上の賛成のほかに，国民投票の過半数の賛成が必要とされる。

④ 2007年に成立した国民投票法は，対象を憲法改正に限定している。

問12 文中の下線部(k)に関する次の記述のうちから，最も不適当なものを一つ選べ。 [17]

① 下級裁判所の裁判官は最高裁判所の示した名簿に従って内閣が任命する。

② 最高裁判所は，衆議院定数不均衡訴訟に対してこれまでに二度違憲と判断しているが，いずれも選挙自体は有効としている。

③ 政治犯罪，出版に関する犯罪，基本的人権が問題となっている事件の対審《たいしん》は，つねに公開しなければならない。

④ 刑事裁判の一種とされる行政裁判は，国や地方公共団体の行為や決定に対して，国民や住民が原告となって訴えを起こすものである。

問13 文中の下線部(l)に関連する次の文中の [18] ～ [20] に入れるのに最も適当なものを，下の各選択肢のうちから一つ選べ。

1980年代から90年代初頭にかけて汚職事件が続発した。例えば，1992年には，政治家への違法な献金などがおこなわれた [18] 事件が発生した。また，族議員とよばれる特定の政策分野で影響力をもつ政治家と所轄《しょかつ》の官庁，さらに関連する企業とが癒着する構造に対する批判も高まった。

政治改革への要求が強まるなかで，1993年の総選挙では，自民党は衆議院での過半数を失った。この結果，非自民８党派の連立政権 [19] 内閣が成立し，55年体制は幕を閉じた。その後も政権交代がめまぐるしく起こり，

2001年の自民・公明・保守の3党による **20** 内閣に至るまで，政党の離合集散と連立の組み合わせで，複雑な政治情勢が生まれた。

［選択肢］

18 ① 東京佐川急便 ② ロッキード ③ リクルート ④ 三菱樹脂

19 ① 竹下登 ② 細川護熙 ③ 村山富市 ④ 宮澤喜一

20 ① 小泉純一郎 ② 安倍晋三 ③ 小渕恵三 ④ 橋本龍太郎

〔Ⅱ〕次の文章は，中島岳志『自分ごとの政治学』（NHK出版，2021年）からの抜粋である（一部の表現を出題者が変更している）。この文章を読み，後の問いに答えよ。

では，租税(a)負担率，全 **A** （国内総生産）に占める国家歳出(b)の割合，公務員数の国際比較の三つの指標を用いて，今の日本の状況を分析してみましょう。

たとえば，比較対象として，いわゆる「先進国(c)」の代名詞ともいえるOECD（ **B** ）諸国の平均値を置いてみます。現在の日本は，このOECD平均と比べて数値が上なのか，下なのか。皆さんは，どう思われますか。

実は，現在の日本は三つすべての指標においてOECD平均よりもかなり下を示します。つまり，明らかに「小さな政府(d)」だということです。

まず，一つ目の租税負担率。「日本って税金が高いんじゃないの？」と思う方もいるかもしれませんが，そんなことはありません。消費税(e)一つとっても，ヨーロッパでは20パーセント台が普通ですが，日本はその半分です。それ以外の税金も，日本は全体的に安い国なのです。

二つ目の，全 **A** に占める国家歳出の割合も，かなり小さいです。つまり，税金が安い一方で，国は国民のためにお金を使っていないのです。

三つ目の公務員数はどうでしょうか。日本は「公務員天国」などといわれたりして，公務員が多すぎるというイメージが浸透していますが，きちんと比較してみると，実は顕著に少ないのです。

たとえば，人口1,000人あたりの公務員数を比較してみると，フランスでは80から90人台です。アメリカ(f)は75人くらい。スウェーデンやデンマークのような北欧諸国(g)では100人を超えています。一方，ヨーロッパの中でコンパクトな政府といわれているドイツは60人台後半です。

では，日本はどうでしょうか。実は1,000人あたり，30人台後半から40人台前半くらいという数値が出ています。フランスの半分程度ですね。

「官製ワーキングプア」という言葉を聞いたことがあるでしょうか。国や地方自治体(h)などの行政機関において，非正規雇用(i)のために低い給与で働いている人のことです。財政(j)が乏しい地方都市などでは，役所で働いている人の半数以上が非正規雇用ということも珍しくありません。そのようにして，公務員の人件費に割く予算がぐっと絞られてきたのが，近年の日本の傾向なのです。

このように，単なるイメージではなく，はっきりとした数値を出して国際比較をしてみると，現在の日本は非常にリスクの個人化が進んだ国であることが理解できます。日本は，先進国の中でもかなり小さな政府，もっといえば小さすぎる政府になっているのです。

問1　文中の［ A ］に入れるのに最も適当なものを，下の選択肢のうちから一つ選べ。［ 21 ］

① GDP　　② GNP　　③ IMF　　④ INF

問2　文中の［ B ］に入れるのに最も適当なものを，下の選択肢のうちから一つ選べ。［ 22 ］

① 開発援助委員会　　② 経済協力開発機構
③ 経済連携協定　　④ 政府開発援助

問3　文中の下線部(a)に関する次の記述のうちから，最も不適当なものを一つ選べ。 **23**

① 納税の義務は，日本国憲法第30条に「国民は，法律の定めるところにより，納税の義務を負ふ」と定められている。

② 納税は，大日本帝国憲法においても，臣民の義務として定められていた。

③ 日本国憲法第84条では，租税法律主義として，あらたに租税を課したり，現行の租税を変更したりするには，法律または法律の定める条件によることが示されている。

④ 相続税には，継承される遺産に対して累進的な課税がおこなわれるため，所得再分配効果がない。

問4　文中の下線部(b)に関して，日本における一般会計の歳出は，下の図のように推移してきた。図中の **24** ～ **27** に入れるのに最も適当なものを，下の各選択肢のうちから一つ選べ。

図　日本における一般会計の歳出

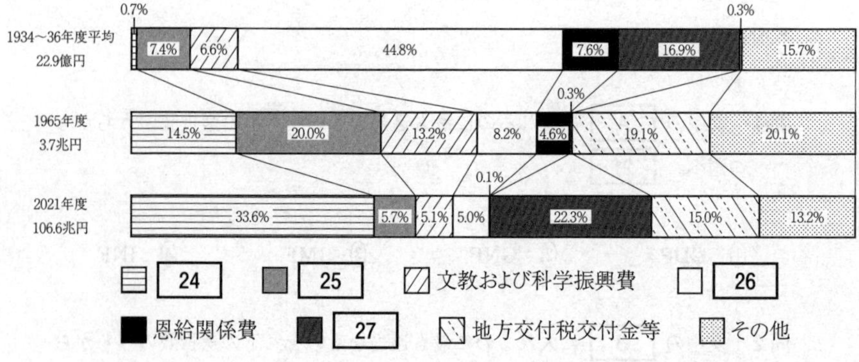

＊1934～36年度は地方財政関係費

出典：財政金融統計月報ほか

［選択肢］

24 ① 公共事業関係費 ② 国債費
③ 社会保障関係費 ④ 防衛関係費

25 ① 公共事業関係費 ② 国債費
③ 社会保障関係費 ④ 防衛関係費

26 ① 公共事業関係費 ② 国債費
③ 社会保障関係費 ④ 防衛関係費

27 ① 公共事業関係費 ② 国債費
③ 社会保障関係費 ④ 防衛関係費

問5 文中の下線部(c)に関連して，1975年にフランスのパリ郊外のランブイエでおこなわれた先進国首脳会議（サミット）に参加した国を次の選択肢のうちから一つ選べ。 **28**

① カナダ ② ソ連 ③ 中国 ④ 日本

問6 文中の下線部(d)に関連して，経済政策に関する次の記述のうちから最も不適当なものを一つ選べ。 **29**

① 1929年のニューヨーク株式市場の暴落にはじまる大不況に対して，アメリカのローズベルト大統領はニューディール政策を実施した。
② ニューディール政策は，経済に積極的に介入して有効需要を創出しようとするものであった。
③ 第二次世界大戦後，ケインズが説いた，経済に積極介入する小さな政府による総供給管理政策が各国に広がった。
④ アメリカの経済学者であるフリードマンは，マネタリストの立場からケ

インズ経済学の政策に反対した。

問7　文中の下線部(e)に関する次の記述のうちから，正しいものを一つ選べ。 30

① 消費税は，国税であり直接税である。

② 消費税は，1997年に税率3％で導入された。

③ 2021年度の歳入における構成比で，消費税は所得税，法人税に次いで3番目の割合を占めている。

④ 2019年に10％に引き上げられたのと同時に，飲食料品（酒類，外食除く）と新聞（定期購読などの条件あり）に対する軽減税率が導入された。

問8　文中の下線部(f)に関連して，アメリカの経済に関する次の記述のうちから，最も不適当なものを一つ選べ。 31

① 1980年代には，レーガン政権が規制緩和や民営化などを通じて国家の市場介入を縮小した。

② 日本が1985年に世界最大の貿易黒字国となった一方で，アメリカは双子の赤字に苦しんでいた。

③ 1988年にスーパー301条を制定し，アメリカが不公正貿易とみなした場合に相手国を制裁できるとする厳しい態度をとった。

④ 1989年の日米構造協議によって，アメリカは日本に内需縮小を求めた。

問9　文中の下線部(g)に関連して，スウェーデンなどの北欧諸国は社会保障制度の手厚さで知られている。社会保障に関する次の記述のうちから，正しいものを一つ選べ。 32

① デンマークでは1601年にエリザベス救貧法が制定され，社会保障のさきがけとなった。

② 第二次世界大戦後のイギリスでは，労働党内閣がベバリッジ報告に基づ

く体系的な社会保障制度を実施した。

③ 社会保障に関する共通理念の基盤となったのは，1944年のICJ総会で採択されたフィラデルフィア宣言である。

④ 日本の社会保障制度は，社会保険，自助努力，社会福祉，保健医療・公衆衛生の４つの柱から成り立っている。

問10 文中の下線部(h)に関連して，地方の経済に関する次の記述のうちから，最も不適当なものを一つ選べ。 **33**

① かつて三割自治といわれたように，地方公共団体の自主財源は少ないという課題がある。

② 北海道の夕張市は多額の財政赤字をかかえ，財政再建団体に指定されている。

③ 原子力発電所は主に地方に分布しており，2021年８月の時点では，福井県美浜町，愛媛県伊方町，鹿児島県薩摩川内市などのものが稼働していた。

④ 地方にもさまざまな産業があり，第二次世界大戦後の高度経済成長期には，熊本の水俣湾や栃木の足尾銅山などで公害事件が発生した。

問11 文中の下線部(i)に関する次の記述のうちから，最も不適当なものを一つ選べ。 **34**

① 1980年代はじめにバブル経済が完全に崩壊し，企業がリストラクチャリングを推し進めた過程で日本的雇用慣行が崩れはじめ，非正規雇用労働者が著しく増加した。

② 非正規雇用とは，期間雇用，契約社員，派遣社員，嘱託雇用，パート，アルバイトなどの臨時的な雇用形態である。

③ 安定的な経済成長が見込めなくなった近年では，仕事のマニュアル化により職務内容が単純になることなどによって，労働コストの安い非正規雇用労働者が増加した。

④ 非正規雇用労働者は，正規雇用労働者に比べて賃金などの労働条件が悪

く，失業のリスクも高い。

問12　文中の下線部(j)に関する次の記述のうちから，正しいものを一つ選べ。　**35**

① 一般に，不景気になると，公共事業を減らすなどフィスカル・ポリシーによって景気回復をはかろうとする。

② 石油危機後の1975年にのみ，戦後唯一，特別立法によって財政法に基づかない特例国債（赤字国債）が発行された。

③ 1980年代の，財政の最大の課題は財政再建であり，三公社の民営化などの行財政改革が推進された。

④ 今日の複雑な環境下では，景気，物価，国際収支の同時安定をめざすことは非合理であり，金融政策と為替政策はそれぞれ完全に別の政策とすることが求められている。

〔Ⅲ〕次の文章を読み，後の問いに答えよ。

第二次世界大戦後，現在の国際経済秩序体制の変遷についてみていくことにしよう。第二次世界大戦終結後の世界経済は，戦前の反省を踏まえこれまでとは異なる経済秩序体制の下に置かれることになった。戦後の国際経済秩序の柱となったのが，GATT と IMF という二つの制度であり，総称して IMF・GATT 体制といわれている。GATT は，貿易の拡大による世界経済の発展を目的とし，多角的貿易交渉（ラウンド）を通じて，自由貿易(a)を推進してきた。一方，IMF は1941年のブレトンウッズ協定に基づいて設立された国際機関である。IMF・GATT 体制の下では，ドルは金1オンスの比率で金との交換を保証され，ほかの国々の通貨とドルとの交換比率は一定の率に固定化された。

この IMF 体制はアメリカ経済の安定とドルに対する信用を前提条件としていたため，アメリカの国際収支(b)の赤字が経常化し，1960年代にはドル価値に対する信頼が揺らぎはじめると，変動為替相場制へ移行(c)し，IMF 体制は大きく変容した。一方，GATTでは多国間交渉がおこなわれていたが，GATT原則(d)を貫くことは各国の利害関係の相違から困難であった。そこで，GATTを引き継ぐ常設の国際機関として [36] が設立された。

このような中，経済のグローバル化により南北格差(e)を拡大させる傾向をみせはじめると，発展途上国は開発のための仕組みを求めるようになった。2001年にはじまったドーハ・ラウンドでは，自由貿易のルールと開発のための途上国への配慮において難しい調整に迫られるなど，一括合意は断念された。その後，各国は個別の貿易協定への傾斜を強めていった。

貿易の自由化が各国の国内市場に大きな影響を与えることから，相互に共通の利害関係をもつ国々の間で自由貿易圏の拡大をめざす地域的経済統合をはかる動きがみられるようになった。

ヨーロッパでは，1967年に発足したECが1993年にEU(f)となった。ヨーロッパ以外の国でも地域統合の動きが進んだ。北アメリカでは，３か国間の貿易や投資の拡大をはかるため，[37] が発足した。[37] は協定内容の見直しがおこなわれ，2018年に加盟３か国は新たに [38] に署名した。南アメリカでは，1995年に [39] が発足し域内での関税撤廃と域外への共通関税の設定を実現した。アジアでは，1967年にASEANが結成され，域内経済の活性化のために [40] が発足し，2018年には関税が撤廃された。環太平洋地域では，1989年からAPEC首脳・閣僚会議が毎年開催されている。

近年では，[36] の多国間主義に対して，FTA（自由貿易協定）やEPA(g)（経済連携協定）を結び，自由貿易を推進しようとする動きがみられる。多国間（地域間）協定である [37] や [40] はそのはしりであった。最近の特徴は二国間協定が多いことであり，日本はEPAを締結している。その一方で，ASEAN+3などを核とするRCEPや，TPPのように，より広範囲にわたる国々が協定を結び，連携を強めていこうとしている。

FTAやEPAは貿易創出効果があるほか，国内市場の競争が活発になり，経済構造の改革が進展することが期待される。一方，域外の国からの輸入をやめて，域内の国からの輸入に置き換える貿易転換効果がある。しかし，FTAやEPAは [36] の規定に反するものではないが，多用されると異なるルールの協定が世界中に張りめぐらされ，貿易や投資の手続きが複雑化するという点も指摘されている。

問1　文中の [36] ～ [40] に入れるのに最も適当なものを，下の各選択肢のうちから一つ選べ。

［選択肢］

[36]　① CIS　② WTO　③ AFTA　④ WHO

[37]　① USMCA　② NAFTA
③ TICAD　④ MERCOSUR

[38]　① USMCA　② NAFTA
③ TICAD　④ MERCOSUR

[39]　① USMCA　② NAFTA
③ TICAD　④ MERCOSUR

[40]　① CIS　② WTO　③ AFTA　④ WHO

問2　文中の下線部(a)に関連する次の文章の [ア] [イ] に入れるのに最も適当な語句の組み合わせを一つ選べ。[41]

次の表はA，B各国で2種類の製品を1単位生産するのに必要な労働者数をあらわしている。生産に労働のみが用いられ，各国の労働者は全員雇用されるとしよう。

	毛織物	ぶどう酒
A国	40人	80人
B国	240人	120人

いずれの財の生産においても，労働生産性が高いのは［ア］である。ぶどう酒の生産をA国が1単位減らし，B国が1単位増やすとする。ぶどう酒の生産量は両国の合計は変わらないが，毛織物については，生産量は［イ］増加する。

① ア：A国　イ：1.5単位
② ア：B国　イ：1.5単位
③ ア：A国　イ：0.5単位
④ ア：B国　イ：0.5単位

問3　文中の下線部(a)に関連して，比較生産費説を唱えた経済学者として正しいものを一つ選べ。［42］

① リスト　② リカード
③ アダム＝スミス　④ シュンペーター

問4　文中の下線部(b)に関する次の記述のうちから，最も不適当なものを一つ選べ。［43］

① 日本では1960年代前半まで，貿易収支がマイナスになることがあり，外貨不足の懸念から景気引き締めをおこなう必要があった。
② 貿易収支は為替相場の変動要因の一つであり，貿易収支黒字国の通貨は下落し，貿易収支赤字国の通貨は上昇する。
③ 経常収支には，無償資金協力，国際機関分担金，および海外からの労働者送金が含まれる。
④ 日本の貿易収支は2000年代に入ると黒字幅が縮小し，2011年には貿易収支は赤字となった。

問5　文中の下線部(c)に関する，次の記述を年代順に並べたものとして，正しいものを一つ選べ。［44］

ア：IMF によって各国の外貨準備を補完するために SDR 制度が創設された。

イ：アメリカのニクソン大統領が金とドルとの交換を停止した。

ウ：スミソニアン合意が成立し，ドルが切り下げられた。

エ：キングストン合意により，金とドルとの交換が廃止された。

① ア - イ - ウ - エ　　② ウ - イ - エ - ア
③ イ - エ - ウ - ア　　④ エ - ア - イ - ウ

問6　文中の下線部(d)に関して，GATT 原則に含まれないものを一つ選べ。 45

① 非関税障壁の撤廃　　② 関税の維持
③ 最恵国待遇　　④ 内国民待遇

問7　文中の下線部(e)に関する次の記述のうちから，最も不適当なものを一つ選べ。 46

① 第二次世界大戦後，発展途上国の多くはモノカルチャー経済から脱却できず，先進国との格差は広がった。
② 南北問題の解決をめざして，UNCTAD では，プレビッシュ報告に基づいて，特恵関税や価格安定などのための国際商品協定などが整備された。
③ 発展途上国からは資源ナショナリズムの主張が叫ばれるようになり，天然資源に関する恒久主権宣言や DAC 樹立宣言では，天然資源の恒久主権や一次産品の値上げ要求が盛り込まれた。
④ 南北問題を改善するために，1964年には UNCTAD が設立された。

問8　文中の下線部(f)に関する次の記述のうちから，最も不適当なものを一つ選べ。 47

① 1992年に調印されたマーストリヒト条約に基づき，1993年に EU が発

足した。

② EU市民権制度が導入され，EU加盟国市民の権利の保護と向上がはかられるようになった。

③ 1998年にはECBが設立され，翌年にはすべての加盟国は単一通貨であるユーロを導入した。

④ 2007年にリスボン条約が調印され，欧州理事会常任議長や外務・安全保障政策上級代表が置かれた。

問9　文中の下線部(f)に関する次の記述のうちから，最も不適当なものを一つ選べ。 48

① ユーロに参加するには，「毎年の財政赤字がGDPの3％以下」，「公的債務残高がGDPの60％以下」などの条件を満たす必要がある。

② 財政危機の拡大防止をはかるため，2012年に欧州安定メカニズム（ESM）が創設された。

③ 各国の金融政策と財政政策はECBによって一元化されている。

④ 加盟国間の経済格差の是正や，移民・難民政策の共通化はEUが抱える重要な課題である。

問10　文中の下線部(g)について日本が2022年の時点でEPAを締結している国として，最も不適当なものを一つ選べ。 49

① シンガポール　　② メキシコ

③ マレーシア　　④ バングラデシュ

問11　文中の下線部(g)に関する記述のうちから，正しいものを一つ選べ。 50

① 貿易の自由化に加えて，労働力の移動，知的財産権の保護，投資などの分野での連携を目指す協定のことを指す。

② 日本で最初のEPAはインドネシアとの間で締結された。

③　アジア太平洋地域において高い水準の自由化を目標とする多国間のEPAとしてアメリカが主導しているTPPがある。

④　FTAはEPAよりも幅広い経済関係の強化を目的とする協定のことである。

数　学

解答上の注意

1　解答は，解答用紙の問題番号に対応した解答欄にマークしなさい。

2　問題の文中の **ア** ，**イウ** などには，特に指示がないかぎり，符号（－），数字（0～9），又は文字（a～e）が入ります。**ア**，**イ**，**ウ**，…の一つ一つは，これらのいずれか一つに対応します。それらを解答用紙の**ア**，**イ**，**ウ**，…で示された解答欄にマークして答えなさい。

例 **アイウ** に $-8a$ と答えたいとき

ア	●	⓪	①	②	③	④	⑤	⑥	⑦	⑧	⑨	ⓐ	ⓑ	ⓒ	ⓓ	ⓔ
イ	⊖	⓪	①	②	③	④	⑤	⑥	⑦	●	⑨	ⓐ	ⓑ	ⓒ	ⓓ	ⓔ
ウ	⊖	⓪	①	②	③	④	⑤	⑥	⑦	⑧	⑨	●	ⓑ	ⓒ	ⓓ	ⓔ

なお，同一の問題文中に **ア** ，**イウ** などが2度以上現れる場合，原則として，2度目以降は， ア ， イウ のように細字で表記します。

3　分数形で解答する場合，分数の符号は分子につけ，分母につけてはいけません。

例えば，$\dfrac{\boxed{\text{エオ}}}{\boxed{\text{カ}}}$ に $-\dfrac{4}{5}$ と答えたいときは，$\dfrac{-4}{5}$ として答えなさい。

また，それ以上約分できない形で答えなさい。

例えば，$\dfrac{3}{4}$，$\dfrac{2a+1}{3}$ と答えるところを，$\dfrac{6}{8}$，$\dfrac{4a+2}{6}$ のように答えてはいけません。

4　小数の形で解答する場合，指定された桁数の一つ下の桁を四捨五入して答えなさい。また，必要に応じて，指定された桁まで⓪にマークしなさい。

例えば， **キ** . **クケ** に2.5と答えたいときは，2.50として答えなさい。

5　根号を含む形で解答する場合，根号の中に現れる自然数が最小となる形で答えなさい。

例えば，$4\sqrt{2}$，$\dfrac{\sqrt{13}}{2}$，$6\sqrt{2a}$ と答えるところを，$2\sqrt{8}$，$\dfrac{\sqrt{52}}{4}$，$3\sqrt{8a}$ のように答えてはいけません。

◀1月23日実施分▶

（60分）

〔1〕

(1)　実数全体の集合を全体集合とし，その部分集合 P，Q を次のように定める。ただし，a は正の実数定数である。

$$P=\{x \mid |2x-7| \leqq 3\},\quad Q=\{x \mid (x-a)(x-2a) \leqq 0\}$$

このとき，$P=\left\{x \,\middle|\, \boxed{\text{ア}} \leqq x \leqq \boxed{\text{イ}}\right\}$ である。

$P \supset Q$ となるような a の値の範囲は

$$\boxed{\text{ウ}} \leqq a \leqq \frac{\boxed{\text{エ}}}{\boxed{\text{オ}}}$$

である。

(2)　a は定数で $0 \leqq a \leqq 2$ である。関数

$$f(x)=x^2-4ax+3a+1$$

の $0 \leqq x \leqq 4$ における最大値を M，最小値を m とする。

$$m=\boxed{\text{カキ}}\,a^2+\boxed{\text{ク}}\,a+\boxed{\text{ケ}}$$

である。また，$M-m=\dfrac{25}{4}$ となる a の値は

$$a=\frac{\boxed{\text{コ}}}{\boxed{\text{サ}}} \text{ または } a=\frac{\boxed{\text{シ}}}{\boxed{\text{ス}}}\ \left(\frac{\boxed{\text{コ}}}{\boxed{\text{サ}}}<\frac{\boxed{\text{シ}}}{\boxed{\text{ス}}}\right)$$

である。

(3)　三角形ABCにおいて，$\mathrm{AB}=4$，$\mathrm{BC}=\sqrt{21}$，$\mathrm{CA}=1$ とする。

$\angle \mathrm{BAC}=\boxed{\text{セソタ}}^{\circ}$ であり，三角形ABCの外接円の半径は $\sqrt{\boxed{\text{チ}}}$ である。また，外接円の中心をOとするとき，四角形OCABの面積は

$\dfrac{\boxed{\text{ツテ}}\sqrt{\boxed{\text{ト}}}}{\boxed{\text{ナ}}}$ である。

〔2〕 一つのさいころを n 回投げる。

(1) $n=3$ とする。

異なる目が３回出る確率は $\dfrac{\boxed{\text{ア}}}{\boxed{\text{イ}}}$ である。

(2) $n=4$ とする。

１の目と２の目がそれぞれ２回出る確率は $\dfrac{\boxed{\text{ウ}}}{\boxed{\text{エオカ}}}$ であり，２種類の目がそれぞれ２回出る確率は $\dfrac{\boxed{\text{キ}}}{\boxed{\text{クケ}}}$ である。

また，３種類の目が出る確率は $\dfrac{\boxed{\text{コ}}}{\boxed{\text{サ}}}$ である。

(3) $n=5$ とする。

２以下の目が奇数回出る確率は $\dfrac{\boxed{\text{シスセ}}}{\boxed{\text{ソタチ}}}$ である。

(4) $n=6$ とする。

２以下の目が５回目までに偶数回（１度も出ない場合も含む）出て，６回目に２以下の目が出る確率は $\dfrac{\boxed{\text{ツテト}}}{\boxed{\text{ナニヌ}}}$ である。

また，2以下の目が奇数回出たとき，6回目に2以下の目が出ている条件付き確率は $\dfrac{\boxed{\text{ネノ}}}{\boxed{\text{ハヒフ}}}$ である。

〔3〕

(1)　関数 $f(x)=a\sin 2x+b\cos 2x$ があり，$f\left(\dfrac{\pi}{6}\right)=0$，$f\left(\dfrac{\pi}{4}\right)=\sqrt{2}$ を満たしている。定数 a，b の値は

$$a=\sqrt{\boxed{\text{ア}}}\,,\quad b=-\sqrt{\boxed{\text{イ}}}$$

である。また，$y=f(x)$ のグラフは $y=\boxed{\text{ウ}}\sqrt{\boxed{\text{エ}}}\sin 2x$ のグラフを x 軸方向に $\dfrac{\pi}{\boxed{\text{オ}}}$ だけ平行移動したものである。

(2)　等差数列 $\{a_n\}$ $(n=1,\ 2,\ 3,\ \cdots)$ は，$a_3=1$，$a_7=-11$ を満たしている。この数列の一般項は

$$a_n=\boxed{\text{カキ}}\,n+\boxed{\text{クケ}}$$

である。数列 $\{b_n\}$ $(n=1,\ 2,\ 3,\ \cdots)$ を $b_n=2^{a_n}$ で定義すると，初項から第 n 項までの積 $b_1\times b_2\times\cdots\times b_n$ が最大となる n の値は

$$n=\boxed{\text{コ}}$$

である。

(3)　関数 $f(x)=x^3-3x^2-9x+10$ があり，座標平面上における曲線 $y=f(x)$ を C とする。

$f(x)$ が極大値および極小値をとるときの x の値をそれぞれ α，β とすると

$$\alpha=\boxed{\text{サシ}}\,,\quad \beta=\boxed{\text{ス}}$$

である。

C 上の点 $\left(\dfrac{\alpha+\beta}{2},\ f\left(\dfrac{\alpha+\beta}{2}\right)\right)$ における接線 l の方程式は

$$y = \boxed{\text{セソタ}}\,x + \boxed{\text{チツ}}$$

である。また，C と l の共有点は $\boxed{\text{テ}}$ 個ある。

〔4〕 三角形OABにおいて，OA＝2，OB＝3，∠AOB＝60° とする。Aを通り辺OAに垂直な直線と，Bを通り辺OBに垂直な直線の交点をPとする。

(1) $\overrightarrow{\mathrm{OA}}$ と $\overrightarrow{\mathrm{OB}}$ の内積は $\overrightarrow{\mathrm{OA}}\cdot\overrightarrow{\mathrm{OB}} = \boxed{\text{ア}}$ である。

(2) $\overrightarrow{\mathrm{OP}} = s\overrightarrow{\mathrm{OA}} + t\overrightarrow{\mathrm{OB}}$ とおく。s と t が満たす関係式は

$\overrightarrow{\mathrm{AP}} \perp \overrightarrow{\mathrm{OA}}$ より

$$4s + \boxed{\text{イ}}\,t - \boxed{\text{ウ}} = 0$$

$\overrightarrow{\mathrm{BP}} \perp \overrightarrow{\mathrm{OB}}$ より

$$s + \boxed{\text{エ}}\,t - \boxed{\text{オ}} = 0$$

である。したがって，

$$\overrightarrow{\mathrm{OP}} = \frac{\boxed{\text{カ}}}{\boxed{\text{キ}}}\overrightarrow{\mathrm{OA}} + \frac{\boxed{\text{ク}}}{\boxed{\text{ケ}}}\overrightarrow{\mathrm{OB}}$$

となる。

(3) 直線OPと辺ABの交点をQとすると

$$\overrightarrow{\mathrm{OQ}} = \frac{\boxed{\text{コ}}}{\boxed{\text{サシ}}}\overrightarrow{\mathrm{OA}} + \frac{\boxed{\text{ス}}}{\boxed{\text{セソ}}}\overrightarrow{\mathrm{OB}},\quad \overrightarrow{\mathrm{OP}} = \frac{\boxed{\text{タチ}}}{\boxed{\text{ツ}}}\overrightarrow{\mathrm{OQ}}$$

である。また，三角形OABの面積を S_1，三角形APQの面積を S_2 とすると

$$S_2 = \frac{\boxed{\text{テト}}}{\boxed{\text{ナニ}}}S_1$$

である。

◀2月3日実施分▶

(60分)

〔1〕

(1)　正の実数 x, y は

$$(x+y)^2=4,\ (x-y)^2=2$$

を満たしている。このとき,

$$x^2+y^2=\boxed{\text{ア}},\ x^3+y^3=\boxed{\text{イ}},\ x^5+y^5=\frac{\boxed{\text{ウエ}}}{\boxed{\text{オ}}}$$

である。

(2)　1辺の長さが3の正四面体ABCDがある。辺ACを2：1に内分する点をEとし,辺ADを1：2に内分する点をFとする。このとき,

$$\mathrm{BE}=\sqrt{\boxed{\text{カ}}},\ \mathrm{EF}=\sqrt{\boxed{\text{キ}}}$$

であり,三角形BEFの面積は

$$\frac{\boxed{\text{ク}}\sqrt{\boxed{\text{ケ}}}}{\boxed{\text{コ}}}$$

である。

(3)　関数 $y=-x^2-4x+1$ のグラフを C とする。

C は点 $\left(\boxed{\text{サシ}},\ \boxed{\text{ス}}\right)$ を頂点とする放物線である。

C を x 軸方向に a, y 軸方向に $a-1$ だけ平行移動した放物線を C_1 とする。ただし $a\neq 0$ とする。C_1 が原点 $(0,\ 0)$ を通るとき,$a=\boxed{\text{セ}}$ である。

C を原点に関して対称移動した放物線を C_2 とする。C と C_2 は原点に関して対称な2点 $\left(\boxed{\text{ソ}},\ -\boxed{\text{タ}}\right)$,$\left(-\boxed{\text{ソ}},\ \boxed{\text{タ}}\right)$ で交わる。

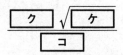

〔2〕 座標平面上の点Pは原点 (0, 0) を出発点とし，次の規則に従って座標軸に平行な直線上を動く。1個のさいころを投げ，

奇数の目が出ると x 軸に平行に x 座標が1だけ大きい点に進み，

2か4の目が出ると y 軸に平行に y 座標が2だけ大きい点に進み，

6の目が出ると動かずその点にとどまる。

さいころ投げを4回繰り返し，各回ごとに上の移動を行う試行をTとする。試行Tを終了したとき，

(1) 点Pが点 (3, 2) にある確率は $\dfrac{\boxed{\text{ア}}}{\boxed{\text{イ}}}$，点 (2, 2) にある確率は $\dfrac{\boxed{\text{ウ}}}{\boxed{\text{エ}}}$ である。

(2) 点Pが x 軸上にある確率は $\dfrac{\boxed{\text{オカ}}}{\boxed{\text{キク}}}$ である。

(3) 点Pが途中で点 (2, 1) を通る確率は $\dfrac{\boxed{\text{ケ}}}{\boxed{\text{コ}}}$ である。

(4) 点Pが点 (2, 2) にあるとき，途中で点 (1, 2) を通っている条件付き確率は $\dfrac{\boxed{\text{サ}}}{\boxed{\text{シ}}}$ である。

〔3〕

(1) $x=45^{10}$ とする。

$$\log_{10}x=\boxed{\text{アイ}}\left(\boxed{\text{ウ}}\log_{10}3+\boxed{\text{エ}}-\log_{10}2\right)$$

である。$\log_{10}2=0.301$，$\log_{10}3=0.477$ を用いて $\log_{10}x$ の値を小数第2位まで求めると

$$\log_{10}x=\boxed{\text{オカ}}\,.\,\boxed{\text{キク}}$$

となるので，x は $\boxed{\text{ケコ}}$ 桁の整数である。

(2) 関数

$$y=\sin\theta\sin2\theta+2\sin^2\theta\ (0\leqq\theta<2\pi)$$

がある。$\cos\theta=t$ とおいて y を t を用いて表すと

$$y=\boxed{\text{サシ}}\,t^3-\boxed{\text{ス}}\,t^2+\boxed{\text{セ}}\,t+\boxed{\text{ソ}}$$

となり，y の最大値は $\dfrac{\boxed{\text{タチ}}}{\boxed{\text{ツテ}}}$，最小値は $\boxed{\text{ト}}$ である。

(3) 数列 $\{a_n\}$ は

$$a_1=3,\ a_{n+1}=a_n+n+2\ (n=1,\ 2,\ 3,\ \cdots)$$

を満たしている。このとき，一般項は

$$a_n=\frac{\boxed{\text{ナ}}}{\boxed{\text{ニ}}}n^2+\frac{\boxed{\text{ヌ}}}{\boxed{\text{ネ}}}n+\boxed{\text{ノ}}$$

である。また，

$$\sum_{k=1}^{10}\frac{1}{a_k}=\frac{\boxed{\text{ハ}}}{\boxed{\text{ヒ}}}$$

である。

〔4〕 2つの円

$$C_1 : x^2+y^2-4x+10y+4=0,\ \ C_2 : x^2+y^2-2ax+a^2-4=0$$

があり，C_1 と C_2 は2点で交わっている。ただし，a は実数の定数である。

(1) C_1 は点 $\left(\boxed{\text{ア}},\ \boxed{\text{イウ}}\right)$ を中心とする半径 $\boxed{\text{エ}}$ の円である。

(2) a のとり得る値の範囲は

$$\boxed{\text{オ}}-\boxed{\text{カ}}\sqrt{\boxed{\text{キ}}}<a<\boxed{\text{ク}}+\boxed{\text{ケ}}\sqrt{\boxed{\text{コ}}}$$

である。

(3) C_1 上の点 A (5, -1) における C_1 の接線 l の方程式は

$$y=\frac{\boxed{\text{サシ}}}{\boxed{\text{ス}}}x+\frac{\boxed{\text{セソ}}}{\boxed{\text{タ}}}$$

である。

(4) (3)の接線 l が C_2 にも接するとき，

$$a=\frac{\boxed{\text{チ}}}{\boxed{\text{ツ}}}$$

である。このとき，l と円 C_2 の接点を B とすると，線分 AB の長さは

$$\frac{\boxed{\text{テト}}}{\boxed{\text{ナ}}}$$

である。

(5) C_1，C_2 の1つの共通接線と円との接点を P，Q とする。a が(2)で求めた範囲を動くとき，線分 PQ の長さの最小値は

$$\boxed{\text{ニ}}$$

である。

③ 陰謀論の被害者は、陰謀論の拡大再生産に加担し、陰謀論サイト運営者を「カモ」にする。

④ 陰謀論を信じるユーザーが次第にいなくなっても、陰謀論の拡散の仕組みは容易には止められない。

⑤ 二次的陰謀論者は、三次的陰謀論者を生み出した時点で、陰謀論の生産者としての使命を終える。

問二十三　傍線部⑿「混同」とあるが、何と何の「混同」か。もっとも適当なものを次の中から一つ選べ。　41

① 政治的動機で陰謀論を主張する者と、内面化して主張している者との混同

② 政治的動機で陰謀論を主張する者と、経済的動機で主張する者との混同

③ 経済的動機で陰謀論を主張する者と、金銭目的で主張する者との混同

④ 政治的動機による陰謀論の解決の難しさと、経済的動機による陰謀論の解決の難しさとの混同

⑤ 経済的動機が強い陰謀論者と、比較的弱い陰謀論者との混同

問二十四　乙 の内容に**合致しないもの**を、次の中から一つ選べ。　42

① 陰謀論者の中でも、経済的動機を持つ者の場合は信念と関わるため解決が難しい。

② 陰謀論は被害者が生産者となり、より受け入れられやすいように変化しながら、拡大再生産されていく。

③ 「秘密の企み」によって事象を説明する陰謀論は、その性質上、検証する方法が容易に見つからない。

④ ある陰謀論を信じている人は、まったく別の種類の陰謀論をも信じがちであるという指摘がある。

⑤ ある陰謀論を信じるかどうかは、その個人が陰謀論的なモノの見方を潜在的に持っているかに関わる。

③　事実を信じる人よりも「もうひとつの事実」を信じる人の数が上回りそうだということ
④　「もうひとつの事実」が影響力を持つかもしれないということ
⑤　「もうひとつの事実」を信じる人は次第に減っていくが、引き続き影響力を持ちそうだということ

問二十　傍線部(9)「若者が偽情報の記事を作り出して」いる目的について、筆者はどのように説明しているか。もっとも適当なものを次の中から一つ選べ。　**38**

①　世界に真実を知らせるため　②　偽情報を発信したいため
③　自らの信念を貫くため　④　世間を驚かせて、承認欲求を満たすため
⑤　経済的な利益を得るため

問二十一　傍線部(10)「示している」の主語として適当なものを、次の中から一つ選べ。　**39**

①　これらの例　②　「金銭目的」
③　フェイクニュースと陰謀論　④　概念的な違い
⑤　「事実とは異なる情報」

問二十二　傍線部(11)「陰謀論のネットワーク」に関する記述として本文の内容に合致するものを、次の中から一つ選べ。　**40**

①　二次的陰謀論者は初め被害者であるが、最後は救済する側に回り、拡散はストップする。
②　陰謀論は、二次的陰謀論者、三次的陰謀論者と広がるにつれて、拡大再生産される傾向にある。

(オ) 吹聴(する)　33

① うそをつく　② だれかれの区別無く言いまわる
③ 管楽器で演奏する　④ 聞き漏らすまいとして熱心に聞く
⑤ 意義を宣伝し、その気にさせる

(カ) 尾ひれがつ(く)　34

① 美しい装飾が施される　② 意図せずして悪い話が増幅する
③ 知らないうちに賛同者が増える　④ 会見により、すべて決着がつく
⑤ 事実以外のことが加わって、話が誇張される

(キ) 十把一絡げ　35

① 何もかも区別せず一緒に扱うこと　② それぞれ大切に扱うこと
③ 十羽の鳥を平等に扱うこと　④ 成り立ちを無視して結果だけ扱うこと
⑤ 十を単位に物事を扱うこと

問十八　空欄 H ～ K には「フェイクニュース」「陰謀論」のいずれかが入る。このうち「陰謀論」が入る組み合わせを、次の中から一つ選べ。　36

① H・I　② H・K　③ I・K　④ J・K　⑤ H・J・K

問十九　傍線部(8)「可能性は否定できない」とは、どのようなことを意味しているのか。もっとも適当なものを次の中から一つ選べ。　37

① 「もうひとつの事実」があることを信じる人はいないだろうということ
② 「もうひとつの事実」の方が真実かもしれないということ

される。つまり、ある陰謀論を信じるかどうかは、特定の陰謀論に対する同意や支持を超えて、その人が潜在的に有している「陰謀論的なモノの見方」の結果として生じるものだと考えられるのである。こうした抽象的な意味での「陰謀論的なモノの見方」、言い換えれば、陰謀論の定義で示したような「一部の力を持つ人々の秘密の企み」が実際の社会や政治の場面で本当に発生していると思う（信じる）ことができるかどうかは、「陰謀論的思考」ないし「陰謀論的マインドセット」といった概念で説明される。

（秦正樹『陰謀論』による）

問十六　二重傍線部**f**〜**k**のカタカナを漢字になおすとき、もっとも適当なものを次の中からそれぞれ一つ選べ。

f　ユライ　①遊　②輪　③論　④由　⑤愉　26

g　キョウベン　①勉　②辺　③弁　④便　⑤遍　27

h　トナえる　①唱　②呼　③叱　④吹　⑤吟　28

i　カゲキ　①仮　②化　③加　④禍　⑤過　29

j　イミョウ　①位　②意　③異　④違　⑤威　30

k　ジュヨウ　①陽　②容　③様　④要　⑤擁　31

問十七　波線部(エ)〜(キ)の意味としてもっとも適当なものを、次の中からそれぞれ一つ選べ。

(エ)　レトリック　32

①　従来通りの情報　②　激しい非難

③　誰からも認められる定義　④　現象の客観的な表現

⑤　巧みな言語表現

者も二次的陰謀論者もその立場は等しく、二次的陰謀論が、今度はさらに三次的・四次的陰謀論を生み出すという形で、陰謀論の生産者側に回ることになる。こうしたネットワークの中で、もともとの陰謀論から(カ)尾ひれがついたり、より人々にジュkヨウされやすいように変化しながら、拡大再生産を繰り返していく。もっとも、このことは裏返せば、仮にどこかの場所で陰謀論が現れても、それを信じるユーザー(n次的な陰謀論者)が存在しなくなれば、陰謀論の拡散はそこでストップすることを意味している。

「陰謀論者」には、政治的動機を持つ場合だけでなく、経済的な動機を持つ者もいることを紹介した。これらは「陰謀論者」という側面では同様であるものの、「陰謀論を信じるかどうか」について考える上では、この2つの動機の違いは明確に弁別して考える必要がある。

経済的動機にもとづいて陰謀論を主張する者は、政治的動機によって陰謀論を主張する者よりも「悪質」なようにも思われるが、その個人(ないし集団)は、あくまで陰謀論と一定の距離を置いている場合も多いと考えられる。他方で、政治的な動機にもとづいて陰謀論をトナえている者は、思想信条が社会的・人間関係的な問題と結びついていることが多く、より深刻で、しかも解決が難しい。なぜなら、政治的な動機による陰謀論者は、それを「陰謀論」であるとは考えず、自らの信念や態度を形成する決定的な材料とみなす可能性が高いからである。実際に、陰謀論が社会的問題として議論される際の主な対象となるのは、後者と思われる。

そう考えると、上記を(12)混同して、当の陰謀論を主張する人を(キ)十把一絡《から》げに陰謀論を信じる人とみなす見方は、必ずしも正確ではない点で注意が必要である。一口に陰謀論者と言っても、その「陰謀論」をどれほど内面化しているかは動機によって異なる。*

陰謀論に関する研究では、しばしば、ある陰謀論を信じている人は、まったく別の種類の陰謀論をも信じる傾向にあると指摘しかし、中には、陰謀論を陰謀論と理解して発信している人も存在する。たとえば、アレックス・ジョーンズは、2001年アメリカ同時多発テロ事件に関し、事前にアメリカ政府はそのことを知っていてあえて見逃したなどの説をトナえる、アメリカを代表する有名な陰謀論者のひとりである。彼は、文字通り「陰謀論者」であると認知された上で、テレビやラジオ番組に出演したり、自身のウェブサイトを運営したりしている。つまり、陰謀論者の中には、いわばビジネスとして、陰謀論を自らの主張として展開している者もいるのである。

また、陰謀論は、ソーシャルメディアをはじめとしたインターネットサイトを介して蔓延《まんえん》しているとも言われる。そうした背景としてしばしば指摘されるのが、経済的な動機にもとづく陰謀論サイトの運営である。もちろん、自身の信念にもとづいて陰謀論を発信しているサイト運営者も存在するが、同時に、広告収入を得ることを目的としている場合も少なくない。つまり、サイトにアクセスする人が多ければ多いほど、自身のサイトに設置した広告収入の増加につながる。アクセス数が多いほど収入が増えるという収益構造のために、陰謀論サイトの運営者は、そこで伝える情報や内容を、より i カゲキに、そしてより信じやすい形で提供するインセンティブが働く。NHKディレクターである佐野広記のレポートによれば、マケドニア共和国の地方都市ヴェレスは「フェイクニュース工場」の j イミョウをとるとされ、200〜300人の(9)若者が偽情報の記事を作り出してはフェイスブックのシェア機能を使って拡散し、多いときには月60万円ほどの広告収入を得る者もいることが報告されている。これらの例は、「信念」ではなく純粋な「金銭目的」が、フェイクニュースと陰謀論の概念的な違いを超えて、広く「事実とは異なる情報」を発信する動機になりうることを(10)示している。

ただしそう考えると、陰謀論サイトの情報を信じて陰謀論者になってしまったユーザー（二次的陰謀論者）は、サイト運営者の「カモ」になった被害者という側面もある。(11)陰謀論のネットワークは、ある陰謀論者が陰謀論を(オ)吹聴《ふいちょう》して、それを信じてしまった人がさらに陰謀論者となって……という形で、クモの巣のように拡大を続ける。この点で言えば、陰謀論サイト運営

乙

言うまでもないことだが、陰謀論であってもフェイクニュースであっても、人々や社会を混乱させる情報である点で共通している。とくに、ワクチン不妊説のように、我々の日常生活に関わる「リアル」な［ H ］であれば、なおさらである。ただし、［ I ］は、メディアや専門家による「事後的な検証」によって、その情報の精確さは（ある程度）示すことができる。それに対して、［ J ］は、専門家であれメディアであれ、それが陰謀なのかどうかを早期に検証して真偽を定かにすることが極めて難しい。その点が、フェイクニュースと陰謀論で大きく異なる点だと言える。

そうした違いは、［ K ］の定義でも示したように、限られたごく一部の人々のあいだでしか共有されない「秘密の企み」によって事象を説明するという、陰謀論の性質にfユライする。つまり、ほとんどの場合、陰謀論が主張するような「秘密の企み」を持つ特定の人々にアクセスすることすらできない。あるいは仮に、ジャーナリストなどが、ある陰謀を主導しているとされる集団に取材することができたとしても、「秘密の企み」が真実であったと明かされることは決してないだろう。

トランプ前大統領の元顧問ケリーアン・コンウェイは、前述の大統領就任式に関する「フェイクニュース」について、客観的な事実とは異なる「もうひとつの事実」なのだという(エ)レトリックで正当化したことが世界中に報じられた。「もうひとつの事実」とは具体的に何を意味するのかを問われたコンウェイは、「(世にあふれる情報は)グラスの半分が（事実で）埋まっていても、半分は空っぽの状態のようなものだ」と説明し、「この追加の事実によって、これまでとは異なる代替的な情報の全体像が見えてくる」のだとキョウgベンした。これは極めて陰謀論的なレトリックであろう。多くのジャーナリストや団体はこうした説明や考え方を激しく非難しているが、そうした見方をする者が一定数存在する限り、（あくまで社会認識のレベルにおいてであるが）「もうひとつの事実」が真実かどうかを超えて影響力を持つ(8)可能性は否定できない。

陰謀論をhトナえる人を「陰謀論者」と呼ぶことがある。とりわけ、政治的な問題に関する陰謀論者と言えば、相当に極端な政治的な志向性を持っていて、自分が陰謀論を主張していると自覚すらしていない変わった人という印象があるかもしれない。

問十三　傍線部(7)「それ」が指している内容としてもっとも適当なものを、次の中から一つ選べ。　**23**

① コロナワクチンが不妊を起こす危険性があるとする、難解な専門用語で示された説
② コロナワクチンの不妊説の根拠として並べられた難解な専門用語
③ コロナワクチン接種の効果判断の困難性
④ コロナワクチン接種を推奨したファイザー社の主張
⑤ コロナワクチンを巡る情報の真偽を見定めるためのファクトチェックの結果

問十四　空欄 **G** に入る語としてもっとも適当なものを、次の中から一つ選べ。　**24**

① 承認　② 主張　③ 否定　④ 歓迎　⑤ 反論

問十五　**甲** の内容に合致するものを、次の中から一つ選べ。　**25**

① 陰謀は計画的に行う行為であり、意図や考えを明確に示すことが成功につながる。
② 「ワクチンは不妊を起こす危険性がある」は、誰の目にも「偽の情報」であることが明らかな陰謀論である。
③ フェイクニュースが一般人の間で拡散するのは、出来事の真相を知識人しか知らないためである。
④ 一般人が考え抜いてフェイクニュースを見抜くことこそがもっとも大切である。
⑤ 真偽を判別できるのがフェイクニュースで、判別できないのが陰謀論であるとおよそ考えられる。

問九　傍線部(4)「「検証可能性」にある」とはどのようなことを意味するのか。もっとも適当なものを次の中から一つ選べ。　19

① 判別する人の能力の有無にかかっている。
② 制度上、証拠が請求できるかどうかにかかっている。
③ 謀略を見抜くための調査量にかかっている。
④ 謀略を作り出す知恵の狡猾《こうかつ》さにかかっている。
⑤ 証拠を見れば真偽を判別できるかどうかにかかっている。

問十　傍線部(5)「事実と異なる」とあるが、この場合の「事実」に相当する事柄としてもっとも適当なものを、次の中から一つ選べ。　20

① 両大統領の就任式の聴衆は、おおむね同数だったこと
② トランプの就任式の参加者の方が少なかったこと
③ オバマ陣営の主張に矛盾があったこと
④ オバマの就任式の参加者の方が少なかったこと
⑤ 両陣営ともおおむね正しい主張をしていたこと

問十一　傍線部(6)「発端」の対義語として適当なものを、次の中から一つ選べ。　21

① 契機　② 中間　③ 過程　④ 結末　⑤ 後半

問十二　空欄 F に入る語としてもっとも適当なものを、次の中から一つ選べ。　22

① 肩　② 気　③ 目　④ 腕　⑤ 口

② ビル・ゲイツがマイクロチップを埋め込まれて行動を捕捉されていた。

③ マイクロソフト社が同社の人々にマイクロチップを埋め込んで、行動を捕捉しようとしている。

④ ビル・ゲイツがワクチンにマイクロチップを埋め込んで人々の行動を捕捉しようとしている。

⑤ 米食品医薬品局がマイクロチップを埋め込む余地がないことを公表した。

問六 空欄 A に入る語としてもっとも適当なものを、次の中から一つ選べ。なお、空欄 A は三カ所ある。 13

① 推測　② 反論　③ 定義　④ 分類　⑤ 告発

問七 空欄 B ～ E に入る語句としてもっとも適当なものを、次の中からそれぞれ一つ選べ。ただし、同じものを二度用いることはできない。 B 14　C 15　D 16　E 17

① ただし　② つまり　③ あるいは　④ まずは　⑤ もしも

問八 傍線部(3)「多くの人」とはどのような人のことか。もっとも適当なものを次の中から一つ選べ。 18

① 陰謀論と「偽の情報」を弁別できる人

② 陰謀論を積極的に信じようとする人

③ フェイクニュースに騙《だま》されがちである人

④ 陰謀論を単なる「偽の情報」と捉える人

⑤ ニュースを見ていない人

問三　波線部(ア)〜(ウ)の意味としてもっとも適当なものを、次の中からそれぞれ一つ選べ。

(ア)　一蹴する　[8]

①　問題にもせずはねつける　②　あきれたように笑いとばす
③　一斉に非難する　④　一瞬でけりをつける
⑤　一方的にたたみかける

(イ)　具現化（する）　[9]

①　詳しく心中に描く　②　重大な事件を起こす
③　十分にそろえる　④　たっぷりと具材を入れる
⑤　考えなどを形にする

(ウ)　嘆願書　[10]

①　個人の嘆きを書いた日記　②　政治家に願いを託する手紙
③　組織の秘密を記した告発書　④　事情を説明してお願いする文書
⑤　民衆の声を書き込んだメモ書き

問四　傍線部(1)「こうした「常識」」の意味するところとしてもっとも適当なものを、次の中から一つ選べ。　[11]

①　陰謀論を見聞きしても信じないふりをする知恵　②　陰謀論を見聞きしても真に受けないような考え方
③　陰謀論を見聞きして素直に信じようとするあり方　④　陰謀論を見聞きしてフェイクニュースと比べてみる態度
⑤　陰謀論を見聞きした時、慌てずに受け入れる性質

問五　傍線部(2)「その説」が指している内容としてもっとも適当なものを、次の中から一つ選べ。　[12]

①　米国政府がワクチンにマイクロチップを埋め込んで人々の行動を捕捉しようとしている。

率直に言って、このような難解な専門用語が並べられ、「不妊症の危険がある」と結論づけられても、(7)それを偽りの情報だと一般人が一目で見抜くことは難しいように思われる。また、だからこそ、専門家によるファクトチェックが必要であり、それがフェイクである理由を、一般人にもわかるような平易な言葉で説明する必要がある。実際に、多くの専門家や学会などが、こうした説は明確に誤りであると指摘している。さらに、日本産婦人科感染症学会のウェブページには、ワクチン不妊説を否定するために、わかりやすいQ&Aまで用意している。あるいは、専門家のみならず、当時ワクチン担当相であった河野太郎も、自身のブログで、ワクチンが不妊を引き起こすという科学的な根拠はなく、アメリカで行われた3958人の妊婦を対象とした研究結果も引用しつつ、この説を明確に[G]している。

問一　二重傍線部**a**～**e**のカタカナを漢字になおすとき、もっとも適当なものを次の中からそれぞれ一つ選べ。

a　コウトウムケイ　①形　②径　③掲　④稽　⑤慶　[1]
b　カンカツ　①轄　②滑　③括　④喝　⑤活　[2]
c　インガ　①賀　②画　③我　④果　⑤雅　[3]
d　ブンスイ　①推　②炊　③垂　④吹　⑤水　[4]
e　コウレイ　①恒　②好　③高　④公　⑤甲　[5]

問二　二重傍線部**い**「体（の良い）」、**ろ**「欧州」の読みの最初の一文字としてもっとも適当なものを、次の中からそれぞれ一つ選べ。　**い** [6]　**ろ** [7]

①お　②か　③く　④た　⑤て　⑥と　⑦は　⑧ほ

図1
左：2017年トランプ就任式の様子　右：2009年オバマ就任式の様子（写真：ロイター／アフロ）

ニュース」だと言えるだろう。

もっとも、フェイクニュースには、こうした話題のように明確かつすぐにははっきりしないような言説もある。たとえば、日本でも昨今話題になった「新型コロナワクチンによる不妊説」はそのｅコウレイである。ワクチン不妊説の(6)発端は、そもそもコロナワクチン自体に反対していたとされるファイザー社の元役員マイケル・イードンが、２０２０年末ごろ、ろ欧州医薬品庁に提出した(ウ)嘆願書にあるとされている。この嘆願書の中には、「ワクチンは不妊を起こす危険性がある」との記述があり、それを拡大して取り上げた一部のネット記事が、ソーシャルメディアを通じて世界中に拡散され、多くの一般人の［Ｆ］に留まることとなった。このワクチン不妊説の根拠について、バズフィードジャパンの記事では、以下のように報じられている。

「ワクチンはコロナのスパイクタンパク質に対する抗体を生成することが期待されているが、スパイクタンパク質は、『シンシチン・ホモログ・タンパク質』を含んでおり、ヒトなど哺乳動物の胎盤形成に必須であるため、無期限に不妊症を起こす危険性がある」

どう考えるかが、陰謀論かそうでないかの(d)ブンスイ嶺《れい》となる。一般的に言えば、「多くの人がワクチンを接種している」のは、「新型コロナウイルス感染症の発症および重症化を予防する」ためであろう。しかし、マイクロチップ陰謀論を信じる人たちにとっての原因は、「ビル・ゲイツ（をとりまく集団）による、人々の行動把握のため」となる。もう少し突っ込んで言えば、陰謀論を信じる人たちにとって、「新型コロナウイルスの感染拡大を防止する」といった一般的な原因は、陰謀を企む強い力を持つ特定集団による「(い)体の良い言い訳」に過ぎないとみなされることになる。

陰謀論は、ある重要な出来事の原因を、一般人には知り得ない強大な力に求める点にその特徴がある。とはいえ、(3)多くの人にとって、陰謀論は、近年で言うところのフェイクニュースやデマ、あるいは、ロシアによるウクライナへの侵攻で話題となった（政府による）プロパガンダなどと同じく、単なる「偽の情報」だとみなされているかもしれない。ただし、陰謀論には、単なる「偽の情報」として片づけられない性質があることもよく考える必要がある。

その情報が、単なるフェイクニュースなのか、それとも陰謀論なのかを弁別する決定的な違いは(4)「検証可能性」にあると考えられる。たとえば、「フェイクニュースの代名詞」とも言われるようになった、アメリカ前大統領ドナルド・トランプ周辺の発言を事例に考えてみたい。２０１７年1月20日、トランプの大統領就任式が行われた後、トランプや大統領報道官（当時）のショーン・スパイサーは、「間違いなく建国史上最多の聴衆が参加した」と発表している。しかしこの発表に対しては、多くのメディアから、(5)事実と異なるとの指摘がなされた。その証拠として、前任のオバマの大統領就任式の空撮写真（２００９年）と、トランプの大統領就任式の写真を見比べてみてほしい（図1）。ニューヨーク・タイムズ紙は、オバマのときの就任式参加者に比べて、トランプの就任式の参加者はおよそ3分の1程度であったと紹介している。無論、これはあくまで推定値でしかないのだが、少なくともトランプ政権の主張が「オーバー」であることは当該写真を見比べれば誰の目にも明らかである。このように、「証拠」を見れば、ある主張の真偽を（ある程度）判別することができるタイプの言説は、陰謀論ではなく、「フェイク力を持つ2人以上のアクターによる秘密の企《たくら》み」とされる。ここでの「アクター」とは、必ずしも個人に限るわけではなく、特定の組織・団体なども含んでいる。通常、どのようなパワー（権力）を持った個人であったとしても、すべての「企み」をたったひとりで達成することはできない。それゆえに、陰謀が指す主体が仮に個人を指す固有名詞であったとしても、実質的に「関連する組織」を意味していると捉えられる。たとえば、前述のマイクロチップ陰謀論では、その主体をビル・ゲイツとしているが、実際には、彼の協力者や関係者、［C］所属する団体を含んでいることは明白である。そして、本書を含む学術研究における文脈での「陰謀」とは、国・地域・国際社会といった極めて広い範囲に影響を与えるような場合を指している。たとえば、2人以上の集団がコンビニ強盗を企んでいたとしても、そもそも限られた狭い範囲にしか影響を与えない行為であり、ここでは「陰謀」と呼ばない。

もっとも、こうした「陰謀」は、それ単体では単なる意図や考えに過ぎない。［D］、ある陰謀は、それが意図通りに忠実に実行されて、その結果、何らかの政治的・社会的に重要な出来事や事実の帰結として(イ)具現化されることまでを含んで「陰謀論」となる。もう少しフォーマルな言い方をすれば、陰謀論とは、「政治や社会において重大な事件・出来事が起きた究極的な原因を、強い影響力を持つ2人以上のアクターの秘密の企みで説明しようとする試み」ということになる。［E］、陰謀論の定義は画一的なものではなく、他にもさまざまなタイプのものがある。たとえば、政治学者のミハエル・バークンは、「陰謀論は、偶然に起きることはない・見かけ通りのことはない・すべては意図されているという特徴を持つ」と定義している。これらの議論も含め、差し当たって本書では、陰謀論を「重要な出来事の裏では、一般人には見えない力がうごめいている」と考える思考様式であると定義しておきたい。

また、以上の定義からもわかるように、陰謀論を考える上では「(c)インガ関係」が重要なキーとなる。マイクロチップ陰謀論の例では、「多くの人がワクチンを接種している」という（社会的に重要な）帰結＝結果はすでに事実としてあり、その原因をン管理をカンbカツする米食品医薬品局が、ワクチン成分を公開してマイクロチップを埋め込む余地などないことがわかるよう公表したりするなど、国家レベルでの対応に追われる事態となっている。

一般的に言って、多くの人々は、仮にこのような陰謀論を見聞きしても、あまりにバカバカしい話だと(ア)一蹴することだろう。しかしながら、(1)こうした「常識」が必ずしもすべての人に共有されていないことを示す調査結果もある。２０２０年５月、大手調査会社YouGovがアメリカの成人１６４０人を対象に実施した世論調査では、マイクロソフトの創業者、ビル・ゲイツが、「ＣＯＶＩＤ－19対策として進められているワクチンにマイクロチップを埋め込んで、人々の行動を捕捉しようとしている」というアメリカの一部で広まっている陰謀論（以下「マイクロチップ陰謀論」と呼ぶ）を信じるかについて尋ねたところ、共和党員の44％もの人が「(2)その説は正しい」と回答しているのである。

このように、決して無視できない数のアメリカ人が「新型コロナのワクチンにはマイクロチップが埋められている可能性がある」と考えているという調査結果は、多くの人々がイメージする「常識」が本当に共有されているのかを疑ってしまう結果であろう。

陰謀論の多くはコウトウムケイな言説ではあるものの、しかし、それを信じる人もまた後を絶たない。では、そもそも「陰謀論」とはどのように A することができるのだろうか。まずは、「陰謀論」とは何を指しているのかについて確認しておきたい。

デジタル大辞泉によれば、陰謀論とは「ある事件や出来事について、事実や一般に認められている説とは別に、策謀や謀略によるものであると解釈する考え方」とされる。一般的な陰謀論の A としてはこれで十分のようにも思われるが、より厳密に分析するために、学術的にはさらに細かく A されている。

B 、陰謀論を形づくる「陰謀」から考えよう。先行研究によれば、「陰謀」とは「（政治的・社会的・経済的に）強い

▲一月二十四日実施分▼

（六〇分）

問題文の中の「＊」の記号は、原文にあったその直後の文章が省略されていることを示しています。解答にあたって考慮する必要はありません。

甲 乙 の文章を読んで、あとの問いに答えよ。なお、出題の都合により一部省略・改変したところがある。

甲

２０１０年代以降、「陰謀論」が世界各国の政治・社会を大きな混乱に陥れる時代となった。イギリスのブレグジットをめぐる住民投票、アメリカにおけるトランプ大統領の誕生、新型コロナウイルス感染症のパンデミック、さらにはロシアによるウクライナ侵攻など、政治的・社会的に大きな変動が起きるたびに、コウトウム**a**ケイな陰謀論もまた数多く生まれ、社会を混乱の渦に巻き込んでいる。

たとえば、アメリカでは、新型コロナウイルスに対するワクチン接種がはじまってすぐより、「コロナワクチンには、実はマイクロチップが埋められている」とか「コロナワクチンを接種したら、磁石が体にくっつくようになった」などといった陰謀論が、ソーシャルメディアを通じて急速に広まった。こうした陰謀論に対しては、たとえば、アメリカの感染症対策を司《つかさど》る組織のひとつである米国疾病対策センターが、「ワクチンに磁気を帯びた成分は一切含まれていない」と表明したり、あるいはワクチ

問二十四 甲 乙 の内容に合致するものを次の中から二つ選べ。なお、解答の順は問わない。 41 42

① 風景における部分と全体をつなぐには、関係性の編み目を断ち切ることがときに必要である
② 私たちは個々の肉体を通じて風景と関わり合うなかで、無意識のうちに風景をデザインしてきた
③ ランドスケープデザインは、単独で完結することができず、つねに既存のものとの関係のなかで実践される
④ あらゆるものが風景に関わっているとされているが、実際には多くの人々は風景を生み出す現場から排除されてきた
⑤ 私たちを包む全体像としての風景を知ろうと試みた瞬間に、風景はおのずと断片化してしまう
⑥ 空気のような存在である風景を発見するには一種の欠落が必要であるが、現代ではその認識が次第に難しくなっている
⑦ ハイゼンベルクの『部分と全体』は、ゲシュタルト心理学を風景の分析に適用する具体的な手法を筆者に教えた

問二十一 傍線部⑾「市松模様」に当たる図はどれか。次の中から一つ選べ。 **38**

①

②
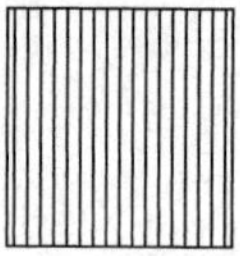

③

④

⑤
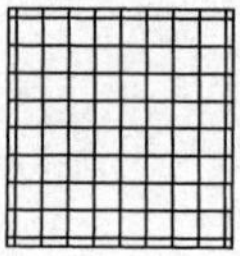

問二十二 空欄 [i] ～ [vi] には、「庭師」「庭」のいずれかが入る。このうち「庭師」が入る箇所の組み合わせとして適当なものを、次の中から一つ選べ。 **39**

① [i]・[ii]
② [i]・[vi]
③ [i]・[ii]・[iv]
④ [ii]・[iii]・[v]
⑤ [ii]・[iv]・[v]
⑥ [ii]・[iii]・[iv]・[vi]

問二十三 傍線部⑿「実はまったく同じ」とは、何と何がどういう点で同じだというのか。その説明としてもっとも適当なものを、次の中から一つ選べ。 **40**

① 東福寺の庭の風景と、私たちが日々目撃する風景が、いずれは自然に飲み込まれてしまうだろうという点で同じ
② デザイナーと庭師が、むくわれないとわかっていながらも、動き続ける風景の変化を阻もうとしている点で同じ
③ 東福寺の庭の風景と、私たちが日々目撃する風景が、複数の他者が関係し合って一つの風景が生まれている点で同じ
④ デザイナーと庭師が、風景を生み出す部分同士の関係性の海に、自ら意思をもって飛び込んでいるという点で同じ
⑤ 東福寺の庭の風景と、私たちが日々目撃する風景が、誰もがそこに囚われていて無関係ではいられないという点で同じ

問十九　傍線部(9)「「地」と「図」」とあるが、文中の破線部**カ**〜**シ**の中から「地」にあたるものをすべて選ぶとき、その組み合わせとして適当なものを、次の中から一つ選べ。　36

① **カ・サ**　② **キ・シ**　③ **カ・ク・ケ**

④ **キ・サ・シ**　⑤ **カ・ク・ケ・コ**　⑥ **キ・ケ・サ・シ**

問二十　傍線部(10)「「配置」」について論じることで、筆者はランドスケープデザインに関するどのようなことを示そうとしているか。もっとも適当なものを次の中から一つ選べ。　37

① 絶えず変化する風景の動的な生成プロセスを取り扱うには、中井久夫が示したような静的なアプローチでは不十分であるということ

② 筆者らが提案できるものはほんの一部分だからこそ、全体性の変容よりも、部分のあり方をいっそう精緻に突き詰めて理解する必要があるということ

③ 風景が膨大な「配置」の集積である以上、「配置」についての議論は避けて通れないが、検討すべき概念やアプローチが多数あり、研究上の課題は多いということ

④ 自立したもの同士の関係としての風景が、空間上では「配置」として現れることを解明しようと考えるなら、ランドスケープデザイン以外の領域にヒントを求めるしかないということ

⑤ 自立したもの同士の関係について、「配置」という観点からさまざまに考えてみることが、部分にさわることから風景という全体性の変容に関わることを可能にするカギとなるということ

問十五　二重傍線部g〜jのカタカナを漢字になおすとき、適当なものはどれか。次の中からそれぞれ一つ選べ。

g　ソウワ　①総　②層　③相　④装　⑤創　26

h　カンゲン　①元　②減　③原　④験　⑤玄　27

i　カギ　①鍛　②錠　③鍵　④鎖　⑤鐘　28

j　カクゴ　①午　②悟　③後　④護　⑤語　29

問十六　波線部(へ)・(と)の意味としてもっとも適当なものを、次の中からそれぞれ一つ選べ。

(へ)　往々にして　30
①残念なことながら　②実《じつ》があるように見えて　③つきつめて考えると
④よくあることとして　⑤よくよく聞いてみると

(と)　テリトリー　31
①結界　②住みか　③射程　④なわばり　⑤共有地

問十七　空欄 F 〜 H に入るもっとも適当な語句を、次の中からそれぞれ一つ選べ。ただし、同じものを二度用いることはできない。　F 32　G 33　H 34

①いずれにしても　②そうすることは　③そして　④それにひきかえ　⑤ただ

問十八　空欄 I に入るもっとも適当な語句を、次の中から一つ選べ。　35

①言い換えると　②言うまでもなく　③そうすることで　④そうでなくても　⑤それでもなお

る。*

関係がかたちになる

京都の東福寺に作庭家の重盛三玲が手がけた有名な禅庭がいくつかある。その一つが苔《こけ》と石が作り出したごく単純な(11)市松模様の庭である。ただし、この模様は動き続けている。苔は自らの意志をもっている一つの自立した他者である。条件が適していれば、彼らはどんどん石の上にもその勢力を伸ばそうとしてくるだろうし、いずれは石をも飲み込んで市松模様を緑の平面にしてしまう可能性をはらんでいる。

それを阻んでいるのが［ i ］という存在である。［ ii ］はもう一つの他者として［ iii ］に君臨しつつ、一方で苔との間の微妙な関係に取り込まれている。［ iv ］であるためには［ v ］が必要なのであり、この［ vi ］に囚《とら》われているという言い方もできる。この庭は明治時代につくられたものだが、もう何人の庭師がこの苔と石のせめぎ合いに関わってきたことだろうか。この小さな庭は、地球上で繰り広げられているあらゆる風景の生成と変容の縮図である。東山の風土の上に居る苔と石と歴代の庭師たち。これらをめぐる関係がかたちとなったものが、今日この日の市松模様なのである。

ふだん私たちが暮らしている世界で、日々目撃している風景も(12)実はまったく同じである。より膨大な他者たちがそこに介在しているが、それぞれの特質や思惑が複雑に絡まりあった関係性の編み目が風景そのものである。その結果が都市の、田舎の、辺境の風景となり、北国の、南の島の、砂漠の風景の表情となる。その中では、デザイナーも庭師も一つの部分でしかないが、彼らはその関係性の海に自ら意思をもって飛び込む者である。飛び込んで泳いでみた軌跡が次の風景を生み出すきっかけになる。生まれるかたちを予測するために計画するが、計画もまた関係性の海に飲み込まれうることもカクゴ(j)しなければいけない。

（長谷川浩己『風景にさわる』による）

インの対象とするとはどういうことだろうか。それはシ来るべき全体像をイメージしながら部分にさわっていくしかないのだろう。ランドスケープデザインのゴールは部分だけのデザインではなくて、そのことによって起こる、さらには起こってほしい全体像の変容にある。

配置ということ

自立したもの同士の関係というのは、空間上においてはある(10)「配置」として現れるはずだろう。人と人、人ともの、私と他者、ものともの、風景は実に膨大な配置の集積とも言え、それらが刻々と変化している。英語で言うと、まずディスポジション〈disposition〉があり、レイアウト〈layout〉という語もいけそうだ。精神科医で作家でもある中井久夫は著書の中でコンステレーション〈constellation〉という言葉を使っている。これはもともと星座という意味である。それに〈布置〉という語を当て、とある家族と医師としての自身の関係を見事に記述している。いずれにしても単位となる自立したものたちが集まって動くときの、意味をもった全体像のまとまり方を指している。

デザイナーの立場から配置を考えると、箱庭療法はまさしく配置が生み出す様々な関係について実に多くのことを語っている。*また私たちが感情をもち、意志をもつ生物でもあることからパーソナルスペースや(と)テリトリーという概念も有効だろう。行為の配置という考え方も存在している。

配置を考えることは、ランドスケープデザインにとって一つの、そして大きなiカギになると思う。なぜならば、それが部分から全体へのアプローチとなりうるからである。私たちは配置という考え方を通して、部分にさわることから風景という全体性の変容に関わることがようやく可能となる。私たちが提案できるものはほんの一つの部分だけかもしれないが、場合によれば一つの石を投げ込むだけで全体像は大きく変わりうるのである。配置という考えから見れば、その行為はつねに全体へと届いてい

乙

関係性はとても大事なキーワードだと思っている。[F]、そう語ってしまうと(へ)往々にして何も語っていない、ということになってしまうのだが。本当はもっといい言葉があるのかもしれないが、いまの時点では関係性としか語れない自分がもどかしくもある。[G]ランドスケープデザインはそれ自身で完結することがなく、つねにすでにそこにあるもの、またはその周辺にあるものとの関係において初めて存在することができる。[H]何かができたと同時に他と関係をもち、動き始めるのである。*

部分と全体

ずっと昔に読んだにもかかわらず、物理学者のヴェルナー・ハイゼンベルクの有名な著作のタイトル『部分と全体』という言葉がずっと気になって頭から離れなかった。気になっているのはもちろん量子力学の話ではなくて、「部分の**g**ソウワと全体像とは異なる」というゲシュタルト心理学における概念についてのことである。だが彼とはまったく思考のレベルと次元が違うにしろ、その本で語られている彼の思索の根っことはどこかでつながっていくような気もする。

ハイゼンベルクの「私という部分が世界という全体像を本当に理解することができるのだろうか？」という問いを自分の仕事に置き換えてみる。「**カ**私という部分が**キ**風景という全体像をデザインすることがありえるのだろうか？」と。風景は**ク**膨大な数の部分から形成されている。**ケ**家、道路、電柱、畑、看板、路肩の草、走り去る車など、数え挙げればきりがない部分の集積であり、たとえば家一つ見ても**コ**さらに細かい部分へとカン**h**ゲンすることができる。[I]、**サ**いまここにある風景はある表情をもつ一つの全体像なのである。

空間としての全体像を扱う一つのツールが(9)「地《じ》」と「図《ず》」という概念である。そして風景とはまさに地の空間であるとも言えるのではないか。明確な対象物としての図ではなくて、あらゆる部分がひしめき動き続ける全体像、すなわち地の空間をデザ

① ア　行ったこともないのに、すでに知っていると思っている

② イ　枠にはめられた風景の標本

③ ウ　私たちを包む全体像として存在している

④ エ　「切り取られた風景」

⑤ オ　ごく私的な意味が込められた風景の断片

問十三　空欄 **E** に入る言葉としてもっとも適当なものを、次の中から一つ選べ。 **24**

① 科学　② 数学　③ 天文学　④ 美学　⑤ 文学　⑥ 量子力学

問十四　**甲** 文において、「ランドスケープデザイン」とはどのようなものだと筆者は述べているか。その内容としてもっとも適当なものを、次の中から一つ選べ。 **25**

① 風景のオブジェ化を避けがたいものとして受け入れ、観光産業に貢献しうる美しい風景を生み出そうとする

② 植物や自然現象なども風景に関わる存在として認めつつ、それらの影響力を抑制できる方法を見いだそうとする

③ 多様な他者によって絶えず変化する風景のいまを、世に先駆けて発見し、多くの人々に伝え広めていこうとする

④ 当たり前に思われている風景を積極的に対象化し、一夜にして変えられてしまいうるそれらの保全に尽くそうとする

⑤ 既存の風景の表情を読み取りながらその変容に意識的に関わり、より多くの人を誘う未来の風景を見つけようとする

問十　傍線部(7)「デザイナー的立場の出現」の前に必ず起こる変化としてもっとも適当なものを、次の中から一つ選べ。 19

① 住み慣れた環境を離れざるをえないときに生じる欠落感を埋める方法を求めることと、風景の断片化を徹底的に拒否することとを、同時に追求できるようになること

② 風景の中にあってそれを空気のように意識もしていない状態から、いったん外側に出て、私たちを包み込む全体像としての風景を対象化して認識するようになること

③ オブジェ化されることで存在が露《あら》わになった風景を、それが勝手に押し付けてくることがらも含め、デザインの対象として一切合切受け入れる覚悟をもつようになること

④ メディアの発達によって加速する風景の「カテゴリー化」に惑わされず、次の時代にふさわしい風景を見つけるために、風景の深層に目を凝らそうとするようになること

⑤ 風景を、「すでにそこにあるもの」として享受する段階も、権力の象徴や内的意識の投影として見る段階も超えて、計画的・理性的に取り扱うことができるようになること

問十一　空欄 B ～ D に入るもっとも適当な語句を、次の中からそれぞれ一つ選べ。ただし、同じものを二度用いることはできない。

B 20　C 21　D 22

① さもなければ　② しかし　③ では　④ もちろん　⑤ やがて

問十二　傍線部(8)「対象化」とあるが、文中の破線部**ア**～**オ**のうち、「対象化」された風景を表す記述**ではないもの**はどれか。次の中から一つ選べ。 23

① 人間以外で最も身近な他者の例は、植物である

② 他者とは、他のプレイヤーと相互に影響し合い、世界を変える存在である

③ 絶えず変わり続ける他者同士の影響関係の結果が、風景として立ち現れてくる

④ 他者とは、己にとって望ましい風景の確立を目指し活動をする自立した存在である

⑤ 噴火のような自然現象から野菜をならべる八百屋のおばさんまで、幅広く他者に該当する

⑥ 他者たちの複雑な関係性が生み出すものを、風土や生態系としてとらえることも可能である

問八 傍線部(5)「風土」とはどのようなものだと筆者は述べているか。その内容としてもっとも適当なものを、次の中から一つ選べ。 17

① 自然の影響を受けつつ営まれている人間活動が、長年をかけて作りあげた人工的な景観のありよう

② そこに暮らす人々による積極的なランドスケープデザインが生み出した、原風景とも言うべきありよう

③ ある土地の風景が、他のどんな地域よりも、人々の反応を引き出す豊かな表情を備えているようなありよう

④ 人々が、個々人の主観を超えた共有感覚により、繰り返し眼前の風景に応答してきた結果生み出されたありよう

⑤ 肉体をもってその土地に生まれ、そこで生きる私たちが、風景を個人的な体験として受け止めたときの各々のありよう

問九 傍線部(6)「生み出してきた」の主語として適当なものを、次の中から一つ選べ。 18

① 人　② 風景　③ 〈自らの身〉　④ 応答　⑤ その繰り返し

② 私たちはすでに、ランドスケープデザイナーとして日々風景に関わっている

③ 当たり前の存在である風景を、私たちが客観視することはほとんど不可能である

④ 私たちが出合う風景は、つねに「すでにそこにあるもの」として立ち現れてくる

⑤ 一夜にして風景を変えてしまえるような力をもちえたことを、私たちは恐れている

問五 傍線部(3)「その態度」とは、誰がどうするときの態度か。もっとも適当なものを次の中から一つ選べ。 [14]

① 多くの人が、「すでにそこにあるもの」の変容を求めるときの態度

② 多くの人が、「すでにいまここにある風景」の変容に向き合うときの態度

③ ランドスケープデザイナーが、自らの仕事として風景を創造するときの態度

④ ランドスケープデザイナーが、「すでにいまここにある風景」に気づくときの態度

⑤ ランドスケープデザイナーが、私たちを包み込んでいる風景に働きかけるときの態度

問六 空欄 [A] に入るもっとも適当なものを、次の中から一つ選べ。 [15]

① この変容に関わっている　② この創造に関わっている

③ この変容に気づいている　④ この創造に気づいている

⑤ この変容に流されている　⑥ この創造に流されている

問七 傍線部(4)「他者」に関する記述として本文の内容と**合致しないもの**を、次の中から一つ選べ。 [16]

(ろ) 目論見　[8]
① 企て　② 主張　③ 見とおし　④ 目標　⑤ 論点

(は) 抜き差しならない　[9]
① 行き来できない　② 外部から介入できない
③ 隠すことができない　④ 区分けすることができない
⑤ 逃れることができない

(に) 界隈　[10]
① 隠された裏側　② そのあたり一帯　③ 目立たない片隅
④ 中心部　⑤ 繁華街

(ほ) ステレオタイプ　[11]
① 他者の手本となるような考え　② 使い古されて時代遅れになった考え
③ 固定的で決まりきった考え　④ わかりやすくどんな人にも伝わる考え
⑤ 対象を何らかの基準で分類した考え

問三 傍線部(1)「リテラシー」という語は、ここではどのような意味で使われているか。もっとも適当なものを次の中から一つ選べ。[12]

① 課題解決の手段　② 基本的な能力　③ 時代を象徴する思想
④ 社会を支える仕組み　⑤ 伸ばすべき才能

問四 傍線部(2)「私たち」は「風景」とどのような関係にあると筆者は説明しているか。もっとも適当なものを次の中から一つ選べ。[13]

① 私たちは生まれて眼が開くとすぐ、風景を一から創り出し始める

て風景の存在に気づくが、今度はそれが勝手に意味を押し付けてくる。さて、ランドスケープデザインの対象はもちろん現実の風景である。特に観光という産業においてオブジェ化された風景の存在は大前提であり、デザインはまずそれとの葛藤から始まることが多い。

問一　二重傍線部a〜fのカタカナを漢字になおすとき、適当なものはどれか。次の中からそれぞれ一つ選べ。

a　チンレツ　①鎮　②珍　③沈　④陳　⑤賃　1
b　モサク　①策　②作　③索　④錯　⑤搾　2
c　センイ　①遷　②選　③専　④潜　⑤洗　3
d　カンショウ　①衝　②渉　③招　④障　⑤証　4
e　オオザッパ　①把　②派　③波　④羽　⑤端　5
f　トタン　①渡　②徒　③吐　④図　⑤途　6

問二　波線部(い)〜(ほ)の意味としてもっとも適当なものを、次の中からそれぞれ一つ選べ。

(い)　客観的　7
①　推理などによらず、物事の本質を直接的に見てとるさま
②　複雑な物事を、科学的な手続きにのっとって分析するさま
③　第三者の立場に立って、物事を見たり考えたりするさま
④　私的な感情や利益をまじえず、物事を公平にとりあつかうさま
⑤　虚構をまじえず、実際に見たり聞いたりした経験をもとに考えるさま

風景を外から見るということは、カテゴリー化するということでもある。カテゴリー化はメディアの発達によってさらに加速している。私たちには**ア**行ったこともないのに、すでに知っていると思っている場所がたくさんある。たとえば農村風景という一つの(ほ)ステレオタイプが流通し、**イ**枠にはめられた風景の標本、すなわち「オブジェ化された風景」を私たちは風景そのものと勘違いしていないだろうか。カテゴリー化、外部化は避けられない手続きである。しかし、表現型のその奥、深層に目を凝らしていかないと、次の時代の農村風景は見つからないのではないだろうか。

切り取られた風景

何かを切り取るとは、対象化するということである。それは、その外側に出ることでもあるが、同時に断片化するということでもある。風景は**ウ**私たちを包む全体像として存在しているが、それを知ろうとした**f**トタンに切り取られ、断片化してしまうというジレンマに遭遇する。風景に限らず何にしても、知ろうとする、理解しようとするという行為の裏には、断片化という副作用が働くのかもしれない。まさに「名づける」という行為のように。

『東海道五十三次』の浮世絵は、55枚の切り取られた風景だとも言える。行ったことはないけれど、よく知っているつもりの有名な風景。そのものが鑑賞すべき価値として登場し、流通し始める。それは江戸時代が比較的治安が良く、旅が日常化していった過程とも重なっている。西洋画においても風景画というジャンルが登場し、**エ**「切り取られた風景」と「現実の風景」の間に微妙なズレが生じてくる。今後、仮想現実（VR）などが発展すれば、また状況も大きく変わってくるかもしれない。

風景が一つのオブジェとしての価値を持ち始めると、意識的にしろ無意識的にしろ、それらは特定の意味を帯びてくる。現在ではおそらく［**E**］的な数の、**オ**ごく私的な意味が込められた風景の断片がインターネット上に溢《あふ》れかえっている。オブジェ化された風景が生まれる前は、私たちはそもそも風景という概念を知らなかった。対象化、断片化されることによって初め景があり、そこに日々の生活や営みが繰り返し応答し、それらは特有の「風土」という言葉で語られてきた。風土はそこで生まれ育った人にとっての原風景である。と同時に、個々人の主観を超えた人々の共有感覚によって風景に働きかけてきた結果でもある。

　風景は表情をもっている。風土という大きな単位でなくても、風景はつねにある種の表情をもって出現する。私たちが人の笑顔にほっとし、厳しい表情に緊張するように、無意識にしろ私たちは風景に反応している。デザインするときはそのことに意識的でなくてはならない。そこだけの固有の風景を前にして、どういうかたちにしろ、より多くの人を誘う風景を成立させてみたい。それは風景との新しい出合いである。ランドスケープデザインとは、固有の風景がもつ表情を読み取りながら小さな原風景の種を仕掛けることでもある。*

風景は外側から発見される

　ふだん暮らしているなかで、わざわざ目の前に風景が広がっていると改めて思うことはそんなにないだろう。すでにそこにある風景と、それに対して意識的に関わっていこうとする(7)デザイナー的立場の出現の間には、「風景を発見する」というプロセスが必ずはさまっている。発見したときに初めて、風景は出現するのである。それはいままで住み慣れた環境を離れざるをえないとき、または新たな環境に向かわざるをえないときの、一種の欠落感が生み出すものかもしれない。

　農村から都市に流出した都市住民によって農村風景は発見され、重工業時代を通過したポストインダストリアルな時代に工業風景が見いだされ、［ B ］「工場萌《も》え」が生まれてくる。［ C ］古代から権力の象徴として風景を所有するという思考や、内的意識の投影としての風景観というものは存在していただろう。［ D ］、私たちを包み込む全体像としての風景を確実に(8)対象化し始めたのは、オオザッ(e)パに言って近代以降のことではないか。

ているプレイヤーであり、私たちと関係が成立するだけの理由と力をもっていて、その編み目に分かちがたく組み込まれているものたちを他者と名づけたい。*

人間以外で最も身近な他者は植物だろう。明らかに自立した存在であり、彼ら自身の生存のための意思、戦略をもっている。森がcセンイしていくのはまさしく他者同士のせめぎ合いと共生の経緯である。最終的には極相《きょくそう》（生物群集が最終的に到達する安定的な状態）となる森が、そうではない方向へ変化するとすれば、雷による山火事や火山の噴火の影響、あるいは人間の産業的(ろ)目論見《もくろみ》などがそれまでの関係性に新たに介入するせいである。そしてこの文脈では雷や火山活動も圧倒的な力としての他者であり、林業もまた経済的意思としての他者である。

他者との錯綜《さくそう》する関係性が生み出すものを文化的な面から表現すれば、それが(5)風土と言えるのかもしれないし、科学的に記述すれば固有の生態系と説明されるのかもしれない。いずれにしろ世界は膨大な他者同士の力のカンdショウであり、その都度の動的な均衡または不均衡が風景として現れてくる。関係は刻々と変わり、とどまることがない。私たちもまた一人ひとりが風景の構成に関わるプレイヤーであり、風土や生態系の重要な一部なのである。*

風景にも表情がある

私の見ている風景はあなたの見ている風景とは厳密には違うだろう。心象風景という言葉があるように、最終的にそれは個人的な体験として受け止められるからだ。しかし同じ世界の中を肉体をもって生きている限り、私たちは私たちを包み込む眼前の風景と(は)抜き差しならない関係をもっている。風景はただの背景ではない。人はつねに風景に対して、市川浩の言うところの〈自らの身〉をもって応答し、その繰り返しがそこだけの風景を(6)生み出してきたのである。

寒々しい北の海の海岸、夏の高原、山間の小さな集落、茫漠《ぼうばく》とした大平原、賑《にぎ》やかな都市の(に)界隈《かいわい》。世界には実に様々な風

風景はすでにそこにある

生まれてしばらくして眼《め》が開く。そして、自分とそのまわりの世界が区別できるようになる。おそらくそのころから、その人にとっての風景も一緒に生まれてくるのだろう。それは世界というものの現れとしての風景であり、自分を包み込む大きな存在を名づけたものである。(2)私たちが世界の中に生まれ落ちてくる以上、風景はつねに「すでにそこにあるもの」として姿を現す。また哲学者・市川浩の言うように、そもそも私たち自身が風景と無関係には存在しない〈間身体《かんしんたい》〉であるとも言える。

ランドスケープデザイナーはクリエイターではない。創造（クリエイション）ではなく、すでにそこにあるものへ働きかけることが私たちの仕事である。(3)その態度はむしろ参加であり、すでにあるものの変容を求めていると言った方がふさわしいと思っている。実のところ、この世界に生きている、動いているあらゆるものが［　A　］。店を開いて野菜のaチンレツを始める八百屋のおばさんも、空から降り落ちる一滴の雨も、すべてが、である。

ではランドスケープデザインとは何なのか。それはその変容にいかに意識的に関わるかということではないか。世界はあらゆることの大きな流れが層状に重なっているもの（レイヤー）だと見ることもできる。ランドスケープデザインの仕事は日々複雑化する様々なレイヤーをチューニングしつつ、次の時代の風景をモbサクすることである。そしてその流れの上に私たち自身が生きていける居場所をささやかでも確保していきたい。それが「すでにいまここにある風景」を次へとつなげていくための足がかりとなるはずだ。

世界は他者で満ちている

世界は膨大な関係性の編み目からできていて、(4)他者とはそういう関係性を生み出す自立した存在である。他者は自立した意志をもっていて、思考する。こう言うと人間だけが他者になりうるようである。しかしここでは、この世界のありように参加し

国語

▲一月二十三日実施分▼

（六〇分）

問題文の中の「＊」の記号は、原文にあったその直後の文章が省略されていることを示しています。解答にあたって考慮する必要はありません。

甲 乙 の文章を読んで、あとの問いに答えよ。なお、出題の都合により一部省略・改変したところがある。また、〔 〕内は出題者による注釈である。

甲

あまりにも当たり前にあり、まるで空気のような存在。それが多くの人にとっての風景という存在だろう。失ってみて初めてその存在に気づくという意味では、まさに空気と一緒である。その風景を(い)客観的に対象として見る。それがランドスケープデザインの第一歩である。その存在に気づくこと、対象として見ること、そういう視点をもつことはデザイナーだけではなく、私たちみんなにとって重要な(1)リテラシーになりつつある。私たちはもはや風景に抱かれているだけの存在ではない。一夜にしてそれを変えてしまうことができるほどの力を手に入れているのである。＊

解答編

英語

◀1月23日実施分▶

I 解答　1―②　2―①　3―①　4―①　5―③　6―②
7―②　8―①　9～11―①・②・⑥（順不同）

解説

《現地語に希望をもたらす受賞マンガ》

1． 空所1を含む英文の中で，絶滅だけがより悪いものであることと，その言語がおかれている危険な状況を強調したということが述べられているため，②「深刻な」が正解。

2． 第1段第1文（In 2009, UNESCO, …）で，アイヌ語が絶滅の危機に瀕していることがわかるため，空所2のあとに続く少数派の立場に該当するのはアイヌ語に関連するものだと判断できる。またニューカマーと取引を行うのはアイヌ語を話す人々であるため，①「アイヌ語の母語話者の」が正解。

3． 空所3を含む英文で，アイヌ民族が少数派の立場であることと，ニューカマーとは相手の言語で取引を行う必要がある現状が述べられており，また空所3の後ろで子どもたちにアイヌ語を教えないと述べられていることから，①abandon「～を捨てる」が正解。

4． 第4段第2・3文（Their various efforts … Nakagawa noted.）で，中川氏が所属している団体の言語や文化を存続させる活動の影響が表れつつあるかもしれないと述べられているため，①「増えている」が正解。

5． 空所5を含む英文の後半で，中川氏が人気漫画シリーズ『ゴールデンカムイ』のアイヌ語の監修していることがわかるため，③「～のおかげで」が正解。

6．第6段第2文（Aside from sales …）で，『ゴールデンカムイ』の発行部数が約1800万部に到達していると述べられていることから，②「人気になる」が正解。strike a chord「共感を呼び起こす」

7．続く第8段第5文（Hearing Ainu spoken …）で，日常生活の中でアイヌ語が話されるのを聞くことが風変わりなもののように思われるべきではないことが述べられていることから，②「自然ではない」が正解。out of place「場違いで」

8．本文全体を通して，絶滅の危機に瀕しているアイヌ語やアイヌ文化が，『ゴールデンカムイ』の影響で注目を集めるようになってきたことが述べられている。よって①が正解。

9～11. ①「日本語での教育がアイヌ語の母語話者の減少の一因となった」

第2段第2文（Ainu people were …）で，アイヌ民族に日本語が教えられたことが述べられており，続く第2段第3文（(　2　) minority status …）で子どもたちにアイヌ語を教えなくなったことがわかるため，一致する。

②「今日では日本語よりアイヌ語を上手に話す人々は15人に満たない」

第3段第2文（"Today, there is …）で，日本語よりも上手にアイヌ語を話せる人はいないと述べられているため，一致する。

③「アイヌ語を勉強している人々の数は現在増加しているということを統計が明確に示している」

第4段第3文（"While we don't …）で，正確な統計をとっているわけではないことが述べられているので，一致しない。

④「中川は『ゴールデンカムイ』でアイヌ民族の登場人物のために対話を書いた」

第5段第2文（Nakagawa's chief role …）で，中川氏が行っていることはアイヌ語に関連する助言や登場人物や状況への提案であることがわかるが，台詞を作り上げることは書かれていないため，一致しない。

⑤「アイヌ語を話すことは今日の北海道で生活する人々にとってきわめて重要な経済活動の一部である」

第7段第2文（"People stopped using …）で，日本語が話せなければ生きていけないためにアイヌ語の使用を止めたことが述べられているので，一致しない。get by「何とか生きていく」

⑥「大衆文化は少数言語の保護において重要な役割を果たす」

第8段第2文（For example, as …）で，アイヌの話題を扱うテレビ番組の増加が前向きな進展をもたらしていることが述べられているので，一致する。

Ⅱ　解答　12―③　13―②　14―①　15―③　16―①　17―①
18・19―③・④（順不同）

解説

《根絶されるハンコ》

12. 第1段第4文（My written signature …）で，手書きの署名ではできなかったことがハンコによってできるようになったと述べられている。よって，③「あらゆる意図や目的にかかわらず，ハンコは日本での正式な署名である」が正解。

13. 第3段第2文（Originally imported from …）で，ハンコが日本に輸入された頃の話が述べられていることから，②「ハンコは1000年前に遡る歴史を持つ」が正解。

14. 第4段第1文（Although there has …）で，電子印鑑の導入が広まり始めているにもかかわらず多数の従業員が公印を押すために職場に行かなければならない状況が読み取れる。よって①「その単純なハンコの印がちょっとした障害であることが判明している」が正解。

15. 第1段第1文（One of the …）で，筆者が日本に戻ってきてはじめに行ったことのひとつが公式のハンコを入手することであり，また第1段第4文（My written signature …）で銀行口座の開設や役所での登録などをその新しいハンコで行ったことから，③「それが基本的な作業を終えるために必要だったから」が正解。

16. 第6段第1文（Having declared a …）で，政府がハンコ文化の見直しを求めていることが読み取れることから，①「人々はハンコの使用を考え直すべき」が正解。

17. 第6段第1文（Having declared a …）で，ハンコ文化の見直しが求められるようになってきていることから，①が正解。stamp out ～「～を根絶する」

18・19. ①「ハンコは日本では新型コロナウイルス感染症の感染の拡大を減らすことが示されてきている」

第6段第1文（Having declared a…）で，政府が新型コロナウイルス感染症の拡大を防ぐためにハンコの使用を見直すように求めていることが述べられているため，一致しない。

②「日本は近代の韓国からハンコを輸入した」

第3段第2文（Originally imported from…）で，ハンコが中国から輸入されたことが述べられているため，一致しない。

③「ハンコの使用は公共部門でとても一般的である」

第1段第4文（My written signature…）や第3段第4文（Nothing happens until…）で，ハンコがあることで生活に必要なさまざまな登録を行えることが読み取れるため，一致する。

④「ハンコ文化は政府が社会的交流を減らすことを難しくしている」

第5段（The government's plan…）で，政府の計画が公印文化によって妨げられていることが述べられているため，一致する。

出典追記：Hanko stamp being stamped out, INSIDE Japan by James Mundy

III　解答

20―④　**21**―②　**22**―③　**23**―④
24―(3)　**25**―(1)　**26**―(1)

解説

20. if it had not been for～「もし～がなかったならば」の慣用表現に，仮定法過去完了の条件節の if が省略される倒置が起きると，疑問文の語順になるため，④が正しい。

21. know better than to *do*「～するほどばかではない」の慣用表現にするため，②が正しい。

22. 主節がすでに完成しているため，空所からコンマまでで従属節を作る。文頭に接続詞がないので分詞構文だと判断し，the baby と leave alone in the room の関係を考えて，受け身の分詞構文となる③が正しい。

23. no matter how＋形容詞＋S V「どんなに～しても」の譲歩を表す副詞節の形にするため，④が正しい。

24. One of the biggest problems that my students have「私の生徒が持

っている最大の問題のひとつ」までが主語となるため，(3)は is が正しい。

25. lately は「最近」の意味。(1)は late「遅れて」が正しい。

26. bear「～を出産する」の目的語がないため，(1)は was born「生まれた」が正しい。

Ⅳ　解答

27—③　**28**—①　**29**—⑤　**30**—②　**31**—④
32—④　**33**—①　**34**—②　**35**—⑤　**36**—③

解説

1.《旅行に関する電話》

ウィルソン：アイランド・パラダイス社にお電話いただきありがとうございます。どうされましたか？

チャック：えっと，そちらで宣伝されている島旅行パックのひとつについて電話しています。(③)

ウィルソン：どちらのことを指していらっしゃいますか？ (①)

チャック：「デストラップ島」と呼ばれるパンフレットの 32 ページに掲載されているものです。(⑤)

ウィルソン：それは素晴らしい選択ですね。過去のお客様から高く評価をしていただいています。

チャック：なぜそのように呼ばれているのですか？　恐ろしく聞こえます。(②)

ウィルソン：そうですか？　お客様は「わくわくする」や「スリル満点だ」とおっしゃっていますよ。

チャック：正確には，どれぐらいのお客さんが実際に戻ってきていますか？ (④)

2.《ゲームの勝敗》

クリス：君とこのゲームをしたのはあれが最後だったんだ！ (④)

PJ：おいおい，君は公明正大に負けたんだ。そしてあれはルールだ。

クリス：でも私はオンラインで調べたんだ。そして君のそのルールの解釈は完全に根拠がないんだ。(①)

PJ：君はオンラインで何を読むかに慎重になるべきだね。(②)

クリス：インターネットが間違っていると言っているのか？

PJ：たとえそうでなくても，それは私のゲームだ。だから君は私の解釈

を受け入れなければならないよ。(⑤)
クリス：君は恐ろしい独裁者だ。
PJ：多分そうかもしれないね。でも少なくとも私はゲームに負けなかったんだ！（③）

V　解答　37−②　38−⑤　39−③　40−⑤

解説

37. (I was) scared at the mere thought (of the accident.) at the mere thought of～「～のことを考えただけで」

38. Much remains to be done (for this team to win the championship.) remain to be *done*「まだ～されないままである」

39. (My father) had his portrait painted by (a famous painter.) have *A done*「*A*を～してもらう」

40. (The child mortality rate in that country is) more than twice as high (as that in our country.) twice as ～ as …「…の2倍～だ」

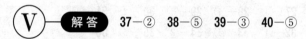

◀2月3日実施分▶

I　解答　1－①　2－③　3－④　4－③　5－④　6－①
7－③　8－①　9～11－①・②・④（順不同）

解説

《AIの文章を識別する新たなツールを発表》

1．空所1を含む英文のthat節の内容が「AIテキストクラシファイアは完全なものではない」というものなので，①「～を警告する」が正解。

2．第3段第2文（The method for…）で，AIに生成される文書を検知する方法が時々間違っていることがあると述べられ，その発言に付け加える形で下線部(2)を含む英文につながっているため，③「その道具が不完全であること」が正解。

3．空所3に続くのがtake-home test questions「持ち帰りテストの問題」なので，④「～に答える」が正解。

4．第7段第2文（District spokesman Tim…）の，教師はチャットGPTを教具として使用したいと思っているというティム＝ロビンソンの発言から，③「チャットGPT」が正解。

5．空所5を含む英文の文頭およびすべての選択肢がthe＋比較級の形になっていることから，空所5に入るべき語句は，空所5の後ろに本来入るはずの語のthe＋比較級の形であると考える。空所5の後ろのisとatの間にgoodを入れると，the tool is good at detecting「そのツールは発見するのが得意だ」という内容が完成し，本文の流れにも即した内容になることから，④「ますます得意だ」が正解。

6．第10段第2文（There is a…）で，このツールには依然としてよく理解されていないことが数多くあると述べられているため，AIテキストクラシファイアの仕組みが明確になっていないことが読み取れる。空所を含む文が「しかしチャットGPTそれ自体のように，どのようにAIテキストクラシファイアがある結果を思いついているのかを言うことは簡単ではない」となると前述の英文と内容がつながる。よって①「簡単な」が正解。

7．第12段最終文（But the government…）で，大臣が対処される必要がある道徳上の問題があると発言したことがわかり，かつ文頭がButで始まっていることから，空所7の内容はポジティブなものだと考えられる。よって③「望みを持って」が正解。

8． 本文は，AIに生成された文章を識別できるツールの出現とその使用方法，およびAIそのものの使用方法やその是非を述べる英文である。よって①が正解。

9～11． ①「チャットGPTとAIテキストクラシファイアは同じ会社に開発された」

第2段第1文（The tool was…）で，AIテキストクラシファイアがオープンAIによって発表されたことがわかる。また，続く第2文（The company is…）で，オープンAIはチャットGPTの製作者であることがわかる。よって一致する。

②「チャットGPTは学生の教育に否定的な影響を与えるかもしれないと多くの人々は考えている」

第2段第3文（Many education officials…）で，多くの教育関係者がチャットGPTは学習に害を与えかねないことを不安に感じていることがわかる。よって一致する。

③「アメリカの人々は適切にチャットGPTを使う方法を理解できない」

第5段第1文（Many people have…）で，多くの人々が創造的に，無害にチャットGPTを使用する方法を発見してきていることがわかる。よって一致しない。

④「一部のアメリカの公立の学校は教室内でのチャットGPTを受け入れていない」

第6段第1文（By the time…）で，ニューヨークやロサンゼルス，他のアメリカの大きな公立学校区が教室と学校の（コンピュータ）デバイスでの使用を阻止し始めたと述べられている。よって一致する。

⑤「教師が指導にチャットGPTを使用することは不可能である」

第7段第1文（The Seattle Public…）で，教育者にチャットGPTが開放されたことがわかる。よって一致しない。

⑥「あるヨーロッパの国の政府はチャットGPTを禁止した」

第11段第2文（The Paris Institute…）で，チャットGPTの使用を禁止したのはパリ政治学院であり，政府ではないことがわかる。よって一致しない。

Ⅱ 解答

12—①　**13**—③　**14**—②　**15**—①　**16**—②　**17**—①
18・19—①・④（順不同）

解説

《歴史の暗黒期のひとつの間の人類の最高傑作》

12. 第4段第2文（When Soviet forces…）で山本の交わした妻と子どもに再会するという約束の内容が述べられているため，①「彼がソ連の捕虜収容所での生活の困難さを耐えるときに，この約束が彼のやる気の主な源になる」が正解。

13. 第8段第2文（Zeze's approach isn't…）で瀬々のやり方は巧妙ではなく大げさな演技にふけっていることが述べられているが，続く第3文で映画のドラマチックな物語に引き込まれると述べられていることから，第8段が映画の演出について述べるものだと判断できる。よって，③「それまで，この魅力的で古風な時代の芝居はとても観るのが楽しい」が正解。

14. 第11段第2文（Presumably, camp regulations…）で，捕虜が山本を慕っていることを表すバッジを身につけることを妨げる規則があることが述べられていることから，この段落は主人公である山本について述べる段落だと判断する。よって，②「しかしその映画の主人公は少し完璧すぎる」が正解。

15. 第6段第1文（The war may…）で，帝国陸軍の階級が残っていることが，日本人の捕虜が円滑に仕事をすることを妨げたことが述べられているため，①「日本人の捕虜は互いを対等だとみなしていない」が正解。

16. 第7段第2文（But when not…）で全員が帰路につくことができず，帰れる者は帰れない仲間の遺書を届ける，と述べられているため，②「捕虜の一部」が正解。

17. 本文全体を通して『ラーゲリより愛を込めて』について述べられており，また第10段第2文（Although it doesn't…）でこの映画が最悪の事態を暴露した歴史のある時代の中での最高の人間性を見つけようとしているものであることが述べられているので，①が正解。

18・19. ①「『ラーゲリより愛を込めて』は実話に基づいている」

第2段（Among the captives…）で『ラーゲリより愛を込めて』がノ

ンフィクションの本に基づいていることが述べられているため，一致する。

②「映画の中で，山本は語学力のおかげでロシア人によく扱われている」

第5段第2文（Fluent in Russian, …）で山本がロシア語に堪能であるにもかかわらず，道徳的善良性によってしばしば虐待を受けていたことが述べられているため，一致しない。

③「最近の戦争映画はしばしば古い映画よりも歴史的に正確である」

第9段第1文（As people who …）で戦争を生き延びた人々が少なくなってきており，その時代に関する映画があいまいになりつつあることが述べられているため，一致しない。

④「概して，この記事の著者は，人々は『ラーゲリより愛を込めて』を楽しむだろうと考えている」

第12段第2文（Compared to the …）で他の映画と比較して単純なものだと述べているが，最後には試してみてはどうだろうか，とこの映画の視聴を促していることから，一致する。

Ⅲ　解答　**20**—③　**21**—②　**22**—②　**23**—①
24—(2)　**25**—(2)　**26**—(1)

解説

20. when 節の動詞が過去形になっているため，過去を表す表現を選ぶ。used to *do* で「以前はよく～した」の意味。よって③が正解。

21.「連絡先を教えていただけませんか？」 so＋形容詞＋as to *do* で「～するほど…」の意味。よって②が正解。

22. 空所が主節の主語と動詞の間にあり，コンマで挟まれていることから，分詞構文の挿入だと判断する。found は「～を設立する」の意味なので，受け身の分詞構文を作ることができる②が正解。

23. as is often the case with ～「～にはよくあることだが」の慣用表現にするため，①が正解。

24. it is ～ to *do*「…するのは～」の構文。(2)は to run away が正解。

25. it is ～ that〔who〕…「…なのは～だ」の強調構文である。強調する要素が人なので，(2)は that もしくは who が正解。

26. speak ill of ～ で「～の悪口を言う」の意味。(1)は easy to speak が正しい。

Ⅳ　解答

27―②　28―③　29―⑤　30―④　31―①
32―③　33―②　34―④　35―①　36―⑤

解説

1.《カフェテリアでの会話》

タロウ：やあジャック！　カフェテリアを見つけたんだね！　このテーブルで一緒にどうだい？

ジャック：やあタロウ。飲み物を取ってから座りに来るよ。(②)

タロウ：君は日本食が好きなんだね！

ジャック：寿司とラーメンは大好きだけど，実はこれが何なのかよくわからないんだ。(③)

タロウ：私たちはそれを梅干しと呼んでいるよ。それは「漬けられた梅」という意味なんだ。(⑤)

ジャック：なるほど。どうやって食べればいいんだろう？（④)

タロウ：ごはんと一緒に試してみて。もし好きじゃないなら，残してもいいよ。誰も気にしないから。(①)

ジャック：ありがとう，でも何とかなると思うよ。さあ食べてみよう！

2.《読んだ文章に関する議論》

ネイサン：私たちはこの文章について議論しなければいけないね。これをどう思う？

ソフィ：ごめん，ちゃんと聞いていなかったよ。どの文章？（③)

ネイサン：それは彼らが人々を邪悪にするものは何かを話しているところだよ。(②)

ソフィ：よし，見つけた，29 章だね？（④)

ネイサン：ああ，そうだね。その少年は何が人々を悪くするのかをその男性に尋ねて，彼は単に「お金だよ」と答えるんだ。

ソフィ：うーん…ああ，その節は何度か読んだことを覚えているよ。(①)

ネイサン：ところで，君は賛成する？（⑤)

ソフィ：彼が言おうとしていることはわかると思うよ。お金は人々に安心感を与えるけど，心を不純にしてもしまうんだ。

Ⅴ　解答

37―④　38―②　39―②　40―①

解説

37. （Give） me a call the moment （you know the results of the exam.）
the moment ～「～するとすぐに」

38. （My husband tried） to persuade me into buying （a new car.）
persuade *A* into *doing*「*A*（人）を説得して～させる」

39. （Little） did I know what trouble （he was in.） 否定語を主語の前に出すことで倒置が起こり，その後のSとVは疑問文と同じ語順になる。

40. People take it for granted （that it is cold in winter.） take it for granted that ～「～を当然だとみなす」

日本史

◀1月23日実施分▶

I **解答**

1―③　2―②　3―③　4―④　5―②　6―①
7―②　8―④　9―③　10―④　11―①　12―③
13―④　14―③　15―③　16―③　17―③　18―④　19―①　20―③
21―④　22―②　23―③　24―③

解説

《原始～近代の文化・政治・経済・外交》

1・2． 岩宿遺跡は群馬県にある旧石器時代の代表的遺跡。旧石器時代には打製石器が使用された。

3． 相沢忠洋により群馬県岩宿で黒曜石製の打製石器が発見された。

4． 藤原不比等は，父・中臣鎌足のあとを継ぎ文武・元明・元正の3天皇時代に天皇家との姻戚関係を構築しながら権勢を誇った。

5． 大宝律令は，刑部親王を総裁に，不比等らが協力して制定された。

6． 不比等死後に天武天皇の孫・長屋王が権力を握ったが，不比等の四子（武智麻呂・房前・宇合・麻呂）らの策謀により自害に追い込まれた（＝長屋王の変）。

7． ②が誤り。写真②の建造物は白鳳文化に属する薬師寺東塔。

8． 延久の荘園整理令を出したのは後三条天皇，初めて院政を開始したのは白河上皇。

9． ③誤文。藤原通憲（信西）や藤原信頼が登用されたのは後白河上皇の院政時代。

10． ④誤文。空也や源信（恵心僧都）らが登場したのは院政期ではなく摂関政治期。

11． 元が服属させたのは，当時朝鮮半島を統一していた高麗。

12． 北条時宗（空欄12）の次の執権である貞時の時代に設置された機関とは，福岡県博多に設置された鎮西探題。

13． 永仁の徳政令では，御家人による所領の質入れや売買が禁止された。

14. ③誤文。鎌倉時代に武士上流層に広まったのは曹洞宗ではなく臨済宗。

15. 室町時代に現れた連雀商人の呼称は，木製の枠型の背負い道具である連雀を用いて商品を背負ったことに由来。

16. 江戸幕府が統治する前の島原地方は有馬晴信，天草地方は小西行長のいずれもキリシタン大名がそれぞれ統治していた。

17. 島原の乱で天草四郎ら農民が籠城した原城は長崎県にあった。

18. ④誤文。禁中並公家諸法度が出された（1615 年）のは島原の乱発生（1637 年）以前。

19. 田沼意次は，10 代将軍徳川家治の側用人から老中に登用され実権を握った。

20. ③誤文。石田梅岩が立ち上げたのは陽明学ではなく心学。

21. 印旛沼・手賀沼はいずれも現在の千葉県に位置する。

22. 薩英戦争（1863 年）→禁門の変（1864 年 7 月）→第 1 次長州征討（1864 年 7 月）→四国連合艦隊下関砲撃事件（1864 年 8 月）の順。

23. 後藤象二郎・坂本龍馬・山内容堂はいずれも土佐藩（高知県）出身，徳川慶喜が二条城から引き上げたのは大坂城。

24. ③誤文。岩倉使節団に西郷隆盛は含まれず，木戸孝允らが含まれた。

Ⅱ 解答 **25**—② **26**—③ **27**—④ **28**—① **29**—④ **30**—③

解説

《近世・近代の外交》

25. 史料中の「文禄の初年」とは 1592（文禄元）年。この年に「御朱印」の入った朱印状による貿易船（朱印船貿易）を最初に許可したのは豊臣秀吉。

26. 京都の商人田中勝介は，徳川家康の命でノビスパン（メキシコ）に渡ったものの，貿易交渉は不調に終わった。

27. ④正文。秀吉は，全国統一を果たしたのち，明の衰退を受け日本を中心とする東アジアの新しい国際秩序を作ろうとし，スペインやポルトガル，高山国に服属と入貢を求めた。

28・29. 東洋経済新報社記者だった石橋湛山は，小日本主義を唱え，軍備を要する大日本主義を棄てるべきであると説いた。

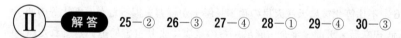

30. ③誤文。石橋は，国防のため朝鮮・満州を領有するべきではないと主張した。

Ⅲ 解答 31―③　32―②　33―④　34―③　35―①　36―③　37―②　38―③　39―②　40―②

解説

《近代・現代の経済・政治・文化・外交》

31. 群馬県の富岡製糸場は，フランスの技術を導入した最初の官営模範工場として設立された。

32. ②誤文。小型の国産力織機を考案したのは臥雲辰致ではなく豊田佐吉。

33. ④が誤り。鉄道国有法公布は，第2次桂太郎内閣の前の第1次西園寺公望内閣の時。

34. ③誤文。「自力更生」をスローガンとする農山漁村経済更生運動は，昭和戦前の斎藤実内閣の時のもの。

35. 写真の彫刻作品は高村光太郎の代表作である『手』。高村は，大正・昭和を通じて彫刻や詩集を残し活躍した。

出典追記：高村光太郎「手」，東京国立近代美術館蔵
Photo: MOMAT/DNPartcom

36. 1943年9月30日の御前会議において，防衛線を絶対国防圏まで後退させることが決まったが，1944年7月のサイパン島陥落で絶対国防圏が破られて崩壊すると，その責任を負う形で東条英機内閣が総辞職した。

37. ②が誤り。学徒出陣が初めて行われたのは東条内閣の時。

38. ③誤文。アメリカ軍と中国人民義勇軍ではなく大韓民国（韓国）と朝鮮民主主義人民共和国（北朝鮮）との間で休戦会談が行われた。

39. ②誤文。公職追放は，朝鮮戦争中ではなく敗戦直後の1946年より始まった。

40. ②正文。日本は，サンフランシスコ平和条約と同時に日米安全保障条約を締結した。

◀2月3日実施分▶

I 解答

1—③　2—④　3—①　4—②　5—④　6—①
7—②　8—④　9—④　10—②　11—①　12—②
13—③　14—④　15—①　16—②　17—①　18—④　19—③　20—④
21—④　22—①

解説

《原始～近世の文化・政治・経済》

1． 弥生時代後期を代表する吉野ヶ里遺跡は佐賀県に位置する。

2． ④誤文。弥生時代の死者は屈葬ではなく伸展葬されたものが多い。

3． 奈良県桜井市の纏向遺跡では，大型建物跡が発見され，邪馬台国との関連で注目を集めている。

4・5． 沖ノ島は，福岡県宗像市に属する玄界灘にある島。宗像大社の沖津宮として海神がまつられている。

6． ①が誤り。ウは群馬県。日光東照宮は栃木県に位置する。

7． ②が誤り。右京に位置した薬師寺は，五条一坊ではなく六条二坊に位置した。

8． 平城京内には，左京に東市，右京に西市が設けられ，監督官庁として市司が置かれた。唐を模倣して鋳造された銭貨は，給与などに用いられたが地方には普及しなかった。

9． 鳥羽法皇没後に発生した保元の乱では，崇徳上皇は藤原頼通ではなく藤原頼長と結び，平忠盛ではなく平忠正を味方につけた。

10． 天台僧の慈円は，『愚管抄』で保元の乱について「武者ノ世ニナリニケルナリ」と記し，武士の時代の到来を述べた。

11． ①誤文。後醍醐天皇は，すべての土地所有権の確認は院宣ではなく綸旨が必要であるとした。

12． ②が正しい。鎌倉幕府が制定した御成敗式目は，それ以後の武家政権においても基本法典として尊重された。

13． 北条高時の遺児北条時行は，潜伏していた信濃で挙兵し鎌倉を占領した（＝中先代の乱）。

14． ④が誤り。国友は近江国（滋賀県）に位置した鉄砲生産地。

15. 南蛮貿易では，南蛮人がもたらす中国産の生糸と日本産の銀がもっぱら取引された。
16. 17 世紀初頭における日本の銀の生産量は，世界の総産銀量の 3 分の 1 におよんだ。
17. イエズス会宣教師により建設されたのが，宣教師養成学校のコレジオおよび神学校のセミナリオだった。
18. 5 代将軍徳川綱吉は，暗殺された大老堀田正俊に代わり側用人の柳沢吉保を重用し，勘定吟味役の荻原重秀に質の劣った元禄金銀を鋳造させた。
19. 1707（宝永 4）年の富士山の大噴火は，駿河や相模などの周辺の国々に火山灰などの被害をもたらした。
20. 在郷商人らが，都市の株仲間らの流通独占に反対して起こした合法的訴願運動が国訴。1823 年に綿・菜種をめぐって大坂で起きた訴願闘争が著名。
21. ④誤文。肥前藩の藩政改革を主導した藩主は，松平慶永ではなく鍋島直正。
22. ①徳川斉昭が藩主を務め，藩政改革を試みようとしたものの保守派の反対などにより失敗したのは水戸藩（茨城県）。

Ⅱ　解答　23―③　24―②　25―②　26―①　27―②　28―④

解説

《近代・現代の外交・経済・政治》

23. ③正文。史料Aは寛永十二年（1635 年）の禁令で，日本人の海外渡航および帰国を全面的に禁止した。
24. ②が正しい。「かれうた」とはポルトガル船のこと。ポルトガル船は寛永十六年（1639 年）の禁令で来航禁止とされた。
25. ②が正しい。寛永十二年には，参勤交代や大船建造禁止を規定した武家諸法度寛永令が出された。
26. 工場法は，最初の労働者保護法として第 2 次桂太郎内閣時代の 1911 年に公布された。
27. ②が正しい。労働組合期成会は，第 2 次松方正義内閣時代の 1897 年に結成された。

28. ④誤文。工場法は，立法過程から工場主の反対にあったため，施行は5年後の第2次大隈重信内閣時代に引き延ばされた。

Ⅲ　解答

29―③　30―④　31―①　32―①　33―②　34―②
35―②　36―④　37―②　38―③　39―④　40―③

解説

《近代・現代の経済・外交・政治》

29. 金銀複本位制となったのは国立銀行条例制定の時（1872年）。銀本位制採用は松方財政の一環として設立された日本銀行により実現（1885年）。金本位制採用は第2次松方正義内閣の貨幣法制定により実現（1897年）。

30. 新貨条例では，十進法が採用され，新たな貨幣単位として円・銭・厘が定められた。

31. ①が正しい。横浜正金銀行は，1880年に貿易金融を目的として設立され，1887年に特殊銀行となった。

32. 選挙権の納税資格要件に該当した直接国税は，地租および所得税（のち営業税も）であった。

33. 直接国税の納税額による制限を15円以上から10円以上に引き下げたのは第2次山県有朋内閣で，婦人参政権を実現させたのは幣原喜重郎内閣。

34. 加藤高明内閣の時に実現した普通選挙では，全人口における有権者比率が20.8%となり，一挙に4倍に増加した。

35. 日中戦争の契機となった，盧溝橋付近での日中両国軍衝突は北京郊外で発生した。

36. ④誤文。蔣介石への物資援助ルートである援蔣ルートは，日本ではなく米・英が開拓したもの。

37. ②誤文。傾斜生産方式は，敗戦後の1946年に閣議決定された，石炭・鉄鋼などの重要産業部門に資材・資金を集中的に投入する政策。

38. 1991年，海部俊樹内閣によって輸入自由化されたのは牛肉とオレンジ。

39. 1985年，アメリカのプラザホテルで先進国5カ国の蔵相・中央銀行総裁会議において，ドル高是正が合意され，以後の円高・ドル安が進んだ。

40. ③誤文。阪神・淡路大震災はバブル経済（空欄40）崩壊後の1995年に発生。

世界史

◀1月23日実施分▶

Ⅰ 解答

1—②　**2**—②　**3**—③　**4**—②　**5**—②　**6**—④
7—③　**8**—①　**9**—②　**10**—④　**11**—②　**12**—③
13—③　**14**—③　**15**—②　**16**—②　**17**—①　**18**—②

解説

《17世紀後半以降の地中海世界とイタリア》

2. ②が正解。

①ニコポリスの戦いは1396年。

②プレヴェザの戦いは1538年。

③コンスタンティノープル陥落は1453年。

④第二次ウィーン包囲は1683年。

4. ②誤文。オスマン帝国はシーア派ではなくスンナ派を奉じた。

6. ④が正解。ムガル帝国はインドなので，オスマン帝国とは国境を接していない。

7. ③が正解。

A．クレタ文明を築いた民族はいまだ不明。

10. ④が正解。

A．ナントの王令を発布したのはアンリ4世。

B．ルイ14世が財務総監に任じたのはコルベール。リシュリューはルイ13世の宰相。

15. ②が正解。

B．イタリア戦争後もハプスブルク家とフランス王家の対立は継続した。

Ⅱ 解答

19—②　**20**—③　**21**—③　**22**—②　**23**—①　**24**—③
25—①　**26**—②　**27**—②　**28**—②　**29**—④　**30**—④
31—②　**32**—②　**33**—③　**34**—①　**35**—④　**36**—④　**37**—①　**38**—③

解説

《17世紀以降のヨーロッパにおける「戦争」》

20. ③誤文。プロイセン＝オーストリア戦争ではイタリアはプロイセン側に立って参戦し，ヴェネツィアの併合に成功した。

21. ③が正解。

①誤文。ベーメンにカトリック信仰を強制したのはベーメン王フェルディナント（のちの神聖ローマ皇帝フェルディナント2世）。

②誤文。三十年戦争ではフランスはハプスブルク家打倒のためプロテスタント側に立って参戦した。

④誤文。ウェストファリア条約で独立が正式に認められたのはベルギーではなくオランダとスイス。

28. ②が正解。

①フセイン＝マクマホン協定は1915年。

②ドイツが無制限潜水艦作戦を開始したのは1917年2月。

③タンネンベルクの戦いは1914年。

④ブレスト＝リトフスク条約の締結は1918年。

⑤アメリカの参戦は1917年4月。

29. ④が正解。

①誤文。国際連盟を提唱したのはアメリカ大統領ウィルソン。

②誤文。ヴェルサイユ条約ではアルザス，ロレーヌともにベルギーではなくフランスに割譲された。

③誤文。ヴェルサイユ条約ではドイツの全海外植民地の放棄が決められた。

30. ④誤文。ワシントン会議では米・英・日・仏・伊5カ国の保有する主力艦の総トン数の比率が定められた。米・英・日3カ国の補助艦艇の保有比率が定められたのは1930年のロンドン会議。

34. ①が正解。

②誤文。アテネはデロス同盟の盟主。

③誤文。西ドイツは冷戦中の1954年にパリ協定で主権を回復し，翌年NATO加盟が認められた。

④誤文。オーストリアは現在でもNATOに加盟していない。

35. ④が正解。アルジェリアはフランスの植民地であった。

36. ④が正解。

①ポーツマス講和条約の調印は 1905 年。

②パナマ運河の開通は 1914 年。

③パリ＝コミューンの樹立は 1871 年。

④義和団事件は 1900～01 年。

37. ①が正解。ボスニア＝ヘルツェゴヴィナを併合したのはオーストリア。

38. ③誤文。西ドイツは当初からヨーロッパ石炭鉄鋼共同体に参加している。

Ⅲ　解答　**39**―②　**40**―①

解説

《中国史についての小問集合》

40. ②・③・④いずれも誤り。均田制も科挙も府兵制も 7 世紀の唐の建国当初から導入されている。

◀2月3日実施分▶

I　解答　1－③　2－②　3－③　4－①　5－①　6－④
7－④　8－④　9－③　10－④　11－②　12－①
13－③　14－④　15－③　16－③

解説

《帝国主義とアジアの民族運動》

1. ③が正解。
①辛亥革命は1911～12年。
②下関条約締結は1895年。
③アギナルドによるフィリピン独立宣言は1899年。
④ドンズー運動は1905年に始まり，1907年の日仏協約の締結によって衰えていった。

2. ②誤文。スエズ運河は地中海と紅海を結んでいる。

3. ③が正解。
①誤文。スエズ運河の国有化を宣言したのはナセル。
②誤文。国有化宣言をきっかけにイギリス，フランスとともにエジプトに侵攻したのはソ連ではなくイスラエル。
④誤文。スエズ戦争は第2次中東戦争と呼ばれている。

5. ①が正解。
①奴隷解放宣言は1863年。
②公民権法の制定は1964年。
③イギリスの奴隷貿易廃止は1807年。
④アパルトヘイトの法的撤廃は1991年。

6. ④が正解。
①カルティニはインドネシア出身。
②チョイバルサンはモンゴル出身。
③ファン＝ボイ＝チャウはベトナム出身。

7. ④誤文。シパーヒーの反乱はインドにおける反乱。

9. ③が正解。
①ベンガル分割令は1905年。

②インド国民会議の結成は 1885 年。
③プールナ＝スワラージが決議されたのは 1929 年の国民会議派ラホール大会。
④英印円卓会議は 1930～32 年の 3 回にわたって開催。
10. ④が正解。
①誤文。イギリス留学後に第一次サティヤーグラハに参加したのはネルー。
②誤文。不可触民差別撤廃運動に献身したのはアンベードカル。
③誤文。ベンガル分割反対運動を指導したのはティラク。
11. ②が正解。インド独立後の憲法起草委員長を務めたのはアンベードカル。
12. ①が正解。①バルフォア宣言は第一次世界大戦中の 1917 年。
15. ③が正解。
①誤文。フン人は東ゴート人の大半を征服し，西ゴート人を圧迫した。
②誤文。5 世紀前半に大帝国をたてたのはアッティラ王。
④誤文。フン人は中央アジアの草原地帯からヨーロッパへ侵攻した。

Ⅱ 解答

17―①　**18**―④　**19**―①　**20**―③　**21**―②　**22**―④　**23**―②　**24**―④　**25**―④　**26**―③　**27**―③　**28**―③　**29**―③　**30**―①

解説

《レコンキスタ》

17. ①誤文。スペイン内戦においてイギリスとフランスは不干渉政策をとった。
18. ④が正解。チャウシェスクはルーマニアの独裁者。
22. ④が正解。
A．誤文。12 世紀になるとイベリア半島北部はキリスト教圏に入っていくが，半島南部は依然としてイスラーム勢力圏のままであった。
B．誤文。アラビア語に翻訳されていたギリシア文献は，レコンキスタの過程で，スペイン語ではなくラテン語に翻訳されていった。
23. ②が正解。フェリペ 2 世がポルトガル王位を兼ねたのは 1580 年。
①不適。レコンキスタの完成は 1492 年であるが，スペイン王国の成立は 1479 年。

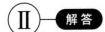

③誤文。インカ帝国を滅ぼしたのはピサロ。コルテスが滅ぼしたのはアステカ王国。

④誤文。カブラルはスペイン人ではなくポルトガル人。

24. ④誤文。ヴァンダル王国が，西ゴート王国の圧迫を受けてアフリカへ逃れた。

25. ④が正解。

A．誤文。ギリシア正教はカトリックには含まれない。

B．誤文。三十年戦争に際してスペインはカトリック側で参戦した。

27. ③が正解。

A．誤文。十字軍の時代は，気候は温暖で，三圃制の普及などにより農業生産が増大し，人口が増加している。その結果，エルベ川以東への東方植民が活発になった。西ヨーロッパの気候が寒冷化したのは，封建社会の衰退がはじまった14世紀頃。

Ⅲ　解答

31－④　**32**－①　**33**－②　**34**－③　**35**－④　**36**－④
37－③　**38**－④　**39**－③　**40**－②

解説

《中国史・欧米史についての小問集合》

35. ④誤文。クロムウェルがうちたてたのは共和政。

36. ④誤文。エカチェリーナ2世の治世に起こったのはプガチョフの農民反乱。

37. ③が正解。

①誤文。オーストリア継承戦争に際してプロイセンが占領したのはシュレジエン。

②誤文。七年戦争に際してプロイセンはイギリスと結んだ。フランスとスペインはオーストリアと結んだ。

④誤文。フリードリヒ2世治下のプロイセンの統治は，ジェントリではなくユンカーを支柱としたものであった。

40. ②が正解。アイゼンハワーの政策は「巻き返し政策」。

政治・経済

◀1月23日実施分▶

Ⅰ　解答　1―③　2―①　3―③　4―④　5―②　6―④　7―①　8―④　9―④　10―①　11―④　12―③　13―①　14―③　15―①　16―①　17―④　18―①　19―③　20―①

解説

《国民の政治参加と地方自治》

1．③誤文。公職選挙法では，選挙人の資格は，住民登録をしている自治体に3カ月以上居住していることと定められている。

2．②誤文。憲法第69条に基づく解散は，過去に4度ある。③誤文。大日本帝国憲法下の衆議院議員は，国民の選挙で選出された。④誤文。衆議院が「出席議員の過半数」ではなく，出席議員の3分の2で再度可決すれば法律となる。

3．①誤文。参議院議員選挙には小選挙区制は実施されていない。②誤文。参議院議員選挙では重複立候補は認められていない。④誤文。小選挙区制では，得票率が獲得議員比率より小さくなる傾向にある。

4．①誤文。革新自治体とは，日本社会党や日本共産党など革新勢力の支援を受けた者が首長を務める自治体を指すのであって，公明党は革新勢力に入らないので誤り。②誤文。政治資金の監査は，政党助成法ではなく，政治資金規正法によって義務付けられている。③誤文。55年体制下では日本社会党は政権を担っていない。

5．①誤文。最高裁判所長官は天皇が任命する。③誤文。違憲法令審査権は下級裁判所にも与えられている。④誤文。現行では，最高裁判所裁判官の任命に関わる諮問委員会は存在しない。

6．①誤文。国民審査は，やめさせた方がよいと思う裁判官の名前の上に×印を記す方式で行われる。②誤文。国民審査の結果，弾劾裁判に訴えられるわけではない。③誤文。司法制度改革では，国民審査の権限強化は行われていない。

7．①誤文。在外選挙制度には，一時帰国者や帰国後間もないために国内の名簿に未登録の場合の日本国内における投票の制度もある。

8．ア．天皇機関説は1912年，民本主義は1916年である。イ．アラブの春は2010年末から2011年にかけて起こった。ウ．労働者階級が普通選挙権を要求する運動にはチャーティスト運動が挙げられるが，これは1838年から1848年頃起こった。エ．プラハの春は1968年に起こった。以上より，④が正しい。

9．①誤文。「地方自治は民主主義の学校」といったのは，ブライス。②誤文。現行では，定住外国人に地方参政権は与えられていない。③誤文。当該の調査では，29.1％の人が「反映されている」と解答している。

10．①誤文。国の財政の処理は，国会の議決に基づいておこなわなければならず，また租税の賦課・徴収は法律又は法律の定める条件によっておこなわなければならない。

20．地方自治を主管する省庁が自治省から総務省に変わったのは，2001年のことである。ア．三位一体の改革は2004年から2006年にかけて行われた。イ．平成の大合併は，1999年に市町村合併特例法が改正されて強力に推進された。ウ．地方債の事前協議制への移行は，2006年のことである。エ．ふるさと納税が開始されたのは，2008年のことである。以上のことから，①が適当である。

Ⅱ　解答

21－③　**22**－③　**23**－②　**24**－②　**25**－②　**26**－②
27－②　**28**－④　**29**－③　**30**－③　**31**－②　**32**－③
33－④　**34**－④　**35**－②

解説

《労働問題》

21．③誤文。男女雇用機会均等法にセクシャル・ハラスメントの配慮義務が記されたのは，1997年の改正においてである。

22．③適切。①フォークランド紛争は1982年に起こった。②プラザ合意についての説明であるがこれは1985年である。④中距離核戦力（INF）全廃条約は1987年に締結された。

23．②誤文。日本の労働組合は，企業別組合が多い。

25．②誤文。労働組合の争議行為は「民事免責」ではなく刑事免責である。

26. ②誤文。『女工哀史』が刊行されたのは 1925 年なので，「第二次世界大戦後の混乱期」という記述は誤り。
27. ②誤文。日本国憲法第 25 条は生存権に関する規定である。
28. ①誤文。証券が売買されるのは「為替市場」ではなく証券市場である。②誤文。株式会社の最高議決機関は，株主総会である。そこで任命された取締役が会社の経営にあたる。③誤文。会社の債務について出資者に無制限の支払い義務があるのは「有限責任」ではなく無限責任である。
31. ②誤文。日本が女子差別撤廃条約を批准したのは，国籍法の改正や男女雇用機会均等法が成立した 1985 年である。
33. ①誤文。現行では，労働契約法に明文化されている。②・③誤文。「労働基準法」ではなく，労働組合法に関する記述である。
34. ④誤文。「三六協定」は，「全労働者と」締結するのではなく，労働組合や労働者の代表（過半数代表者）と締結する。

Ⅲ　解答

36—④　**37**—④　**38**—①　**39**—④　**40**—④　**41**—①
42—④　**43**—②　**44**—②　**45**—④　**46**—②　**47**—①
48—②　**49**—①　**50**—④

解説

《国際経済の歩み》

36. ④誤文。デフレになると，通貨の価値が上昇し，通貨の購買力が増加するため，債務の負担が重くなり，預貯金の実質的な価値は増加する。
37. ①誤文。金本位制の下では，固定相場制が採用された。②誤文。第二次世界大戦前の基軸通貨の位置にあったのは，イギリスのポンドである。ユーロが基軸通貨となるのは EU が発足してからなので，第二次世界大戦前ではない。③誤文。ブレトン＝ウッズ体制の下では，金 1 オンス＝35 ドルの比率で金とドルとの交換が保証された。
42. ①誤文。ニューディール政策を実施したのは「ブッシュ大統領」ではなくローズベルト大統領。②誤文。有効需要を増加させなければならないとしたのは「ケネー」ではなくケインズ。③誤文。大恐慌がはじまったのは「ロンドン株式市場」ではなくニューヨーク株式市場。
43. ②誤文。日米貿易の不均衡の是正のための交渉として「日米構造協議」がおこなわれ，その後 1993 年に「日米包括経済協議」に改称された。

44. ①誤文。産業革命によって「マニュファクチュア」が「工場制機械工業」へと発展した。③誤文。ペティ＝クラークの法則は産業の中心が「第一次産業」から「第二次産業」へ，さらに「第三次産業」へシフトしていくことである。④誤文。産業の転換は，「素材産業」から「加工組立て産業」へと転換されることである。

45. ④誤文。寡占下で価格が下がりにくい状態は「価格の上方硬直性」ではなく価格の下方硬直性である。

46. ②誤文。自国民に与えているのと同様の待遇を相手国に与えることは「最恵国待遇」ではなく内国民待遇である。

48. ①誤文。アメリカはずっと貿易赤字であったので，「貿易黒字の縮小」ではなく，「貿易赤字の拡大」が正しい。③誤文。金・ドル交換の停止はニクソン＝ショックで，「レーガン大統領」ではなくニクソン大統領である。④誤文。SDR を中心的な準備資産とすることが取り決められたのは「スミソニアン合意」ではなくキングストン合意である。

50. ④誤文。2008 年の世界金融危機以降，先進国を中心に大胆な金融緩和政策が採られているため，「先進国中央銀行の量的引き締め」という記述は誤り。

◀2月3日実施分▶

I　解答　1—①　2—①　3—④　4—①　5—①　6—②　7—④　8—③　9—④　10—④　11—④　12—③　13—②　14—①　15—②　16—①　17—④　18—①　19—②　20—①

解説

《統治機構》

1．②誤文。国王に自然権を委譲すべきと説いたのは，ホッブズである。③誤文。1925年に導入されたのは男子普通選挙制である。④誤文。イギリスでは上院に対する下院優位の原則が確立している。

2．②誤文。政令で罰則を制定できるのは，法律の委任がある場合のみである。③誤文。行政機関による裁判官への懲戒処分は日本国憲法で禁止されている。④誤文。参議院の法務委員会が量刑を不当としたのは「大津地裁」ではなく浦和地裁である。

3．④誤文。国会審議活性化法によって政府委員制度が廃止され，国家基本政策委員会が設置された。

8．①誤文。行政を監視するのは「レファレンダム制度」ではなくオンブズマン制度である。②誤文。1府12省庁への再編は「国家公務員制度改革基本法」ではなく中央省庁等改革基本法である。④誤文。2009年からの政権は「自民党政権」ではなく民主党政権である。

9．①誤文。大日本帝国憲法の起草に尾崎行雄は関わっていない。②誤文。天皇機関説は「吉野作造」ではなく，美濃部達吉によって唱えられた。③誤文。「東洋大日本国国憲按」は「千葉卓三郎」ではなく植木枝盛である。

10．④誤文。予算をともなう法律案を国会に提出する場合，衆議院議員50人以上，または参議院議員20人以上の賛成が必要である。

15．②誤文。内閣総理大臣は，国務大臣を任意に罷免することができる。

16．①誤文。首都建設法の後にも，横浜国際港都建設法や神戸国際港都建設法など10例超の法律で，特別法の住民投票制度が活用されている。

17．④誤文。行政裁判は「刑事裁判の一種」ではなく，民事裁判の一種として行われる。

Ⅱ 解答 21―① 22―② 23―④ 24―③ 25―① 26―④ 27―② 28―④ 29―③ 30―④ 31―④ 32―② 33―④ 34―① 35―③

解説

《小さな政府》

23. ④誤文。累進的な課税がおこなわれることから，相続税には再分配の機能があると言える。

28. 1975年にランブイエで行われた先進国首脳会議（サミット）に出席した国は，アメリカ・イギリス・フランス・西ドイツ・イタリア・日本の6カ国である。翌年の第2回会議からカナダが加わり，G7となった。

29. ③誤文。政府が経済へ積極的に介入するのは，「小さな政府」ではなく大きな政府である。

30. ①誤文。消費税は「直接税」ではなく間接税である。②誤文。消費税は1989年に3％で導入された。③誤文。2021年度の歳入における構成比で，消費税は最も多い。

31. ④誤文。日米構造協議でアメリカは日本に市場開放などを求めたが，内需縮小は求めていない。

32. ①誤文。エリザベス救貧法は「デンマーク」ではなくイギリスである。③誤文。フィラデルフィア宣言が採択されたのは「ICJ総会」ではなく，ILO総会である。④誤文。日本の社会保障の4つの柱は，社会保険，公的扶助，社会福祉，公衆衛生である。

33. ④誤文。栃木の足尾銅山で公害事件が発生したのは，「高度経済成長期」ではなく，明治時代である。

34. ①誤文。バブル経済が完全に崩壊したのは，「1980年代はじめ」ではなく，1990年代はじめのことである。

35. ①誤文。一般的に，不景気になると，公共事業を増やすことによって景気の回復をはかろうとする。②誤文。特例国債（赤字国債）は1965年に戦後初めて発行され，1975年からは1990年代初頭を除いて毎年発行されている。④誤文。金融政策や為替政策など，いくつかの政策を組み合わせるポリシー・ミックスがおこなわれている。

Ⅲ　解答　**36**—②　**37**—②　**38**—①　**39**—④　**40**—③　**41**—①　**42**—②　**43**—②　**44**—①　**45**—②　**46**—③　**47**—③　**48**—③　**49**—④　**50**—①

解説

《戦後の国際経済秩序体制》

41. ①毛織物もぶどう酒も少ない人数で生産できる（＝労働生産性が高い）のは，A国である。設問条件から，A国において，ぶどう酒の生産を1単位減らすということは，毛織物の生産が2単位増えることとなる。また同様に，B国でぶどう酒の生産を1単位増やすとすると，毛織物の生産が0.5単位減少することとなる。となれば，両国を合計すると，毛織物の生産量については1.5単位増加している。

43. ②誤文。一般的に貿易収支の黒字は通貨高の原因となり，貿易収支の赤字は通貨安の原因となる。

44. ア．IMFがSDR制度を創設したのは1969年である。イ．金とドルの交換停止をニクソン＝ショックといい，1971年8月に起こった。ウ．スミソニアン合意は1971年12月である。エ．キングストン合意は1976年である。以上より，①が正しい。

46. ③誤文。発展途上国が資源ナショナリズムを主張したのは「DAC樹立宣言」ではなくNIEO樹立宣言である。

47. ③誤文。デンマークやスウェーデンではユーロを導入していない。そのため，「すべての加盟国は……ユーロを導入した」という記述は誤り。

48. ③誤文。ECB（欧州中央銀行）はユーロ圏20カ国の金融政策を一元的に担ってはいるが，財政政策までは担っていない。

50. ②誤文。日本で最初のEPAは2002年にシンガポールとの間で締結された。③TPPはアメリカの主導ではない。むしろ，アメリカはTPPの枠組みから離脱した。④「FTA」は自由貿易協定で「EPA」は経済連携協定であり，幅広く経済関係を強化するのは「EPA」である。

数　学

◀1月23日実施分▶

1 **解答** **(1)ア.** 2　**イ.** 5　**ウ.** 2　**エ.** 5　**オ.** 2
(2)カキ. −4　**ク.** 3　**ケ.** 1　**コ.** 3　**サ.** 4
シ. 5　**ス.** 4
(3)セソタ. 120　**チ.** 7　**ツテ.** 11　**ト.** 3　**ナ.** 4

解説

《小問3問》

(1) $|2x-7|\leqq 3$ より

$$-3\leqq 2x-7\leqq 3$$

$$2\leqq x\leqq 5$$

よって

$$P=\{x\,|\,2\leqq x\leqq 5\}\quad\rightarrow \text{ア, イ}$$

a は正の実数定数なので，$(x-a)(x-2a)\leqq 0$ の解は $a\leqq x\leqq 2a$ であるから，$P\supset Q$ となる a の値の範囲は

$$2\leqq a\quad \text{かつ}\quad 2a\leqq 5$$

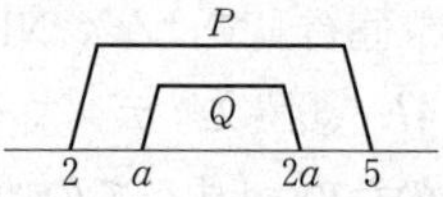

よって　$2\leqq a\leqq \dfrac{5}{2}$　→ウ～オ

(2)

$$f(x)=x^2-4ax+3a+1$$

$$=(x-2a)^2-4a^2+3a+1$$

よって2次関数 $y=f(x)$ のグラフは頂点が $(2a,\ -4a^2+3a+1)$ の下に凸の放物線である。

$0\leqq a\leqq 2$ であるから $0\leqq 2a\leqq 4$ より，頂点の x 座標は $0\leqq x\leqq 4$ を満たすので，$f(x)$ の最小値 m は

$$m=-4a^2+3a+1\quad\rightarrow \text{カ～ケ}$$

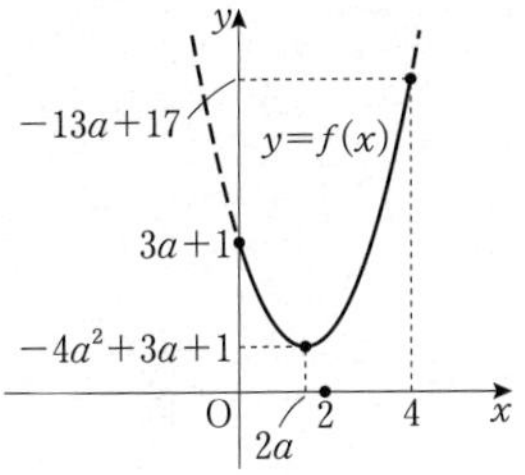

$0 \leqq a \leqq 1$ の場合

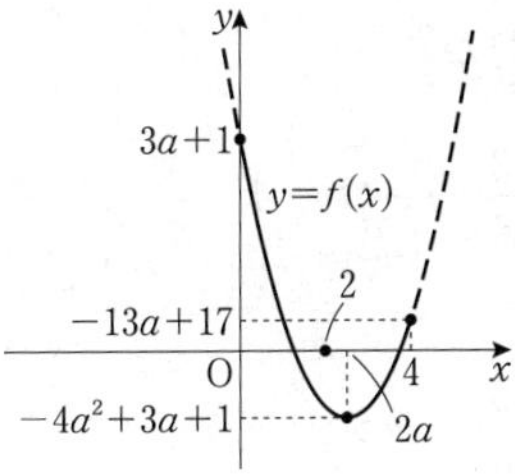

$1 < a \leqq 2$ の場合

(i)　$0 \leqq a \leqq 1$ のとき

グラフより，$M=-13a+17$ であるから

$$M-m=(-13a+17)-(-4a^2+3a+1)$$
$$=4a^2-16a+16$$

$M-m=\dfrac{25}{4}$ より

$$4a^2-16a+16=\frac{25}{4}$$
$$16a^2-64a+39=0$$
$$(4a-3)(4a-13)=0$$
$$a=\frac{3}{4},\ \frac{13}{4}$$

$0 \leqq a \leqq 1$ より

$$a=\frac{3}{4}$$

(ii)　$1 < a \leqq 2$ のとき

グラフより，$M=3a+1$ であるから

$$M-m=(3a+1)-(-4a^2+3a+1)$$
$$=4a^2$$

$M-m=\dfrac{25}{4}$ より

$$4a^2=\frac{25}{4}\quad よって\quad a=\pm\frac{5}{4}$$

$1 < a \leqq 2$ より

$$a=\frac{5}{4}$$

$\dfrac{3}{4}<\dfrac{5}{4}$ だから

$$a=\frac{3}{4} \quad \rightarrow コ，サ$$

または

$$a=\frac{5}{4} \quad \rightarrow シ，ス$$

(3)　三角形 ABC に余弦定理を適用して

$$\cos\angle BAC=\frac{AB^2+CA^2-BC^2}{2AB\cdot CA}$$

$$=\frac{4^2+1^2-(\sqrt{21})^2}{2\cdot4\cdot1}$$

$$=-\frac{1}{2}$$

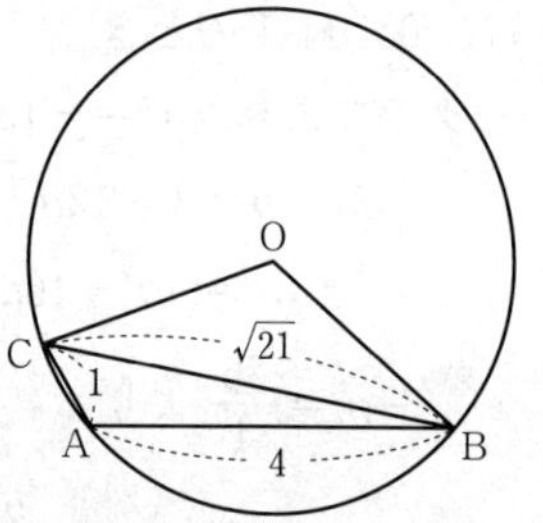

$0°<\angle BAC<180°$ より

$$\angle BAC=120° \quad \rightarrow セソタ$$

三角形 ABC の外接円の半径を R とすると，正弦定理より

$$\frac{BC}{\sin\angle BAC}=2R$$

よって

$$R=\frac{\sqrt{21}}{2\cdot\sin120°}$$

$$=\frac{\sqrt{21}}{2\times\dfrac{\sqrt{3}}{2}}=\sqrt{7} \quad \rightarrow チ$$

$$\angle BOC=360°-2\times\angle BAC$$

$$=360°-2\times120°=120°$$

よって，四角形 OCAB の面積を S とすると

$$S=\triangle ABC+\triangle BOC$$

$$=\frac{1}{2}AB\cdot CA\cdot\sin\angle BAC+\frac{1}{2}OB\cdot OC\cdot\sin\angle BOC$$

$$=\frac{1}{2}\cdot4\cdot1\cdot\sin120°+\frac{1}{2}\cdot\sqrt{7}\cdot\sqrt{7}\cdot\sin120°$$

$$=\frac{1}{2}\cdot4\cdot1\cdot\frac{\sqrt{3}}{2}+\frac{1}{2}\cdot\sqrt{7}\cdot\sqrt{7}\cdot\frac{\sqrt{3}}{2}=\frac{11\sqrt{3}}{4} \quad \rightarrow ツ〜ナ$$

2 **解答** (1)**ア.** 5　**イ.** 9
(2)**ウ.** 1　**エオカ.** 216　**キ.** 5　**クケ.** 72　**コ.** 5　**サ.** 9
(3)**シスセ.** 121　**ソタチ.** 243
(4)**ツテト.** 122　**ナニヌ.** 729　**ネノ.** 61　**ハヒフ.** 182

解説

《さいころの確率，条件付き確率》

(1)　一つのさいころを3回投げるときの目の出方は 6^3 通り。異なる目が3回出る場合の数は ${}_6P_3$ 通りだから，求める確率は

$$\frac{{}_6P_3}{6^3}=\frac{6\cdot5\cdot4}{6\cdot6\cdot6}=\frac{5}{9}\quad\toア，イ$$

(2)　一つのさいころを4回投げるときの目の出方は 6^4 通り。1の目と2の目がそれぞれ2回出る場合の数は1が2個と2が2個の同じものを含む順列と考えられるので $\frac{4!}{2!2!}$ 通り。

よって求める確率は

$$\frac{\frac{4!}{2!2!}}{6^4}=\frac{6}{6^4}=\frac{1}{6^3}=\frac{1}{216}\quad\toウ〜カ$$

2種類の目は ${}_6C_2$ 通りあり，それぞれについて2回目が出る確率は $\frac{1}{216}$ であるから，求める確率は

$$\frac{1}{216}\times{}_6C_2=\frac{1}{216}\times15=\frac{5}{72}\quad\toキ〜ケ$$

一つのさいころを4回投げるとき，3種類の目 a，b，c が出るとすると，一文字だけ2回出る。2回出る文字は3通りあり，それぞれについて目の出方は $\frac{4!}{2!}$ 通りある。

また3種類の目は ${}_6C_3$ 通りあるので，求める確率は

$$\frac{\frac{4!}{2!}\times3}{6^4}\times{}_6C_3=\frac{12\times3}{6^4}\times\frac{6\cdot5\cdot4}{3\cdot2\cdot1}=\frac{5}{9}\quad\toコ，サ$$

(3)　一つのさいころを5回投げるとき，2以下の目が奇数回となるのは，

奇数回が 1 回，3 回，5 回の場合がある。求める確率はそれぞれの場合の確率の和であるから，反復試行の確率を利用して

$$ {}_5C_1\left(\frac{2}{6}\right)^1\left(\frac{4}{6}\right)^4+{}_5C_3\left(\frac{2}{6}\right)^3\left(\frac{4}{6}\right)^2+{}_5C_5\left(\frac{2}{6}\right)^5 $$

$$ =5\left(\frac{1}{3}\right)\left(\frac{2}{3}\right)^4+10\left(\frac{1}{3}\right)^3\left(\frac{2}{3}\right)^2+\left(\frac{1}{3}\right)^5 $$

$$ =\frac{1}{3^5}(5\cdot2^4+10\cdot2^2+1)=\frac{121}{243} $$ →シ〜チ

(4)　一つのさいころを 6 回投げるとき，2 以下の目が 5 回目までに偶数回出る確率は，偶数回が 0 回，2 回，4 回となる場合の確率の和であるから，求める確率は

$$ \left\{\left(\frac{4}{6}\right)^5+{}_5C_2\left(\frac{2}{6}\right)^2\left(\frac{4}{6}\right)^3+{}_5C_4\left(\frac{2}{6}\right)^4\left(\frac{4}{6}\right)\right\}\times\left(\frac{2}{6}\right) $$

$$ =\left\{\left(\frac{2}{3}\right)^5+10\left(\frac{1}{3}\right)^2\left(\frac{2}{3}\right)^3+5\left(\frac{1}{3}\right)^4\left(\frac{2}{3}\right)\right\}\times\left(\frac{1}{3}\right) $$

$$ =\frac{1}{3^6}(2^5+10\cdot2^3+5\cdot2)=\frac{122}{729} $$ →ツ〜ヌ

（2 以下の目が奇数回出たとき，

6 回目に 2 以下の目が出ている条件付き確率）

$$ =\frac{（2\text{ 以下の目が奇数回出て，}6\text{ 回目に }2\text{ 以下の目が出る確率}）}{（2\text{ 以下の目が奇数回出る確率}）} $$

$$ =\frac{\dfrac{122}{729}}{{}_6C_1\left(\frac{2}{6}\right)\left(\frac{4}{6}\right)^5+{}_6C_3\left(\frac{2}{6}\right)^3\left(\frac{4}{6}\right)^3+{}_6C_5\left(\frac{2}{6}\right)^5\left(\frac{4}{6}\right)} $$

$$ =\frac{122}{729}\times\frac{1}{6\cdot\left(\frac{1}{3}\right)\left(\frac{2}{3}\right)^5+20\left(\frac{1}{3}\right)^3\left(\frac{2}{3}\right)^3+6\left(\frac{1}{3}\right)^5\left(\frac{2}{3}\right)} $$

$$ =\frac{122}{3^6}\times\frac{1}{\dfrac{1}{3^6}(6\cdot2^5+20\cdot2^3+6\cdot2)} $$

$$ =\frac{122}{192+160+12}=\frac{61}{182} $$ →ネ〜フ

3 解答 **(1)ア．** 2　**イ．** 6　**ウ．** 2　**エ．** 2　**オ．** 6
(2)カキ． -3　**クケ．** 10　**コ．** 3
(3)サシ． -1　**ス．** 3　**セソタ．** -12　**チツ．** 11　**テ．** 1

解説

《小問3問》

(1)　$f(x)=a\sin 2x+b\cos 2x$，$f\left(\dfrac{\pi}{6}\right)=0$，$f\left(\dfrac{\pi}{4}\right)=\sqrt{2}$ より

$$a\sin\frac{\pi}{3}+b\cos\frac{\pi}{3}=0,\quad a\sin\frac{\pi}{2}+b\cos\frac{\pi}{2}=\sqrt{2}$$

よって　$\begin{cases}\dfrac{\sqrt{3}}{2}a+\dfrac{1}{2}b=0\\ a=\sqrt{2}\end{cases}$

したがって　$\begin{cases}a=\sqrt{2}\\ b=-\sqrt{6}\end{cases}$　→ア，イ

$$\begin{aligned}f(x)&=\sqrt{2}\sin 2x-\sqrt{6}\cos 2x\\&=\sqrt{(\sqrt{2})^2+(-\sqrt{6})^2}\sin(2x+\alpha)\\&=2\sqrt{2}\sin(2x+\alpha)\end{aligned}$$

ただし α は $\cos\alpha=\dfrac{\sqrt{2}}{2\sqrt{2}}=\dfrac{1}{2}$，$\sin\alpha=\dfrac{-\sqrt{6}}{2\sqrt{2}}=-\dfrac{\sqrt{3}}{2}$ を満たす角だから $\alpha=-\dfrac{\pi}{3}$ として

$$f(x)=2\sqrt{2}\sin\left(2x-\frac{\pi}{3}\right)=2\sqrt{2}\sin 2\left(x-\frac{\pi}{6}\right)$$

と変形できるので，$y=f(x)$ のグラフは $y=2\sqrt{2}\sin 2x$ のグラフを x 軸方向に $\dfrac{\pi}{6}$ だけ平行移動したものである。→ウ～オ

(2)　等差数列 $\{a_n\}$ の初項を a，公差を d とすると一般項 a_n は

$$a_n=a+(n-1)d$$

と表せる。$a_3=1$，$a_7=-11$ より

$$\begin{cases}a+2d=1\\ a+6d=-11\end{cases}$$

これを解いて　$\begin{cases}a=7\\ d=-3\end{cases}$

したがって一般項 a_n は

$$a_n=7+(n-1)\cdot(-3)=-3n+10 \quad \to カ〜ケ$$

$b_n=2^{a_n}$ だから

$$b_1\times b_2\times\cdots\times b_n=2^{a_1}\times 2^{a_2}\times\cdots\times 2^{a_n}$$
$$=2^{a_1+a_2+\cdots+a_n}$$

したがって $b_1\times b_2\times\cdots\times b_n$ が最大となるのは，数列 $\{a_n\}$ の初項から第 n 項までの和が最大となるときである。一般項 $a_n=-3n+10$ より $a_1=7$，$a_2=4$，$a_3=1$，第 4 項以降は負の値をとるので，初項から第 3 項までの和が最大となる。

よって $b_1\times b_2\times\cdots\times b_n$ が最大となる n の値は

$$n=3 \quad \to コ$$

(3)　$f(x)=x^3-3x^2-9x+10$ より

$$f'(x)=3x^2-6x-9$$
$$=3(x+1)(x-3)$$

x	…	-1	…	3	…
$f'(x)$	$+$	0	$-$	0	$+$
$f(x)$	↗	極大	↘	極小	↗

$f(x)$ の増減を調べると，$x=-1$ で極大値をとり $x=3$ で極小値をとるので

$$\alpha=-1,\ \beta=3 \quad \to サ〜ス$$

$$\frac{\alpha+\beta}{2}=\frac{-1+3}{2}=1$$

$$f\left(\frac{\alpha+\beta}{2}\right)=f(1)=1^3-3\cdot1^2-9\cdot1+10=-1$$

より C 上の点 $(1,\ -1)$ における接線の方程式 l は

$$y-(-1)=f'(1)(x-1)$$
$$y+1=(3\cdot1^2-6\cdot1-9)(x-1)$$

より

$$y=-12x+11 \quad \to セ〜ツ$$

C と l の方程式より y を消去すると

$$x^3-3x^2-9x+10=-12x+11$$

整理すると

$$x^3-3x^2+3x-1=0$$
$$(x-1)^3=0$$
$$x=1 \quad （三重解）$$

したがって，C と l の共有点は1個である。 →テ

4 **解答**　**(1)ア．** 3

(2)イ． 3　**ウ．** 4　**エ．** 3　**オ．** 3　**カ．** 1　**キ．** 3　**ク．** 8　**ケ．** 9

(3)コ． 3　**サシ．** 11　**ス．** 8　**セソ．** 11　**タチ．** 11　**ツ．** 9　**テト．** 16　**ナニ．** 99

解説

《内積，分点公式，直交条件，三角形の面積比》

(1)
$$\overrightarrow{OA}\cdot\overrightarrow{OB}=|\overrightarrow{OA}||\overrightarrow{OB}|\cos\angle AOB$$
$$=2\cdot3\cdot\cos60^\circ$$
$$=2\cdot3\cdot\frac{1}{2}=3 \quad \text{→ア}$$

(2)
$$\overrightarrow{OP}=s\overrightarrow{OA}+t\overrightarrow{OB}$$

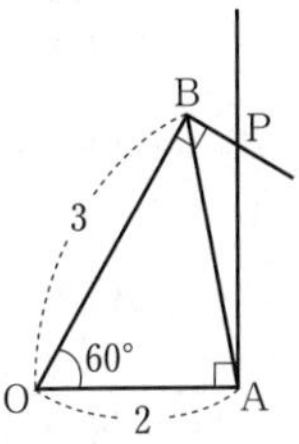

$\overrightarrow{AP}\perp\overrightarrow{OA}$ より　$\overrightarrow{AP}\cdot\overrightarrow{OA}=0$

$$\overrightarrow{AP}\cdot\overrightarrow{OA}=(\overrightarrow{OP}-\overrightarrow{OA})\cdot\overrightarrow{OA}$$
$$=\overrightarrow{OP}\cdot\overrightarrow{OA}-|\overrightarrow{OA}|^2$$
$$=(s\overrightarrow{OA}+t\overrightarrow{OB})\cdot\overrightarrow{OA}-|\overrightarrow{OA}|^2$$
$$=s|\overrightarrow{OA}|^2+t\overrightarrow{OB}\cdot\overrightarrow{OA}-|\overrightarrow{OA}|^2$$
$$=s|\overrightarrow{OA}|^2+t\overrightarrow{OA}\cdot\overrightarrow{OB}-|\overrightarrow{OA}|^2$$
$$=s\cdot2^2+t\cdot3-2^2$$
$$=4s+3t-4$$

よって

$$4s+3t-4=0 \quad \text{→イ，ウ}$$

$\overrightarrow{BP}\perp\overrightarrow{OB}$ より　$\overrightarrow{BP}\cdot\overrightarrow{OB}=0$

$$\overrightarrow{BP}\cdot\overrightarrow{OB}=(\overrightarrow{OP}-\overrightarrow{OB})\cdot\overrightarrow{OB}$$
$$=\overrightarrow{OP}\cdot\overrightarrow{OB}-|\overrightarrow{OB}|^2$$
$$=(s\overrightarrow{OA}+t\overrightarrow{OB})\cdot\overrightarrow{OB}-|\overrightarrow{OB}|^2$$
$$=s\overrightarrow{OA}\cdot\overrightarrow{OB}+t|\overrightarrow{OB}|^2-|\overrightarrow{OB}|^2$$

$$=s\cdot 3+t\cdot 3^2-3^2=3s+9t-9$$

よって，$3s+9t-9=0$ より

$$s+3t-3=0 \quad \to エ，オ$$

$$\begin{cases} 4s+3t-4=0 \\ s+3t-3=0 \end{cases} \text{を解いて} \quad \begin{cases} s=\dfrac{1}{3} \\ t=\dfrac{8}{9} \end{cases}$$

したがって

$$\overrightarrow{\mathrm{OP}}=\frac{1}{3}\overrightarrow{\mathrm{OA}}+\frac{8}{9}\overrightarrow{\mathrm{OB}} \quad \to カ〜ケ$$

(3)　$\overrightarrow{\mathrm{OQ}}=u\overrightarrow{\mathrm{OA}}+(1-u)\overrightarrow{\mathrm{OB}}$

$\overrightarrow{\mathrm{OQ}}=v\overrightarrow{\mathrm{OP}}$　（u，v は実数）

とおくと

$$u\overrightarrow{\mathrm{OA}}+(1-u)\overrightarrow{\mathrm{OB}}=v\overrightarrow{\mathrm{OP}}$$

$$u\overrightarrow{\mathrm{OA}}+(1-u)\overrightarrow{\mathrm{OB}}=v\left(\frac{1}{3}\overrightarrow{\mathrm{OA}}+\frac{8}{9}\overrightarrow{\mathrm{OB}}\right)$$

$$u\overrightarrow{\mathrm{OA}}+(1-u)\overrightarrow{\mathrm{OB}}=\frac{1}{3}v\overrightarrow{\mathrm{OA}}+\frac{8}{9}v\overrightarrow{\mathrm{OB}}$$

$\overrightarrow{\mathrm{OA}}\neq\vec{0}$，$\overrightarrow{\mathrm{OB}}\neq\vec{0}$，$\overrightarrow{\mathrm{OA}}\not\parallel\overrightarrow{\mathrm{OB}}$ だから

$$\begin{cases} u=\dfrac{1}{3}v \\ 1-u=\dfrac{8}{9}v \end{cases} \text{を解いて} \quad \begin{cases} u=\dfrac{3}{11} \\ v=\dfrac{9}{11} \end{cases}$$

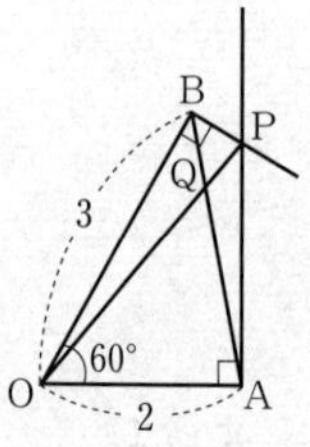

よって

$$\overrightarrow{\mathrm{OQ}}=\frac{3}{11}\overrightarrow{\mathrm{OA}}+\frac{8}{11}\overrightarrow{\mathrm{OB}} \quad \to コ〜ソ$$

$$\overrightarrow{\mathrm{OP}}=\frac{11}{9}\overrightarrow{\mathrm{OQ}} \quad \to タ〜ツ$$

よって

$\mathrm{AQ}:\mathrm{QB}=8:3$

$\mathrm{OQ}:\mathrm{QP}=9:2$

したがって，三角形OAQの面積を S とすると

$$S_1=\frac{11}{8}S,\ \ S_2=\frac{2}{9}S$$

よって

$$S_1 : S_2=\frac{11}{8}S : \frac{2}{9}S=99 : 16$$

したがって

$$S_2=\frac{16}{99}S_1$$ →テ～ニ

◀2月3日実施分▶

1　解答　**(1)ア.** 3　**イ.** 5　**ウエ.** 29　**オ.** 2
(2)カ. 7　**キ.** 3　**ク.** 5　**ケ.** 3　**コ.** 4
(3)サシ. −2　**ス.** 5　**セ.** 5　**ソ.** 1　**タ.** 4

解説

《小問3問》

(1)　$(x+y)^2=4$　……①，　$(x-y)^2=2$　……②

①，②より

$x^2+2xy+y^2=4$　……③，　$x^2-2xy+y^2=2$　……④

③＋④ より　$2(x^2+y^2)=6$

よって　$x^2+y^2=3$　→ア

③−④ より　$4xy=2$

よって　$xy=\dfrac{1}{2}$

①と $x>0$，$y>0$ より　$x+y=2$

よって

$$
\begin{aligned}
x^3+y^3&=(x+y)(x^2+y^2-xy)\\
&=2\cdot\left(3-\frac{1}{2}\right)=5 \quad \to イ\\
x^5+y^5&=(x^2+y^2)(x^3+y^3)-x^3y^2-x^2y^3\\
&=(x^2+y^2)(x^3+y^3)-(xy)^2(x+y)\\
&=3\times5-\left(\frac{1}{2}\right)^2\times2=\frac{29}{2} \quad \to ウ〜オ
\end{aligned}
$$

(2)　余弦定理より

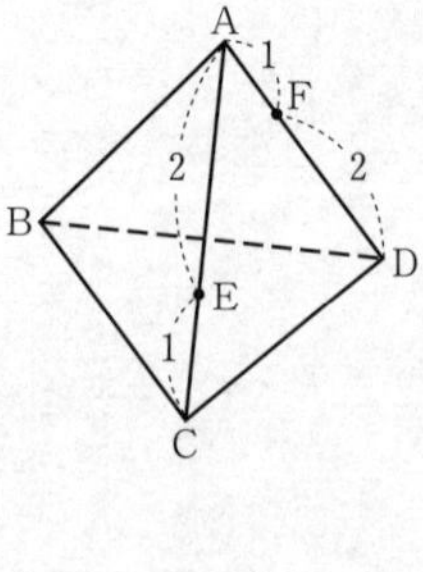

$$
\begin{aligned}
BE^2&=AB^2+AE^2-2AB\cdot AE\cdot\cos\angle BAE\\
&=3^2+2^2-2\cdot3\cdot2\cdot\cos60^\circ\\
&=3^2+2^2-2\cdot3\cdot2\cdot\frac{1}{2}=7
\end{aligned}
$$

$BE>0$ より　$BE=\sqrt{7}$　→カ

$EF^2=AE^2+AF^2-2\cdot AE\cdot AF\cdot\cos\angle EAF$

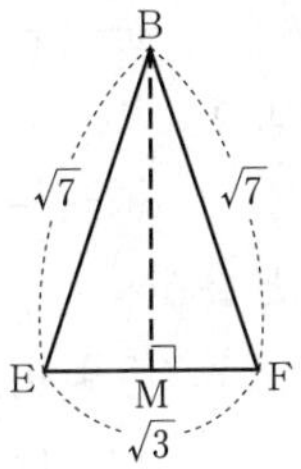

$=2^2+1^2-2\cdot2\cdot1\cdot\cos60^\circ$

$=2^2+1^2-2\cdot2\cdot1\cdot\dfrac{1}{2}=3$

$EF>0$ より　　$EF=\sqrt{3}$　→キ

同様に

$BF^2=3^2+1^2-2\cdot3\cdot1\cdot\cos60^\circ=7$

$BF>0$ より　　$BF=\sqrt{7}$

三角形BEFは $BE=BF$ の二等辺三角形だから，辺EFの中点をMとすると　　$BM\perp EF$

よって，三角形BEFの面積を S とすると

$$S=\frac{1}{2}EF\cdot BM$$

$$=\frac{1}{2}\sqrt{3}\cdot\sqrt{(\sqrt{7})^2-\left(\frac{\sqrt{3}}{2}\right)^2}$$

$$=\frac{\sqrt{3}}{2}\times\sqrt{\frac{25}{4}}=\frac{5\sqrt{3}}{4}$$　→ク～コ

(3)　$y=-x^2-4x+1$　……①

$=-(x^2+4x)+1$

$=-\{(x+2)^2-2^2\}+1$

$=-(x+2)^2+5$

よって C は点 $(-2,\ 5)$ を頂点とする放物線である。→サ～ス

C を x 軸方向に a，y 軸方向に $a-1$ だけ平行移動すると頂点は $(a-2,\ a+4)$ に移動するので，C_1 の方程式は

$$y=-(x-a+2)^2+a+4$$

と表せる。C_1 が原点を通るとき，C_1 の方程式に $x=y=0$ を代入して

$$0=-(0-a+2)^2+a+4$$

整理すると

$$a^2-5a=0$$

$$a(a-5)=0$$

$a\neq0$ より　　$a=5$　→セ

C を原点に関して対称移動すると頂点は点 $(2,\ -5)$ となることから，C_2 の方程式は

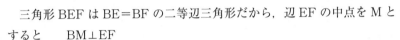

$$y=(x-2)^2-5$$

より

$$y=x^2-4x-1 \quad \cdots\cdots②$$

となる。

①，②より y を消去して整理すると

$$x^2-4x-1=-x^2-4x+1$$

$$2x^2=2$$

$$x^2=1$$

よって

$$x=\pm 1$$

②より　$\begin{cases} x=1 \\ y=-4 \end{cases}$，$\begin{cases} x=-1 \\ y=4 \end{cases}$

したがって C と C_2 は原点に関して対称な2点 $(1,\ -4)$，$(-1,\ 4)$ で交わる。　→ソ，タ

2　解答　**(1)ア．** 1　**イ．** 6　**ウ．** 1　**エ．** 6
(2)オカ． 16　**キク．** 81　**(3)ケ．** 1　**コ．** 8
(4)サ． 2　**シ．** 3

解説

《座標平面上の点をさいころの目の数で動かすときの確率，条件付き確率》

(1)　試行Tを終了したとき点Pが点 $(3,\ 2)$ にあるのは，さいころの目が奇数3回，2または4の目が1回出るときである。よって求める確率は

$${}_4C_3\left(\frac{3}{6}\right)^3\left(\frac{2}{6}\right)=4\times\frac{1}{8}\times\frac{1}{3}=\frac{1}{6} \quad \to ア，イ$$

また，点Pが点 $(2,\ 2)$ にあるのは，さいころの目が奇数2回，2または4の目が1回，6の目が1回出るときである。よって求める確率は

$$\frac{4!}{2!}\left(\frac{3}{6}\right)^2\left(\frac{2}{6}\right)\left(\frac{1}{6}\right)=12\times\frac{1}{4}\times\frac{1}{3}\times\frac{1}{6}=\frac{1}{6} \quad \to ウ，エ$$

(2)　点Pが x 軸上にあるのは，4回とも奇数か6の目が出るときである。

よって求める確率は

$$\left(\frac{4}{6}\right)^4=\frac{16}{81} \quad \to オ〜ク$$

(3)　1回目，2回目のさいころで点Pが点(2，1)上にあったり，点(2，1)を通過することはない。

(i)　3回目のさいころで点Pが点(2，1)を通過するとき，試行Tの目の出方は

(奇数の目→奇数の目→2か4の目→すべての目)

であるから，確率は

$$\frac{3}{6}\times\frac{3}{6}\times\frac{2}{6}\times\frac{6}{6}=\frac{1}{12}$$

(ii)　4回目で点Pが点(2，1)を通過するとき，3回目で点Pが点(2，0)の位置にあり，4回目に2または4の目が出るときであるから，確率は

$$\left\{{}_3\mathrm{C}_2\left(\frac{3}{6}\right)^2\left(\frac{1}{6}\right)\right\}\cdot\frac{2}{6}=\frac{1}{24}$$

(i)，(ii)より求める確率は

$$\frac{1}{12}+\frac{1}{24}=\frac{1}{8}$$ →ケ，コ

(4)　点Pが点(2，2)にある確率は，(1)より　$\frac{1}{6}$

途中で点(1，2)を通り点(2，2)に到達する場合は，次の(i)，(ii)に分けて考えられる。

(i)　2回目のさいころで点Pが点(1，2)にあり，3回目のさいころで点(2，2)に到達し，4回目に6の目が出る場合

(ii)　3回目のさいころが終了時点で点Pが点(1，2)の位置にあり，4回目のさいころで奇数の目が出る場合

(i)の確率は

$$\left\{2\left(\frac{3}{6}\right)\left(\frac{2}{6}\right)\right\}\left(\frac{3}{6}\right)\left(\frac{1}{6}\right)=\frac{1}{36}$$

(ii)の確率は

$$\left\{3!\left(\frac{3}{6}\right)\left(\frac{2}{6}\right)\left(\frac{1}{6}\right)\right\}\frac{3}{6}=\frac{1}{12}$$

(i)，(ii)より，点Pが途中で点(1，2)を通り，点(2，2)に到達する確率は

$$\frac{1}{36}+\frac{1}{12}=\frac{1}{9}$$

よって，求める条件付き確率は

$$\frac{(\text{途中で点}(1,\ 2)\text{を通って点}(2,\ 2)\text{にある確率})}{(\text{点Pが点}(2,\ 2)\text{にある確率})}=\frac{\frac{1}{9}}{\frac{1}{6}}=\frac{2}{3}$$

→サ，シ

3 解答

(1)アイ. 10　**ウ.** 2　**エ.** 1　**オカ.** 16　**キク.** 53　**ケコ.** 17

(2)サシ. −2　**ス.** 2　**セ.** 2　**ソ.** 2　**タチ.** 64　**ツテ.** 27　**ト.** 0

(3)ナ. 1　**ニ.** 2　**ヌ.** 3　**ネ.** 2　**ノ.** 1　**ハ.** 5　**ヒ.** 6

解説

《小問3問》

(1)　$x=45^{10}$

$$\begin{aligned}\log_{10}x&=\log_{10}45^{10}=10\log_{10}45=10\log_{10}(3^2\cdot5)\\&=10(\log_{10}3^2+\log_{10}5)\\&=10\left(2\log_{10}3+\log_{10}\frac{10}{2}\right)\\&=10(2\log_{10}3+\log_{10}10-\log_{10}2)\\&=10(2\log_{10}3+1-\log_{10}2)\quad\text{→ア〜エ}\end{aligned}$$

$\log_{10}2=0.301$，$\log_{10}3=0.477$ より

$$\log_{10}x=10(2\times0.477+1-0.301)=10\times1.653=16.53\quad\text{→オ〜ク}$$

よって，$10^{16}<x<10^{17}$ となるので，x は17桁の整数である。→ケコ

(2)　$t=\cos\theta$ であるから

$$\begin{aligned}y&=\sin\theta\sin2\theta+2\sin^2\theta\\&=\sin\theta(2\sin\theta\cos\theta)+2(1-\cos^2\theta)\\&=2\sin^2\theta\cos\theta+2(1-\cos^2\theta)\\&=2(1-\cos^2\theta)\cos\theta+2(1-\cos^2\theta)\\&=2(1-t^2)t+2(1-t^2)=-2t^3-2t^2+2t+2\quad\text{→サ〜ソ}\end{aligned}$$

$0\leqq\theta<2\pi$ より $-1\leqq\cos\theta\leqq1$ だから　$-1\leqq t\leqq1$　……①

$$\begin{aligned}y'&=-6t^2-4t+2\\&=-2(t+1)(3t-1)\end{aligned}$$

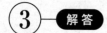

①の範囲で $y'=0$ となる t の値は　　$t=\dfrac{1}{3}$

t	-1		$\dfrac{1}{3}$		1
y'		$+$	0	$-$	
y	0	↗	$\dfrac{64}{27}$	↘	0

$t=-1$ のとき

$$y=-2\cdot(-1)^3-2\cdot(-1)^2+2\cdot(-1)+2$$
$$=0$$

$t=\dfrac{1}{3}$ のとき

$$y=-2\cdot\left(\frac{1}{3}\right)^3-2\cdot\left(\frac{1}{3}\right)^2+2\cdot\left(\frac{1}{3}\right)+2=\frac{64}{27}$$

$t=1$ のとき

$$y=-2\cdot1^3-2\cdot1^2+2\cdot1+2=0$$

増減を調べると

y の最大値は　　$\dfrac{64}{27}$　→タ〜テ

最小値は　　0　→ト

(3)　$a_1=3$，$a_{n+1}=a_n+n+2$ より，数列 $\{a_n\}$ の階差数列を $\{b_n\}$ とすると

$$b_n=a_{n+1}-a_n=n+2$$

よって，$n\geqq2$ のとき

$$a_n=a_1+\sum_{k=1}^{n-1}b_k$$
$$=3+\sum_{k=1}^{n-1}(k+2)$$
$$=3+\sum_{k=1}^{n-1}k+\sum_{k=1}^{n-1}2$$
$$=3+\frac{1}{2}(n-1)n+2(n-1)$$
$$=\frac{1}{2}n^2+\frac{3}{2}n+1$$

これは $n=1$ のときも成り立つ。

したがって　　$a_n=\dfrac{1}{2}n^2+\dfrac{3}{2}n+1$　→ナ〜ノ

また，$a_n=\dfrac{1}{2}(n+1)(n+2)$ であるから

$$\sum_{k=1}^{10}\frac{1}{a_k}=\sum_{k=1}^{10}\frac{2}{(k+1)(k+2)}$$

$$=2\sum_{k=1}^{10}\frac{1}{(k+1)(k+2)}$$

$$=2\sum_{k=1}^{10}\left(\frac{1}{k+1}-\frac{1}{k+2}\right)$$

$$=2\left\{\left(\frac{1}{2}-\frac{1}{3}\right)+\left(\frac{1}{3}-\frac{1}{4}\right)+\cdots+\left(\frac{1}{11}-\frac{1}{12}\right)\right\}$$

$$=2\left(\frac{1}{2}-\frac{1}{12}\right)=\frac{5}{6}$$　→ハ，ヒ

4 解答

(1)**ア．** 2　**イウ．** −5　**エ．** 5

(2)**オ．** 2　**カ．** 2　**キ．** 6　**ク．** 2　**ケ．** 2　**コ．** 6

(3)**サシ．** −3　**ス．** 4　**セソ．** 11　**タ．** 4

(4)**チ．** 1　**ツ．** 3　**テト．** 13　**ナ．** 3

(5)**ニ．** 4

解説

《2点で交わる2円，接線，共通接線，接点間の距離》

$C_1: x^2+y^2-4x+10y+4=0$，$C_2: x^2+y^2-2ax+a^2-4=0$

(1)　C_1 の方程式を変形すると

$$(x-2)^2-4+(y+5)^2-25+4=0$$

$$(x-2)^2+(y+5)^2=25$$

よって C_1 は点 $(2,\ -5)$ を中心とする半径5の円である。　→ア〜エ

(2)　C_2 の方程式を変形すると

$$(x-a)^2+y^2=4$$

よって C_2 は点 $(a,\ 0)$ を中心とする半径2の円である。

C_2 の中心 $(a,\ 0)$ は，C_1 の周上もしくは外部にあるので，C_1 と C_2 が2点で交わる条件は

（C_1 と C_2 の中心間の距離）＜（2円 C_1，C_2 の半径の和）

$$\sqrt{(a-2)^2+5^2}<5+2$$

$$\sqrt{(a-2)^2+5^2}<7$$

両辺正より，2乗して

$$(a-2)^2+5^2<7^2$$

$$(a-2)^2<24$$

$$-\sqrt{24}<a-2<\sqrt{24}$$

$$-2\sqrt{6}<a-2<2\sqrt{6}$$

$$2-2\sqrt{6}<a<2+2\sqrt{6}$$ →オ～コ

(3)　C_1 の中心 $(2,\ -5)$ と点 $\mathrm{A}(5,\ -1)$ を通る直線の傾きは

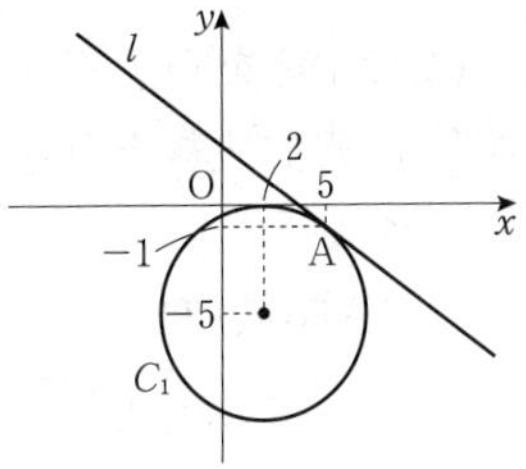

$$\frac{-1-(-5)}{5-2}=\frac{4}{3}$$

この直線と接線 l は垂直なので，接線 l の傾きを m とすると

$$\frac{4}{3}\times m=-1$$

よって

$$m=-\frac{3}{4}$$

したがって，接線 l は点 $(5,\ -1)$ を通り傾き $-\dfrac{3}{4}$ の直線であるから，l の方程式は

$$y-(-1)=-\frac{3}{4}(x-5)$$

より

$$y=-\frac{3}{4}x+\frac{11}{4}$$ →サ～タ

(4)　直線 l と点 $(a,\ 0)$ との距離が 2 のとき l は C_2 と接する。

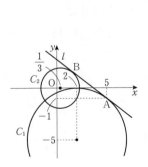

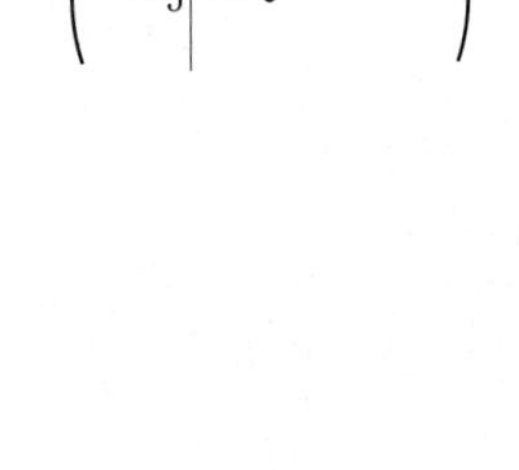

l の方程式は $3x+4y-11=0$ と表せるので

$$\frac{|3a+4\cdot 0-11|}{\sqrt{3^2+4^2}}=2$$

$$\frac{|3a-11|}{5}=2$$

$$|3a-11|=10$$

$3a-11=10$ のとき　　$a=7$

これは(2)より不適。

$3a-11=-10$ のとき　　$a=\dfrac{1}{3}$

これは(2)を満たす。

よって

$$a=\frac{1}{3}\quad \to チ,\ ツ$$

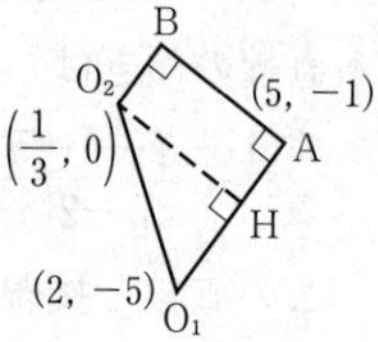

C_1 の中心を O_1，C_2 の中心を O_2，点 O_2 から C_1 の半径 O_1A に垂線を引き交点を H とすると，線分 AB の長さは

$$\begin{aligned} AB&=O_2H \\ &=\sqrt{O_1O_2{}^2-O_1H^2} \\ &=\sqrt{\left\{\left(2-\frac{1}{3}\right)^2+(-5-0)^2\right\}-(5-2)^2} \\ &=\sqrt{\frac{25}{9}+25-9}=\sqrt{\frac{169}{9}}=\frac{13}{3}\quad \to テ\sim ナ \end{aligned}$$

(5)　(4)と同様に

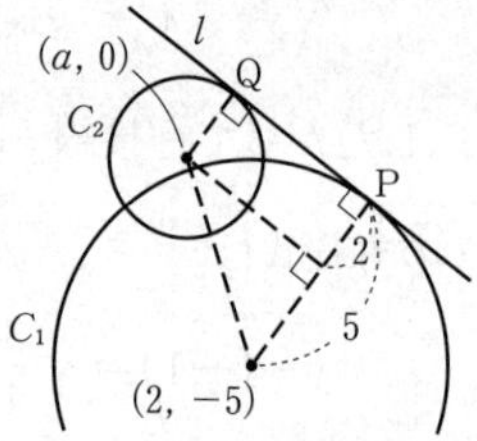

$$\begin{aligned} PQ&=\sqrt{\{(2-a)^2+(-5-0)^2\}-(5-2)^2} \\ &=\sqrt{a^2-4a+20} \\ &=\sqrt{(a-2)^2+16} \end{aligned}$$

したがって，a が(2)で求めた範囲を動くとき，線分 PQ の長さが最小となるのは $a=2$ のときで，最小値は

$$PQ=\sqrt{16}=4\quad \to ニ$$

ークの中で、もともとの陰謀論から尾ひれがついたり、より人々にジュヨウされやすいように変化しながら、拡大再生産を繰り返していく」とあることから、②が答えである。

問二十三　傍線部⑿を含む一文に「上記を混同して」とあることから、「混同」しているのは、傍線部⑿を含む段落の前の段落で説明されている「経済的動機にもとづいて陰謀論を主張する者」と、「政治的動機によって陰謀論を主張する者」である。よって、②が答えである。

問二十四　後ろから三つ目の段落に「政治的な動機にもとづいて陰謀論をトナえている者は、思想信条が社会的・人間関係的な問題と結びついていることが多く、より深刻で、しかも解決が難しい」とあることから、①の「経済的動機を持つ者」が適当ではない。よって、①が答えである。

ある」とあることから、⑤の「およそ」つまり「おおよそ、だいたい」であることがわかる。

乙

解答

出典　(甲)に同じ。

問十六　f―④　g―③　h―①　i―⑤　j―③　k―②

問十七　(エ)―⑤　(オ)―②　(カ)―⑤　(キ)―①

問十八　④

問十九　④

問二十　⑤

問二十一　①

問二十二　②

問二十三　②

問二十四　①

解説

問十九　傍線部(8)の「可能性は否定できない」とは、〈可能性がある〉という意味である。また、その「可能性」とは、傍線部(8)を含む一文から、「影響力を持つ」「可能性」である。よって、④が答えである。

問二十　傍線部(9)を含む段落に「広告収入を得ることを目的としている」「金銭目的」とあることから、⑤が答えである。

問二十一　傍線部(10)を含む一文が「これらの例は……を示している」という構造であることから、①が答えである。

問二十二　傍線部(11)を含む一文に「陰謀論のネットワークは、ある陰謀論者が陰謀論を吹聴して、それを信じてしまった人がさらに陰謀論者となって……という形で、クモの巣のように拡大を続ける」、その二文後に「こうしたネットワ

解説

問四　傍線部(1)「こうした『常識』」とは、この前で説明されている「常識」、つまり「多くの人々は、仮にこのような陰謀論を見聞きしても、あまりにバカバカしい話だと一蹴する」という「常識」である。よって、②が答えである。

問五　傍線部(2)「その説」とは、この前で説明されている「ビル・ゲイツ」が、「ワクチンにマイクロチップを埋め込んで、人々の行動を捕捉しようとしている」という「説」である。よって、④が答えである。①は「米国政府が」、②は「ビル・ゲイツが……捕捉されていた」、③は「同社の人々に」、⑤は「米食品医薬品局が」が適当ではない。

問八　傍線部(3)を含む一文に「多くの人にとって、陰謀論は……単なる『偽の情報』だとみなされている」とあることから、「多くの人」は「陰謀論を単なる『偽の情報』と捉え」ているということである。よって④が答えである。

問九　傍線部(4)を含む段落の最終文に「『証拠』を見れば、ある主張の真偽を（ある程度）判別することができる」とあることから、⑤が答えである。

問十　傍線部(5)を含む一文の次の二文に「その証拠として、前任のオバマの大統領就任式の空撮写真（２００９年）と、トランプの大統領就任式の写真を見比べてみてほしい」「ニューヨーク・タイムズ紙は、オバマのときの就任式参加者に比べて、トランプの就任式の参加者はおよそ3分の1程度であったと紹介している」とあることから、②が答えである。

問十三　傍線部(7)を含む一文から、「偽りの情報だと一般人が一目で見抜くことは難しいように思われる」ものは何かを、傍線部(7)の前から読み取ればよいことがわかる。直前を見ると「それ」は「結論づけられ」たものを指すので、②の「難解な専門用語」ではなく、①の「難解な専門用語で示された説」が答えである。

問十五　傍線部(4)・(5)を含む段落の最終文に「『証拠』を見れば、ある主張の真偽を（ある程度）判別することができるタイプの言説は、陰謀論ではなく、『フェイクニュース』だと言える」とあることから、⑤が答えである。また、次の段落に「もっとも、フェイクニュースには、こうした話題のように明確かつすぐにははっきりしないような言説も

▲一月二十四日実施分▼

甲

出典　秦正樹『陰謀論——民主主義を揺るがすメカニズム』〈第1章「陰謀論」の定義〉（中公新書）

解答

問一　a—④　b—①　c—④　d—⑤　e—②

問二　い—⑤　ろ—①

問三　(ア)—①　(イ)—⑤　(ウ)—④

問四　②

問五　④

問六　③

問七　B—④　C—③　D—②　E—①

問八　④

問九　⑤

問十　②

問十一　④

問十二　③

問十三　①

問十四　③

問十五　⑤

問二十 傍線部⑽を含む段落に「自立したもの同士の関係」、その二つ後の段落に「私たちは配置という考え方を通して、部分にさわることから風景という全体性の変容に関わることがようやく可能となる」とあることから、⑤が答えである。

問二十三 傍線部⑿を含む一文に「日々目撃している風景も」と「も」がついていることから、この前で説明されている〈東福寺の庭の風景〉と「日々目撃している風景」が「同じ」であり、どちらも、「より膨大な他者たちがそこに介在し」「それぞれの特質や思惑が複雑に絡まりあった関係性の編み目」としての「風景」を作っているとあることから、③が答えである。

問二十四 乙の第一段落に「ランドスケープデザインはそれ自身で完結することがなく、つねにすでにそこにあるもの、またはその周辺にあるものとの関係において初めて存在することができる」とあることから、③が答えである。また、甲の破線部ウを含む一文に「風景は私たちを包む全体像として存在しているが、それを知ろうとしたトタンに切り取られ、断片化してしまう」とあることから、⑤が答えである。

問十四　空欄Aを含む段落の次の段落に「変容にいかに意識的に関わるか」「『すでにいまここにある風景』を次へとつなげていく」、傍線部(7)を含む段落の一つ前の段落に「より多くの人を誘う風景を成立させてみたい」「固有の風景がもつ表情を読み取りながら」とあることから、⑤が答えである。

乙

出典　長谷川浩己『風景にさわる――ランドスケープデザインの思考法』〈02　関係性に参加する〉（丸善出版）

解答

問十五　g―①　h―①　i―③　j―②

問十六　(へ)―④　(と)―④

問十七　F―⑤　G―①　H―③

問十八　⑤

問十九　④

問二十　⑤

問二十一　①

問二十二　③

問二十三　③

問二十四　③・⑤

解説

問十九　傍線部(9)を含む一文の次の一文に「風景とはまさに地の空間である」とあることから、「風景」の説明である、キの「風景という全体像」、サの「いまここにある風景」、シの「来るべき全体像」が「地」である。よって④が答えである。

問十三　③
問十四　⑤

解説

問四　傍線部⑵を含む段落に「風景はつねに『すでにそこにあるもの』として姿を現す」とあることから、④が答えである。

問五　傍線部⑶の「その態度」とは、この前で説明している「ランドスケープデザイナー」による「すでにそこにあるものへ働きかける」という「態度」である。「そこにあるもの」とは、この前の段落で説明されている「自分を包み込む大きな存在」としての「風景」のことであるから、⑤が答えである。

問七　傍線部⑸を含む段落に「世界は膨大な他者同士のカンショウであり……不均衡が風景として現れてくる」とあるように、他者は④のように「風景の確立を目指」しているのではない。よって④が答えである。

問八　傍線部⑹を含む段落の次の段落に「風土」は「個々人の主観を超えた人々の共有感覚によって風景に働きかけてきた結果でもある」とあることから、④が答えである。

問九　傍線部⑹を含む一文が「〜が〜を生み出してきた」とあることから、主語を示す働きをする格助詞「が」の前にある⑤の「その繰り返し」が答えである。

問十　傍線部⑺を含む一文に「すでにそこにある風景と……デザイナー的立場の出現の間には、『風景を発見する』というプロセスが必ずはさまっている」とあることから、「風景を発見する」に当てはまる内容を探すと、次段落に「農村風景は発見され」「工業風景が見いだされ」「私たちを包み込む全体像としての風景を確実に対象化」とある。よって②が答えである。

問十二　傍線部⑻を含む一文に「私たちを包み込む全体像としての風景を確実に対象化し始めた」とあることから、「全体像としての風景」は「対象化」される前のものであることがわかる。よって、ウの③が答えである。

国語

▲二月二十三日実施分▼

甲

出典　長谷川浩己『風景にさわる――ランドスケープデザインの思考法』〈01　風景に気づく〉（丸善出版）

解答

問一　a―④　b―③　c―①　d―②　e―①　f―⑤

問二　(い)―③　(ろ)―①　(は)―⑤　(に)―②　(ほ)―③

問三　②

問四　④

問五　⑤

問六　①

問七　④

問八　④

問九　⑤

問十　②

問十一　B―⑤　C―④　D―②

問十二　③

////////////////////// · **memo** · //////////////////////

· memo ·

· memo ·

//////////////////// · memo · ////////////////////

2023年度

問題と解答

■学校推薦型選抜　公募制推薦入試前期日程

問題編

▶試験科目・配点

区　分	教科等	科　　目　　等	配　点
総合評価型	英　語	コミュニケーション英語Ⅰ・Ⅱ・Ⅲ	100 点
	国　語	国語総合（古文・漢文を除く）・現代文B	100 点
	調査書	全体の学習成績の状況（評定平均値）を 10 倍にして点数化	50 点
2 教科基礎学力型	英　語	コミュニケーション英語Ⅰ・Ⅱ・Ⅲ	100 点
	国　語	国語総合（古文・漢文を除く）・現代文B	100 点
数学基礎学力型	数　学	文（美学・建築文化）・心理・経営（情報システム）学部：数学Ⅰ・Ⅱ・A 社会・法・経済・経営（情報システム以外）・地域創造学部：数学Ⅰ・A	100 点

▶備　考

【総合評価型・２教科基礎学力型】

- 文・国際・心理（心理学）・社会・法・経済・経営・地域創造学部で実施。
- スタンダード方式・高得点科目重視方式の２つの選考方法がある。

〔スタンダード方式〕

配点は上の表のとおり。

英語および国語については，標準得点換算により点数調整を行う。方式は次のとおり。

$$\frac{\text{素点}-\text{平均点}}{\text{標準偏差}}\times 10+60$$

〔高得点科目重視方式〕

スタンダード方式で受験した結果，英語あるいは国語の高得点だった科目の得点を 2 倍にする。なお，国際学部と心理（心理学）学部は英語の得点を，文（日本文学）学部は国語の得点を 2 倍にする。

- 英語資格保持者「みなし得点制度」を利用できる。この制度は，大学の定める英語に関する各種資格・スコアを，英語の点数（70 点・85 点・100 点のみなし得点）に換算する制度。ただし，当日の英語の試験は受験必須である。合否判定には当日の得点換算後の点数と比較して得点の高い方を採用する。

【数学基礎学力型】

- 文（美学・建築文化）・心理・社会・法・経済・経営・地域創造学部で実施。
- 標準得点換算により点数調整を行う。方式は次のとおり。

$$\frac{\text{素点} - \text{平均点}}{\text{標準偏差}} \times 10 + 60$$

英語

（国語と合わせて 90 分）

〔Ⅰ〕次の文章を読み、問いに答えよ。

Children make quicker decisions to eat "tasty" food and the reward centers in their brains light up after they watch food commercials on television compared to nonfood commercials, a small study finds.

"Our past work has shown that reward centers of the brain 'light up' (1) familiar food and nonfood logos," said lead author Amanda Bruce of the University of Kansas Medical Center in Kansas City. "What this study adds is that we now have evidence that children's decisions are based more on taste and less on healthiness after watching a food commercial. Kids make decisions faster, and perhaps more (2), after seeing a food commercial," Bruce told Reuters Health by email.

The researchers studied 23 children ages 8 to 14 years who gave taste and health ratings for 60 food items. Afterwards, kids chose whether to "eat" or "not eat" each food item—without actually eating them—while undergoing brain scans. The scans (3) changes in blood flow within the brain, which are thought to reflect the activity of brain cells.

While the kids were making their decisions, they were periodically shown TV commercials, some for fast food outlets like Applebee's or McDonald's and some for nonfood businesses like Allstate Insurance and Comcast. Each set of commercials was followed by a set of 10 food choices.

(4), kids did not choose foods based on their health ratings, and chose based on taste. But after watching a food commercial, taste seemed even more important to them, and they made their choices faster. The area of the brain (　5　) reward valuation was more active during food decisions after watching food-related commercials than after nonfood commercials, researchers report in the *Journal of Pediatrics*.

"Food advertisements are designed to affect consumer decisions," Bruce said. "What we need to consider, though, is whether it is ethical to use these strategies on consumers who are children, as they may be at a disadvantage when it comes to healthy decision-making," she said.

"What we know from studies like this one is that food marketing (6) has effects that go beyond simply increasing our liking or wanting of the product being advertised, and actually affect our preferences for all foods in that category," said Emma Boyland of the University of Liverpool in the U.K., who was not part of the research, "and, as we see from this study, even the mental processes that we go through in making a food decision are affected."

"It's important to understand how much the effects of food marketing are within or beyond our conscious control," Boyland told Reuters Health by email. "Parents and doctors should be aware of these results so that they can put limits on screen time that involves food advertising," Bruce said. "They should also discuss with children the importance of critical thinking about commercials."

But it is very hard to keep kids from being (　7　) to food advertising, she noted. "Commercials are almost everywhere—television, online, radio, clothing, billboards," she said. "We should all be concerned about how food marketing is influencing children—so few healthy options are marketed, and if they (8) are, the marketers are never operating with the same budget as those selling high fat, high sugar products," Boyland said. "But we, as adults, know the consequences of excess consumption and have to work to teach children that treats are treats, and that a real healthy diet to support a full and active life contains very little of the stuff they see advertised."

問1　空所（　1　）を満たすものとして最も適切なものを①～④の中から一つ選べ。　1

① on behalf of　② in response to
③ at odds with　④ with a view to

問2　空所（　2　）を満たすものとして最も適切なものを①～④の中から一つ選べ。　2

① barely　② slowly
③ impulsively　④ patiently

問3　空所（　3　）を満たすものとして最も適切なものを①～④の中から一つ選べ。　3

① measure　② ignore
③ cause　④ undergo

問4　空所（　4　）を満たすものとして最も適切なものを①～④の中から一つ選べ。　4

① In addition　② On the other hand
③ In general　④ By contrast

問5　空所（　5　）を満たすものとして最も適切なものを①～④の中から一つ選べ。　5

出典追記：Reuters

① arrived from ② involved in
③ originated from ④ placed on

問6 下線部(6)の内容として最も適切なものを①～④の中から一つ選べ。 6

① fast food restaurants
② the advertising of supermarkets
③ shoppers
④ the advertising of food

問7 空所（ 7 ）を満たすものとして最も適切なものを①～④の中から一つ選べ。 7

① provided ② exposed
③ known ④ given

問8 下線部(8)の内容として最も適切なものを①～④の中から一つ選べ。 8

① commercials ② children
③ healthy options ④ the marketers

問9 本文の表題として最も適切なものを①～③の中から一つ選べ。 9

① Unsurprising Scientific Analysis of TV Commercials
② Food Advertisements' Influence on Children's Brains
③ Parents Worried about Children Being Controlled by Advertisements

問10 本文の内容と一致するものを①～⑥の中から三つ選べ。ただし、解答の順序は問わない。 10 ～ 12

① We can find the proof that children's decisions, after viewing food commercials, are based on the nutrition of the food.

② Amanda Bruce, when meeting with Reuters Health, said children made decisions more quickly after seeing a food advertisement.

③ In the experiment, before the children decided what to eat, TV commercials for both fast food shops and nonfood businesses were shown to them.

④ Amanda Bruce wonders if it is appropriate to use the strategies that food advertisements use for young consumers.

⑤ Emma Boyland participated in the research and concluded that food marketing affected the mental processes in making a food decision.

⑥ Children are more likely to be influenced by food commercials than adults.

〔Ⅱ〕次の問いに答えよ。

問1 各文の空所（ 13 ）～（ 16 ）に入る最も適切なものを①～④の中から一つ選べ。

1. People are willing to buy the product of the company（ 13 ）.

① the price that is provided reasonable
② that the price is provided reasonable
③ is reasonable that provided the price
④ provided that the price is reasonable

2. The father told his son to（ 14 ）his mother for being rude.

① allow to ② apologize to
③ excuse to ④ pardon to

3. I was studying English (**15**) she came back home.

① which ② when ③ what ④ why

4. They lead an unhappy life, (**16**) being rich.

① because ② in spite ③ in fact ④ despite

問2 以下の英文には、誤りがそれぞれ一か所ある。下線部(1)〜(4)の中から一つ選べ。

1. He'd <u>said it to</u>(1) himself so many times <u>that</u>(2) he <u>became to</u>(3) believe only <u>that he would find gold in the Colorado River</u>(4). **17**

2. Police arrested a <u>17-years-old</u>(1) boy <u>who they say</u>(2) admitted to <u>having committed thefts</u>(3) <u>over the past three years</u>(4). **18**

3. You <u>may not</u>(1) know it, but the weather <u>in</u>(2) Sydney <u>during the Christmas season</u>(3) is <u>like in Tokyo</u>(4) in June. **19**

4. Michael <u>is thinking about</u>(1) <u>taking a trip</u>(2) to Cebu Island for diving <u>in the near future</u>(3) and <u>so Emma is</u>(4). **20**

〔Ⅲ〕 次の会話文の下線部 21 ～ 25 を補うのに最も適切な英文を①～⑤の中から一つ選べ。英文はすべて使用し、同じ英文を二度使うことはない。

James: How was class today?

Dolly: ＿＿＿ 21 ＿＿＿

James: ＿＿＿ 22 ＿＿＿

Dolly: The teacher talked about *ethos*, *pathos*, and *logos*.

James: ＿＿＿ 23 ＿＿＿

Dolly: ＿＿＿ 24 ＿＿＿

James: How are they different?

Dolly: ＿＿＿ 25 ＿＿＿

① What was the topic?

② No, they are different ways a speaker can try to influence an audience.

③ The first is about demonstrating authority, the second is about building emotion and the last is about using logic.

④ Are those the names of his three dogs?

⑤ It was pretty interesting.

〔Ⅳ〕 次の各文の意味内容に合うように、与えられた語①～⑤をすべて用いて英文を完成させた際に、空所（ 26 ）～（ 30 ）に入る最も適切なものを一つ選べ。

1．上司は商品を速達便で送るように命じた。

The boss ordered that the (　　) (　　) (26) (　　) (　　) mail.

① be　② express　③ goods
④ sent　⑤ via

2．もし私があなたの立場だったら率直に意見を述べるでしょう。

I would state my opinion frankly if (　　) (　　) (27) (　　) (　　).

① I　② in　③ shoes
④ were　⑤ your

3．私たちの退職後の暮らしについて話し合っても良い頃だ。

It is (　　) (　　) (28) (　　) (　　) life after retirement.

① about　② discuss　③ our
④ time　⑤ to

4．いざという時にはいつでもお手伝いしますよ。

I'm always ready to help you (　　) (　　) (　　) (29) (　　) crunch.

① comes　② it　③ the

④ to ⑤ when

5．特別な配慮が必要なお客様は3時40分までにご搭乗ください。

Passengers requiring special assistance (　　) (**30**) (　　) (　　) (　　) board by 3:40.

① are ② be ③ on

④ requested ⑤ to

数学

（60分）

志願する学科・専攻により，解答する問題番号が異なります。下の囲みの中をよく読んで解答すること。

> 社会学科（社会学専攻，スポーツ文化学専攻），法律学科，経済学科，経営学科（経営・マーケティング専攻，ビジネス法務専攻，ビジネス心理専攻），地域創造学科の志願者は問題〔Ⅰ〕，〔Ⅱ〕，〔Ⅲ〕を解答すること。
>
> 人文学科（美学・建築文化専攻），心理学科（心理学専攻，人工知能・認知科学専攻），経営学科（情報システム専攻）の志願者は，問題〔Ⅰ〕，〔Ⅱ〕，〔Ⅳ〕を解答すること。

指定された問題以外は採点しません。

問題〔Ⅱ〕は，計算過程も明記しなさい。

〔Ⅰ〕次の文章の空欄 (ア) ～ (ウ) に当てはまる数値を， (エ) ～ (カ) に当てはまる選択肢を，解答用紙の所定の空欄に記入せよ。ただし，分数で答える場合は，分母を有理化し，既約分数で答えよ。

(1)　$x=\dfrac{\sqrt{5}}{2+\sqrt{3}}$，$y=\dfrac{\sqrt{5}}{2-\sqrt{3}}$ のとき，$\dfrac{x+y}{x-y}$ は (ア) である。

(2)　不等式 $5x-6 \leqq |1-x| < 2x$ の解は， (イ) $< x \leqq$ (ウ) である。

(3)　次の (エ) から (カ) に最も適する語句を選択肢①～④の中から1つ選べ。

(i)　m，n がともに偶数であることは，mn が偶数であるための (エ) 。

(ii)　x，y を正の実数とする。$x+y>4$ であることは，$x>2$ かつ $y>2$ であ

るための [(オ)] 。

(iii) a, b, c を実数とする。$b^2-4ac \geqq 0$ であることは，$ax^2+bx+c=0$ が実数解をもつための [(カ)] 。

選択肢：

① 必要十分条件である

② 必要条件であるが，十分条件ではない

③ 十分条件であるが，必要条件ではない

④ 必要条件でも十分条件でもない

〔Ⅱ〕 A さんは 2 枚の硬貨，B さんは 3 枚の硬貨をそれぞれ投げ，表の出た硬貨の枚数の多い方が勝ちとなるゲームを行う。ただし，表の出た硬貨の枚数が同じ場合，または，ともに裏しか出ない場合は引き分けとする。ここで，どの硬貨を投げるときも表と裏の出る事象は同様に確からしいとする。このゲームを繰り返して先に 2 回勝った方を優勝とするとき，以下の問いに答えよ。ただし，分数で答える場合は，既約分数で答えよ。

(1) 1 回のゲームで，A さんの表の出た硬貨の枚数が 2 枚，B さんの表の出た硬貨の枚数が 1 枚となる確率を求めよ。

(2) 1 回のゲームで A さんが勝つ確率を求めよ。

(3) 1 回目は引き分け，2 回目に A さんが勝つ確率を求めよ。

(4) 3 回目のゲームが終了したときまでに優勝者が決まらない確率を求めよ。

〔Ⅲ〕 次の文章の空欄 [(ア)] ～ [(カ)] に当てはまる数値を，解答用紙の所定の空欄に記入せよ。ただし，分数で答える場合は，分母を有理化し，既約分数で答えよ。

AD∥BC である台形 ABCD があり，各辺の長さは $AB=AD=5$，$BC=13$，$CD=7$ である。このとき，$\angle AEB=\angle DFB=90°$ となる点 E，F を辺 BC 上にとる。AE＝DF であることから，BE＝ [(ア)]，AE＝ [(イ)]，∠ABC＝ [(ウ)]° である。ここから，AC＝ [(エ)] であることがわかる。さらに，sin∠ADC＝ [(オ)] であるので sin∠ACD＝ [(カ)] であるとわかる。

〔Ⅳ〕 次の文章の空欄 [(ア)] ～ [(キ)] に当てはまる数値を，解答用紙の所定の空欄に記入せよ。ただし，分数で答える場合は，分母を有理化し，既約分数で答えよ。

(1) 不等式 $2^n<3^{100}<2^{n+1}$ を満たす自然数 n の値は [(ア)] である。ただし，$\log_{10}2=0.3010$，$\log_{10}3=0.4771$ とする。

(2) $0\leqq x<2\pi$ で，$\sqrt{3}\sin x+\cos x=\sqrt{3}$ を満たす x の値は，$x=$ [(イ)] π，[(ウ)] π である（[(イ)] ＜ [(ウ)]）。

(3) 放物線 $y=x^2$ を C，直線 $y=ax$ $(0<a<1)$ を l とする。C と l で囲まれた図形の面積を S_1，C と l，及び直線 $x=1$ で囲まれた図形の面積を S_2 とすると，$a=$ [(エ)] のとき，$S_1=S_2=$ [(オ)] となる。また，$a=$ [(カ)] のとき，S_1+S_2 は最小値 [(キ)] をとる。

⑦ 測地系と呼ばれる地図の座標系を定めなければ地図を作成することは不可能である。

⑧ 街の中などを大縮尺で描いた地図は、どんな投影法を用いても同じものになる。

問十九　空欄 D に入る言葉としてもっとも適当なものを、次の中から一つ選べ。　57

①　閉塞感　②　違和感　③　不安感　④　嫌悪感　⑤　不快感

問二十　傍線部**ス**「図8にある三つの日本地図」の特徴を述べた文として**適当でないもの**を、次の中から一つ選べ。　58

①（a）の地図では、九州よりも北海道の面積の方が実際よりも大きく描かれる。
②（a）の地図では、どの地点においても緯度と経度を表す線が垂直に交わる。
③（b）の地図では、大阪府と東京都の面積の比率を正確に知ることができる。
④（b）の地図では、高緯度になるほど経線の間隔が狭く描かれる。
⑤（c）の地図では、大阪市から札幌市までの距離が地図上で正確に示される。
⑥（c）の地図では、沖縄から東京までの最短経路が簡単にわかる。

問二十一　本文の内容に合致するものを次の中から二つ選べ。なお、解答の順は問わない。　59　60

①　マグリットの「イメージの裏切り」は、地図記号に対する私たちの認識を揺さぶることを意図したものである。
②　中世の日本人には、自らの国土の概形を知るすべが全くなかった。
③　適切な投影法を用いれば、地球上のすべての地形を平面上に忠実に再現することが可能となる。
④　地図上には、地表に存在しないものが記されることがある。
⑤　戦前の地図で田を三種類に分けて記すのは、軍関係の施設の有無と関係がある。
⑥　地図記号が新たに追加されていく理由の一つとして社会情勢の変化がある。

② 日本には存在しない物を示す記号だから。
③ 日本の地図では使うことのない記号だから。
④ ドイツでごく最近になって作られた記号だから。
⑤ 抽象度の高い「カモク」な記号だから。
⑥ ドイツだけの風土の特徴が反映された記号だから。
⑦ 日本の記号は明治以後、大幅に変更されたから。

問十七　傍線部シ「注意が必要です」とあるが、必要な注意として筆者が例示する事項に合致するものを次の中から一つ選べ。　55

① 同一の記号であるのにも関わらず、時代によって異なるものを指し示す場合がある。
② 地形そのものの変化を考慮に入れながら図式を読み取らなければならない。
③ ある物を指し示す記号がないからといって、それが存在しなかったとは限らない。
④ 戦前の地図では軍事に関する情報は詳しく記し、そうでない情報は省略する。
⑤ 地図の縮尺によっては、そこに用いられる記号が異なる場合がある。

問十八　空欄 C に入る言葉としてもっとも適当なものを、次の中から一つ選べ。　56

① 高度化　② 抽象化　③ 国際化　④ 効率化　⑤ 簡略化

④ 郵便に関連するものを「〒」で示すことが日本の慣習になっているから。

⑤ 「〒」は、郵便局のみに使用が許された記号だから。

問十四　傍線部ケ「地域による表現の違いはあまりありません」とあるが、なぜそうなのか。その理由としてもっとも適当なものを、次の中から一つ選べ。　51

① 道路や川を、現在の地図で用いられている記号以外で表すことには相当の無理があるから。

② イコンとは、古代ギリシアの時代に作られ、今でも引き継がれているものだから。

③ 指示物の形に地域による差異が少ない上に、指示物と記号との形状が類似しているから。

④ 抽象化の度合いが低いと記号の有する情報量が多くなり、その意味を読み取りやすくなるから。

⑤ 指示物からの抽象度が低い記号は、早い段階で国際的な統一をすることができたから。

問十五　傍線部コ「シンボル」に該当する地図記号としてもっとも適当なものを、図7を参考に、次の中から一つ選べ。　52

① 　② 　③ 　④ 　⑤ 

問十六　傍線部サ「凡例を見ないと一般の日本人にはわからないでしょう」とあるが、わからない理由として適当なものを次の中から二つ選べ。なお、解答の順は問わない。　53　54

① 日本の地形図の図式はドイツにならったものだから。

⑤ 無料で見られる簡便な地形図にそこまでの詳しい情報を載せるのは経済的でないから。

問十一 空欄 B に入る言葉としてもっとも適当なものを、次の中から一つ選べ。 48

① 天気予報　② 時間変化　③ 質的展開　④ 被害状況　⑤ 降水確率

問十二 傍線部**キ**「言葉や図形などの記号とその指示物との関係には、必然的なつながりがない」とはどのようなことを意味するか。もっとも適当なものを次の中から一つ選べ。 49

① ある指示物とそれを指し示す記号は恣意的に結びつけられている。
② 記号とその指示物との関係は、時代とともに変化せざるを得ない。
③ ある指示物を、一定の規則に従って抽象化したものが記号である。
④ あるものを指し示す記号は、誰でもが自由に作れるものではない。
⑤ ある記号が通用するのは、特定の国や地域の範囲内に限定される。

問十三 傍線部**ク**「容易に理解できる」とあるが、なぜそのようなことができるのか。その理由としてもっとも適当なものを、次の中から一つ選べ。 50

① 「〒」は郵便ポストの形状を図案化したものでもあるから。
② 「〒」と「テ」は形状的共通点が多く、両者の関係を類推しやすいから。
③ 逓信省の事業を引き継いだ組織の頭文字も「テ」であるから。

③　大陸などの大規模な地図を実際の地形と寸分をたがえず作成する方法のこと。
④　さまざまな測地系の中から一つを選び出す方法のこと。
⑤　地図上に描こうとする地点の緯度経度を定める方法のこと。

問九　傍線部**オ**「地図の正しさ」とあるが、ここにいう「正しさ」とはどのようなものと考えられるか。もっとも適当なものを次の中から一つ選べ。 46

①　面積、形、距離のいずれも正しく数値が読み取れること。
②　その地図の使用者が、得たい情報を正確に得られること。
③　最新の科学的理論と厳密な計測作業に基づいていること。
④　複数の投影法の短所を克服した上で作成されていること。
⑤　高い場所から眺められる地形と同一の形状に見えること。

問十　傍線部**カ**「街路樹や道路を走る自動車などの変化しやすい動植物や動く物体は地形図には描かれません」とあるが、それはなぜか。その理由としてもっとも適当なものを、次の中から一つ選べ。 47

①　それらを地形図に描くためには膨大な記号を用意しなくてはならないから。
②　この地形図が作成された当時は、それらを描くことが技術的に困難だったから。
③　変化しやすいものの確認は、グーグルマップなどの別の手段でするほうが簡単だから。
④　それらを描くことはこの地形図を作成する目的にとって必要でないから。

問六　傍線部**イ**「ほとんどの人が信じて疑わなかったはず」とあるが、その理由に該当するもっとも適当なものを、次の中から一つ選べ。　43

① 当時の西洋人たちは、日本にほとんど関心を抱いていなかったから。
② 当時、西洋で有名だったマルコポーロの『東方見聞録』などに記されていたものだから。
③ 当時の人は、権威ある者から「これはこうだ」と示されたものをすべて鵜《う》呑《の》みにしていたから。
④ 本当の日本の国土の形を知るすべが、当時の人にはなかったから。
⑤ 地図を作った行基は日本人であり、当時の西洋人としては現地の人である彼を信頼するしかなかったから。

問七　傍線部**ウ**「正しいかどうか」は、どのようなことを意味するか。もっとも適当なものを次の中から一つ選べ。　44

① 地図として示されたものの形状と実際の地形とが同じかどうか。
② 高い山から見える範囲の土地の形が、地図上のそれとそっくりかどうか。
③ 目的にかなう投影法を用いて作られた地図かどうか。
④ 地図の作成時に測量機器やコンピュータなどの道具を用いているかどうか。
⑤ 全国各地方の地形が、同じ縮尺で地図に描かれているかどうか。

問八　傍線部**エ**「投影法」の説明としてもっとも適当なものを、次の中から一つ選べ。　45

① 地図の基礎となる地球の大きさや海面からの高さの基準を決める方法のこと。
② 地球上にある地形を二次元上に再現する方法のこと。

③ 強者が弱者を支配するところ　④ 物事がそれを起源とするところ
⑤ 物事が互いに影響を与えるところ

y 閲覧する　39
① 漫然と見る　② 調べながら見る　③ 対価を払わず見る
④ 丁寧に見る　⑤ 好きなだけ見る

z 多弁な　40
① わかりやすい　② よくしゃべる　③ 具体的な
④ ありふれた　⑤ 関連が強い

問四 傍線部**ア**「言葉と物に対する私たちの固定観念」とはどのようなものか。その説明としてもっとも適当なものを、次の中から一つ選べ。　41

① 言葉が時代や政治情勢によって変更されると、指し示される物にも変化が生じるという考え。
② ある物を指し示す言葉は、特定の地域内でだけ通用するという考え。
③ 本物とそれにそっくりの物とは、同じ言葉で指し示されなければならないという考え。
④ 言葉も、それが指し示す物も、記号表現の一つに過ぎないという考え。
⑤ ある物とそれを指し示す言葉とは、必然的な関係で結ばれているという考え。

問五 空欄 A に入る言葉としてもっとも適当なものを、次の中から一つ選べ。　42

① かこつけて　② 追従して　③ ならって　④ 呼応して　⑤ 影響して

このように、日常経験を語るときには、経験から得た知識体系（素朴理論とも呼びます）とその背後にある科学的理論とを、私たちは知らないうちに使い分けています。地図についても、日常生活圏の範囲であれば地図を使う際に投影法の違いは意識する必要はあまりないかもしれません。しかし、それを越えた国や世界を地図にするとき、測地系や投影法についての知識が必要になるのです。

（若林芳樹『デジタル社会の　地図の読み方 作り方』による）

問一　二重傍線部**a**〜**e**のカタカナを漢字になおすとどうなるか。もっとも適当なものを次の中からそれぞれ一つ選べ。

a　ジュウタイ　①縦　②重　③渋　④充　⑤従　31

b　カモク　①寡　②科　③仮　④課　⑤可　32

c　サイバイ　①売　②配　③媒　④梅　⑤培　33

d　キイト　①木　②着　③黄　④生　⑤樹　34

e　ケンチョ　①堅　②顕　③件　④兼　⑤検　35

問二　二重傍線部***α***「凡例」、***β***「迅速」の読みの最初の一文字としてもっとも適当なものを、次の中からそれぞれ一つ選べ。　***α*** 36　***β*** 37

①う　②か　③け　④じ　⑤た　⑥は　⑦ぼ　⑧よ　⑨わ

問三　波線部**x**〜**z**の言葉の意味としてもっとも適当なものを、次の中からそれぞれ一つ選べ。

x　由来　38

①両者の関係の深さを意味するところ

②あるものとあるものとの類似するところ

円筒図法（または正方形図法）の地図と相似形になります。実際には高緯度になるほど経度一度分の地表での距離が短くなるため、この図では北に行くほど東西の幅が引き延ばされていることになり、形状や面積比は正しく表されていません。地図と地表面の面積比を正しく表したのが（b）の地図で、国土地理院の面積統計でも用いられています。この投影法では、面積比を正しく表すために、経線の間隔が緯度によって異なるのがわかります。これらの地図ではうまく表せない距離や方位を正しく表示したのが（c）の地図です。この図では、中心となる東京からの距離と方位が正しくなるよう調整されていて、中心から任意の地点を結ぶ線分が最短経路を表すため、航空路線図などに使われています。

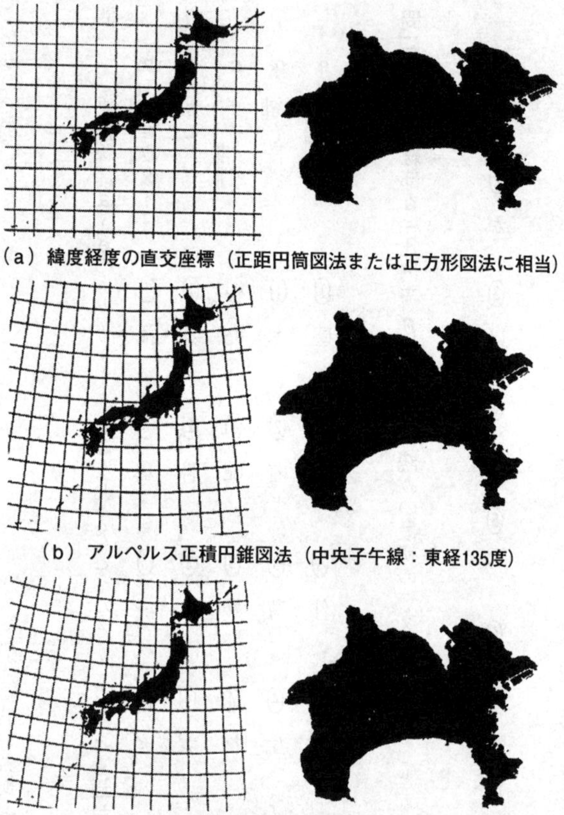

（a）緯度経度の直交座標（正距円筒図法または正方形図法に相当）

（b）アルベルス正積円錐図法（中央子午線：東経135度）

（c）正距方位図法（東京中心）

図8　異なる地図投影法で描いた日本列島と神奈川県（緯線・経線は2度間隔）

　こうした違いは、図8の右に示した神奈川県の形状では、あまりeケンチョには表れません。投影法を使わない（a）と他の二つの地図との違いは比較的明瞭ですが、街の中などを大縮尺で描いた地図であれば、これらの違いにほとんど気付くことはないでしょう。しかし、世界や国全体を表す小縮尺図では、投影法による違いがケンチョに表れるため、適切な投影法を選ぶ必要があります。

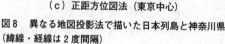

要の増加に対応するために、地図記号の［ C ］も求められています。国土地理院では、外国人向け地図記号として、ピクトグラムから転用されたものを含めて図7のように新たに選定し、利用の拡大を図っています。従来の地図記号に比べると、諸外国との共通性が高まっており、外国人も混乱することがないよう配慮されています。

このように、地図で用いられる記号は、作成される目的や時代の要請に応じて変化してきているのです。

3　丸い地球を平らに描く

日常経験と科学的知識

現代の日本で義務教育を受けた人なら、地球が球体（あるいは回転楕円《だえん》体）で近似できることは理解しているはずです。しかし、日常生活では地球が球体であることを意識することは、めったにないでしょう。太平洋に突き出た岬の先端で海を見渡せば、水平線が湾曲しているのに気付いて地球が丸いことを実感できるかもしれません。しかし、街を歩いていて球体としての地球を意識することはなく、地図が平面に描かれていても［ D ］をもつことはないはずです。

丸い地球を平面の地図に描く際には、地球の形と大きさ、緯度経度の原点、高さの基準をあらかじめ決めておく必要があります。それらをどう設定するかによって測地系と呼ばれる地図の座標系が異なってくるからです。測地系を選ぶと地表上の地点の緯度経度が決まりますが、それを平面に描く際には、用いる投影法によって異なる地図になります。たとえば、ス図8にある三つの日本地図を比べてみてください。地図投影法によって、日本列島の形状が微妙に異なることがわかるはずです。

（a）の地図は、投影法を使わずに地表上の長さが異なる緯度経度を同じとみなした直交座標で表しています。これは、正距た図式では、軍事に関係する記号が多くみられます。これは地形図作成を陸軍参謀本部陸地測量部が担っていたことと関係します。当時の記号のうち、戦後になくなったものとして、師団司令部や火薬庫などの軍関係の施設のほか、田を乾田、水田、沼田に細分した記号などがあります。田を三つに分けたのは、軍用車両が通り抜けできるかどうかを識別するためだといわれています。

その後も何度か地形図の図式は変更されていますので、新旧の地形図を比べて変化を読み取る際にはシ注意が必要です。たとえば、茶畑・桑畑以外の畑を表す記号「∨」は、国土地理院の昭和四〇（一九六五）年図式までは記号化されておらず、二万五千分の一地形図上では空白で表されていました。茶畑と桑畑が区別されていた理由は、明治期以来の重要な輸出品であった茶とdキイトの生産に関係していたことが考えられます。

平成以降に新たに追加された地図記号としては、老人ホーム、風車、電子基準点、自然災害伝承碑などがあります。これらは少子高齢化、再生可能エネルギーへの転換、自然災害の多発など社会情勢の変化を反映したものといえます。

また、今世紀に入ってからはインバウンドの観光需

項目	決定した記号	従来の日本の地図記号
郵便局		
交番		
神社		
教会		
博物館／美術館		
病院		
銀行／ＡＴＭ		
ショッピングセンター／百貨店		
コンビニエンスストア／スーパーマーケット		
ホテル		
レストラン		
トイレ		
温泉		
鉄道駅		
空港／飛行場		

図7　国土地理院「外国人向け地図記号」（https://www.gsi.go.jp/common/000138868.pdf）

図5は、ドイツのラインラントプファルツ州の地形図の一部です。ライン川の北側斜面の記号を見ると、日本と同じ記号で表される広葉樹林より南側の川沿いに、「|」の記号が並んだ地区があります。これがブドウ畑を表しています。その他にも見慣れない記号があると思いますが、これらはサ凡例を見ないと一般の日本人にはわからないでしょう。これに対して、日本にしかない記号として、田や竹林などがあります。このように、地図で何を記号化するかには、各国の自然環境や風土の特徴が反映されているのです。

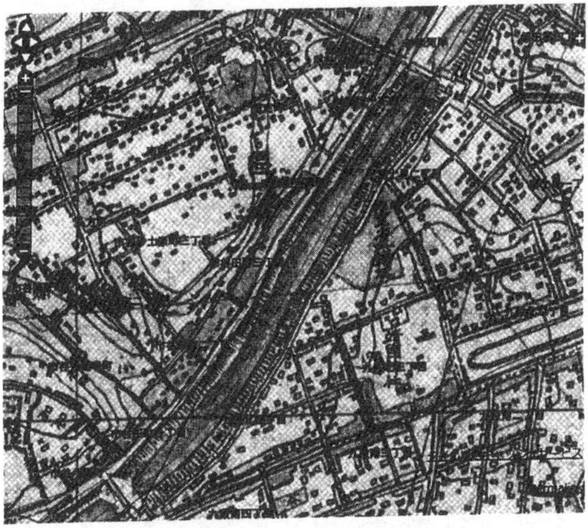

図6　歴史的農業環境閲覧システムの迅速測図（地名は現代のもの）
(https://habs.rad.naro.go.jp/)

同じ国でも、時代によって地図記号は変化していきます。日本の地形図の嚆矢《こうし》といえる一八八〇（明治一三）年から作成されたβ迅速測図では、地表の地物の形状を具象的に表した記号が多くみられます。農業環境技術研究所が作成した歴史的農業環境閲覧システムのページを開くと、図6のように、迅速測図を現代の地図に重ねて表示することができます。前述の記号の分類では、抽象度の低いイコンに相当するといえます。

その後、地形図の図式は何度か変更されますが、戦時中まで使われ

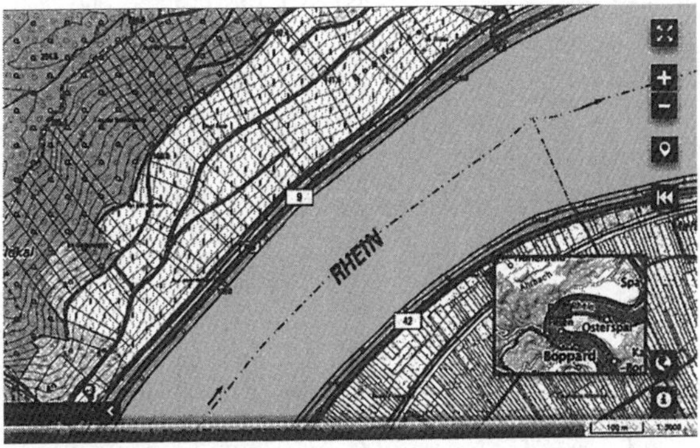

図5　ドイツのラインラントプファルツ州の地形図の一部
(https://maps.rlp.de/#)

2　記号の宝庫としての地図

地図記号のバリエーション

ここまで述べたように、地図は地表をありのままに描いてるわけではなく、抽象化したり省略したりしながら作成された記号の集合体です。言語学者フェルディナン・ド・ソシュールは、キ言葉や図形などの記号とその指示物との関係には、必然的なつながりがないと述べています。たとえば、郵便局を「〒」で表すのは日本だけで、外国では別の記号が使われています。日本に住んでいる人なら、その由来が明治期から郵便事業を管轄していた逓信省の頭文字「テ」を図案化したものであることを知らなくてもその記号が郵便局を指していることはク容易に理解できるでしょう。

このように、記号は国や地域の慣習によって選ばれてはいますが、地図記号の中にはひと目で指示物が連想できるものとそうでないものがあります。たとえば、道路や河川は地表での形状に合わせた線状の記号で示されています。このように指示物からの抽象度が低い「z多弁な記号」を、記号論ではイコンと呼んでいます。これは、ケ地域による表現の違いはあまりありません。

一方、役所を◎で表すような場合は、指示物がかなり抽象化されているため、地図記号の意味を記したα凡例がないと理解するのは難しいかもしれません。こうした「bカモクな記号」のことを記号論ではコシンボルと呼んでいます。その中間に当たるのが、インデックスと呼ばれるタイプの記号です。たとえば、地図記号で神社や寺院を表すのに、それぞれの一部を構成する要素を図案化して記号化したものがこれにあたります。

地図記号の歴史と文化

地図に使われる記号は、国や地域によって異なります。日本の地形図の現在の図式は、ドイツにならって作成されたことから、両国の地図記号には似たところがあります。しかし、日本になくてドイツにしかない記号として、ワインの原料になるブドウや、ビールの原料であるホップをサイcバイする畑があります。

このように、地図は目的に応じて地表にあるものを取捨選択しながら作成されているのです。

また、道路幅は空中写真に比べて、地図上ではやや拡大して描かれているのもわかります。写真上の道路幅を忠実に再現すると、地図の縮尺によっては道路を二条線（平行線）で描きにくいためです。つまり、地図には現実を誇張したり省略したりする操作が加わっています。

また、地図を作成するのには、データ取得から図化するまでに一定の時間を要するため、地図が表す地表の姿は過去のものになります。しかし、地図によっては都市・地域計画で作成される地図のように、未来の姿を描く場合もあります。現在では、グーグルマップなどカーナビの a ジュウタイ情報を載せた道路地図や、天気予報の雨雲レーダーのように、ほぼリアルタイムの状態を捉えた地図も登場しています。これが可能になった背景には、プローブカーと呼ばれる交通情報を集める目的で走行している自動車の車載センサーから得た情報や、気象レーダーによる観測データをインターネットで収集し、GIS（地理情報システム）で地図化することで作成時間を短縮できるようになったことがあります。雲の動きを動画として見ることもできる雨雲レーダーは、雲の空間分布だけでなく［B］も捉えているといえます（図4）。

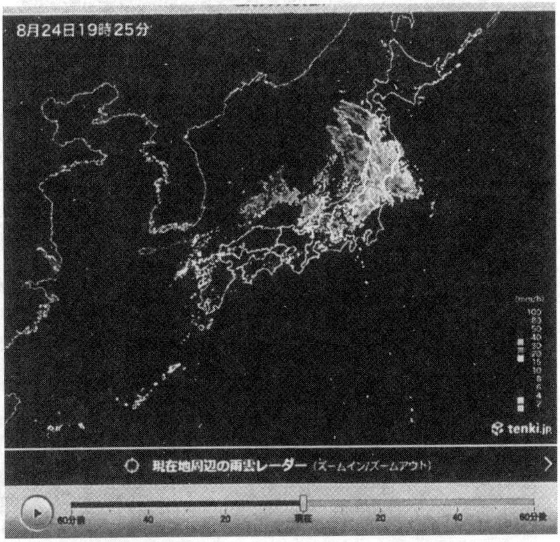

図4　日本気象協会のtenki.jpで提供される雨雲レーダー
（https://tenki.jp/radar/）

地図が表すもの

地図は写真のように地表のありのままの姿を再現しているわけではありません。前に述べた図1や図2の地図は、日本列島の輪郭だけを描いていますが、地表の何を記号化して表現するかによって、できあがる地図も違ってきます。

たとえば、図3に示した国土地理院の地形図と空中写真を比べてみてください。これらは国土地理院が提供している地理院地図というウェブ地図から取得した画像で、誰でも日本中の地形図をウェブ上で自由にｙ閲覧することができます。これらの地形図と写真を見比べると、地形図は地表にあるものをすべて表すわけではないことがわかります。たとえば、カ街路樹や道路を走る自動車などの変化しやすい動植物や動く物体は地形図には描かれません。逆に、空中写真で目にすることができない地名や行政界などが記号化されていることもあります。

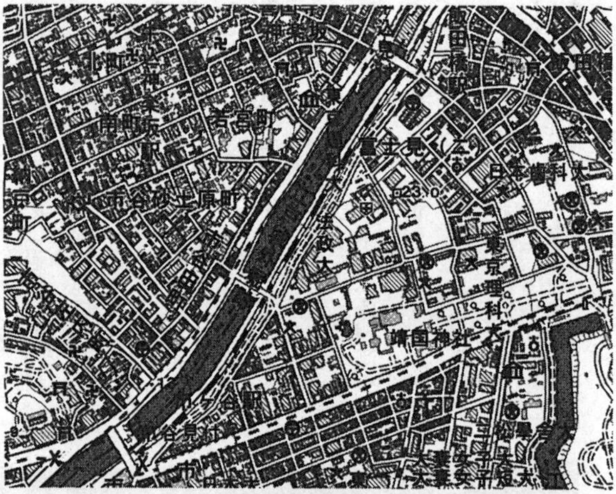

地形図

空中写真

図3　地理院地図で表示した地形図と空中写真

正しい地図とは？

図1の日本の地図は、現代の世界地理の知識を持った人なら、それが日本の国土だと理解するのは難しくないでしょう。では、図2はどうでしょうか。これは一六世紀にヴェネチアのベネディット・ボルドーネが作成した日本地図の輪郭をトレースして加工したものです。当時のヨーロッパで日本の存在は、マルコポーロの『東方見聞《とうほうけんぶん》録《ろく》』などで知られていましたが、国の形状についての詳しい情報はありませんでした。日本人自身も、「行基図《ぎょうきず》」と呼ばれる中世に作られたラフな日本地図でしか、その姿を知る手段はなかったため、同じ時代の西洋の地図では行基図に似た姿で日本を描いたものもあります。しかし、それに「これは日本である」というキャプションを付けても、当時はイほとんどの人が信じて疑わなかったはずです。

地図とはひと目で見渡せない大きな空間を図的に表現したものなので、測量器具やコンピュータなどの道具を使わないと正確なものは作れません。その点は、肉眼で姿を確かめられるパイプとの大きな違いであり、地図の表すものがウ正しいかどうかを確かめるのは容易ではないのです。

では、地図の正しさを確かめるにはどうしたらよいでしょうか。その一つは、高い山や建物に昇ったり、空を飛んで地上の姿を見下ろしたりすることです。実際、飛行機の窓から眺めた海岸線が地図のそれとそっくりなことに感激した人も少なくないと思います。ただし、表す空間が広がって大陸や世界規模になると、球面を平面に忠実に再現するのが難しくなります。それにはエ投影法を使う必要がありますが、後で述べるように、使う投影法によって表される地図の形状は違ってきます。どの投影法を使っても、面積、形、距離などすべての性質を正しく再現することはできません。このように、オ地図の正しさとは描く目的や用途によって異なった意味をもつのです。

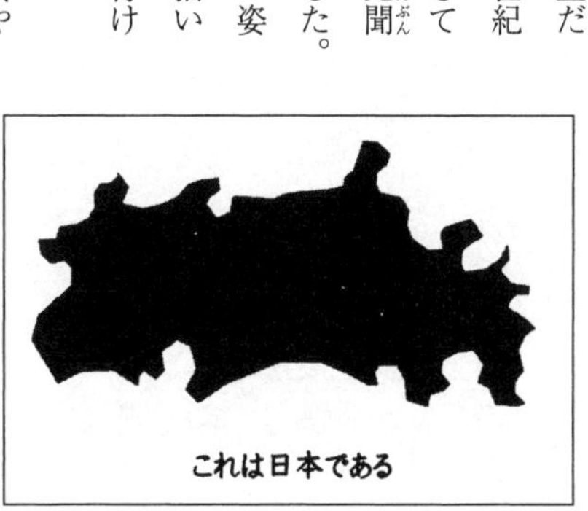

図2　16世紀の西洋で作成された日本地図に描かれた日本の姿（ハバード、J.C.『世界の中の日本地図』柏書房をもとに作成）

反することを表すことから、ア言葉と物に対する私たちの固定観念を揺さぶることをねらった作品だといわれています。つまり、パイプの絵と同じように、「パイプ」という言葉もまた、パイプそのものではありません。

また、図1では、言葉で表された日本という地名もまた、その国を表す記号表現の一つにすぎません。イギリスではJapan、イタリアではGiappone、韓国では일본、などと表記され、それぞれの国の中では日本の国を指す記号として通用しています。

地名の中でも国名は外交やビジネスの都合もあって、ある程度標準的な表記がありますが、政治的な理由で変更されたりすることもあります。たとえば、隣接するロシアと武力衝突して以降、政治的に対立していたグルジア（現地語表記はサカルトヴェロ）は、その国名表記がロシア語X由来であることから、諸外国に対して英語表記のジョージアと表記するよう要請していました。これに［A］、日本でも二〇一五年からジョージアという表記を用いています。このように、同じ場所や地域を表す地名表記は一つとは限りません。

国語

（英語と合わせて　九〇分）

次の文章を読んで、あとの問いに答えよ。なお、出題の都合により、一部省略・改変したところがある。

1　地図が表すもの

イメージの裏切り

図1を見れば、今の日本人なら誰もが日本列島を表す地図だと思うでしょう。しかし、地図の下に書かれているように、これは「日本」ではありません。日本の国土の概形を相似形で紙に描いたイメージにすぎません。「地図」とは、このように地球上のある範囲を縮小して記号表現をした図を指しますが、それは対応する現地を表現する一つの手段なのです。

この図は、シュルレアリスムの流れをくむベルギーの画家ルネ・マグリットの作品「イメージの裏切り」にならって作ったものです。その作品は、本物そっくりに描かれたパイプの絵の下に「これはパイプではない」という文字を書き込んだものです。絵画の造形的要素と言語記号としてのキャプションが相

図1　日本列島のイメージ

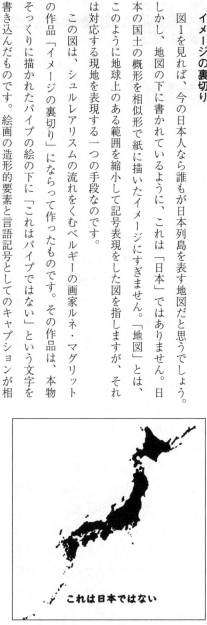

解答編

英語

I **解答**　1－②　2－③　3－①　4－③　5－②　6－④
7－②　8－③　9－②　10～12－③・④・⑥（順不同）

解説　≪子どもの食行動に影響を与える食品広告≫

1．空所を含む文は「我々の先の研究は，見慣れた食品と食品以外のロゴに（　1　），脳の報酬中枢が『点灯』することを示している」という意味。②「～に反応して」が正解。

2．第2段第2文（“What this study…）に「食べ物のCMを見た後で，子どもは健康に良いかどうかではなく味に基づいて決定を行う」とある。続く第3文（Kids make decisions…）では，「子どもはその決定をより速く，より（　2　）に行う」と記されている。③「衝動的に」が正解。

3．脳スキャンは脳内における血液の変化をどうするかを考える。①「測定する」が正解。

4．空所を含む文は「（　4　），子どもたちは健康評価に基づいて食品を選択せず，味に基づいて選択した」という意味。続く文（But after watching…）のButに注目し，〈一般論→逆接表現（But）→主張〉という論理展開を見抜く。③「一般的に」が正解。

5．空所を含む文は「報酬の評価に（　5　）脳の領域は，食品以外のコマーシャルの後よりも，食品関連のコマーシャルを見た後の食品の決定中に，より活発になった」という意味。②「～に関わる」が正解。

6．下線部以降にfood marketingの効果が記されている。その効果とは「宣伝されている製品を私達が好きだと感じたり，欲しいと感じる気持ちを単に高めるだけではなく，そのカテゴリーにおけるすべての食品に対する私たちの好みに実際に影響を与える」というもの。これは本文を通して記されている「食品広告の効果」と言えるので，④が正解。

7．空所を含む文は「子どもたちが食品広告に（　7　）されないようにするのはとても難しい」という文意。最終段第2文（“Commercials are almost …）に，広告はテレビやインターネット等，あらゆる所に存在すると記されている。②が正解。be exposed to ～「～にさらされる」

8．下線部の前の so few healthy options are marketed, に注目し，if they are marketed, という省略を見抜く。③healthy options が正解。options は文脈から「食べ物」のこと。最終段第3文（“We should all …）は「私たちは皆，食品広告が子どもたちにどのような影響を与えているかを気にかける必要がある。健康的な食べ物はほとんど宣伝されておらず，宣伝されていても，宣伝をしている側は，高脂肪・高糖分の製品と同じ予算は決して使っていない」という意味。

9．本文全体を通して，食品広告が子どもに与える影響について記されているので，②が正解。

10～12. ①「食品のコマーシャルを見た後，子どもたちの決定が食品の栄養に基づいているという証拠を見つけることができる」 第2段第2文（“What this study …）に，子どもの決定は健康よりも味に基づくと記されているので，一致しない。

②「アマンダ＝ブルースは，ロイターヘルスと面談をした際，食べ物の広告を見た後で，子どもたちはより速く決定を下すと言った」 ブルースがロイターヘルスに伝えた内容については，第2段第2文（“What this study …）と第3文（Kids make decisions …）に記されているが，第3文よりメールで伝えていることがわかるので，一致しない。

③「実験においては，子どもたちが何を食べるかを決める前に，ファストフード店と食べ物に関係しない企業のテレビコマーシャルの両方が彼らに見せられた」 第4段最終文（Each set of …）に「テレビコマーシャルの各セットの後に，10種類の食品の選択肢が続いた」と記されているので，一致する。

④「アマンダ＝ブルースは，食品広告が若い消費者に使用する戦略を用いることが適切かどうか疑問に思う」 第6段第2文（“What we need …）「しかし，健全な意思決定に関して不利な立場に置かれる可能性があるため，子どもである消費者にこれらの戦略を使用することが倫理的かどうかを考慮する必要がある」に一致する。

⑤「エマ＝ボーイランドは研究に参加し，食品広告は何を食べるかを決定

する際の精神的なプロセスに影響を与えると結論付けた」 第7段5行目に who was not part of the research とあるので，前半部分が一致しない。
⑥「子どもは大人よりも食品広告の影響を受けやすい」 第2段第3文(Kids make decisions …) に食品のコマーシャルを見たあと食べる決断が早くなることが述べられている。調査対象が子どもであることなどからも，本文全体が「子どもは（大人より）影響を受けやすい」という前提で書かれていることがわかる。よって一致する。

II 解答

13―④　14―②　15―②　16―④
17―(3)　18―(1)　19―(4)　20―(4)

解説　13.「人々は価格が適切である会社の商品を喜んで買うだろう」 provided that ～「～という条件で」
14. apologize to *A* for *B*「*B* のことに対して *A* に謝る」
15. when「～ときに」
16.「彼らはお金持ちにもかかわらず不幸な人生を送っている」 空所の後に名詞表現が続いているので，前置詞 despite「～にも関わらず」が正解。
17. (3)は came to が正しい。come to ～「～するようになる」
18. (1)は 17-year-old が正しい。
19. (4)は like that in Tokyo が正しい。名詞の反復を避けるために that が用いられる。
20. So V S. で「S もまたそうである」という意味。(4)は so is Emma. が正しい。

III 解答

21―⑤　22―①　23―④　24―②　25―③

解説　≪授業の感想≫

ジェームス：今日の授業はどうだった？
ドリー　　：とても興味深かったよ。(⑤)
ジェームス：テーマは何だったの？ (①)
ドリー　　：先生は，エートスやペーソス，ロゴスについて話をされていたよ。
ジェームス：それって，先生が飼っていらっしゃる3頭の犬の名前？

(④)

ドリー　　：違うよ。話をする人が聞いている人に対して，影響を与えようとすることができる，異なった方法なんだ。(②)

ジェームス：どう違うの？

ドリー　　：最初のは権威を示すこと，２つ目は感情を盛り上げること，そして最後は論理を駆使することだよ。(③)

Ⅳ　解答　26―④　27―②　28―⑤　29―④　30―④

解説　26. (The boss ordered that the) goods be sent via express (mail.)　order that S＋原形～「S を～するよう命令する」order that S should＋原形となる場合もある。

27. (I would state my opinion frankly if) I were in your shoes(.)　if S were in your shoes「もし私があなたの立場だったら」人に助言を与える際に用いる表現。

28. (It is) about time to discuss our (life after retirement.)　It is about time to～「そろそろ～する時間だ」 discuss～「～について議論する」 discuss は他動詞なので，discuss about としないこと。

29. (I'm always ready to help you) when it comes to the (crunch.)　when it comes to～「～のこととなると」

30. (Passengers requiring special assistance) are requested to be on (board by 3：40.)　request *A* to *do*「*A* に～するよう要請する」が受け身で出されている。

数学

I

解答　(ア) $-\dfrac{2\sqrt{3}}{3}$　(イ) $\dfrac{1}{3}$　(ウ) $\dfrac{5}{4}$

(エ)—③　(オ)—②　(カ)—②

解説　≪小問3問≫

(1)

$$x=\frac{\sqrt{5}}{2+\sqrt{3}}=\frac{\sqrt{5}}{2+\sqrt{3}}\times\frac{2-\sqrt{3}}{2-\sqrt{3}}=\frac{2\sqrt{5}-\sqrt{15}}{4-3}=2\sqrt{5}-\sqrt{15}$$

$$y=\frac{\sqrt{5}}{2-\sqrt{3}}=\frac{\sqrt{5}}{2-\sqrt{3}}\times\frac{2+\sqrt{3}}{2+\sqrt{3}}=\frac{2\sqrt{5}+\sqrt{15}}{4-3}=2\sqrt{5}+\sqrt{15}$$

よって

$$\frac{x+y}{x-y}=\frac{4\sqrt{5}}{-2\sqrt{15}}=-\frac{2}{\sqrt{3}}=-\frac{2\sqrt{3}}{3}\quad\to(ア)$$

(2)　$5x-6\leqq|1-x|<2x$ より

(i)　$x\geqq1$ のとき

$$5x-6\leqq-1+x<2x$$

よって

$$\begin{cases}5x-6\leqq-1+x & \cdots\cdots①\\ -1+x<2x & \cdots\cdots②\end{cases}$$

となる。

①より　　$x\leqq\dfrac{5}{4}$

②より　　$x>-1$

よって解は　　$1\leqq x\leqq\dfrac{5}{4}$

(ii)　$x<1$ のとき

$$5x-6\leqq1-x<2x$$

よって

$$\begin{cases}5x-6\leqq1-x & \cdots\cdots③\\ 1-x<2x & \cdots\cdots④\end{cases}$$

③より　　$x \leqq \frac{7}{6}$

④より　　$x > \frac{1}{3}$

よって解は　　$\frac{1}{3} < x < 1$

したがって(i)，(ii)より

$$\frac{1}{3} < x \leqq \frac{5}{4} \quad \to (イ),\ (ウ)$$

(3)(i)　m，n が偶数ならば mn は偶数であるが，mn が偶数のとき m，n がともに偶数とはいえない（反例：$m=1$，$n=2$）。したがって m，n がともに偶数であることは mn が偶数であるための十分条件であるが必要条件ではない。　→(エ)

(ii)　x，y が正の実数で $x+y>4$ のとき，$x>2$ かつ $y>2$ とはいえない（反例：$x=4$，$y=1$）。逆に $x>2$ かつ $y>2$ のとき $x+y>4$ である。したがって，x，y が正の実数のとき，$x+y>4$ であることは $x>2$ かつ $y>2$ であるための必要条件であるが十分条件ではない。　→(オ)

(iii)　$a=b=0$ かつ $c \neq 0$ のとき $b^2-4ac \geqq 0$ を満たすが，$ax^2+bx+c=0$ は実数解をもたない。

逆に $ax^2+bx+c=0$ が実数解をもつとき，$a \neq 0$ の場合，$a=0$ かつ $b \neq 0$ の場合，$a=b=c=0$ の場合，いずれの場合も $b^2-4ac \geqq 0$ となる。

したがって $b^2-4ac \geqq 0$ であることは $ax^2+bx+c=0$ が実数解をもつための必要条件であるが十分条件ではない。　→(カ)

Ⅱ　解答

(1)　$\left(\frac{1}{2}\right)^2 \times {}_3C_1\left(\frac{1}{2}\right)\left(\frac{1}{2}\right)^2 = \frac{1}{4} \times \frac{3}{8} = \frac{3}{32}$　……(答)

(2)　1 回のゲームで A さんが勝つ確率は，(i)A さんの表が 1 枚，B さんの表が 0 枚の確率，(ii)A さんの表が 2 枚，B さんの表が 0 枚の確率，(iii)A さんの表が 2 枚，B さんの表が 1 枚の確率，以上(i)から(iii)の確率の和であるから

$${}_2C_1\left(\frac{1}{2}\right)\left(\frac{1}{2}\right) \times \left(\frac{1}{2}\right)^3 + \left(\frac{1}{2}\right)^2 \times \left(\frac{1}{2}\right)^3 + \left(\frac{1}{2}\right)^2 \times {}_3C_1\left(\frac{1}{2}\right)\left(\frac{1}{2}\right)^2$$

$=\frac{6}{32}=\frac{3}{16}$　……(答)

(3)　1 回目のゲームが引き分けとなる確率は，(i)A さんの表が 0 枚，B さんの表が 0 枚の確率，(ii)A さんの表が 1 枚，B さんの表が 1 枚の確率，(iii)A さんの表が 2 枚，B さんの表が 2 枚の確率，以上(i)から(iii)の確率の和であるから

$$\left(\frac{1}{2}\right)^2\times\left(\frac{1}{2}\right)^3+{}_2C_1\left(\frac{1}{2}\right)\left(\frac{1}{2}\right)\times{}_3C_1\left(\frac{1}{2}\right)\left(\frac{1}{2}\right)^2+\left(\frac{1}{2}\right)^2\times{}_3C_2\left(\frac{1}{2}\right)^2\left(\frac{1}{2}\right)$$

$$=\frac{10}{32}=\frac{5}{16}$$

(2)より 1 回のゲームで A さんが勝つ確率は $\frac{3}{16}$ であるから，1 回目は引き分け，2 回目に A さんが勝つ確率は

$\frac{5}{16}\times\frac{3}{16}=\frac{15}{256}$　……(答)

(4)　1 回のゲームで A さんが勝つ確率は $\frac{3}{16}$，引き分ける確率は $\frac{5}{16}$ であるから，1 回のゲームで A さんが負ける確率は

$$1-\left(\frac{3}{16}+\frac{5}{16}\right)=\frac{1}{2}$$

3 回目のゲームが終了したときまでに優勝者が決まらない場合は(i)A さんの 1 勝 1 敗 1 引き分け，(ii)A さんの 1 勝 2 引き分け，(iii)A さんの 1 敗 2 引き分け，(iv)3 引き分けの 4 通りに分類できる。よって求める確率は

$$\left(\frac{3}{16}\times\frac{5}{16}\times\frac{1}{2}\right)\times6+\left\{\frac{3}{16}\times\left(\frac{5}{16}\right)^2\right\}\times3+\left\{\frac{1}{2}\times\left(\frac{5}{16}\right)^2\right\}\times3+\left(\frac{5}{16}\right)^3$$

$$=\frac{45}{256}+\frac{225}{4096}+\frac{75}{512}+\frac{125}{4096}$$

$=\frac{1670}{4096}=\frac{835}{2048}$　……(答)

解説　≪確　率≫

(1)　反復試行の確率 ${}_nC_r p^r(1-p)^{n-r}$ を利用する。

(2)　1 回のゲームで A さん，B さんの表の枚数に着目して求める。

(3)　引き分け $\Longleftrightarrow$ A さん，B さんの表の枚数が同じであることに着目して求める。

(4)　〔解答〕のように(i)～(iv)に分けて求める。

III

解答　(ア) $\dfrac{5}{2}$　(イ) $\dfrac{5\sqrt{3}}{2}$　(ウ) 60　(エ) $\sqrt{129}$

(オ) $\dfrac{5\sqrt{3}}{14}$　(カ) $\dfrac{25\sqrt{43}}{602}$

解説　≪図形と計量≫

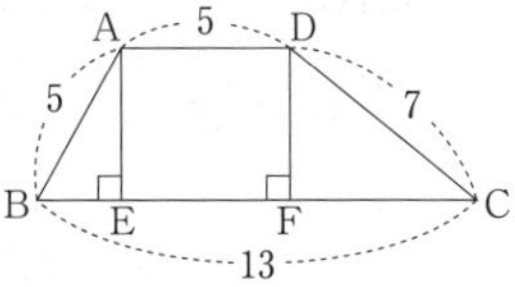

BE$=x$ とおくと

$$\mathrm{CF}=13-(x+5)=8-x$$

△ABE と △CDF は直角三角形であるから三平方の定理より

$$\mathrm{AE}^2=\mathrm{AB}^2-\mathrm{BE}^2=5^5-x^2$$

$$\mathrm{DF}^2=\mathrm{CD}^2-\mathrm{CF}^2=7^2-(8-x)^2$$

AE=DF より $\mathrm{AE}^2=\mathrm{DF}^2$ だから

$$5^2-x^2=7^2-(8-x)^2$$

整理すると

$$16x=40$$

よって

$$x=\frac{40}{16}=\frac{5}{2}$$

したがって

$$\mathrm{BE}=\frac{5}{2}\quad\rightarrow(ア)$$

$$\mathrm{AE}=\sqrt{\mathrm{AB}^2-\mathrm{BE}^2}=\sqrt{5^2-\left(\frac{5}{2}\right)^2}=\frac{5\sqrt{3}}{2}\quad\rightarrow(イ)$$

$$\cos\angle\mathrm{ABC}=\cos\angle\mathrm{ABE}=\frac{\mathrm{BE}}{\mathrm{AB}}=\frac{\frac{5}{2}}{5}=\frac{1}{2}$$

$0^\circ < \angle ABC < 180^\circ$ より

$$\angle ABC = 60^\circ \quad \to (ウ)$$

$\triangle ABC$ に余弦定理を適用して

$$AC^2 = AB^2 + BC^2 - 2AB \cdot BC\cos\angle ABC$$

$$= 5^2 + 13^2 - 2 \cdot 5 \cdot 13 \cdot \frac{1}{2} = 129$$

$AC > 0$ より

$$AC = \sqrt{129} \quad \to (エ)$$

$$\cos\angle ADC = \frac{AD^2 + CD^2 - AC^2}{2AD \cdot CD}$$

$$= \frac{5^2 + 7^2 - 129}{2 \cdot 5 \cdot 7} = -\frac{55}{70} = -\frac{11}{14}$$

$0^\circ < \angle ADC < 180^\circ$ より $\sin\angle ADC > 0$ であるから

$$\sin\angle ADC = \sqrt{1 - \cos^2\angle ADC} = \sqrt{1 - \left(-\frac{11}{14}\right)^2} = \sqrt{\frac{75}{196}} = \frac{5\sqrt{3}}{14}$$

$\to$ (オ)

$\triangle ACD$ に正弦定理を適用して

$$\frac{AC}{\sin\angle ADC} = \frac{AD}{\sin\angle ACD}$$

よって

$$\frac{\sqrt{129}}{\frac{5\sqrt{3}}{14}} = \frac{5}{\sin\angle ACD}$$

したがって

$$\sin\angle ACD = 5 \times \frac{\frac{5\sqrt{3}}{14}}{\sqrt{129}} = \frac{25}{14\sqrt{43}} = \frac{25\sqrt{43}}{602} \quad \to (カ)$$

Ⅳ　解答

(ア) 158　(イ) $\frac{1}{6}$　(ウ) $\frac{1}{2}$　(エ) $\frac{2}{3}$　(オ) $\frac{4}{81}$

(カ) $\frac{\sqrt{2}}{2}$　(キ) $\frac{1}{3} - \frac{\sqrt{2}}{6}$

解 説　≪小問 3 問≫

(1)　$2^n<3^{100}<2^{n+1}$ の各辺の常用対数をとると

$$\log_{10}2^n<\log_{10}3^{100}<\log_{10}2^{n+1}$$

$$n\log_{10}2<100\log_{10}3<(n+1)\log_{10}2$$

$$n\times0.3010<100\times0.4771<(n+1)\times0.3010$$

よって

$$n\times0.3010<100\times0.4771 \quad \cdots\cdots①\quad かつ$$

$$100\times0.4771<(n+1)\times0.3010 \quad \cdots\cdots②$$

①より

$$n<\frac{100\times0.4771}{0.3010}\fallingdotseq158.5$$

②より

$$n+1>\frac{100\times0.4771}{0.3010}\fallingdotseq158.5$$

$$n>157.5$$

よって，n は自然数であるから

$n=158$　→(ア)

(2)　$\sqrt{3}\sin x+\cos x=\sqrt{3}$

左辺を三角関数の合成で変形すると

$$\sqrt{(\sqrt{3})^2+1^2}\sin\left(x+\frac{\pi}{6}\right)=\sqrt{3}$$

$$2\sin\left(x+\frac{\pi}{6}\right)=\sqrt{3}$$

$$\sin\left(x+\frac{\pi}{6}\right)=\frac{\sqrt{3}}{2} \quad \cdots\cdots③$$

$0\leqq x<2\pi$ より $\frac{\pi}{6}\leqq x+\frac{\pi}{6}<\frac{13}{6}\pi$ の範囲で③を解くと

$$x+\frac{\pi}{6}=\frac{\pi}{3} \text{ または } x+\frac{\pi}{6}=\frac{2}{3}\pi$$

よって

$x=\frac{\pi}{6},\ \frac{\pi}{2}$　→(イ)，(ウ)

(3)　放物線 C と直線 l の交点の x 座標を求めると

$$x^2=ax$$

より

$$x^2-ax=0$$

$$x(x-a)=0$$

$$x=0,\ a$$

よって

$$S_1=\int_0^a (ax-x^2)dx$$

$$=\left[\frac{a}{2}x^2-\frac{1}{3}x^3\right]_0^a$$

$$=\frac{a^3}{2}-\frac{a^3}{3}=\frac{a^3}{6}\quad \cdots\cdots④$$

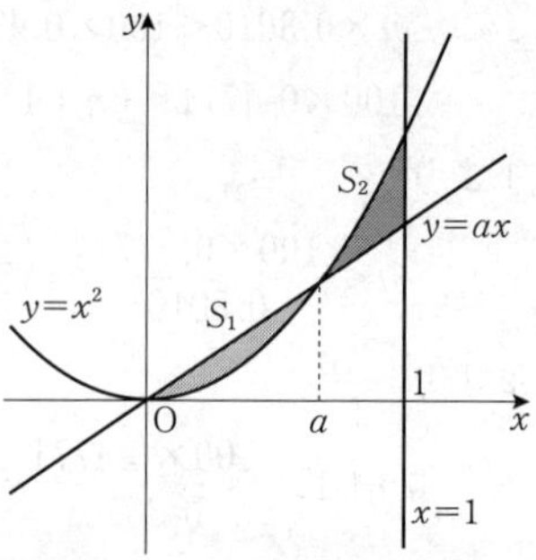

$$S_2=\int_a^1 (x^2-ax)dx$$

$$=\left[\frac{1}{3}x^3-\frac{a}{2}x^2\right]_a^1$$

$$=\left(\frac{1}{3}-\frac{a}{2}\right)-\left(\frac{a^3}{3}-\frac{a^3}{2}\right)=\frac{1}{3}-\frac{a}{2}+\frac{a^3}{6}\quad \cdots\cdots⑤$$

したがって

$S_1=S_2$ とすると

$$\frac{a^3}{6}=\frac{1}{3}-\frac{a}{2}+\frac{a^3}{6}$$

整理すると

$$\frac{a}{2}=\frac{1}{3}$$

よって　　$a=\dfrac{2}{3}$

このとき④より

$$S_1=\frac{1}{6}\left(\frac{2}{3}\right)^3=\frac{4}{81}$$

以上により

$a=\dfrac{2}{3}$ のとき，$S_1=S_2=\dfrac{4}{81}$ となる。　→(エ)，(オ)

$S(a)=S_1+S_2$ とおく。④，⑤より

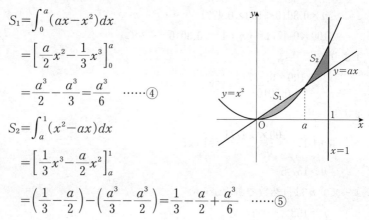

$$S(a)=\frac{a^3}{6}+\left(\frac{1}{3}-\frac{a}{2}+\frac{a^3}{6}\right)=\frac{a^3}{3}-\frac{a}{2}+\frac{1}{3}$$

よって

$$S'(a)=a^2-\frac{1}{2}=\left(a+\frac{\sqrt{2}}{2}\right)\left(a-\frac{\sqrt{2}}{2}\right)$$

$0<a<1$ で $S(a)$ の増減を調べると

$a=\dfrac{\sqrt{2}}{2}$ のとき最小となり（→(カ)）

a	0	…	$\frac{\sqrt{2}}{2}$	…	1
$S'(a)$		$-$	0	$+$	
$S(a)$		↘	最小	↗	

最小値は

$$S\left(\frac{\sqrt{2}}{2}\right)=\frac{1}{3}\left(\frac{\sqrt{2}}{2}\right)^3-\frac{1}{2}\frac{\sqrt{2}}{2}+\frac{1}{3}$$

$$=\frac{\sqrt{2}}{12}-\frac{\sqrt{2}}{4}+\frac{1}{3}$$

$$=\frac{1}{3}-\frac{\sqrt{2}}{6}\quad \to (キ)$$

ことから、④が答えである。

問十二　傍線部キの「必然的なつながりがない」とは、①の「恣意的に結びつけられている」ということであるから、①が答えである。「恣意的」とは、〝思いつくままに物事をするさま〟を意味する。

問十三　傍線部クを含む段落の次の段落に「このように、記号は国や地域の慣習によって選ばれてはいます」とあることから、④が答えである。

問十四　傍線部ケを含む段落に「道路や河川は地表での形状に合わせた線状の記号で示されています」とあり、③の後半に合致する。③の前半についても、道路や河川は、ブドウ畑や田と違って地域による差異が少ないものであるので、③が正解。④は事実としてはそのとおりだが、表現の違いが少ないことの理由になっていない。

問十五　傍線部コを含む一文の前の一文に「地図記号の意味を記した凡例がないと理解するのは難しい」とあることから、②が答えである。

問十六　二重傍線部cを含む段落に「日本になくてドイツにしかない記号」、傍線部サを含む一文に「見慣れない記号があると思います」とあることから、③が答えである。傍線部ケを含む段落に「指示物がかなり抽象化されているため、地図記号の意味を記した凡例がないと理解するのは難しい」とあることから、⑤が答えである。

問十七　傍線部シの直後に「茶畑・桑畑以外の畑」の例が挙げられている。これに合致するのは③である。

問二十　傍線部スを含む段落の次の段落に「（c）の地図」は「中心となる東京からの距離と方位が正しくなるよう調整されていて」とあることから、⑤の「大阪市から札幌市までの距離が地図上で正確に示される」は適当ではなく、これが答えになる。

問二十一　傍線部カを含む一文の次の文に「空中写真で目にすることができない地名や行政界などが記号化されていることもあります」とあることから、④が答えである。傍線部シを含む段落の次の段落に「平成以降に新たに追加された地図記号」は「社会情勢の変化を反映したものといえます」とあることから、⑥が答えである。

問十五　②
問十六　③・⑤
問十七　③
問十八　③
問十九　②
問二十　⑤
問二十一　④・⑥

解説　問四　第三段落に「言葉で表された日本という地名もまた、その国を表す記号表現の一つにすぎません」とあるように、「言葉」はその「物」の「記号表現の一つ」にすぎない。また傍線部キに「言葉や図形などの記号とその指示物との関係には、必然的なつながりがない」とある。よって、⑤が答えである。

問六　傍線部ウを含む段落にあるように「測量器具やコンピュータなどの道具を使わないと正確なものは作れません」が、当時はそのようなものはなく、傍線部イを含む段落にあるように「『行基図』と呼ばれる中世に作られたラフな日本地図でしか、その姿を知る手段はなかった」。よって、④が答えである。

問七　傍線部ウを含む一文は「地図の表すもの」が「正しいかどうか」ということを説明していることと、傍線部ウの次の段落に「実際、飛行機の窓から眺めた海岸線が地図のそれとそっくりなことに感激した人も少なくない」とあることから、①が答えである。

問八　傍線部エを含む一文の前の一文に「球面を平面に忠実に再現する」とあることから、②が答えである。

問九　傍線部オを含む一文から、ここでの「地図の正しさ」とは「描く目的や用途によって異なった意味をもつ」ことがわかる。この「目的や用途」とは、②の「その地図の使用者が、得たい情報」のことであるから、②が答えである。

問十　傍線部カを含む段落の最終文に「地図は目的に応じて地表にあるものを取捨選択しながら作成されている」とある

国語

出典 若林芳樹『デジタル社会の地図の読み方　作り方』〈第2章　作り手と世界をつなぐ―地図作成の舞台裏〉（ちくまプリマー新書）

解答

問一　a―③　b―①　c―⑤　d―④　e―②

問二　α―⑥　β―④

問三　x―④　y―②　z―②

問四　⑤

問五　④

問六　④

問七　①

問八　②

問九　②

問十　④

問十一　②

問十二　①

問十三　④

問十四　③

■一般選抜　一般入試前期日程：1月25日実施分

問題編

▶試験科目・配点

区　分	教　科	科　　　　目	配　点
3教科型	英　語	コミュニケーション英語Ⅰ・Ⅱ・Ⅲ，英語表現Ⅰ・Ⅱ	100点
	選　択	日本史Ｂ，世界史Ｂ，政治・経済，「数学Ⅰ・Ⅱ・Ａ・Ｂ（数列・ベクトル）」から１科目選択	100点
	国　語	国語総合（古文・漢文を除く）・現代文Ｂ	100点
2教科型	英　語	コミュニケーション英語Ⅰ・Ⅱ・Ⅲ，英語表現Ⅰ・Ⅱ	100点
	国　語	国語総合（古文・漢文を除く），現代文Ｂ	100点
英数型	英　語	コミュニケーション英語Ⅰ・Ⅱ・Ⅲ，英語表現Ⅰ・Ⅱ	100点※
	数　学	数学Ⅰ・Ⅱ・Ａ・Ｂ（数列・ベクトル）	200点※

※　国際学部は英語配点200点，数学配点100点とし，300点満点で判定する。

▶備　考

【3教科型・2教科型】

- 文・国際・心理（心理学）・社会・法・経済・経営・地域創造学部で実施。
- スタンダード方式・高得点科目重視方式の２つの選考方法がある。また，大学入学共通テスト併用入試への出願も可能である。

〔スタンダード方式〕

配点は上の表のとおり。

すべての科目について，標準得点換算により点数調整を行う。方式は次のとおり。

$$\frac{素点-平均点}{標準偏差}\times 10+60$$

3教科型：一般入試前期日程英数型にも出願する場合，選択科目で数学を選択する必要がある。

2 教科型：国際学部は点数調整後の英語の得点を 2 倍にして英語配点 200 点とし，300 点満点で判定する。

〔高得点科目重視方式〕

3 教科型：スタンダード方式で受験した科目から最も高得点だった科目の得点を 2 倍にして合否判定を行う。なお，文（日本文学）学部は国語の得点を，国際学部と心理（心理学）学部は英語の得点を 2 倍にする。

2 教科型：スタンダード方式で受験した結果，国語あるいは英語の高得点だった科目の得点を 2 倍にした合計点で合否判定を行う。なお，文（日本文学）学部は国語の得点を，心理（心理学）学部は英語の得点を 2 倍にする。

また，国際学部は高得点科目重視方式を実施しない。

【英数型】

- 全学部・専攻で実施。
- 大学入学共通テスト併用入試への出願も可能である。
- 英語および数学について，標準得点換算により点数調整を行う。方式は次のとおり。

$$\frac{\text{素点}-\text{平均点}}{\text{標準偏差}}\times 10+60$$

数学は，点数調整後の得点を 2 倍にする（国際学部を除く）。

国際学部の英語は，点数調整後の得点を 2 倍にする。

●大学入学共通テスト併用入試について

3 教科型・2 教科型：スタンダード方式で受験した英語・国語に大学入学共通テストの得点を加えた合計点で合否判定を行う。

英数型：英数型で受験した英語・数学に大学入学共通テストの得点を加えた合計点で合否判定を行う。

●英語資格保持者「みなし得点制度」について

大学の定める英語に関する各種資格・スコアを，英語の点数（70 点・85 点・100 点のみなし得点）に換算する制度。3 教科型・2 教科型・英数型のいずれも利用できる。ただし，当日の英語の試験は受験必須である。合否判定には当日の得点換算後の点数と比較して得点の高い方を採用する。

英語

（60分）

〔Ⅰ〕次の文章を読み、問いに答えよ。

Digital assistants are everywhere. One in five UK households have a smart speaker, while 70% of people with a voice-assisted device say that they use it every single day. By 2021, it's predicted that they'll outnumber human beings. And for as long as they've been a part of our lives, we've made them say and do silly things.

Usually it's harmless—asking Alexa to tell us a bad joke, or telling Siri to make a fart noise—but this attitude of treating voice assistants like tools and toys may also have a (1) side. Alexa, Siri and other machines often make mistakes, and frustrated users can find themselves speaking sharply at a piece of plastic on their kitchen counter or their bedside table.

Parents try to form the habit of politeness in their children from an early age, and the people who make these programs (2) are taking notice. Amazon has even created a "magic word" function, which gives positive feedback to users (especially children) who say "please" and "thank you" when issuing a command. Still, the question is worth asking: Do we need to (3) around our digital assistants before we lose the habit of being polite to each other?

Those who laugh at the idea of saying "please" and "thank you" to a digital assistant tend to argue that we (4) don't give other machines in our lives the same respect: "Do you say 'please' when you withdraw money from a cash machine," they say, "or thank a kettle for boiling your

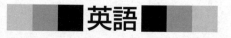

water?" But this argument ignores the fact that you don't need to speak to a kettle or a cash machine to get them to work.

Digital assistants, on the other hand, rely on dialogue in order to function, which explains why we treat them as what sociologist Clifford Nass called "social actors." Because they(5) understand human language, perform simple human tasks and even respond to us, we tend to apply social expectations to our digital assistants. That's why we get angry at them when they don't work—we assume they're just as emotionally intelligent as us.

It doesn't help that these assistants are often programmed to (6) brush off any abuse they get from their owners. The title of the report, "I'd Blush If I Could," is an actual response that Siri gives if a user calls it a particularly nasty word. Artificial intelligence still (7) that human spark, but if children growing up with these digital assistants get in the habit of treating them like objects, they could end up treating their fellow humans in the same way.

Siri and Alexa don't really care whether you say "please" and "thank you" to them—at least not yet—but there is inherent value in treating them with respect. As more and more of us invite digital assistants into our homes, we need to use them to teach children that manners are important and that good citizenship (digital or otherwise) is built on kindness and empathy.

And if the AI revolution ever does happen, you'll be glad you got in their good books.

問1　空所（ 1 ）を満たすものとして最も適切なものを①～④の中から一つ選べ。　**1**

① lighter　　② darker

③ smoother　　④ mysterious

出典追記：Should We Mind Our Manners Around Our AI Assistants?, natterhub on September 14, 2020 by Phil W. Bayles

問2　下線部(2)の内容として最も適切なものを①～④の中から一つ選べ。 2

① programs for training better parents
② politeness training programs for children
③ positive feedback programs
④ programs that operate digital assistants

問3　空所（　3　）を満たすものとして最も適切なものを①～④の中から一つ選べ。 3

① mind our manners　② pay off
③ make sense　④ fight fire with fire

問4　下線部(4)の内容として最も適切なものを①～④の中から一つ選べ。 4

① parents　② children
③ UK households　④ people

問5　下線部(5)の内容として最も適切なものを①～④の中から一つ選べ。 5

① humans　② cash machines
③ digital assistants　④ children

問6　空所（　6　）を満たすものとして最も適切なものを①～④の中から一つ選べ。 6

① politely　② rudely　③ suddenly　④ slowly

問7 空所（ 7 ）を満たすものとして最も適切なものを①～④の中から一つ選べ。 7

① includes ② wants ③ ignores ④ lacks

問8 本文の表題として最も適切なものを①～③の中から一つ選べ。 8

① To Be, or Not to Be...Polite to Our Digital Assistants
② Programming Politeness in Digital Assistants
③ How to Protect Yourself from an AI Revolution

問9 本文の内容と一致するものを①～⑥の中から三つ選べ。ただし、解答の順序は問わない。 9 ～ 11

① About 30% of households in the UK have a digital assistant.
② In 2022, there are probably more digital assistants than humans in the world.
③ It is unusual for digital assistants to make mistakes.
④ Amazon's "magic word" function listens for the phrase "thank you."
⑤ "Social actors" understand human languages, talk to us, and perform some tasks.
⑥ Future digital assistants are likely to get angry if they are not treated with respect.

〔Ⅱ〕次の文章を読み、問いに答えよ。

Everyone—whether a person admits it or not—has an accent. Whether it's thick Louisiana Cajun or Valley Girl, the way you talk can help others identify where you're from. In America, some accents—such as Southern ones—can be associated with negative stereotypes. Although various states—even cities and counties—have dialect differences, research conducted in 2013 with adults and kids as young as 10 showed that Americans said they think people with Southern accents are not as smart as those with Northern accents. That study also revealed that poll respondents said they viewed individuals with Southern accents as sounding nicer than those with Northern accents.

But why? According to Dictionary.com, people think certain accents sound attractive because of stereotypes associated with them. Stereotypes about Southerners often stem from the history of racial discrimination and educational access inequalities in the Southeast, according to Jessica Ray, a Ph.D. student in anthropology and linguistics at the University of Arizona. "By associating Southerners and the Southern accent with being uneducated, ignorant, and morally corrupt, [12]," she said.

Yet a recent study by YouGov found that the Southern coastal accent was deemed the most attractive American regional or city accent by the largest share of those surveyed: 18 percent. A Texas accent came in second, with 12 percent. One possible reason: Southern accents are pretty much famous all over the world. It doesn't take long to identify a Southern accent. Jean Berko Gleason, a psychological and brain sciences professor emerita at Boston University, said that because of the distinction of these accents, they're easily recognizable. "One thing that's unique about a Southern accent is that we all tend to recognize it when we hear it," she said. "We may not know where in the South a person comes from, but we're pretty sure they're from the South."

The popularity of movies such as “Forrest Gump,” “The Help” and “Driving Miss Daisy” suggests that people have a fascination with Southern accents, similar to why Americans think British accents are sexy. Erik Thomas, a professor at North Carolina State University, said that [13]. “Movies and television shows exploit stereotypes as a convenient way of situating a character or scene in the South,” he said. “Typically, these depictions focus on a few iconic linguistic features such as “y’all” but ignore other features that might be common in speech but haven’t gained widespread fame.” With his deep Mississippi accent, Forrest Gump is a lovable yet oblivious man whose low intelligence is often mocked by other characters in the movie. Yet the movie is wildly popular on Rotten Tomatoes among viewers (and it won the Academy Award for best picture in 1995). The result is [14].

According to *The Washington Post*, no matter how people speak, their voice plays a role in their relationships, and studies have found that when people’s voice sounds good, we think they look good too. “People think accents are sexy if they admire the country,” Lynne Murphy, a professor of linguistics at the University of Sussex, told the *Post*. In this case, there’s perhaps a fascination with Southern culture—from “Forrest Gump” to Southern Thanksgiving dishes—that transfers over to a fondness for the accents too.

問1 下線部 [12] ～ [14] を補うものとして最も適切なものを①～③の中から一つ選べ。

① one of the primary effects of pop culture on dialects is to sustain and amplify stereotypes

② the stereotype suggests that people from other areas of the country are, in contrast, educated, moral and wealthy

③ these stereotypes prevail, especially among those who have never

出典追記：Americans Can’t Get Enough Of Southern Accents, Despite The Stereotypes, HuffPost on August 7, 2018 by Kristen Adaway been to the South

問2 以下の設問の答えとして最も適切なものを①～③の中から一つ選べ。

1. What is one perception Americans have about people with Southern accents? 15

① That they are from North Carolina.
② That they are well educated.
③ That they sound nice.

2. How is the Southern accent different from other North American accents? 16

① It is easily recognizable.
② It has many linguistic features.
③ Some features of it are not well known.

問3 本文の表題として最も適切なものを①～③の中から一つ選べ。 17

① Accents and Education
② Accents and Perceptions
③ Accents and Hollywood

問4 本文の内容と一致するものを①～④の中から二つ選べ。ただし、解答の順序は問わない。 18 ～ 19

① According to this article, Northern accents are better than Southern accents.
② It is possible that the use of Southern accents helps some

movies become popular.

③ Southern accents are often used in movies and TV for a reason.

④ People look better if they speak with a Southern accent.

〔Ⅲ〕次の問いに答えよ。

問1　各文の空所（ 20 ）～（ 23 ）に入る最も適切なものを①～④の中から一つ選べ。

1. She earns more than all of us（ 20 ）.

① combine　② combining
③ combined　④ to combine

2. Please send me an email once you（ 21 ）the goods.

① are received　② have received
③ will receive　④ will have received

3. When you are seasick, you will feel better（ 22 ）you get off the boat and onto land.

① although　② as soon as
③ in time　④ until

4. One of the items（ 23 ）at this meeting is how this company will make a large profit.

① discuss　② discussing

③ to be discussed ④ is discussing

問2 以下の英文には、誤りがそれぞれ一か所ある。下線部(1)〜(4)の中から一つ選べ。

1. I will not be (1) convenient (2) for the meeting (3) regarding the results of market research (4) to be held on August 15th. [24]

2. (1) I'm sure you know (2) whom was responsible (3) for the failure of (4) the communication system that happened last night. [25]

3. The Gion Festival (1) is taken place (2) each summer, (3) to the delight of (4) the people living in Kyoto. [26]

〔Ⅳ〕 次のそれぞれの会話文の下線部 [27] 〜 [36] を補うのに最も適切な英文を①〜⑤の中から一つ選べ。英文はすべて使用し、同じ英文を二度使うことはない。

1. Brianna: Today was a little bit disappointing.

Rick: [27]

Brianna: [28]

Rick: [29]

Brianna: We were hoping for more than 20.

Rick: [30]

Brianna: We probably began too early in the morning.

Rick: [31]

① You did start at 7 a.m. I am surprised so many people came!

② How many were you expecting?

③ Why was that?

④ Only two people showed up to the seminar.

⑤ What do you think happened?

2. Sharon: [32]

Rick: Did something come up?

Sharon: [33]

Rick: [34]

Sharon: Nothing like that. I just want to talk to her.

Rick: [35]

Sharon: [36]

Rick: I'll go with you. It did sound like a great opportunity.

① I hope you're not in trouble.

② About your final project?

③ I'm going to meet with Professor Sadamitsu tomorrow.

④ Actually, I want to hear more about the internship she mentioned in class.

⑤ Can we reschedule tomorrow's game for next week?

〔V〕次の各文の意味内容に合うように、与えられた語①〜⑤をすべて用いて英文を完成させた際に、空所（ 37 ）〜（ 40 ）に入る最も適切なものを一つ選べ。

1．レポートを午後に完成させるのは無理だろう。

It may (　　) (　　) (37) (　　) (　　) finish the report in the afternoon.

① be　　② for　　③ impossible
④ me　　⑤ to

2．その犬は人が次から次へと道を渡るのを見ていた。

The dog watched (　　) (　　) (38) (　　) (　　) after another.

① cross　　② one　　③ people
④ street　　⑤ the

3．彼の言うことをあてにし過ぎない方がいいよ。

You had better (　　) (　　) (　　) (　　) (39) what he says.

① heavily　　② not　　③ on
④ rely　　⑤ too

4．仕事から離れるための休暇が取れたらいいのにな。

I wish I could go (　　) (40) (　　) (　　) (　　) from work.

① away　　② get　　③ on
④ to　　⑤ vacation

日本史

(60分)

〔Ⅰ〕次のA～Hの文章を読み，提示された白地図とあわせて，設問に答えよ。なお，白地図の記号は，現在の都道府県で示している。

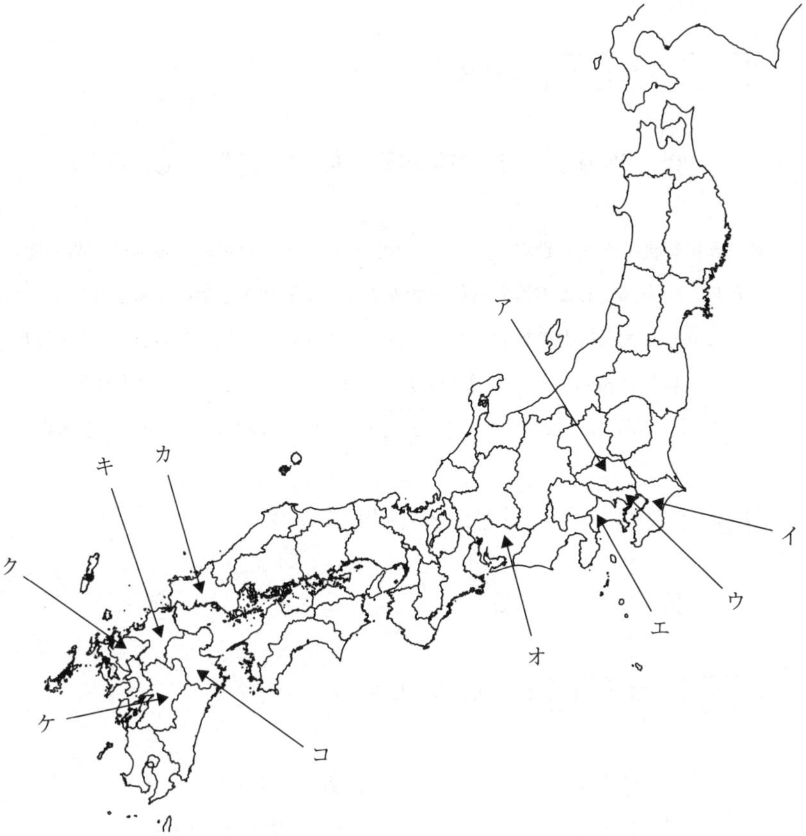

A 縄文文化は，約１万3000年前から，弥生時代の始まり$_1$とされる約2500年前頃までの期間とされている。この文化を特徴づけるのは，中・小動物の狩りをするための弓矢，ドングリなどの植物性食物を煮るための土器，石皿，すり石といった [2] の出現とされている。

[1] 下線部１「弥生時代の始まり」を特徴づけるものとして，最も適切なものはどれか。

① 土 偶　② 竪穴住居　③ 水稲農耕　④ 埴 輪

[2] 空欄 [2] に適切なものはどれか。

① 尖頭器　② 磨製石器　③ 打製石器　④ 細石器

B ５世紀後半から６世紀にかけて，大王を中心としたヤマト政権は，関東地方から九州中部におよぶ地方豪族を含みこんだ支配体制を形成するようになった。

こうした大王権力の拡大に対しては，地方豪族の抵抗もみられ，６世紀初めには，新羅と結んで筑紫$_3$国造が大規模な戦乱を起こした。ヤマト政権はこの [4] を制圧し，九州北部に [5] を設け，この地方の支配を一層進めた。

[3] 下線部３「筑紫」は，白地図中のどれに含まれるか。

① キ　② ク　③ ケ　④ コ

[4] 空欄 [4] に適切なものはどれか。

① 磐井の乱　② 壬申の乱
③ 藤原広嗣の乱　④ 伊治呰麻呂の乱

[5] 空欄 [5] に適切なものはどれか。

①　防　人　　②　郡　家　　③　屯　倉　　④　大宰府

C　平安遷都の後，桓武天皇の改革は，その子の代にあたる平城天皇・嵯峨天皇に引き継がれたが，平城太上天皇と嵯峨天皇は，平城再遷都をめぐって対立し，政変が起こった。これを [6] という。また，文章経国の思想が広まり，貴族のあいだでは漢文学が盛んとなった。嵯峨・淳和天皇期には，三つの[8]勅撰漢詩集が選定された。

[6]　空欄 [6] に適切なものはどれか。

①　橘奈良麻呂の変　　②　薬子の変
③　承和の変　　④　安和の変

[7]　空欄 [6] の対立に勝利した後に，嵯峨天皇が行ったことではないものはどれか。

①　蔵人頭の設置　　②　検非違使の設置
③　勘解由使の設置　　④　弘仁格式の編纂

[8]　下線部８「勅撰漢詩集」でないものはどれか。

①　和漢朗詠集　　②　文華秀麗集
③　経国集　　④　凌雲集

D　[9]承久の乱後の幕府の勢力の伸張により，現地の荘園では地頭がその力を強めた。地頭は荘園内で田地を開拓しても，その年貢を納めなかったり，凶作を口実にして年貢納入を怠ったりした。荘園領主らは訴訟を起こすなどしてこれに抵抗をした。しかし一方で，[10]地頭とのあいだで妥協する取り決めを結ぶ者も出てきて，荘園の支配権は次第に荘園領主から地頭に移っていった。

9 下線部９「承久の乱後」に武家の最初の法典となった御成敗式目を制定した人物はどれか。

① 北条義時 ② 北条泰時 ③ 北条時頼 ④ 北条時宗

10 下線部10「地頭とのあいだで妥協する取り決め」に関連する説明として，適切でないものはどれか。

① 荘園領主は，地頭に荘園の管理を任せるかわりに，一定額の年貢を納入するように取り決めた。
② 荘園領主と地頭が荘園を分け合い，お互いの支配権を認め合う取り決めを行った。
③ 幕府は，荘園領主と地頭の取り決めによる解決を勧めた。
④ 地頭は，村掟に基づき，荘園領主から入会地や山野・用水の管理など村入用の負担を求められた。

E 室町時代には，戦乱が相次いだが，その中でも農民や商工民の経済活動は活発化$_{12}$した。農民は灌漑施設を作り，二毛作$_{\text{あ}}$を各地で行った。手工業では，京都では高級絹織物が，摂津では酒造りが盛んになり，こうした手工業者や商人が朝廷や寺社を保護者として座$_{\text{い}}$を結成した。貨幣の流通も盛んになったが，国内では宋銭とともに明銭$_{\text{う}}$が利用された。また，金融業として馬借$_{\text{え}}$と呼ばれる高利貸しを兼ねる商工業者が現れた。

11 Eの下線部あ〜えには誤っているものが１つある。それはどれか。

① あ ② い ③ う ④ え

12 下線部12「室町時代には，戦乱が相次いだが，その中でも農民や商工民の経済活動は活発化」したことに関連して，この時期の「経済活動」についての説明のうち，明らかに誤っているものはどれか。

① 手工業の発達によって特産物が生まれた。美濃の和紙はその一例である。

② 各地で定期市がたち，商品が売買されるようになった。月に六回の見世棚が広まった。

③ 貨幣の流通が活発になるにつれ，質の悪い銭も出回るようになったため，幕府や戦国大名は撰銭令を出した。

④ 商業の発達によって遠く離れた場所との取引も活発になり，廻船が往来し，各地に問屋ができた。

F　1590（天正18）年に [13] を討って，ほぼ全国統一を成し遂げた豊臣秀吉は，14名護屋城を本陣とし，15二度にわたって朝鮮に出兵した。

[13] 空欄 [13] に適切なものはどれか。

① 武田信玄　② 明智光秀　③ 北条氏直　④ 伊達政宗

[14] 下線部14「名護屋城」の所在した場所は白地図中のどれに含まれるか。

① オ　② カ　③ キ　④ ク

[15] 下線部15「二度にわたって朝鮮に出兵した」ことに関する事柄として，適切でないものはどれか。

① 1587（天正15）年，秀吉は朝鮮王朝に対し，入貢と明へ出兵するための先導をするようにもとめた。朝鮮はこれを拒否した。

② 1592（文禄元）年，1597（慶長２）年の朝鮮侵略は，朝鮮では，壬辰・丁酉倭乱とよばれた。

③ 1592（文禄元）年，秀吉は15万余りの大軍を朝鮮に送った。朝鮮の義兵の抵抗や明の援軍などにより，次第に日本軍は苦戦を強いられた。

④ 1598（慶長３）年，朝鮮侵略は失敗に終わったが，多くの大名が膨

大な戦費を使った結果，豊臣秀頼政権の基盤は盤石なものとなった。

G　3代将軍徳川家光の時代になると，幕藩体制は確立した。幕府の職制も家光の時代に整備され，老中・若年寄を中心とした政治が行われたが，将軍の権威の下に，老中・若年寄に就くことができたものは，［16］に限られていた。

［16］　空欄［16］に入るもので適切なものはどれか。

①　譜代大名　　②　旗　本　　③　御家人　　④　外様大名

H　江戸時代中期以降には，各地で醸造業が活発になった。酒造では［17］，醤油では［18］が知られている。これらは日本の食文化の形成に大きな役割を果たすことになった。

［17］　空欄［17］に適切でないものはどれか。

①　伊　丹　　②　伏　見　　③　灘　　④　龍　野

［18］　空欄［18］には，関東地方における醤油業の有名な生産地が入るが，その地は白地図中のどれに含まれるか。

①　ア　　②　イ　　③　ウ　　④　エ

〔Ⅱ〕次の史料A・Bを読み，設問に答えよ。なお，史料には改めた部分がある。

A　倭人は帯方の東南大海の中にあり，山島に依りて国邑をなす。旧百余国。漢の時，朝見する者あり。今，使訳通ずる所三十国。郡より倭に至るには，海岸に循いて水行し，韓国を歴て，乍は南し乍は東し，その北岸，狗邪韓国に到る七千余里。始めて一海を度る千余里。対馬国に至る。その大官を卑狗といひ，副は卑奴母離といふ。(略) 南，邪馬台国[19]に至る，女王の都とする所，水行十日，陸行一月。(略) 男子は大小となく，皆黥面文身す。(略) 諸国の文身は各々異り，或は左し，或は右し，或は大に，或は小に，尊卑差あり。(略) 禾稲，紵麻を種え，蚕桑緝績して，細紵・縑緜を出だす。その地には牛，馬，虎，豹，羊，鵲無し。兵は矛，盾，木弓を用いる。木弓は下を短く，上を長くす。竹箭は或いは鉄鏃，或いは骨鏃なり。(略) その俗挙事行来，云為する所有れば，すなわち骨を灼いて卜し，以って吉凶を占い，まず卜する所を告げる。その辞は令亀法の如し。火坼を視て兆しを占ふ。(略)

（ 21 ）

19　下線部19「邪馬台国」の女王卑弥呼の一族として，後に王となった人物はどれか。

① 阿知使主　② 倭王武　③ 台与（壱与）　④ 弓月君

20　史料Aから明らかになる人びとの生活の説明として，最も適切なものはどれか。

① 男女問わず身体や顔に入れ墨を入れていた。
② この地域は比較的温暖で人々は農耕ではなく採集によって食料を調達した。
③ この時代の人々は骨製の武器を利用し，鉄製のものは利用していなかった。
④ 何か事を始める際に，骨を灼いて吉凶を占っていた。

21　空欄 **21** に入る史料Aの名称として適切なものはどれか。

① 「魏志」倭人伝　　② 『隋書』倭国伝
③ 『後漢書』東夷伝　　④ 『漢書』地理志

B　第三条　下田，箱館港の外，次にいふ所の場所を下の期限により開くべし。

神奈川……西洋紀元千八百五十九年七月四日

長　崎……同断

22 ……千八百六十年一月一日

兵　庫……千八百六十三年一月一日

神奈川港を開く後六ケ月にして下田港は鎖すべし。

此の箇条の内に載たる各地は亜墨利加人に居留を許すべし。(略) 双方の国人，品物を売買する事総て障りなく，其払方等に付ては日本役人これに立会はず。

第四条　総て国地に輸入輸出の品々，別冊の通，日本役所へ運上を納むべし。

第五条　外国の諸貨幣は，日本貨幣同種類の同量を以て，通用すべし。

第六条　日本人に対し法を犯せる亜墨利加人は，亜墨利加コンシュル裁断所にて吟味の上，亜墨利加の法度を以て罰すべし。亜墨利加人へ対し法を犯したる日本人は，日本役人糺の上，日本の法度を以て罰すべし。

(『大日本古文書　幕末外国関係文書』)

22　空欄 **22** は，新たに開かれることになった港の一つである。それはどれか。

① 大　坂　　② 新　潟　　③ 名古屋　　④ 広　島

23　史料Bの条約の調印を断行した人物はどれか。

① 阿部正弘　　② 堀田正睦　　③ 井伊直弼　　④ 安藤信正

24 史料Bの条約が結ばれた同年，この条約とほぼ同じ内容の条約が別の四つの国とも締結され，「安政の五か国条約」と呼ばれることになった。他の四か国に含まれない国はどれか。

① オランダ ② ポルトガル
③ イギリス ④ フランス

25 史料Bの条約「第六条」で定められた領事裁判権（治外法権）の撤廃とともに，関税自主権の回復は，後の明治政府にとって，国家の独立と富国強兵を目指す上で外交上大きな課題として残されることになった。関税自主権の完全回復を実現した外務大臣はどれか。

① 井上　馨 ② 陸奥宗光
③ 青木周蔵 ④ 小村寿太郎

〔Ⅲ〕次のA～Gの文章を読み，設問に答えよ。

A　自由民権運動は，**26** らが，民撰議院設立の建白書を提出したことから急速に盛り上がりを見せた。1874年には，**26** は郷里に戻り，立志社を設立した。こうした動きに対し，政府は時間をかけて立憲制へ移行することを決定した（下線部27）。

26 空欄 **26** に適切なものはどれか。

① 西郷隆盛 ② 大隈重信 ③ 植木枝盛 ④ 板垣退助

27 下線部27「政府は時間をかけて立憲制へ移行することを決定した」に関連して，空欄 **26** の人物が，大久保利通，木戸孝允と会談した場所はどれか。

① 東 京　② 神 戸　③ 大 阪　④ 福 岡

B 20世紀のはじめにようやく重工業部門の生産体制$_{28}$が整備され始め，産業革命が進展し，資本主義が成立した。このころに財閥$_{29}$の動きが活発になった。こうした工業化をすすめる一方で，農業の成長は緩やかだった。$_{30}$

28 下線部28「重工業部門の生産体制」についての説明として，明らかに誤っているものはどれか。

① 日清戦争の後，鉄鋼の国内生産を目的に，八幡製鉄所を建設したが，国内の鉄鋼需要を満たす水準ではなかった。

② 日露戦争の頃には，本格的に水力発電が始まり，大都市に電灯が普及した。

③ 鉄道は民営会社を中心に発展していたが，軍事上の要請から，政府は鉄道国有法を公布した。しかし，国が管理できたのは主要幹線だけにとどまり，鉄道全長のほぼ全ては民間会社によって占められた。

④ 重工業の進展は目覚ましいものの，輸出の中心は製糸業・紡績業をはじめとする軽工業であった。輸出が活発になったとしても毎年のように貿易収支は赤字であった。

29 下線部29「財閥」の中で岩崎弥太郎の指導のもと，海運業・鉱山・造船業で成長したものはどれか。

① 三 井　② 三 菱　③ 住 友　④ 古 河

30 下線部30「農業の成長は緩やかだった」に関連して，この時期の農村の変化に関する説明として，適切なものはどれか。

① 小規模経営が中心であったため，肥料や品種改良による影響がほとんど得られず，生産性は向上しなかった。

② 不況・不作の結果，小作農から自作農となる者が増加した。

③ この時期の不況・不作によって，貧しい農家の次男・三男などは工場労働者として働くことになった結果，彼らの生活水準は著しく向上した。

④ 繊維産業の労働者の大半は貧しい農家の出稼ぎの娘たちであった。こうした女性労働者は劣悪な労働環境の下で，長時間労働に従事していた。

C　1918年，米価高騰により起こった米騒動の結果，総辞職した寺内正毅内閣にかわって立憲政友会総裁 31 を首相とする内閣が成立した。 31 は華族でも藩閥出身32でもないことから「平民宰相」と呼ばれ，国民の人気を博した。

31　空欄 31 に適切なものはどれか。

① 犬養　毅　② 加藤高明　③ 高橋是清　④ 原　敬

32　下線部32「藩閥出身」と関連して，この当時，元老として政治に強い影響力を持った長州閥，軍閥の政治家はどれか。

① 松方正義　② 伊藤博文　③ 山県有朋　④ 西園寺公望

D　第二次世界大戦が始まった当初は，ヨーロッパにおけるドイツの優勢は圧倒的であった。こうした情勢は日本にも影響を与えた。日独伊三国同盟33の締結はアメリカを刺激し，衝突を避けるための交渉を始めた。この交渉が失敗に終わり，1941年12月８日，太平洋戦争34が始まった。当初，日本は破竹の勢いで東南アジア方面に侵攻したが，しだいにアメリカ軍などの連合国の本格的な反攻を受けることとなった。1945年９月２日に降伏文書に署名し，戦争は終結した。

33　下線部33「日独伊三国同盟」を締結した当時の外務大臣はどれか。

① 幣原喜重郎　　② 野村吉三郎
③ 広田弘毅　　④ 松岡洋右

34 下線部34「太平洋戦争」の推移についての説明として，適切なものはどれか。

① 開戦から半年の間で東南アジアをはじめとする地域を確保したことは東条内閣の人気を高めた。そうした状況から，日本では選挙が停止され，その再開は戦後を待たなければならなかった。
② 占領地域の戦争協力を求めるために，1943年に大東亜会議を開催した。この会議にイギリスの傀儡であったタイ政府代表者を招待しなかったことが，両国の友好関係に影響した。
③ 太平洋戦争は，日本の陸軍が英領マレー半島に奇襲上陸，日本海軍がハワイの真珠湾を奇襲攻撃することで開始された。こうした動きに対し，特にアメリカの世論は日本に対する敵愾心を高めた。
④ 戦争終結に向けた交渉をソ連に依頼するため，南樺太と千島を譲渡したが，1945年８月に日ソ中立条約を破棄したソ連は満州に侵攻を開始した。

E　第二次世界大戦後，**35** が日本人で初めてノーベル賞を受賞した。また，文学では川端康成（下線部36）が日本で初めてノーベル文学賞を受賞した。

35 空欄 **35** に適切なものはどれか。

① 朝永振一郎　　② 野口英世
③ 長岡半太郎　　④ 湯川秀樹

36 下線部36「川端康成」とともに新感覚派の代表的作家とされるのはどれか。

① 横光利一　② 芥川龍之介
③ 三島由紀夫　④ 志賀直哉

F [37] の壁画の焼損をきっかけに，伝統的価値のある文化財の保護を目的として，1950年に文化財保護法が制定された。

[37] 空欄 [37] に適切なものはどれか。

① 鹿苑寺金閣　② 法隆寺金堂
③ 薬師寺東塔　④ 高松塚古墳

G 1960年に発足した [38] 内閣は，「所得倍増計画」を掲げて，高度経済成長政策を推し進めた。産業界は盛んに設備投資を行い，アメリカなどから新しい技術を導入して，技術革新を図り，生産性の向上を実現した。その結果，日本経済は急成長を遂げ，国民総生産は，フランス・イギリス・西ドイツを凌ぐほどになった。(39)

[38] 内閣の後の佐藤栄作内閣(40)は，高度経済成長の持続に支えられ，7年半以上にも及ぶ長期政権となった。

[38] 空欄 [38] に適切なものはどれか。

① 吉田　茂　② 岸　信介
③ 田中角栄　④ 池田勇人

[39] 下線部39「国民総生産は，フランス・イギリス・西ドイツを凌ぐほどになった」に関連して，1966年から1968年の間に，日本の国民総生産は資本主義国のなかで何位となったか。

① 1位　② 2位　③ 3位　④ 4位

40　下線部40「佐藤栄作内閣」の時期の出来事として適切でないものはどれか。

① 第18回オリンピック東京大会の開催
② 非核三原則の表明
③ 環境庁の発足
④ 日韓基本条約の締結

■世界史■

（60分）

〔Ⅰ〕次の文を読み，以下の各問に答えよ。

19世紀のヨーロッパは，多くの男女を行動に駆り立てて自分たちの考えを社会のなかで実現しようとする哲学，経済学，政治学の理論の出現も経験しました。これがイデオロギーでした。それらのなかで最も重要なのが，自由主義，社会主義，マルクス主義です。

自由主義には二つの面があります。ひとつは政治における自由主義(A)です。自由主義は独裁的な考え方(B)の対極にあり，自由と寛容を賞賛し，ふつうは民主主義にいたります。それはヨーロッパの大部分の国で議会の普通選挙(C)を成功させました。ただし女性には20世紀まで，選挙権も被選挙権もありませんでした(D)。もうひとつの面は経済における自由主義(E)です。自由主義経済とは，生産と交換や，市場の自由なはたらきをめぐる経済活動を，経済法則が調整するにまかせるものです。需要と供給の法則によって，商品の値段や給与の額が上下するにまかせるのです。自由主義は労働者を市場の法則の犠牲者にしました。労働者を銀行や企業，資本家の利益の犠牲にし，失業に直面させ，労働者の大部分を貧困と悲惨のなかに閉じ込めた(F)のです。19世紀，多くの工場労働者の家族の悲惨さは恐ろしいものでした。限度のない経済的自由主義のヨーロッパ，これもまた悪しきヨーロッパでした。

社会主義は政治的自由主義よりもさらに歩を進めて，経済的自由主義と闘いました。社会を社会的正義と平等に向けて進めようとした(G)のです。ドイツ人の哲学者で経済学者のカール・マルクス（1818－83）(H)によって定義されたマルクス主義は，社会主義の究極の形態です。マルクス主義は，物質的利益のための闘いと，社会的階級間，とりわけ労働者階級と資本家階級の闘争を，歴史的進化の法則(I)であるとみなします。階級のない社会の達成をめざし，そのためには革命，そして労働者階級による独裁政権，すなわちプロレタリアート独裁が必然であると考えました。

レーニン(J)によって激化したマルクス主義は，1917年の（　ア　）革命をへて政権を獲得しました。スターリン(K)はソ連邦をマルクス主義の極端で野蛮きわまる活動空間にしてしまいました。ソ連邦は，国家と国家を体現する共産党が完全に支配する経済に立脚していたのです。結果はすでに知られているように，ソ連邦と共産主義の崩壊(L)でした。

科学とイデオロギーの境界で，イギリス人のチャールズ・ダーウィン（1809－82）が動物種の（　イ　）を確立しました。それは最も環境に適応したものが選ばれて生き残るということです。そして人間の祖先は猿にまでさかのぼることになりました。（　イ　）の根拠が科学的と認められるとしても，ダーウィンの見解のいくつかは，今日強く批判されています。

最悪だったのは，いくつかのイデオロギーが科学という仮面をかぶったことです。たとえば，人種主義，あるいは反ユダヤ主義(M)は，ヨーロッパの「内部に巣食う古い悪魔」の近代における再来でした。

（ジャック・ル・ゴフ（前田耕作監訳・川崎万里訳）『子どもたちに語るヨーロッパ史』ちくま学芸文庫，2009年。問題文は一部改変し，表記を改めた。）

下線部(A)について

1789年，フランスの議会において，すべての人間の自由・平等，主権在民，言論の自由，私有財産の不可侵など，近代市民社会の原理を主張した宣言として正しいものを，次の①～④から一つ選べ。 **1**

① 十月宣言　　② 権利の宣言

③ 奴隷解放宣言　　④ 人権宣言

下線部(B)について

独裁的政治体制に関する記述として**誤っているもの**を，次の①～④から一つ選べ。 **2**

① ドイツ帝国宰相となったビスマルクは約20年間，なかば独裁的な権力をふるい，「文化闘争」を開始してカトリック教徒を抑圧した。

② イタリアのムッソリーニはファシスト党による「ローマ進軍」を組織して政府に圧力をかけ，首相に任命された。彼はファシズム大評議会に権力を集中させて一党独裁体制を確立した。

③ 1933年に成立した内閣において首相になったヒトラーは，国会議事堂放火事件で左翼勢力を弾圧したほか，全権委任法を可決して社会民主党の一党独裁体制を確立した。

④ スターリンは古くからの有力指導者をはじめ，反対派とみなした人々を粛清し，彼自身への個人崇拝を強めた。

下線部(C)について

19世紀半ば，七月王政下のフランスでは，中小資本家や民衆のあいだには選挙権拡大を求める動きが広まり，政府がこれを力でおさえようとすると，1848年2月，パリで革命がおこった。このとき亡命した国王として正しいものを，次の①～④から一つ選べ。 **3**

① ルイ＝フィリップ　　② ルイ＝ブラン

③ アレクサンドル2世　　④ ナポレオン3世

下線部(D)について

イギリスにおいてはじめて女性参政権が実現した選挙法改正として正しいものを，次の①～④から一つ選べ。 **4**

① 第2回選挙法改正　　② 第3回選挙法改正

③ 第4回選挙法改正　　④ 第5回選挙法改正

下線部(E)について

いち早く産業革命の始まったイギリスにおいて自由主義的な古典派経済学を確立した人物として正しいものを，次の①～④から一つ選べ。 **5**

① ディケンズ　　② プルードン

③ アダム＝スミス　　④ リスト

下線部(F)について

こうしたなか，イギリス初期の社会主義者で，労働者の待遇改善をとなえ，労働組合や協同組合設立に尽力した工場主として正しいものを，次の①～④から一つ選べ。 6

① オコンネル　② オーウェン　③ バクーニン　④ マルクス

下線部(G)について

工場や土地などの生産手段を社会の共有にして資本主義の弊害を除き，平等な社会を建設すべきであると説いたフランス初期の社会主義者の一人として正しいものを，次の①～④から一つ選べ。 7

① フーリエ　② ルイ＝フィリップ

③ ルイ＝ナポレオン　④ ボードレール

下線部(H)について

マルクスの主著として正しいものを，次の①～④から一つ選べ。 8

① 『資本論』　② 『諸国民の富』

③ 『社会契約論』　④ 『経済表』

下線部(I)について

これまでの歴史を階級闘争の歴史とみなし，「万国の労働者よ，団結せよ」と呼びかけた『共産党宣言』を，1848年にマルクスとともに発表した人物名として正しいものを，次の①～④から一つ選べ。 9

① コブデン　② ブライト　③ ピット　④ エンゲルス

下線部(J)について

レーニンに関する記述として**誤っているもの**を，次の①～④から一つ選べ。

10

① 1917年4月にペトログラードで「四月テーゼ」を発表し，国家権力をソヴィエトに移すことを主張した。

② 広く大衆に基礎をおき，中産階級とも妥協して，ゆるやかに革命をすすめよ

うとしたメンシェヴィキを指導した。

③　1917年11月に武装蜂起を指揮して臨時政府を倒した。

④　ロシアで社会主義を成功させるには，先進資本主義国での革命が不可欠と考えて，1919年に，モスクワでコミンテルンを創設した。

文中空欄（　ア　）にあてはまる語句として正しいものを，次の①～④から一つ選べ。 11

①　フランス　　②　ロシア

③　ピューリタン　　④　辛亥

下線部(K)について

ソ連１国だけで社会主義建設ができるとする一国社会主義論を掲げたスターリンに対し，世界革命を主張したロシア革命指導者で，スターリンとの争いに敗れて1929年に国外に追放された人物として正しいものを，次の①～④から一つ選べ。

12

①　ケレンスキー　　②　ヴィシー

③　フルシチョフ　　④　トロツキー

下線部(L)について

ソ連邦の解体によって，ソ連邦の最初にして最後の大統領となったゴルバチョフがおこなった社会主義をたてなおすことを意図した改革として正しいものを，次の①～④から一つ選べ。 13

①　ペレストロイカ　　②　ネップ

③　ニューディール　　④　五カ年計画

文中空欄（　イ　）にあてはまる語句として正しいものを，次の①～④から一つ選べ。 14

①　実在論　　②　史的唯物論　　③　経験論　　④　進化論

下線部(M)について

1894年にフランスで起きた，反ユダヤ主義を背景とする，あるユダヤ系軍人のスパイ冤罪事件として正しいものを，次の①～④から一つ選べ。 **15**

① 二・二六事件　　② 血の日曜日事件

③ アンボイナ事件　　④ ドレフュス事件

〔Ⅱ〕 年表を見て，以下の問いに答えよ。

	地中海世界	東アジア	南アジア・西アジア
ＢＣ６			
ＢＣ５	(G)十二表法		
ＢＣ４		(M)商鞅の改革	インド最初の統一王朝（　Ａ　）が成立
ＢＣ３	(H)ポエニ戦争	(N)劉邦が中国を統一して皇帝の位につく	（　Ｂ　）王は戦争の悲惨さを見て仏教に帰依した
ＢＣ２		(O)武帝の統治	
ＢＣ１	(I)同盟市戦争		
ＡＤ１			
ＡＤ２		(P)大秦王安敦によって中国に使者が送られる	クシャーナ朝ではローマとの交易が盛んであり，大量の（　Ｃ　）がインドにもたらされた
ＡＤ３	(J)カラカラ帝の治世	(Q)三国時代	ササン朝は（　Ｄ　）を国教に定め，国の統一をはかった
ＡＤ４	(K)テオドシウス帝没		（　Ｅ　）はチャンドラグプタ２世のときに最盛期を迎え，北インド全域を統一する大王国となった
ＡＤ５	(L)西ローマ帝国において最後の皇帝が廃位	(R)北魏の孝文帝	インド東部に建てられた（　Ｆ　）は13世紀にイスラーム勢力に破壊されるまで教学の中心であった

空欄Ａ～Ｆにあてはまる語として正しいものを，以下の①～④から一つ選べ。

Ａ　**16**　①　マウリヤ朝　②　アケメネス朝
③　ナンダ朝　④　グプタ朝

B 17 ① エラム ② ハルシャ ③ アショーカ ④ カニシカ

C 18 ① 銀 ② 香辛料 ③ 絹 ④ 金

D 19 ① イスラーム教 ② バラモン教 ③ 仏教 ④ ゾロアスター教

E 20 ① マウリヤ朝 ② アケメネス朝 ③ ナンダ朝 ④ グプタ朝

F 21 ① ストゥーパ ② ナーランダー僧院 ③ アズハル学院 ④ ボロブドゥール

下線部(G)について

十二表法は慣習法をはじめて成文化したものであるが，それまでに定められていた制度として正しいものを，次の①～④から一つ選べ。 22

① 元老院の決定に拒否権を持つ平民出身の護民官を設ける。
② コンスルのうち一人は平民から選ぶ。
③ 平民会の決議が元老院の認可なしに全ローマ人の国法となる。
④ 元老院は「市民の中の第一人者」を指名する。

下線部(H)について

ポエニ戦争期のローマについて**誤っている**ものを，次の①～④から一つ選べ。 23

① 中小農民は長期の征服戦争に出征するうち，農地が荒廃して没落した。
② 第一次ポエニ戦争の勝利によって，シチリアが最初の属州となった。
③ ローマの支配層は，大土地所有制（ラティフンディア）によって大規模な農業経営をおこなった。
④ 第二次ポエニ戦争の勝利に貢献した無産市民の発言力が高まり，平民派が閥族派を一掃した。

下線部(I)について

同盟市戦争は「内乱の一世紀」と呼ばれる時代の出来事であるが，この時代の前後を含む時期の出来事を古い順に並べたとき三番目に来るものを，次の①～④から一つ選べ。 24

① カエサル暗殺

② スパルタクスに率いられた剣奴の反乱

③ グラックス兄弟の改革

④ アクティウムの海戦

下線部(J)について

カラカラ帝の行った政策として正しいものを，次の①～④から一つ選べ。 25

① 帝国内の全自由人にローマ市民権を与えた。

② イタリア半島全土の自由民にローマ市民権を拡大した。

③ 属州の都市の上層市民にローマ市民権を与えた。

④ 大土地所有を制限して，市民が小作人になることを防いだ。

下線部(K)について

テオドシウス帝に関する文A，Bの正誤の組み合わせとして正しいものを，次の①～④から一つ選べ。 26

A：キリスト教徒を迫害し，「背教者」と呼ばれた。

B：帝国を東西に分割して２子に分け与え，それぞれに正帝と副帝がいるテトラルキアをしいた。

① A－正　B－正　　② A－正　B－誤

③ A－誤　B－正　　④ A－誤　B－誤

下線部(L)について

５世紀前半にパンノニアを中心に大帝国を建てた人物として正しいものを，次の①～④から一つ選べ。 27

① テオドリック大王　　② アッティラ王

③ クローヴィス　　④ オドアケル

下線部(P)について

大秦王安敦にあたると言われている五賢帝最後の皇帝として正しいものを，次の①～④から一つ選べ。 28

① アントニウス

② マルクス＝アウレリウス＝アントニヌス

③ アントニヌス＝ピウス

④ アウグストゥス

下線部(M)について

商鞅の学派として正しいものを，次の①～④から一つ選べ。 29

① 儒家　② 墨家　③ 道家　④ 法家

下線部(N)について

劉邦が建てた王朝として正しいものを，次の①～④から一つ選べ。 30

① 晋　② 前漢　③ 後漢　④ 秦

下線部(O)について

武帝の統治期の出来事として**誤っている**ものを，次の①～④から一つ選べ。

31

① 匈奴を撃退した。

② 朝鮮北部に楽浪郡を置いた。

③ 董仲舒の提案により法家が官学とされた。

④ 均輸・平準などの経済統制策を行った。

下線部(Q)について

三国時代の魏に関する文A，Bの正誤の組み合わせとして正しいものを，次の①～④から一つ選べ。 32

A：官吏の任用制度として郷挙里選を導入した。

B：農民生活の安定と税収確保のため均田制を導入した。

① A－正　B－正　　② A－正　B－誤

③　A－誤　B－正　　④　A－誤　B－誤

下線部(R)について

華北に北魏が存在した時代に，江南にあった王朝として正しいものを，次の①～④から一つ選べ。 **33**

①　晋　②　呉　③　隋　④　宋

〔Ⅲ〕 以下の小問に答えよ。

第二次世界大戦後の世界を記述した文A，Bの正誤の組み合わせとして正しいものを，次の①～④から一つ選べ。 **34**

A：連合国の勝利に決定的な役割を果たした米ソ両国はそれによって戦後世界での指導的地位が認められることとなった。

B：第二次世界大戦を防止できなかった国際連盟のあり方の反省のうえに，1945年，安全保障理事会の権限強化と拒否権を採用した国際連合が発足した。

①　A－正　B－正　　②　A－正　B－誤
③　A－誤　B－正　　④　A－誤　B－誤

ソ連邦解体後の旧ソ連について記述した文A，Bの正誤の組み合わせとして正しいものを，次の①～④から一つ選べ。 **35**

A：エストニア・ラトビア・リトアニアのバルト3国は1991年のソ連でのクーデター後に独立が認められた。

B：エストニア・ラトビア・リトアニアのバルト3国は，2004年にEUに加盟した。

①　A－正　B－正　　②　A－正　B－誤
③　A－誤　B－正　　④　A－誤　B－誤

対外政策と人物の組み合わせとして**適切でない**ものを，次の①～④の一つ選べ。

36

① 封じ込め政策／フランクリン＝ローズヴェルト

② 東方外交／ブラント

③ 制限主権論／ブレジネフ

④ 新思考外交／ゴルバチョフ

産業革命がもたらした社会の変化について記述した文A，Bの正誤の組み合わせとして正しいものを，次の①～④から一つ選べ。 **37**

A：産業革命によって大規模な機械制工場が出現し，少量生産で高価な商品が供給されはじめると，従来の家内工業や手工業は急速に没落した。

B：産業革命の結果，イギリスにおいては都市への人口集中が進行し，マンチェスター・バーミンガムのような大工業都市やリヴァプールのような大商業都市がうまれた。

① A－正 B－正　　② A－正 B－誤

③ A－誤 B－正　　④ A－誤 B－誤

イギリスにおける宗教改革について記述した文A，Bの正誤の組み合わせとして正しいものを，次の①～④から一つ選べ。 **38**

A：テューダー朝のヘンリ８世は，妻との離婚を認めない教皇と対立し，国王至上法を制定してイギリス国教会を成立させた。

B：イギリス国教会は，儀式の面では旧教に似かよった点を残しているが，ほぼカルヴァン主義を採用している。

① A－正 B－正　　② A－正 B－誤

③ A－誤 B－正　　④ A－誤 B－誤

ビザンツ帝国（東ローマ帝国）の歴史について記述した文A，Bの正誤の組み合わせとして正しいものを，次の①～④から一つ選べ。 **39**

A：ビザンツ帝国は西ヨーロッパと異なり，ゲルマン人の大移動によっても深刻な打撃はうけず，商業と貨幣経済は繁栄を続けた。

B：ビザンツ帝国は，政治面ではローマ帝政末期以来の巨大な官僚制による皇帝専制支配が維持された。

①　A－正　B－正　　②　A－正　B－誤
③　A－誤　B－正　　④　A－誤　B－誤

中世末期の西ヨーロッパに出現したルネサンスを記述した文A，Bの組み合わせとして正しいものを，次の①～④から一つ選べ。 **40**

A：ルネサンス期の人文主義者たちは，人間らしい生き方を目指したので，ギリシア・ローマの古典を重視しなかった。

B：ルネサンスは，地中海貿易の盛んなギリシアで早くから展開したが，まもなくほかの国々にも広まった。

①　A－正　B－正　　②　A－正　B－誤
③　A－誤　B－正　　④　A－誤　B－誤

政治・経済

（60分）

〔Ⅰ〕次の文章は，中島岳志『「リベラル保守」宣言』（新潮社，2013年）からの抜粋である。この文章を読み，後の問いに答えよ。

震災(a)は，これまで意識されなかったナショナルな想像力を想起しました。この「内なるネイション」との出会いは，被災地の国民(b)に対して「責務を果たす」という意識を喚起し，多くの行動を呼び起こしました。

近年の構造改革(c)では「小さな政府(d)」路線が推し進められ，国家(e)によるナショナル・ミニマム（最低限の生活(f)水準）までもが切り崩されてきました。公務員(g)数は世界最低水準であるにもかかわらずさらなるリストラが進められ，「減税(h)」を叫ぶポピュリスト政治家(i)が人気を集めてきました。

しかし，震災という非常時を通じて，国民はナショナルな自覚を獲得し，東北の国民を支えるという意識を持ちつつあります。このナショナルな意識を，国家的再配分の動機づけへと接続し，新自由主義(j)を突破していかなければなりません。同胞の苦しみを自らの苦しみと連続させ，支援の手を差し伸べる責任感こそ，ナショナリズム(k)の重要な機能です。

「小さすぎる政府」と化した現在の日本の行政では，セーフティ・ネットに穴が開いています。かつては企業の福利厚生によって支えられてきた労働者(l)とその家族は，日本型経営(m)の否定と崩壊によって不安定な生活の中に叩き込まれました。若者たちは非正規労働・派遣労働といった「柔軟型雇用」によって使い捨てられ，多くの国民が苦境に陥っています。

「内なるネイション」との出会いを通じて，国民と出会った我々は，苦境に陥る国民に手を差し伸べる責務があります。そして，その中心的な役割を果たすべきは国家という存在でしょう。国家によるナショナル・ミニマムの保障と再配分の強化こそが，現在の国民的な課題です。

ナショナリズムを排外的な意識へと先鋭化させるのではなく，国内のネイションに対する責務へとつなげていく必要があるのではないでしょうか。

問1　文中の下線部(a)に関して，阪神大震災と同年に発生した出来事を，下の選択肢のうちから一つ選べ。 1

① 核不拡散条約の無期限延長決定
② 自民・社会・さきがけの三党連立内閣成立
③ PKO等協力法案成立
④ 香港返還

問2　文中の下線部(a)に関して，東日本大震災と同年に発生した出来事を，下の選択肢のうちから一つ選べ。 2

① 中東・北アフリカ各国における「アラブの春」とよばれる運動による政権崩壊
② 米・キューバ，54年ぶりに国交回復
③ 特定秘密保護法の成立
④ 集団的自衛権容認の憲法解釈変更を閣議決定

問3　文中の下線部(b)に関する次の記述のうちから，最も不適当なものを一つ選べ。 3

① 国民は，領域，主権とともに主権国家の三要素の一つである。
② 国民，ないし人民は，国家の基本的ルールである憲法をつくる憲法制定権力をもつと考えられている。
③ 日本国民たる要件は憲法によって定められることが，日本国憲法の第10条に記されている。
④ 国民主権とは，国民そのものが絶対的な政治権力をもつという意味であり，人々が自ら政治をおこなうという民主政治の理念と深い関係がある。

問4　文中の下線部(c)に関する次の記述のうちから，最も不適当なものを一つ選べ。 4

① 2005年の参議院議員総選挙では，郵政民営化が争点となった。

② 自民党は，規制緩和や不況に対する経済政策などへの批判に対応できず，2007年の参議院議員選挙で敗北した。

③ 構造改革路線を代表する政権は，2001年から2006年までの小泉純一郎内閣であった。

④ 日本郵政公社は2003年に発足し，2007年に持株会社と四つの事業会社に分割・民営化された。

問5　文中の下線部(d)に関する次の記述のうちから，最も不適当なものを一つ選べ。 5

① 世界大恐慌の際に実施されたニューディール政策は，小さな政府の考え方とは相反するものであった。

② ケインズによる有効需要の理論が，小さな政府の考え方に経済学的裏付けを与えている。

③ 1980年代のレーガン（アメリカ）やサッチャー（イギリス）の政権が，小さな政府の代表とされる。

④ 1980年代後半の日本では，小さな政府論に基づいて社会保障の受益者負担の増加がおこなわれた。

問6　文中の下線部(e)に関する次の記述のうちから，最も不適当なものを一つ選べ。 6

① 国家は政治の基本的単位として一定の領土内において強制力を合法的に独占している。

② 国家はその権力を行使する際に，客観的規範としての法に基づく必要がある。

③　フランスのボーダンは，国家による支配の形式を伝統的支配，カリスマ的支配，合法的支配の三つに分類した。

④　国家が定める法のうち，国家と国民の関係を規律するものを公法という。

問7　文中の下線部(f)の背景には，日本国憲法第25条がある。次に示す憲法条文中の下線を引いた語句のうち，誤っているものを下の選択肢のうちから一つ選べ。[7]

（第一項）　すべて国民は，健康で文化的な最低限度の生活を営む権利を有する。

（第二項）　国は，すべての生活部面について，社会福祉，社会保障及び国民経済の向上及び増進に努めなければならない。

①　健康　　②　文化的　　③　社会保障　　④　国民経済

問8　文中の下線部(g)に関する次の記述のうちから，最も不適当なものを一つ選べ。[8]

①　日本国憲法第99条には，公務員は憲法を尊重し擁護する義務を負うことが記されている。

②　日本国憲法第73条には，「官吏に関する事務を掌理する」として，内閣が公務員に関する事務をおこなうことが記されている。

③　公務員にも他の労働者とまったく同じ労働基本権が認められている。

④　公務員は全体の奉仕者として，行政を実際におこなう。

問9　文中の下線部(h)に関連して，租税に関する次の記述のうちから，最も不適当なものを一つ選べ。[9]

①　19世紀までは，納税額などの財産資格により一部の人だけが選挙権をもつ制限選挙制が一般的であった。

② 納税の義務は，日本国憲法第30条に定められている。

③ ふるさと納税は2008年から実施された制度で，応援する地方公共団体に寄付をすれば，消費税が控除されるものである。

④ 地方交付税は，地方公共団体間の財政格差を均等化するために，国税の一部を地方に配分する制度であり，所得税，法人税，酒税および消費税の一部がこれにあてられる。

問10 文中の下線部(i)に関連して，歴代の首相と在職時の出来事に関する次の表の 10 ～ 16 に入れるのに最も適当なものを，下の各選択肢のうちから一つ選べ。

年	出来事	日本の首相
10	サンフランシスコ講和会議平和条約調印	吉田茂
1960年	日米安全保障条約改定	11
1965年	日韓基本条約批准	12
13	日中平和友好条約	福田赳夫
14	税率３％の消費税導入	15
1997年	京都議定書採択，山一証券廃業	16

［選択肢］

10 ① 1945年　② 1946年　③ 1950年　④ 1951年

11 ① 池田勇人　② 岸信介　③ 佐藤栄作　④ 田中角栄

12 ① 池田勇人　② 岸信介　③ 佐藤栄作　④ 田中角栄

13 ① 1975年　② 1978年　③ 1980年　④ 1983年

14 ① 1983年　② 1986年　③ 1989年　④ 1992年

15 ① 竹下登 ② 橋本龍太郎
③ 宮澤喜一 ④ 村山富市

16 ① 竹下登 ② 橋本龍太郎
③ 宮澤喜一 ④ 村山富市

問11 文中の下線部(j)に関する次の記述のうちから，最も不適当なものを一つ選べ。 17

① 中曽根内閣のもとで推進された福祉政策の見直しや国鉄などの民営化は，新自由主義的な政策といえる。
② 新自由主義の理論的背景の一つに，フリードマンらのマネタリズムがある。
③ マネタリズムは，政府の裁量的な財政金融政策を排し，貨幣供給量を経済成長率に合わせて一定に保つものである。
④ ピケティは，経済活動を活性化させる新自由主義が貧富の格差縮小や貧困率の低下をもたらしたとして，高く評価している。

問12 文中の下線部(k)に関する次の記述のうちから，最も不適当なものを一つ選べ。 18

① 市民革命の影響が波及し，第一次世界大戦の前には，現在とほぼ同等の数の主権国家が存在していた。
② すべての民族が外部からの干渉を受けることなく，自己の政治的な地位や体制を決定する権利を民族自決権という。
③ 封建秩序を基盤とした絶対主義国家を，国民国家に発展させるきっかけになったといわれるのは，1789年のフランス革命である。
④ 主権国家を基本的な構成単位とする今日の国際社会の原型は，三十年戦争後のウェストファリア会議によるとされている。

問13　文中の下線部(l)に関する次の記述のうちから，最も不適当なものを一つ選べ。 19

① 産業革命を最初に達成したイギリスでは，工場労働者が各地で自然発生的にラッダイト運動と呼ばれる機械打ち壊しをおこなった。

② ローズベルト大統領は，ニューディール政策の一環としてワグナー法を制定し，労働条件の維持改善による不況からの脱出をはかった。

③ タフト・ハートレー法は，公務員のストライキを認め，争議権に対する政府の干渉を禁じたものであった。

④ リーマン・ショック後の大不況の中，派遣労働の人たちが契約を打ち切られる「派遣切り」が社会問題化した。

問14　文中の下線部(m)に関する次の記述のうちから，正しいものを一つ選べ。 20

① 年功序列型賃金体系は，従業員の年齢や勤続年数に応じて賃金が上がる制度であり，格差拡大への対策として採用する企業が増えている。

② 労働者の高齢化などによる労働コスト上昇への対策として，成果主義に代わって年功序列型の賃金体系を採用する企業が増えている。

③ 労働コストを減らすために，企業はアルバイトや派遣労働者，契約社員などの非正規労働者を終身雇用制の正社員に比して減少させている。

④ 終身雇用制は，企業が従業員を定年まで継続して雇用する制度のことをいう。

〔Ⅱ〕 次の文章を読み，後の問いに答えよ。

私たちは日頃，働いて給料を受け取り，そこから衣食住に必要な支出をおこない，あるいは貯蓄をおこなっているが，これらすべてにお金のやり取りが関わっている。お金は学術上，あるいは制度上，「貨幣(a)」あるいは「通貨」と呼ばれる。通貨には現金通貨と預金通貨があり，前者には [21] が発行する紙幣と，政府が発行する硬貨がある。また後者には家計にもなじみ深い普通預金や，主に企業が用いる当座預金などがある。当座預金は [22] で引き出すところに特徴がある。

お金は，人から人へとわたることによって，経済を動かしている。この中には，雇用や売買にともなう支払だけでなく，資金に余裕のある人から資金が不足する人への融通をおこなう，金融のしくみを通じたお金の流れがある。金融には，資金の貸し手と借り手が直接に融通し合う直接金融と，金融機関を介して資金の貸し借りをする [23] 金融とがあり，企業が株式や [24] を発行して資金調達するのは前者，運転資金を銀行から借り入れるのは後者である。

資金の貸借において借り手が貸し手に支払う金利は，お金を借りたい人の方が多ければ上昇し，お金を貸したい人の方が多ければ下落する。借り手と貸し手が取引する場である金融市場(b)において，金利は [25] の役割を担っており，資金の需要と供給の関係を反映するとともに，景気や物価(c)など経済全体の動きとも深く関係している。

こうした中で，日本では [21] が，各種の金融政策を担っている。その代表的なものが [26] であり，市中で取引されている国債や手形などの有価証券を売買することを通じて，短期金融市場における資金の供給量を調整し，政策金利を誘導している(d)。他方で，市中銀行に資金を貸し出す時の金利を上下させる [27] は，現在ではその役割を終えている。

金融市場や金融政策の実態は，時代とともに変化してきた。戦後から高度成長期にかけては，外国との金融取引の規制， [24] 発行規制，金融機関に対する金利規制，業態別分野の規制といった各種規制の中で，資金の需要側・供給側の双方の行動が一定の制約を受け，また保護の下にあった。とりわけ，金融機関全体の存続と利益を守ることを目的とした裁量的な行政は， [28] とも呼ばれた。

1970年代から1980年代にかけては，石油危機にともなう国債大量発行や経済活動の国際化といった環境変化の中で，時間をかけて各種規制が撤廃され，金融自由化が進展していった。そして1990年代の日本版金融ビッグバン(e)により，ついに [28] は終焉《しゅうえん》を迎えることになった。

2000年代以降は，米国における [29] 危機に端を発した世界的不況の影響もあって，従来日本がモデルとしてきた欧米の金融システムも，苦境に陥ることになった。逆に日本が先駆的におこなってきた [30] 金融政策が，欧米でも実施されるに至っている。そこでは政策目標が金利から資金の供給量に切り替わるといった変化があり，一定の成果はあった。しかし状況を十分好転させるまでには至っておらず，さらなる政策の革新が求められる。私たち一人ひとりも金融市場の基本的なしくみを理解し，政策動向に関心を持ち続けることが大切といえよう。

問1　文中の [21] ～ [30] に入れるのに最も適当なものを，下の各選択肢のうちから一つ選べ。

［選択肢］

[21]
①　日本銀行　　②　財務省
③　金融庁　　④　全国銀行協会

[22]　①　現金　　②　米俵　　③　小切手　　④　金地金

[23]　①　市場　　②　他人　　③　間接　　④　相対

[24]　①　国債　　②　動産　　③　社債　　④　不動産

[25]　①　債権　　②　価格　　③　債務　　④　取引数量

[26]
①　公開市場操作　　②　公定歩合操作
③　預金準備率操作　　④　外国為替平衡操作

27　① 公開市場操作　② 公定歩合操作
③ 預金準備率操作　④ 外国為替平衡操作

28　① 引受募集方式　② 護送船団方式
③ 公募入札方式　④ 単独航行方式

29　① サブプライム・ローン　② サムライ・ボンド
③ マイカー・ローン　④ ショーグン・ボンド

30　① 非伝統的　② 非競争的　③ 非効率的　④ 非営利的

問2　文中の下線部(a)のもつ複数の機能に関する次の記述のうちから，最も不適当なものを一つ選べ。 **31**

① 貨幣には，さまざまな商品の価値を金額で示す働きがあり，これを価値尺度機能という。

② 貨幣には，いつでも他者の財・サービスと交換できる働きがあり，これを交換機能という。

③ 貨幣には，手元にとっておけば，価値（富）を蓄えることができる働きがあり，これを価値貯蔵機能という。

④ 貨幣には，それを中央銀行にもっていけば金と交換してもらえる働きがあり，これを本位機能という。

問3　文中の下線部(b)に関する次の記述のうちから，最も不適当なものを一つ選べ。 **32**

① 金融市場のうち，資金の貸し借りの期間が10年以上のものを長期金融市場，10年未満のものを短期金融市場という。

② 銀行間で日々の資金の余剰や不足を調整しあうコール市場は，短期金融市場に含まれる。

③　金融市場は，借り手による将来の支払約束に対する貸し手の信用を基礎として成り立っている。

④　支払に対する約束などが記された紙片を有価証券といい，それ自体が市場で発行・流通されている。

問 4　文中の下線部(c)に関する次の記述のうちから，最も不適当なものを一つ選べ。 **33**

①　物価とは，市場で取引されている多数の財・サービスの価格を集計的にあらわしたものである。

②　物価が高くなることは，財・サービス購入に対してより多くの貨幣が必要になることであり，貨幣の価値が低くなることを意味する。

③　購買力平価説によれば，為替相場は各国の通貨の購買力によって決まるから，物価の高い国の通貨は安くなる。

④　資源・エネルギー価格の高騰にともなう生産費用増加によって生じる物価上昇は，ディマンド・プル・インフレーションである。

問 5　文中の下線部(d)に関する次の記述のうちから，最も適当なものを一つ選べ。 **34**

①　有価証券を市場から買うと，市場における資金量が増加し，金利は下落する。

②　有価証券を市場に売ると，市場における資金量が増加し，金利は上昇する。

③　有価証券を市場から買うと，市場における資金量が減少し，金利は上昇する。

④　有価証券を市場に売ると，市場における資金量が減少し，金利は下落する。

問 6　文中の下線部(e)の構想において掲げられた三原則として正しいものを，下

の選択肢のうちから一つ選べ。 **35**

① フリー・フェア・グローバル

② 自由・平等・博愛

③ クオリティ・コスト・デリバリー

④ 安定・成長・分配

〔Ⅲ〕 次の文章を読み，後の問いに答えよ。

2020年以降，感染症への対応として，大規模な財政措置が講じられているが，日本の財政(a)はかねてより国債(b)の累積問題に直面している。1965年の不況をきっかけに，1966年度に建設国債が発行されるようになった。1973年の第一次石油危機による不況によって税収が大幅に減ったため，一般的な経費をまかなうための赤字国債が1975年度に発行された。

1980年代には，緊縮財政がおこなわれるようになり，1980年代後半のバブル経済によって財政が好転すると，1990年度の当初予算では特例公債の発行をゼロに抑《おさ》えることができた。また，税制改革がおこなわれ，所得税の累進度を弱めて最高税率を引き下げるとともに，消費税(c)が導入された。

バブル経済崩壊後の1990年代には不況対策として巨額の公共投資がおこなわれ，その後も社会保障費が急増したことにより，巨額の赤字国債が発行されるなど，国債発行額は急増した。2009年度には公債発行額が一般会計の税(d)収を上回った。歳入に占める国債依存度が高まり，歳出に占める国債費の割合も急伸した。

国の借金残高は2021年度末には，1,000兆円に達している。また，プライマリー・バランス(e)も大幅な赤字となっており，財政危機の状態にあるといえる。

少子高齢化が進む中で，少子化対策や高齢者福祉の充実のための社会保障(f)費の増加は避けられない。こうした現状を踏まえ，その財源を確保するために，税制改革が不可欠となっており，社会保障と税の一体改革(g)が実施された。

増大する支出をいかなる形の収入でまかなうかは今後の大きな課題である。それぞれの税が持つ性質を比べながら，国民的な合意を得ることが重要であり，持続可能な経済財政運営の必要性が高まっている。

問1　文中の下線部(a)に関連する次の文章を読み，後の問いに答えよ。

政府の収入と支出の活動が財政であり，政府は毎年，一般会計予算(ア)，特定の収入を財源として特定の事業をおこなう特別会計(イ)予算，政府関係機関の政府関係機関予算を作成して国会に提出し，これらを一体として国会の承認を得て，実行に移す。これを **39** という。

税収などを基礎とする予算とは別に，政府の経済政策を補うものとして財政投融資計画がある。この計画は予算編成と並行して策定され，国会で議決される。特殊法人や独立行政法人などは事業資金を財投債の発行により調達している。

会計年度における歳入と歳出の実績を示す決算は，**40** の検査を受けた後，内閣が次年度に国会に提出する。

問1－1　文中の下線部(ア)に関する次の記述のうちから，正しいものを一つ選べ。 **36**

① 2021年度一般会計予算は100兆円を超え，その歳入のうち，建設公債が全体の約40％を占めている。

② 会計年度から実施される予算を本予算といい，会計年度の途中に予想外の状況が生じて組まれる予算を暫定予算という。

③ 年度当初に予算の議決ができない場合には，補正予算が組まれる。

④ 一般会計歳出より国債費と地方交付税交付金を除いた分を一般歳出という。

問1－2　文中の下線部(ア)に関して，2021年度の一般会計歳出の内訳の上位三項目を左から並べたものとして，正しいものを一つ選べ。 **37**

① 1：社会保障関係費　2：国債費　3：地方交付税交付金等

② 1：国債費　2：社会保障関係費　3：公共事業関係費

③ 1：社会保障関係費　2：地方交付税交付金等　3：国債費

④ 1：国債費　2：地方交付税交付金等　3：公共事業関係費

問1-3 文中の下線部(イ)に関する次の記述のうちから，正しいものを一つ選べ。 38

① 特別会計は第二の予算とよばれ，財投債を発行するなどして調達した資金を財源としている。

② 特別会計は，国が特定の事業を営む場合や特定の資金を保有して運用をおこなう場合などのための会計のことをいう。

③ 予算が分立すると効率が損なわれるが，特別会計は統廃合されたことはない。

④ 特別会計は，行政機関から独立した全額政府出資の法人予算のことである。

問1-4 文中の 39 ， 40 に入れるのに最も適当なものを，下の各選択肢のうちから一つ選べ。

［選択肢］

39 ① 財政民主主義　② 租税法律主義
③ 計画経済主義　④ 均衡財政主義

40 ① 人事院　② 会計検査院
③ 財務省　④ 総務省

問2 文中の下線部(b)に関連する次の文中の 41 ～ 43 に入れるのに最も適当なものを，下の各選択肢のうちから一つ選べ。

国の予算の基本方針について定めた [41] において，原則として公債発行は認められていないが，国会の議決を経た金額の範囲内で，公共事業費の財源にあてるための建設公債の発行を認めている（同法第4条）。しかし，公共事業費以外の歳出にあてるために発行される特例公債の発行は禁止されており，発行するためには，その都度，特例法を制定する必要がある。

また， [42] が公債を直接引き受けることを原則として禁止している（同法第5条）。これを [43] という。しかし，発行後1年経過したものは例外的に買い切りが認められており，2021年度末の国債の保有者内訳をみると， [42] が40％を超え，格付け評価機関による日本国債の評価は高くはないものの価格の暴落は起きていない。

［選択肢］

[41]　①　租税法　②　行政法　③　財政法　④　会計法

[42]　①　日本銀行　②　市中銀行
③　民間企業　④　個人投資家

[43]　①　必要即応の原則　②　公平性の原則
③　補足性の原則　④　市中消化の原則

問3　文中の下線部(c)に関する次の記述のうちから，正しいものを一つ選べ。 [44]

①　税収に占める消費税の割合は，2018年度で32.6％であり，法人税や所得税の構成比を下回っている。
②　消費税は2014年に8％，2019年には10％に引き上げられた。
③　消費税導入時より軽減税率が適用された。
④　現在の消費税の内訳は国税5％と地方消費税5％である。

問4　文中の下線部(d)に関して国税に含まれないものを，下の選択肢のうちから一つ選べ。 **45**

① 所得税　② 相続税　③ 都市計画税　④ 酒税

問5　文中の下線部(d)に関する次の記述のうちから，最も不適当なものを一つ選べ。 **46**

① 戦後はシャウプ勧告によって間接税中心の税制がしかれた。
② 税制は公平，中立，簡素の三つの原則を満たすことが望ましい。
③ サラリーマンの所得は源泉徴収されるため，その補足率は自営業者や農業従事者と比較して高いといわれている。
④ 累進所得税には，社会保障と同じく所得の再分配機能がある。

問6　文中の下線部(e)に関する次の記述のうちから，正しいものを一つ選べ。 **47**

① プライマリー・バランスとは，国債を除く税収入などの歳入と，国債の元利払いを除いた歳出の差のことをいう。
② リーマン・ショックにより，ドイツと日本の財政赤字は急増したため，財政再建にむかったが失敗し，どちらも財政の黒字化は実現しなかった。
③ 返済期間が1年を超える国の債務の総計のことをプライマリー・バランスという。
④ プライマリー・バランスは新規の国債発行額のことをいう。

問7　文中の下線部(f)に関する次の記述のうちから，最も不適当なものを一つ選べ。 **48**

① 年金制度では，老齢年金以外に，障害年金，遺族年金が支給される。
② 公的介護保険の加入者は要介護状態と認定されると介護サービスの費用

が給付される。

③　医療保険では，年齢に関係なく一律3割の医療費を自己負担する。

④　生活保護制度を申請する時には，資力調査がおこなわれる。

問8　文中の下線部(f)について，日本の社会保障給付費に関する次の記述のうちから，最も不適当なものを一つ選べ。 **49**

①　社会保障給付費は，2019年度の総額は123.9兆円で，対国民所得比では30％を超えている。

②　社会保障給付費の内訳をみると，医療の割合が最も高く，その次に年金となっている。

③　高齢者数の増加に伴い社会保障給付費が増大したため，公的年金制度ではマクロ経済スライドが導入された。

④　社会保障負担率と租税負担率の合計である国民負担率について，2017年度の数値を諸外国と比較すると，アメリカより高く，北欧諸国より低くなっている。

問9　文中の下線部(g)に関する次の記述のうちから，正しいものを一つ選べ。 **50**

①　社会保障の充実・安定化のため，地方の独自課税と地方債発行についての財政自主権が弱められた。

②　経済的に困窮《こんきゅう》し，最低限度の生活を維持できなくなるおそれがある人のために，生活保護を拡充した。

③　社会保障の充実のための安定財源確保と財政健全化の同時達成を目指し，2012年に消費税増税法案を含む関連法案が可決された。

④　消費税率は引き続き据え置かれることになった。

数学

（60分）

解答上の注意

1　解答は，解答用紙の問題番号に対応した解答欄にマークしなさい。

2　問題の文中の $\boxed{\text{ア}}$，$\boxed{\text{イウ}}$ などには，特に指示がないかぎり，符号（－），数字（0～9），又は文字（a～e）が入ります。**ア**，**イ**，**ウ**，…の一つ一つは，これらのいずれか一つに対応します。それらを解答用紙の**ア**，**イ**，**ウ**，…で示された解答欄にマークして答えなさい。

例　$\boxed{\text{アイウ}}$ に $-8a$ と答えたいとき

ア	●	⓪	①	②	③	④	⑤	⑥	⑦	⑧	⑨	ⓐ	ⓑ	ⓒ	ⓓ	ⓔ
イ	⊖	⓪	①	②	③	④	⑤	⑥	⑦	●	⑨	ⓐ	ⓑ	ⓒ	ⓓ	ⓔ
ウ	⊖	⓪	①	②	③	④	⑤	⑥	⑦	⑧	⑨	●	ⓑ	ⓒ	ⓓ	ⓔ

なお，同一の問題文中に $\boxed{\text{ア}}$，$\boxed{\text{イウ}}$ などが2度以上現れる場合，原則として，2度目以降は，$\boxed{\text{ア}}$，$\boxed{\text{イウ}}$ のように細字で表記します。

3　分数形で解答する場合，分数の符号は分子につけ，分母につけてはいけません。

例えば，$\dfrac{\boxed{\text{エオ}}}{\boxed{\text{カ}}}$ に $-\dfrac{4}{5}$ と答えたいときは，$\dfrac{-4}{5}$ として答えなさい。

また，それ以上約分できない形で答えなさい。

例えば，$\dfrac{3}{4}$，$\dfrac{2a+1}{3}$ と答えるところを，$\dfrac{6}{8}$，$\dfrac{4a+2}{6}$ のように答えてはいけません。

4　小数の形で解答する場合，指定された桁数の一つ下の桁を四捨五入して答えなさい。また，必要に応じて，指定された桁まで⓪にマークしなさい。

例えば，$\boxed{\text{キ}}$．$\boxed{\text{クケ}}$ に2.5と答えたいときは，2.50として答えなさい。

5　根号を含む形で解答する場合，根号の中に現れる自然数が最小となる形で答えなさい。

例えば，$4\sqrt{2}$，$\dfrac{\sqrt{13}}{2}$，$6\sqrt{2a}$ と答えるところを，$2\sqrt{8}$，$\dfrac{\sqrt{52}}{4}$，$3\sqrt{8a}$ のように答えてはいけません。

〔1〕

(1)　連立不等式 $\begin{cases} 2(x-1)+9<3(x+2) \\ |2x-3|<x+6 \end{cases}$ を満たす x の値の範囲は

$$\boxed{\text{ア}}<x<\boxed{\text{イ}}$$

である。

(2)　放物線 $y=x^2-x+a$ と直線 $y=3x+1$ が異なる2点で交わるとき，定数 a の値の範囲は

$$a<\boxed{\text{ウ}}$$

である。また，その2点間の距離が $4\sqrt{5}$ のとき，a の値は

$$a=\boxed{\text{エ}}$$

である。

(3)　$0°<\theta<90°$ とする。$2\sin\theta=\sqrt{3}\cos^2\theta$ のとき，

$$\sin\theta=\frac{\sqrt{\boxed{\text{オ}}}}{\boxed{\text{カ}}},\ \tan\theta=\frac{\sqrt{\boxed{\text{キ}}}}{\boxed{\text{ク}}}$$

である。

(4)　実数全体を全体集合とし，その部分集合

$$A=\{x\,|\,x^2-6x+5\leqq 0\},\ B=\{x\,|\,3x-x^2\leqq 0\}$$

について，

$$A\cap B=\left\{x\,\middle|\,\boxed{\text{ケ}}\leqq x\leqq\boxed{\text{コ}}\right\},$$

$$\overline{A}\cap\overline{B}=\left\{x\,\middle|\,\boxed{\text{サ}}<x<\boxed{\text{シ}}\right\}$$

である。$\overline{A}$，$\overline{B}$ はそれぞれ集合 A，B の補集合を表す。

〔2〕白玉4個，赤玉2個，黒玉1個があり，この7個の玉を，無作為に左から右へ順に一列に並べる。ここで，同じ色の玉は区別しないものとする。

(1)　両端に白玉がくる並べ方は $\boxed{\text{アイ}}$ 通り，両端の玉の色が異なる並べ方は $\boxed{\text{ウエ}}$ 通りである。

(2)　2個の赤玉が隣り合わない並べ方は $\boxed{\text{オカ}}$ 通り，黒玉と赤玉が隣り合わない並べ方は $\boxed{\text{キク}}$ 通りである。

(3)　左から5番目の位置に2個目の赤玉がある確率は $\dfrac{\boxed{\text{ケ}}}{\boxed{\text{コサ}}}$ である。このとき，黒玉が2個の赤玉の間の位置にある条件付き確率は $\dfrac{\boxed{\text{シ}}}{\boxed{\text{スセ}}}$ である。

〔3〕

(1)　実数係数の方程式 $x^2-ax+b=0$ のひとつの解が $x=1+\sqrt{3}i$ のとき，

$$a=\boxed{\text{ア}}\ ,\ b=\boxed{\text{イ}}$$

である。また，$f(x)=3x^3-11x^2+24x-17$ に対して，

$$f(1+\sqrt{3}i)=\boxed{\text{ウ}}+\boxed{\text{エ}}\sqrt{3}i$$

が成り立つ。ただし，i は虚数単位である。

(2)　$\log_{10}2=0.3010$，$\log_{10}3=0.4771$ とする。

24^{24} は $\boxed{\text{オカ}}$ 桁の数であり，その最高位の数字は $\boxed{\text{キ}}$ である。

(3)　関数 $f(x)=ax^2+bx$ が $\displaystyle\lim_{x\to1}f(x)=4$，$\displaystyle\lim_{h\to0}\frac{f(1+h)-f(1)}{h}=7$ を満たすとき，実数の定数 a，b の値は

$$a=\boxed{\text{ク}}\ ,\ b=\boxed{\text{ケ}}$$

である。

(4)　関数 $y=\dfrac{1}{3}x^3+x^2-3x+\dfrac{5}{3}$ のグラフと x 軸で囲まれた部分の面積は

[コサ] である。

〔4〕 xy 平面上に，3つの直線

$$l:3x+y-3=0,\ m:2x-y-2=0,\ n:x-y+3=0$$

があり，l と m，m と n，n と l の交点をそれぞれA，B，Cとする。

(1)　交点Bの座標は

([ア] , [イ])

である。また，三角形ABCの面積は

△ABC＝ [ウエ]

である。

(2)　3点A，B，Cを通る円の方程式は

x^2+y^2- [オカ] $x-$ [キ] $y+$ [ク] $=0$

であり，

中心の座標は ([ケ] , [コ])，半径は [サ]

である。

(3)　三角形ABCの辺上および内部の点 $(x,\ y)$ に対して，$(x-6)^2+y^2$ のとりうる値の範囲は，

[シス] $\leqq(x-6)^2+y^2\leqq$ [セソ]

である。

①　一方で　②　仮に　③　むしろ　④　代わりに　⑤　ところで　⑥　こうして

問二十　空欄 F に入る語としてもっとも適当なものを、次の中から一つ選べ。　39

①　台頭　②　後退　③　拡大　④　逆転　⑤　衝突

問二十一　甲 乙 文で繰り返し用いられている「エビデンス」に相当するものはどれか。もっとも適当なものを次の中から一つ選べ。　40

①　説明責任　②　リスクに対する認識　③　規制科学
④　科学的な知見　⑤　実証的なデータ

問二十二　甲 乙 文の内容に**合致しないもの**を、次の中から二つ選べ。なお、解答の順は問わない。　41　42

①　クリントン政権では、行政運営の重要な要素として費用対効果の優先順位が上がった
②　一九九五年には米国の原子力規制委員会が確率論的リスク評価の適用を正式に勧めるようになった
③　一九九〇年代には政府の政策全般をエビデンスに基づいて策定しようとする動きが出てきた
④　各国の幅広い規制行政の分野で、リスク評価とリスク管理は密接な連携が図られている
⑤　ＥＢＰＭを概念的ルーツとしてそれを医療の場に適用したのがＥＢＭである
⑥　食品や医薬品等に関わる「デラニー条項」は「ゼロ・リスク」のアプローチに基づいている
⑦　一九九〇年代にはリスクに対する主観的認識の非合理性が重要な問題とされるようになった
⑧　科学者のリスク認識に不確実性やバイアスが含まれていることが明らかになってきた

問十六 傍線部**カ**「リスク評価」について述べた文として**誤っているもの**を、次の中から一つ選べ。 31

① 医薬品であれば効能と副作用を評価することである
② 時代を経てこのプロセスに利害関係者や市民が加わるべきと考えられるようになってきた
③ 政治的・社会的な観点とは価値観の異なる観点に基づいている
④ リスク管理とは別個のものとして、相互に妥協し合うべきではないと考えられている
⑤ 行政的な判断に先立って行われる

問十七 空欄 i ～ v には「科学的」か「政治的・社会的」のいずれかが入る。これらのうち、「科学的」が入る箇所の組み合わせとしてもっとも適当なものを、次の中から一つ選べ。 32

① i・iii・iv ② i・iii・v ③ i・iv ④ i・v
⑤ ii・iii・iv ⑥ ii・iii・v ⑦ ii・iv ⑧ ii・v

問十八 二重傍線部(α)「遮」、(β)「接」、(γ)「携」の漢字を**訓読み**したとき、その最初の一文字は何か。もっとも適当なものを次の中からそれぞれ一つ選べ。

(α) 33 (β) 34 (γ) 35

① あ ② か ③ け ④ さ ⑤ し ⑥ す ⑦ せ ⑧ た ⑨ つ

問十九 空欄 V ～ VII に入る語句としてもっとも適当なものを、次の中からそれぞれ一つ選べ。ただし、同じものを二度用いることはできない。

V 36 VI 37 VII 38

学者ゴードン・ガイアットが一九九二年に提唱した概念で、医師が診療を行う際に、学術的な知見や自身の経験などを基礎とした推論に拠《よ》るのではなく、最善のエビデンス、すなわち実証的なデータに基づいて意思決定を行うという医療のあり方である。このＥＢＭの概念を政策形成に適用したのがＥＢＰＭであった。

利害関係者の圧力や慣行、政策立案者の経験や直感ではなく、客観的な根拠に基づいて政策を立案、決定することをめざすＥＢＰＭは、一九九〇年代以降、英国などでいち早く全政府的に推進され、米国でもその流れが強まっていく。

（佐藤靖『科学技術の現代史』による）

問十四　波線部(5)・(6)の意味としてもっとも適当なものを、次の中からそれぞれ一つ選べ。

(5)　曲解　28

①　相手の説を侮ってぞんざいに解説すること　②　うっかり間違った解釈をすること
③　想像に基づいていい加減に解釈すること　④　わざとそのまま受け取らずに解釈すること
⑤　自分の非を隠蔽するような解説をすること

(6)　超然　29

①　物事に気づかない様子　②　思い切って実行する様子
③　周りにとらわれず平気でいる様子　④　きっぱりと決心した様子
⑤　他を見下して偉そうにする様子

問十五　空欄 E に入る語としてもっとも適当なものを、次の中から一つ選べ。　30

①　投じる　②　乗じる　③　報じる　④　命じる　⑤　講じる

［Ⅴ］、リスクの規制は社会的な課題であり、一般の人々のリスク認識を重視するほうが合理的な場合もある。［Ⅵ］、科学者のリスク認識も不確実性やバイアスを含むことも知られてきた。この時期には、科学技術の権威がもう一段相対化されたとみることもできよう。［Ⅶ］、リスク対応における科学の役割や位置づけは変化してきた。科学は(6)超然として、政治や社会に真正な知見を伝えていればそれでよいという立場が［F］し、科学は適切な形で政治や社会と関わりあうべきと考えられるようになってきたのである。

　さまざまなリスクへの対応は政府の重要な任務の一つであるが、一九九〇年代にはリスク対応以外の行政分野でも客観的・定量的な評価結果、ないしエビデンスに基づいて政策を立案すべきとする動きが広がってきた。

　このエビデンスに基づく政策形成（ＥＢＰＭ：Evidence Based Policy Making）という考え方は、教育や社会福祉など、科学技術との直接的な関わりが低い分野でも提唱された。そうした分野では科学的な知見というよりも、統計的なデータから導き出したエビデンスが政策の根拠となる。医薬品規制や食品安全のような分野では政策の根拠となる科学は規制科学（レギュラトリーサイエンス）と呼ばれるが、科学技術との直接的な関わりが低い教育や社会福祉のような分野では政策の根拠となる知見はエビデンスと呼ばれる。

　なお、一見まぎらわしいが、科学技術政策でも近年ＥＢＰＭが提唱されてきた。科学技術政策の大きな課題は、科学技術への公的投資をいかに費用対効果の高い形で行うかである。主にこの課題を念頭に、米国では二〇〇七年から「科学イノベーション政策の科学」という事業が始まった。科学技術政策の効果を定量的に評価し、そのエビデンスをまた政策立案に反映することをねらいとする。同時に、科学技術への公的投資について説明責任を果たすこともめざす。

　なお、ＥＢＰＭの概念的ルーツはエビデンスに基づく医療（ＥＢＭ：Evidence-Based Medicine）にある。これはカナダの医

乙　一般的にリスクへの対応では、まずリスクの性格や大きさを科学的に評価し、次にそれを基に実行可能な対応策を［　E　］。前者をカリスク評価といい、後者をリスク管理というが、その間をどうつなぐかに複雑な問題がある。それは、リスク評価のベースとなる科学的な観点と、リスク管理を行う際に考えるべき政治的・社会的な観点との間に価値観の相異があるからだ。両者の間の折り合いをつけることは、科学技術を現代社会に組み入れるプロセスの一つであるといえる。

科学的な観点に基づくリスク評価は、政治的・社会的価値観が入り込むリスク管理から独立して実施することが重要とされる。たとえば、新しく開発された医薬品の流通・販売を政府が承認する際、まずその効能と副作用を科学的な観点から評価したうえで、次に社会的状況や財政状況などを勘案して最終的に行政的な判断を行う。これにより、［　i　］な考慮が［　ii　］な評価を歪《ゆが》めるのを防ぐことができる。

リスク評価の段階から［　iii　］観点以外の考慮が入ったらどうなるだろうか。科学的判断はつねに不確実性をともなうので、その不確実性の幅のなかで科学者は政治的・社会的な考慮を払いうる。だがそれでは［　iv　］判断自体が［　v　］な影響下にあることになり、規制行政への信頼が保てない。このため、リスク評価とリスク管理とは分離したほうがよいというのが原則である。

ただし、リスク評価を行う側とリスク管理を行う側との意思疎通が(α)遮断されてしまえば、前者の評価結果が後者に(5)曲解されてしまう恐れがある。また、後者の立場からみて的外れな評価を前者が行う可能性もある。実際に各国では、医薬品審査を含む幅広い規制行政の分野で、リスク評価とリスク管理の分離が意識されながらも両者の密(β)接な連(γ)携が図られている。

リスク評価から政治的・社会的考慮を排除すべきという考え方も、時代を経て微妙に変わってきた。一九九〇年代からはリスク評価のプロセスに利害関係者や市民も加わるべきとされるようになってきたのである。リスクに対する認識は主観によって大きく左右されるが、そうした主観的認識は必ずしも非合理的とはいえないからである。

①　管理　②　評価　③　結果　④　コスト　⑤　リスク　⑥　手続き　⑦　伝統

問十三　甲　文の内容に**合致しないもの**を、次の中から二つ選べ。なお、解答の順は問わない。　26　27

①　高い費用対効果を出すための手段として期待されたのが、リスクをゼロに抑える科学的手法であった

②　一九九〇年代の米国では、限られた財政資源で最大限の社会的効果を出すことが一層求められるようになった

③　化学物質や原子力発電所のリスクについての議論は、一九七〇年頃から盛んに行われていた

④　食品・医薬品・化粧品におけるリスクをゼロに抑えることを目指して規制が行われていた時期があった

⑤　一九八六年にベックは、富の分配に代わって、リスクの分配が重要な問題となる社会が到来していると指摘した

⑥　定量的なアプローチをとることによって、費用対効果の高い実効的リスク対応が一応可能になった

⑦　食品中の発がん性物質については、「ゼロ・リスク」から確率論的・定量的なアプローチへと対応が変更した

① 米国では一九七〇年代末から、効率的な安全対策のためその検討が進められた

② 評価を行う過程で多くの仮定や推定、技術者の主観的な判断などが入り込む

③ 近隣住民にリスクを強いる根拠になりかねない点で強い批判を受けている

④ 原子力発電所の過酷事故のリスクを定量的に論じることを一応可能にする

⑤ 原子力発電所の事故のリスクをゼロに抑えるために、新たな手法として導入された

問十　傍線部**エ**「故障シナリオ」の説明としてもっとも適当なものを、次の中から一つ選べ。　22

① システム全体の故障が発生し、過酷事故に至るまでのシナリオ

② システム全体の故障を防ぐために、多重の仕組みが設けられるようになるまでのシナリオ

③ 部品の不具合やソフトウェア上のエラーが生じたり、人為的ミスが起きたりするまでのシナリオ

④ 故障を防ぐ多重の仕組みをかいくぐって、小さな問題から始まりシステム全体が故障に至るまでのシナリオ

⑤ 原子力発電所の過酷事故が発生し、近隣住民に影響が及ぶまでのシナリオ

問十一　傍線部**オ**「遵守」の読みの最初の一文字は何か。もっとも適当なものを次の中から一つ選べ。　23

① げ　② じ　③ せ　④ そ　⑤ と

問十二　空欄 C ・ D に入る語は何か。もっとも適当なものを次の中からそれぞれ一つ選べ。ただし、同じものを二度用いることはできない。　C 24　D 25

学物質を使うことになり、結局リスクが低減できなくなること

③ 分析技術が進歩したにも関わらず、この進歩により、従来使われていた化学物質は使用可能であるが、新たな化学物質はリスクがあることが明らかになるため、結局リスクが増大すること

④ リスク対応のための条項のはずが、この条項により、従来使われていた化学物質よりも新たな化学物質のほうがリスクが低いことが明らかになり、結局リスクが低減できなくなること

⑤ リスク対応のための条項のはずが、この条項により、新たな化学物質は使えなくなる一方でリスクがより低い従来使われていた化学物質は使用可能であるため、結局リスクが増大すること

⑥ 分析技術が進歩したにも関わらず、この進歩により、従来使われていた化学物質よりも新たな化学物質のほうがリスクが低いことが明らかになるため、結局リスクが低減できなくなること

問七 傍線部**イ**「カツ」を漢字になおしたとき、その漢字の部首としてもっとも適当なものを、次の中から一つ選べ。 19

① りっとう　② てへん　③ さんずい　④ くちへん　⑤ くるまへん

問八 空欄 B に入る語句としてもっとも適当なものを、次の中から一つ選べ。 20

① 有用性を顕示した　② 生硬さが現れた　③ 危険性が高まった
④ 厳格さを浮き彫りにした　⑤ 限界が露呈した

問九 傍線部**ウ**「確率論的リスク評価」について述べた文として**誤っているもの**を、次の中から一つ選べ。 21

③ すべてに対して同じ基準を適用した　④ 個々のものに関してではなく全体の中でとらえた
⑤ 全部をひっくるめて一つにまとめた

問三 【い】～【は】を正しく並び替えるとどうなるか。その順序としてもっとも適当なものを、次の中から一つ選べ。 12

① 【い】→【ろ】→【は】　② 【い】→【は】→【ろ】　③ 【ろ】→【い】→【は】
④ 【ろ】→【は】→【い】　⑤ 【は】→【い】→【ろ】　⑥ 【は】→【ろ】→【い】

問四 空欄 A に入る漢字としてもっとも適当なものを、次の中から一つ選べ。 13

① 紋　② 手　③ 皮　④ 首　⑤ 見　⑥ 足

問五 空欄 Ⅰ ～ Ⅳ に入る語句としてもっとも適当なものを、次の中からそれぞれ一つ選べ。ただし、同じものを二度用いることはできない。 Ⅰ 14　Ⅱ 15　Ⅲ 16　Ⅳ 17

① このため　② そこには　③ もしも　④ しかし　⑤ また　⑥ あたかも　⑦ 代わりに

問六 傍線部**ア**「矛盾」の説明としてもっとも適当なものを、次の中から一つ選べ。 18

① 分析技術が進歩したにも関わらず、この進歩により、新たに開発された化学物質にリスクがあることが明らかになって結果的に使えなくなるため、結局リスクが増大すること
② リスク対応のための条項のはずが、この条項により、リスクがより低い新たな化学物質があっても従来使われていた化

b　セイチ　①置　②地　③緻　④値　⑤知　2

c　サイシュツ　①採　②歳　③際　④裁　⑤債　3

d　ダイタイ　①対　②耐　③待　④替　⑤体　4

e　セッシュ　①手　②取　③守　④主　⑤種　5

f　ヨウセイ　①正　②成　③性　④生　⑤請　6

g　ショウレイ　①承　②招　③賞　④彰　⑤奨　7

問二　波線部(1)～(4)の意味としてもっとも適当なものを、次の中からそれぞれ一つ選べ。

(1)　定量的に　8

①　単位あたりの量を求めて　②　決められた分量の範囲で
③　数値や数量の形で表して　④　実際に存在する値として
⑤　確かな証拠に基づいて

(2)　担保する　9

①　促進する　②　請け合う
③　引き付ける　④　強化する
⑤　維持する

(3)　実務　10

①　実際に行う具体的な仕事　②　実益を追求して行う仕事
③　義務としてなすべき仕事　④　急いでしなければならない仕事
⑤　実効性の高い仕事

(4)　包括的な　11

①　正規のものとして認められた　②　多くのものの共通点をつなぎ合わせた

多重の仕組みも設けられている。確率論的リスク評価では、そのような**エ**故障シナリオすべてについて、部品の試験データなどを参照しながら発生確率を推定し、それらを組み合わせることでシステム全体の故障確率を算出する。

確率論的リスク評価を行う過程でも多くの仮定や推定、技術者の主観的な判断などが入り込む。一方で、原子力発電所の過酷事故のリスクを定量的に論じることが一応可能になる。また、さまざまな故障シナリオの相対的な重要度が明らかになるため、費用対効果の高い安全対策を講じることができるようになる。

米国での原子力業界では、効率的な安全対策のため、一九七〇年代末から確率論的リスク評価に関する検討が進められた。原子力規制委員会も次第にその妥当性を認め、一九九五年にはその適用を正式に**g**ショウレイすることになる。一九八六年には、原子力発電所の事故による近隣住民の死亡の確率は他の全死因の確率の総和の一〇〇〇分の一を超えてはならないという考え方を基本に、連邦政府によって安全基準も設けられている。

こうして米国では、原子力事故のリスクはゼロではないという事実を受け入れ、そのリスクを定量的に管理するアプローチが確立していった。ただし、確率論的リスク評価に不確実性がともなうことや、確率論的リスク評価が近隣住民にリスクを強いる根拠になりかねないことに対する批判も強い。実際、原子力分野で伝統的に採用されてきた「深層防護」と呼ばれる多段階の安全対策も依然維持された。

とはいえ全体としてみれば、膨大な規則の**オ**遵守を前提とした［C］重視の規制から限られた資源で最大限のリスク低減を追求する［D］重視の規制へと、基本的な考え方が移行したことは間違いない。

問一　二重傍線部**a**～**g**のカタカナを漢字になおすとどうなるか。もっとも適当なものを次の中からそれぞれ一つ選べ。

a　セイチ　［1］

①　精　②　聖　③　正　④　勢　⑤　整

典型例である。

[Ⅲ]、食品中の発がん性物質には確率論的・定量的な規制が行われるようになった。普通の人がその化学物質を一生eセッシュし続けたときに、それが原因でがんを発症し死亡する確率（生涯過剰発がんリスクレベル）を一〇〇万分の一以下にする、という考え方が基本線として確立する。そのうえで、動物実験の結果などを基に人間の一日のセッシュ可能量の基準が定められ、規制に反映された。

ただし、基準の算定にはさまざまな仮定や推定が必要であるため、精密な基準値が設定できるわけではない。[Ⅳ]、規制が(3)実務上現実的であるか、規制によって発生するコストはどのくらいかなども勘案する必要がある。生涯リスクレベルは実際には柔軟に設定された。

とはいえ、定量的なアプローチをとることで費用対効果の高い実効的なリスク対応が一応可能になった。この方向性については、議会の下院科学委員会が一九九八年に出した科学技術政策に関する(4)包括的な報告書「未来への扉を開く～新たな国家科学政策に向けて」でも、次のように述べられている。「われわれは社会全体として、生活に関わるあらゆるリスクをゼロに抑えることはできないことを受け入れ、代わりに限られた資源をどう配分すれば最大の社会的効果につながるかを決めていくべきだ」。

米国では、厳しい財政事情の下、食品を含め幅広いリスクに対応していくうえで費用対効果がfヨウセイされ、それを実現する手段としてリスク評価が期待されたのである。

原子力発電所のリスクについても同様に定量化が行われていく。ただ、原子力発電所の過酷事故の頻度はきわめて低く、発生確率の定量的な推定がきわめて難しい。そこで新たな手法として導入されたのがウ確率論的リスク評価という手法であった。

確率論的リスク評価とは、巨大技術システムの事故を引き起こす要因を体系的に分析する手法である。巨大技術システムではたった一つの部品の不具合やソフトウェアのバグ、人為的ミスなどがシステム全体の故障につながる。他方、それを防ぐための一九八六年、科学技術のリスクについて米国など先進国で議論を促す二つの出来事があった。一つはチョルノービリ（チェルノブイリ）原子力発電所事故であり、もう一つはドイツの社会学者ウルリッヒ・ベックが現代の科学技術が引き起こすリスクを論じた『リスク社会』を世に問うたことである。

ベックは、天災などのリスクとは別に、現代社会では科学技術によってリスクが巨大化・複雑化しており、それが社会の構造を変えつつあると述べた。多様化するリスクが従来の社会では扱いきれない問題となり、社会制度や人間関係を変えているというのである。産業社会で問題となった富の分配に加え、リスクの分配が重要な問題となる「リスク社会」が到来しているとベックは指摘した。

それでは、この時期にリスク対応のアプローチは現実にどのように変わったのだろうか。まず、リスクを定量的に評価し、その結果を踏まえて規制を行うことで、現実的かつ費用対効果の高いリスク対応が行われるようになってきたということがある。食品のリスクを例にみてみよう。

米国では一九五八年以来、発がん性がわずかでも示された食品添加物、残留農薬などは食品中に存在してはならないという法律の規定が運用されてきた。これは連邦食品・医薬品・化粧品法に加えられた「デラニー条項」と呼ばれるもので、発がん性物質によるリスクは完全にゼロでなければならないという考え方に基づく。

［Ⅰ］その運用は困難になっていく。分析技術が進歩すると新たな化学物質が使えなくなる一方で、従来使われていた化学物質は基本的に引き続き使用可能とされたため、仮に新たな化学物質のほうがリスクが低い場合でもダイタイ（d）できないといった矛盾（ア）があったからだ。

［Ⅱ］食品医薬品局などはデラニー条項を実質的に回避するため条文の解釈を柔軟化して対応していた。一方、一九九六年には環境保護庁がカンカツ（イ）する農薬の規制がこの条項から除外された。これは「ゼロ・リスク」のアプローチの［B］

るインパクトであるという、結果重視の姿勢である。

政策形成の際にエビデンスが重視されるようになった背景には、連邦政府の財政危機があった。

【い】限られた財政資源で最大限有効な政策を立案していくことが以前にも増して求められるようになったが、その手段として期待されたのがエビデンスに基づく結果重視の政策形成だった。

【ろ】そのため、一九九〇年代には財政再建がきわめて優先度の高い政治課題となる。

【は】一九八〇年代のレーガン政権期、米国では貿易赤字に加え、軍事支出の増大や大型減税などにより財政赤字も膨らんだ。

一九九三年に発足したクリントン政権は、連邦政府の合理的運営とcサイシュツ抑制を徹底して追求した。政府職員の削減とともに、「国家業績評価」という取り組みにより硬直化した規則や制度を取り除き、官僚が行政サービス向上のために創造性を発揮できるよう行政改革を進めたのである。その根底にあったのは「手続き重視から結果重視へ」という、行政運営の理念を根本から変える考え方であった。費用対効果が、行政運営の重要な要素として優先順位を上げてきたのである。

こうした方向転換は、一部先進国では一九八〇年代からみられた。いわゆるニュー・パブリック・マネジメントである。各国で財政が悪化するなか、英国などを［A］切りに行政の効率を高める目的で市場原理の導入や一部の行政機能の民営化が進んだ。クリントン政権期の行政改革もこの世界的な流れに沿ったものだった。

エビデンス重視の政策立案は、費用対効果重視の観点からだけでなく、政府が説明責任を果たすうえでも有利だった。政策決定の根拠を客観的に示すことができるからである。とりわけ、コストを勘案しつつどのレベルまでリスクを抑えるかを議論する際、実証的なデータは説明責任を(2)担保するうえで強みを発揮した。

米国では、リスク対応のアプローチや政策形成の考え方が一九八〇年代から九〇年代にかけて大きく変わってきたのである。

国語

（六〇分）

甲　乙　の文章を読んで、あとの問いに答えよ。なお、設問の都合により、一部省略・改変したところがある。

甲

冷戦終結後の世界では、民生部門の科学技術の比重が高まり、科学技術と社会との距離が一段と近づいた。その結果、科学技術の社会での活用やリスクへの対応のあり方がますます問われるようになっていく。ポスト冷戦期、科学技術は社会にどのように組み込まれていったのだろうか。

米国では、化学物質や原子力発電所などのリスクはすでに一九七〇年頃から盛んに議論されていた。そして、以下にみていくようにリスクを(1)定量的に評価する科学的手法が着実にaセイbチ化されてきた。一九九〇年代からは、科学的な分析や客観的なデータだけでなく、社会との関係のなかでリスクが捉えられるようになる。

一九九〇年代には、リスク対応だけでなく政府の政策全般をエビデンス（客観的根拠）に基づいて策定しようとする動きも出てきた。特に教育や医療などの分野で、実際の教育効果のデータや医療の費用対効果のデータなどを根拠にして政策を作っていこうとする動きが広がる。

そこには、教育理論や基礎医学のような学術的知見をベースにした専門家の判断よりも、より直接的でわかりやすい実証的データを重視すべきという考え方があった。それはつまり、政策決定に重要なのはその背後の理論ではなく、実際に社会に与え

解答編

英語

I **解答**　1－②　2－④　3－①　4－④　5－③　6－①
7－④　8－①　9～11－②・④・⑤（順不同）

解説　≪デジタルアシスタントとの関わり方≫

1．空所を含む文は，「デジタルアシスタントは無害であるが，（　1　）のような側面もある」という文意。空所には「無害」と対立する表現が入る。darker を入れると「暗い側面」という意味になるので②が正解。

2．the people who make these programs are taking notice は「これらのプログラムを作る人々は注意をしている」という意味。その内容をサポートする文章として，続く第３段第２文（Amazon has even …）で，アマゾンが作り出した「魔法の言葉」機能が挙げられている。この機能はアレクサやシリといった，デジタルアシスタントを動かすプログラムによるものなので，④が正解。

3．空所を含む文は「我々人間がお互いに礼儀正しくする習慣を失う前に，デジタルアシスタントに対する（　3　）必要があるのか」という意味。①「私たちの礼儀を気にする」が正解。

4．下線部を含む文は「私たちは生活の中にある他の機械に同じ敬意を払わない」という意味。machine「機械」に対して we の意味は「人間」となるので，④が正解。

5．下線部以下の文章において they は人間の言語を理解したり，人間の簡単な仕事をこなしたり，人間に反応すると記されている。第５段（Digital assistants, on …）のテーマからも，③「デジタルアシスタント」が正解。

6．"I'd Blush If I Could,"「できたら赤面しています」という言葉はシリがその所有者から特に性的な発言を受けた際の応答。「恥ずかしい話題に思わず赤面してしまうが，機械なのでできない」といった意味。この応答は，質問を丁寧に受け流すようにプログラムされたものと言えるので，①が正解。

7．空所を含む文は「人工知能にはまだ人間的な輝きが（ 7 ）」という意味。④「欠けている」を入れると文意が通る。

8．本文全体を通してデジタルアシスタントに対する人間の望ましい関わり方について記されている。よって「デジタルアシスタントに対して…礼儀正しくあるべきか否か」という意味である①が正解。

9〜11．①第1段第2文（One in five …）より，イギリスでは全世帯の5分の1，すなわち20%がスマートスピーカーを持っていることがわかるので，一致しない。

②第1段第3文（By 2021, it's …）に「デジタルアシスタントの数は人間の数を超えると予想されている」とあるので2022年はおそらくそのような状態になっていると考えてもよいので一致する。

③第2段第2文（Alexa, Siri and …）に，アレクサやシリ，他の機械はしばしば間違うという記述があるので一致しない。

④第3段第2文（Amazon has even …）より，アマゾンが作った「魔法の言葉」機能は，利用者による「ありがとう」という言葉を聞き取って，肯定的に反応する機能だとわかるので一致する。

⑤第5段第1文（Digital assistants, on …）より，選択肢の "social actors" とはすなわち，デジタルアシスタントのことだとわかる。続く第2文（Because they understand …）に，デジタルアシスタントは人間の言語を理解すると書かれているので，一致する。

⑥本文に記載がない。

Ⅱ 解答

12―② 13―① 14―③ 15―③ 16―① 17―②
18・19―②・③（順不同）

解説 ≪アメリカ南部訛りと，そのステレオタイプ≫

12．下線部を含む文は「南部の人と南部訛りを無教養で無知であり，道徳的に堕落していることと関連付けることにより，（ 12 ）と彼女は言った」という意味。②「対照的に，他の地域の人々は教養があり，道徳的で裕福であるとそのステレオタイプは示唆している」が正解。

13．下線部の直後に「映画やテレビ番組は，登場人物や場面を南部に位置

解答編

づけるのに便利な方法として，ステレオタイプを最大限に利用している」いう文章が続いている。これは①「方言に対するポップカルチャーの主な影響のひとつは，ステレオタイプを維持し，増幅することである」を具体化した内容と考えられるので，①が正解。

14. 第4段第5文（With his deep…）に，映画『フォレスト・ガンプ』において，主人公は強いミシシッピー訛りを話す愛すべき存在でありながら，その知能の低さを映画の中の他の登場人物にしばしば馬鹿にされる存在であったこと，続く第6文（Yet the movie…）に，『フォレスト・ガンプ』は人気作品となったことが記されている。その結果どうなったかを問うのが下線部なので，③「このステレオタイプは南部に行ったことのない人の間にも広まった。」が正解。文中のRotten Tomatoesとは，アメリカ最大の映画レビューサイトのこと。

15. 第1段最終文（That study also…）に，大人と10歳の子どもを対象に行われた調査で，「南部訛りの人は北部訛りの人よりも素敵に聞こえる」という回答が得られたことが記されている。③が正解。

16. 第3段第5文（Jean Berko Gleason,…）の後半に「南部訛りは，その特徴によって簡単に見分けがつく」と記されている。①が正解。

17. 本文全体を通して，言葉の訛りと，その訛りを話す人のことを，人々がどのように受け止めるかについて記されている。②が正解。

18・19. ①第1段最終文（That study also…）に，「南部訛りの人は北部訛りの人よりも素敵に聞こえる」というアンケート結果が出たことについて記されているが，「北部訛りは南部訛りより良い」という記載はないので，一致しない。

②第4段第5文（With his deep…）と第6文（Yet the movie…）に一致する。

③第4段第3文（“Movies and television…）に「映画やテレビ番組では，登場人物やシーンを南部に位置づけるのに便利な方法として，ステレオタイプを利用する」とあるので，一致する。

④最終段第1文（According to *The*…）に「声が感じよく聞こえると，その人もより良く見える」という研究結果について記されているが，「南部の訛りで話すとより良く見える」という記載はないので一致しない。

Ⅲ　解答

20―③　21―②　22―②　23―③
24―(1)　25―(2)　26―(1)

解 説　20.「彼女は私たち全員の収入を合わせたよりも多く稼いでいます」 combine「～を足し合わせる」 ③の過去分詞で「足し合わされた」という意味。

21.「商品が届きましたら，メールをお送りください」 once は接続詞で「いったん～すると」「～するとすぐに」という意味。once が作る節の中では，未来のことでも現在時制を用いる。よって②を選ぶ。

22.「船酔いをしたときには，下船して陸に上がるとすぐに良くなるでしょう」 as soon as「～するとすぐに」

23.「この会議で話し合われる予定になっていることの1つは，いかにして我が社が大きな利益を上げるかという事です」 to 不定詞の受動態（to be＋過去分詞）は「これから～される」という意味を持つ。

24. convenient は人を主語にとることができない。代わりに available を用いれば正しい文章になる。

25. 目的格 whom は主語の位置に置けない。who が正しい。

26. take place はそのままで「行われる」という意味になるので，受け身にしない。

Ⅳ　解答

27―③　28―④　29―②　30―⑤　31―①
32―⑤　33―③　34―①　35―②　36―④

解 説　1.≪早朝セミナーに参加した人の数≫

ブリアナ：今日は少しがっかりしたよ。
リック　：どうしたの？（③）
ブリアナ：セミナーに参加したのは2人だけだったんだ。（④）
リック　：何人ぐらい来ると思ってたの？（②）
ブリアナ：20人以上来てほしかったんだ。
リック　：なぜそうなったの？（⑤）
ブリアナ：おそらく，始めるのが朝早すぎたんだ。
リック　：確かに午前7時に始めたね。そんなにたくさんの人がきて驚きだよ！（①）

2.≪友人との会話≫

シャロン：明日の試合を来週に変更できる？（⑤）
リック　：何か予定ができたの？
シャロン：明日サダミツ教授に会うことになっているの。（③）
リック　：君が困ったことになっていないといいんだけど。（①）
シャロン：そんなのじゃないの。単に話をしたいだけ。
リック　：君の最後のプロジェクトについて？（②）
シャロン：いいえ，私は先生が授業で仰っていたインターンシップについてもっと聞きたいの。（④）
リック　：僕も一緒に行くよ。本当に素晴らしい機会に聞こえたよね。

V 解答 37−② 38−⑤ 39−③ 40−⑤

解説 37. (It may) be impossible for me to (finish the report in the afternoon.)

38. (The dog watched) people cross the street one (after another.) 知覚動詞＋O＋原形「Oが～するのを…する」

39. (You had better) not rely too heavily on (what he says.)

40. (I wish I could go) on vacation to get away (from work.) go on vacation「休暇に出かける」

日本史

I 解答

1—③ 2—② 3—① 4—① 5—③ 6—②
7—③ 8—① 9—② 10—④ 11—④ 12—②
13—③ 14—④ 15—④ 16—① 17—④ 18—②

解説 ≪原始～近世の文化・政治・経済・外交≫

1．弥生時代を特徴づけるものとしては，稲作（水稲耕作）の開始および金属器（青銅器・鉄器）の使用があげられる。

2．石皿とすり石は，ともに石を研磨してつくった磨製石器。石どうしを打ちかいてつくった打製石器より丸みを帯びた特徴がある。

4．継体天皇時代の6世紀前半（527年），九州北部の豪族であった磐井は新羅と結びヤマト王権と対立し，1年以上におよぶ大規模な戦乱を起こした。

5．磐井が敗れると，磐井の勢力下であった九州北部はヤマト王権の直轄領である屯倉となった。

7．国司の交代を審査した令外官である勘解由使は，嵯峨天皇ではなく父の桓武天皇が設置。

8．『和漢朗詠集』は藤原公任が撰した詩歌の歌謡集。

10．④誤文。村掟を定め村入用の負担を求められたのは室町時代以降の農村。

11．下線部えが誤り。室町時代における金融業者は馬借ではなく土倉・酒屋など。馬借は運送業者。

12．②誤文。室町時代において月に6回開催される定期市は，見世棚ではなく六斎市。

14．秀吉による朝鮮出兵の拠点となった名護屋城は肥前国（現佐賀県唐津市）にあった。

15．④誤文。朝鮮出兵によって，秀吉亡き後の豊臣政権は動員された武士や民衆の疲弊により弱体化していった。

16．老中や若年寄などの要職は将軍直属の職であり，譜代大名から選出された。

17. ④が誤り。江戸時代には伊丹・伏見・灘が酒造業で栄えた。龍野は醤油の産地。

18. 関東地方における醤油の主産地は下総国の野田や銚子で，現在の千葉県にあたる。

Ⅱ　解答

19―③　20―④　21―①　22―②　23―③　24―②　25―④

解　説　≪原始・近代の政治・外交≫

20. ④正文。史料中に「すなわち骨を灼いて卜し，以って吉凶を占い」とある。動物の骨を焼き吉凶を占ったやり方は，のちの太占《ふとまに》につながった。

22・23. 史料Bの日米修好通商条約は，彦根藩主の大老井伊直弼とアメリカ初代領事ハリスとの間で調印され，新たに神奈川・長崎・新潟・兵庫の4つの開港が定められた。

24. 安政の五カ国条約の「五カ国」とは，アメリカ・オランダ・イギリス・フランス・ロシア。

25. 小村寿太郎は，第2次桂太郎内閣の外務大臣として，1911年に日米通商航海条約を締結し関税自主権の完全回復を実現した。

Ⅲ　解答

26―④　27―③　28―③　29―②　30―④　31―④　32―③　33―④　34―③　35―④　36―①　37―②　38―④　39―②　40―①

解　説　≪近現代の政治・経済・外交・文化≫

27. 政府の大久保利通は，民権運動の中心人物である板垣退助らと大阪で会談を行い（大阪会議），板垣らの政府復帰を実現させた。

28. ③誤文。鉄道国有法公布によって，民間会社の鉄道は90%が国有化されることになった。

30. ④正文。明治時代の紡績・製糸業では，小作農の子女らが劣悪な環境下での労働を強いられた。

①誤文。明治時代に入り，稲の品種改良や化学肥料の普及などで，単位面積当たりの米の収穫量は増加した。

②誤文。不況・不作により，自作農から小作農へ転落する者が増加した。

③誤文。工場労働者は劣悪な環境での労働を強いられた。

32. 長州藩出身で陸軍軍人の山県有朋は，2度の首相を経験したのちも元老として組閣の際などに強い影響力を持った。

33. 日独伊三国同盟は，第2次近衛文麿内閣の外相であった松岡洋右が締結した。

34. ①誤文。東条英機内閣は1942年に翼賛選挙（第21回総選挙）を実施した。

②誤文。大東亜会議には，日本・中華民国・満州・インド・フィリピン・ビルマの代表のほか，タイの代表（ワンワイ＝タヤコン）も参加した。

④誤文。鈴木貫太郎内閣はソ連に和平交渉の仲介を依頼しようとしたが，南樺太・千島の譲渡は行われていない。なお，ヤルタ会談では，南樺太の返還・千島列島の譲渡が取り決められていた。

37. 文化財保護法制定の契機となったのは，模写作業中の失火を原因とする法隆寺金堂壁画の焼損であった。

39. 日本の国民総生産（GNP）は，いざなぎ景気のさなかの1968年，資本主義国で西ドイツを凌ぎアメリカに次ぐ世界第2位となった。

40. ①誤り。東京オリンピックは佐藤栄作内閣ではなく池田勇人内閣の時の出来事。

世界史

I　解答

1―④　2―③　3―①　4―③　5―③　6―②
7―①　8―①　9―④　10―②　11―②　12―④
13―①　14―④　15―④

解説　≪19世紀ヨーロッパの社会思想≫

2．③誤文。ヒトラーの政党はナチ党（ナチス）と通称された国民（国家）社会主義ドイツ労働者党。

10．②誤文。レーニンはボリシェヴィキの指導者であり，ボリシェヴィキは少数の革命家による急進的な革命を目指した。

II　解答

16―①　17―③　18―④　19―④　20―④　21―②
22―①　23―④　24―①　25―①　26―④　27―②
28―②　29―④　30―②　31―③　32―④　33―④

解説　≪前5～後6世紀のユーラシア世界≫

22．①正文。十二表法は前5世紀半ばに制定されたが，護民官の役職は前5世紀初頭の前494年に設けられている。

②誤文。リキニウス＝セクスティウス法の制定は前367年。

③誤文。ホルテンシウス法の制定は前287年。

④誤文。「市民の中の第一人者」を意味する「プリンケプス」の称号は前27年にオクタウィアヌスが初めて授与された。

23．④誤文。平民派と閥族派の対立はポエニ戦争後に生じた。

24．①のカエサル暗殺は前44年，②のスパルタクスの乱は前73年～前71年，③のグラックス兄弟の改革は前133年～前121年，④のアクティウムの海戦は前31年。

26．A．誤文。「背教者」と呼ばれた皇帝はユリアヌス帝。B．誤文。帝国を2子に分割したのはテオドシウス帝。テトラルキア（四帝分治制）をしいたのはディオクレティアヌス帝。

27．パンノニアを中心に大帝国を建てたのはフン人。

31．③誤文。武帝の統治期に官学とされたのは儒家。

32. A．誤文。魏が導入した官吏任用制度は九品中正。B．誤文。魏が導入した土地制度は屯田制。

III 解答

34―①　35―①　36―①　37―③　38―①　39―①　40―④

解 説　≪欧米史についての小問集合≫

36. ①が正解。「封じ込め政策」はトルーマン大統領の対外政策。

37. A．誤文。産業革命以降は，大量生産による安価な商品が供給されはじめた。B．正文。

40. A．誤文。ルネサンスはギリシア・ローマの古典を重視した。B．誤文。ルネサンスはイタリアで早くから展開した。

政治・経済

I

解答　1－①　2－①　3－③　4－①　5－②　6－③　7－④　8－③　9－③　10－④　11－②　12－③　13－②　14－③　15－①　16－②　17－④　18－①　19－③　20－④

解　説　≪日本政治の現状と課題≫

1．阪神大震災が発生したのは，1995 年。②日本社会党・自由民主党・新党さきがけの三党連立内閣の成立は 1994 年の出来事。③PKO 等協力法の成立は 1992 年の出来事。④香港返還は 1997 年の出来事。

2．東日本大震災が発生したのは，2011 年。②アメリカとキューバの国交回復は，2015 年の出来事。③特定秘密保護法の成立は 2013 年の出来事。④集団的自衛権容認の閣議決定は 2014 年の出来事。

4．①誤文。2005 年に行われた国政選挙は，参議院議員選挙ではなく，第 44 回衆議院議員総選挙である。なお，この選挙では小泉純一郎内閣が提出した郵政民営化法案への賛否が争点となった。

5．②誤文。ケインズの唱えた有効需要の理論は，不況になれば政府が支出を行い，完全雇用を達成するという理論であるため，小さな政府ではなく大きな政府の考え方に経済的裏付けを与えている。

6．③誤文。国家の支配類型を，伝統的支配，カリスマ的支配，合法的支配に分類したのは，フランスのボーダンではなく，ドイツの社会学者であるマックス＝ウェーバーである。

8．③誤文。公務員には団体行動権（争議権）等は認められていないため，「他の労働者とまったく同じ労働基本権が認められている」という記述は誤り。

9．③誤文。ふるさと納税で寄付をすればその金額の一部は，消費税ではなく，所得税および住民税から控除される。

17．④誤文。ピケティは，資本主義というのは自由放任にすると富が一部の人に集中する傾向を持っていることを指摘したため，「新自由主義が貧富の格差縮小や貧困率の低下をもたらしたとして，高く評価している」という記述は誤り。

18. ①誤文。第一次世界大戦前には，アフリカ等を中心に植民地が数多く存在していたため，「現在とほぼ同等の数の主権国家が存在していた」という記述は誤り。
19. ③誤文。アメリカで 1947 年に成立したタフト・ハートレー法は，ストライキの制限など，1935 年に成立したワグナー法において労働者が得た権利を制限するものである。
20. ④適切。①・②誤り。年功序列型賃金は高度経済成長期以来見られた日本の伝統的雇用慣行であり，現在は職能給や年俸制など成果主義的な賃金を取り入れる企業が増えている。
③誤り。企業は労働コストを削減するために，正社員に比べて人件費を抑えることが可能なアルバイトや派遣労働者などの非正規労働者を，正社員に比して増加させている。

II　解答

21—①　22—③　23—③　24—③　25—②　26—①
27—②　28—②　29—①　30—①　31—④　32—①
33—④　34—①　35—①

解説　≪日本の金融政策≫

31. ④誤文。「本位機能」という言葉は存在しない。金と交換することができる性質のことを兌換性といい，そうした貨幣のことを兌換銀行券という。
32. ①誤文。金融市場のうち，資金の貸し借りの期間が 1 年未満のものを短期金融市場といい，1 年以上のものを長期金融市場という。
33. ④誤文。資源・エネルギー価格の高騰にともなう生産費用の増加によって生じる物価上昇は，コスト・プッシュ・インフレーションという。ディマンド・プル・インフレーションは，需要が増加したことによって生じる物価上昇のことをいう。

III　解答

36—④　37—①　38—②　39—①　40—②　41—③
42—①　43—④　44—②　45—③　46—①　47—①
48—③　49—②　50—③

解説　≪日本財政の歴史≫

36. ④適切。①誤り。2021 年度の一般会計予算において建設国債が歳入に占める割合は，全体の約６％程である（財務省データ）。

②誤り。会計年度の途中に組まれる予算は，補正予算という。

③誤り。年度開始前までに予算の議決ができない場合には，暫定予算が組まれる。

37. ①適切。2021年度の一般会計歳出では，社会保障関係費，国債費，地方交付税交付金等の順に多い（財務省データ）。

38. ②適切。①誤り。「第二の予算とよばれ，財投債を発行するなどして調達した資金」は，特別会計ではなく，財政投融資である。

③誤り。特別会計は統廃合されたことがある。例えば，2007年まで存続していた治水，道路整備，港湾整備，空港整備および都市開発資金融通の５つの特別会計は，2008年より社会資本整備事業特別会計に統合された。

④誤り。全額が政府出資の予算は，特別会計ではなく，政府関係機関予算である。

44. ②適切。①誤り。2018年度の一般会計における消費税の税収に占める割合は18.0％であり，所得税の構成比を下回っているものの，法人税の構成比を上回っている。

③誤り。軽減税率は，2019年に消費税が10％に引き上げられると同時に導入された。

④誤り。2022年現在の消費税の内訳は，国が7.8％，地方が2.2％である。

45. ③都市計画税は，国税ではなく地方税（市町村税）である。

46. ①誤文。日本は1949年のシャウプ勧告によって直接税中心主義の税制を採用した。

47. ①適切。②誤り。ドイツは2014年に財政が黒字に転換した。

③誤り。返済期間が１年を超える国の債務の総計は長期債務残高という。

④誤り。プライマリー・バランスは国債を除く税収入などの歳入と，国債の元利払いを除いた歳出の差のことをいう。

48. ③誤文。例えば，後期高齢者医療保険制度では原則１割負担のため，「年齢に関係なく一律３割の医療費を自己負担する」という記述は誤り。

49. ②誤文。日本の社会保障給付費の内訳は，年金の割合が最も多く，次いで医療となっている。

50. ③適切。①誤り。地方分権一括法において，地方の独自課税と地方債発行については，許可制から協議制へと移行したため，地方の財政自主権が強められた。

②誤り。2013 年から 3 回に分けて生活保護の給付を引き下げているため，「生活保護を拡充した」という記述は誤り。

④誤り。社会保障と税の一体改革によって，消費税は 5 %から 8 %に引き上げられた。

数学

1 **解答**　(1)ア．1　イ．9　(2)ウ．5　エ．3

(3)オ．3　カ．3　キ．2　ク．2

(4)ケ．3　コ．5　サ．0　シ．1

解説　≪小問4問≫

(1)　$\begin{cases} 2(x-1)+9<3(x+2) & \cdots\cdots① \\ |2x-3|<x+6 & \cdots\cdots② \end{cases}$

①より

$2x-2+9<3x+6$

$x>1$　……③

②より

i）　$x \geqq \dfrac{3}{2}$ のとき

$2x-3<x+6$

$x<9$

よって

$\dfrac{3}{2} \leqq x<9$

ii）　$x<\dfrac{3}{2}$ のとき

$-2x+3<x+6$

$x>-1$

よって

$-1<x<\dfrac{3}{2}$

i），ii）より

$-1<x<9$　……④

③，④より

$1<x<9$　→ア，イ

(2) $\begin{cases} y=x^2-x+a & \cdots\cdots⑤ \\ y=3x+1 & \cdots\cdots⑥ \end{cases}$

⑤，⑥より y を消去して整理すると

$$x^2-4x+(a-1)=0 \quad \cdots\cdots⑦$$

⑦の判別式を D とおくと

$$D=(-4)^2-4\cdot1(a-1)=4(5-a)$$

放物線⑤と直線⑥が異なる 2 点で交わるとき $D>0$ だから

$$4(5-a)>0$$

よって

$$a<5 \quad \to ウ$$

このとき，⑦の異なる 2 つの実数解を p，q（$p<q$）とおくと放物線⑤と直線⑥の交点の座標は

$$(p,\ 3p+1),\ (q,\ 3q+1)$$

と表せる。

その 2 点間の距離が $4\sqrt{5}$ であるから，2 点間の距離の公式より

$$\sqrt{(q-p)^2+\{(3q+1)-(3p+1)\}^2}=4\sqrt{5}$$

$$\sqrt{(q-p)^2+9(q-p)^2}=4\sqrt{5}$$

$$\sqrt{10}(q-p)=4\sqrt{5}$$

$$q-p=\frac{4\sqrt{5}}{\sqrt{10}}=2\sqrt{2} \quad \cdots\cdots⑧$$

⑦より 2 次方程式の解は

$$x=2\pm\sqrt{5-a}$$

だから

$$q-p=2\sqrt{5-a} \quad \cdots\cdots⑨$$

⑧と⑨より

$$2\sqrt{5-a}=2\sqrt{2}$$

よって

$$a=3 \quad \to エ$$

(3) $2\sin\theta=\sqrt{3}\cos^2\theta$ に $\cos^2\theta=1-\sin^2\theta$ を代入し整理すると

$$2\sin\theta=\sqrt{3}(1-\sin^2\theta)$$

$$\sqrt{3}\sin^2\theta+2\sin\theta-\sqrt{3}=0$$

$$(\sqrt{3}\sin\theta-1)(\sin\theta+\sqrt{3})=0$$

$0°<\theta<90°$ より $0<\sin\theta<1$ なので

$$\sin\theta=\frac{1}{\sqrt{3}}=\frac{\sqrt{3}}{3}\quad \to オ，カ$$

$2\sin\theta=\sqrt{3}\cos^2\theta$ より

$$\cos^2\theta=\frac{2}{\sqrt{3}}\sin\theta=\frac{2}{\sqrt{3}}\times\frac{\sqrt{3}}{3}=\frac{2}{3}$$

$0<\cos\theta<1$ より

$$\cos\theta=\sqrt{\frac{2}{3}}=\frac{\sqrt{6}}{3}$$

よって

$$\tan\theta=\frac{\sin\theta}{\cos\theta}=\frac{\frac{\sqrt{3}}{3}}{\frac{\sqrt{6}}{3}}=\frac{\sqrt{2}}{2}\quad \to キ，ク$$

(4)　$A=\{x\,|\,x^2-6x+5\leqq 0\}=\{x\,|\,(x-1)(x-5)\leqq 0\}=\{x\,|\,1\leqq x\leqq 5\}$

$B=\{x\,|\,3x-x^2\leqq 0\}=\{x\,|\,x(x-3)\geqq 0\}=\{x\,|\,x\leqq 0,\ 3\leqq x\}$

よって

$$A\cap B=\{x\,|\,3\leqq x\leqq 5\}\quad \to ケ，コ$$

$$\overline{A}=\{x\,|\,x<1,\ 5<x\},\ \overline{B}=\{x\,|\,0<x<3\}$$

よって

$$\overline{A}\cap\overline{B}=\{x\,|\,0<x<1\}\quad \to サ，シ$$

2　解答

(1)アイ．30　ウエ．70　(2)オカ．75　キク．50
(3)ケ．4　コサ．21　シ．3　スセ．10

解 説　≪場合の数と確率≫

(1)　同じものを含む順列の総数は　$\dfrac{n!}{p!q!r!\cdots\cdots}$

ただし $p+q+r+\cdots=n$ で求められる。

両端に白玉がくる並べ方は

両端に白玉を並べ，残った白玉 2 個，赤玉 2 個，黒玉 1 個を間に並べると考えて

$$(\text{両端に白玉がくる並べ方の総数})=\frac{5!}{2!2!1!}=30 \text{ 通り}\quad \to\text{アイ}$$

(両端の玉の色が異なる並べ方の総数)

=(7 個の玉の並べ方の総数)－(両端の玉の色が同じ並べ方の総数)

=(7 個の玉の並べ方の総数)－

{(両端に白玉がくる並べ方の総数)＋(両端に赤玉がくる並べ方の総数)}

$$=\frac{7!}{4!2!1!}-\left(30+\frac{5!}{4!1!}\right)$$

$=105-35=70$ 通り　→ウエ

(2)　(2 個の赤玉が隣り合わない並べ方の総数)

=(7 個の玉の並べ方の総数)－(2 個の赤玉が隣り合う並べ方の総数)

=(7 個の玉の並べ方の総数)－

(2 個の赤玉を 1 個とみなして 6 個の玉を並べる並べ方の総数)

$$=\frac{7!}{4!2!1!}-\frac{6!}{4!1!1!}$$

$=105-30=75$ 通り　→オカ

(黒玉と赤玉が隣り合わない並べ方の総数)

=(片方の端が黒玉でその隣が白玉の並べ方の総数)

＋(白黒白の並びの 3 個の玉を 1 個の玉と見なし，

残った白玉 2 個赤玉 2 個との並べ方の総数)

$$=\frac{5!}{3!2!}\times 2+\frac{5!}{2!2!1!}$$

$=20+30=50$ 通り　→キク

(3)　同じ色の玉も区別して 7 個の玉の並べ方は 7! 通りある。

赤玉を R_1 と R_2 とする。左から 5 番目の位置に 2 個目の赤玉があるとき，その玉が R_1 の場合と R_2 の場合の 2 通りある。 1 個目の赤玉の位置は，左から 1 番目から 4 番目までのいずれかにあるので 4 通りある。それぞれの赤玉の位置について残り 5 個の玉の並べ方の総数を考えて

$$(\text{左から 5 番目の位置に 2 個目の赤玉がある確率})=\frac{2\times 4\times 5!}{7!}$$

$$=\frac{4}{21}\quad \to\text{ケ～サ}$$

左から 5 番目の位置に 2 個目の赤玉があり，黒玉が 2 個の赤玉の間の位置

にある場合は次のⅰ)〜ⅲ)に分けて考えると

ⅰ)　R_1〇〇〇R_2〇〇　　3通り

ⅱ)　〇R_1〇〇R_2〇〇　　2通り

ⅲ)　〇〇R_1〇R_2〇〇　　1通り

以上6通りある。

それぞれについて R_1 と R_2 の位置が逆の場合があり

残り4個の玉の並べ方を考えると

（5番目の位置に2個目の赤玉があり，黒玉が2個の赤玉の間の位置にある確率）

$$=\frac{6\times2\times4!}{7!}=\frac{2}{35}$$

したがって

求める条件付き確率は

$$\frac{\frac{2}{35}}{\frac{4}{21}}=\frac{2}{35}\times\frac{21}{4}=\frac{3}{10}\quad\to シ〜セ$$

3　解答

(1)ア．2　イ．4　ウ．5　エ．2

(2)オカ．34　キ．1　(3)ク．3　ケ．1　(4)コサ．36

解説　≪小問4問≫

(1)　$x=1+\sqrt{3}\,i$ より

$$x-1=\sqrt{3}\,i$$

両辺を平方すると

$$x^2-2x+1=-3$$

整理して

$$x^2-2x+4=0$$

方程式 $x^2-ax+b=0$ と係数を比較して

$$a=2\quad\to ア,\quad b=4\quad\to イ$$

$f(x)$ を x^2-2x+4 で割ると，商 $3x-5$，余り $2x+3$

$$\begin{array}{r}
3x-5 \\
x^2-2x+4\,\big)\,\overline{3x^3-11x^2+24x-17} \\
3x^3\ -6x^2+12x \\
\hline
-5x^2+12x-17 \\
-5x^2+10x-20 \\
\hline
2x+3
\end{array}$$

よって

$$f(x)=(x^2-2x+4)(3x-5)+2x+3$$

$x=1+\sqrt{3}\,i$ は $x^2-2x+4=0$ の解のひとつであるから

$$f(1+\sqrt{3}\,i)=2(1+\sqrt{3}\,i)+3=5+2\sqrt{3}\,i \quad \to ウ,\ エ$$

(2)　$\log_{10}24^{24}=24\log_{10}24=24\log_{10}(2^3\cdot 3)=24(\log_{10}2^3+\log_{10}3)$

$$=24(3\log_{10}2+\log_{10}3)=24(3\times 0.3010+0.4771)$$

$$=24\times 1.3801=33.1224$$

よって

$$24^{24}=10^{33.1224}=10^{0.1224}\times 10^{33} \quad \cdots\cdots ①$$

$$10^{0.1}<10^{0.1224}<10^{0.2}$$

だから

$$10^{0}<10^{0.1224}<10^{0.3010}$$

ここで

$$10^{0}=1$$

$\log_{10}2=0.3010$ より　　$10^{0.3010}=2$

だから

$$1<10^{0.1224}<2$$

よって①より

24^{24} は 34 桁の数であり，その最高位の数字は 1 である。 →オ～キ

(3)　$f(x)=ax^2+bx$，$\lim_{x\to 1}f(x)=4$ より

$$a+b=4 \quad \cdots\cdots ②$$

微分係数の定義より

$$\lim_{h\to 0}\frac{f(1+h)-f(1)}{h}=f'(1)$$

$f'(x)=2ax+b$ だから　　$f'(1)=2a+b$

また

$$\lim_{h\to 0}\frac{f(1+h)-f(1)}{h}=7$$

だから

$$2a+b=7 \quad \cdots\cdots ③$$

②，③より

$a=3$，$b=1$　→ク，ケ

(4)　$y=\frac{1}{3}x^3+x^2-3x+\frac{5}{3}=\frac{1}{3}(x-1)^2(x+5)$

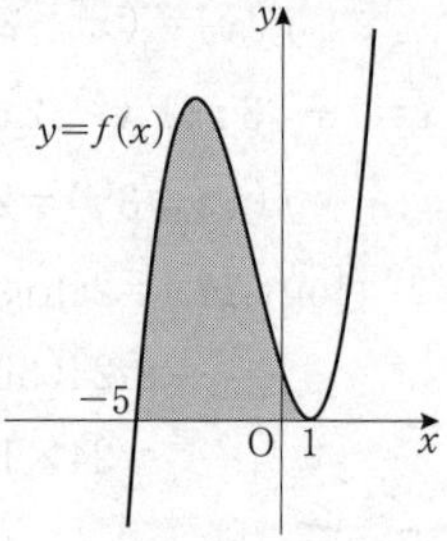

$y'=x^2+2x-3$

$\quad=(x+3)(x-1)$

$y'=0$ とすると　$x=-3,\ 1$

$y=\frac{1}{3}x^3+x^2-3x+\frac{5}{3}$ の増減を調べると下の増減表となる。

x	$\cdots$	-3	$\cdots$	1	$\cdots$
y'	$+$	0	$-$	0	$+$
y	↗	極大	↘	極小	↗

よって求める面積は

$$\int_{-5}^{1}\left(\frac{1}{3}x^3+x^2-3x+\frac{5}{3}\right)dx$$

$$=\left[\frac{1}{12}x^4+\frac{1}{3}x^3-\frac{3}{2}x^2+\frac{5}{3}x\right]_{-5}^{1}$$

$$=\frac{1}{12}\left[x^4\right]_{-5}^{1}+\frac{1}{3}\left[x^3\right]_{-5}^{1}-\frac{3}{2}\left[x^2\right]_{-5}^{1}+\frac{5}{3}\left[x\right]_{-5}^{1}$$

$$=\frac{1}{12}(1-625)+\frac{1}{3}(1+125)-\frac{3}{2}(1-25)+\frac{5}{3}(1+5)$$

$=-52+42+36+10=36$　→コサ

4　解答

(1)ア．5　イ．8　ウエ．10

(2)オカ．10　キ．6　ク．9　ケ．5　コ．3　サ．5

(3)シス．20　セソ．65

解説　≪図形と方程式≫

(1)　$l:3x+y-3=0$　……①

$m:2x-y-2=0$　……②

$n:x-y+3=0$　……③

①，②より $x=1$，$y=0$ だから交点 A の座標は　(1，0)

②，③より $x=5$，$y=8$ だから交点 B の座標は　(5，8)　→ア，イ

③，①より $x=0$，$y=3$ だから交点 C の座標は　(0，3)

$\overrightarrow{CB}=(5,\ 5)$，$\overrightarrow{CA}=(1,\ -3)$

よって

$$\triangle ABC=\frac{1}{2}|5\times(-3)-5\times1|=10 \quad \to ウ，エ$$

(2)　3点A(1, 0), B(5, 8), C(0, 3)を通る円の方程式を

$$x^2+y^2+px+qy+r=0$$

とすると

$$\begin{cases} 1^2+0^2+p\cdot1+q\cdot0+r=0 \\ 5^2+8^2+p\cdot5+q\cdot8+r=0 \\ 0^2+3^2+p\cdot0+q\cdot3+r=0 \end{cases}$$

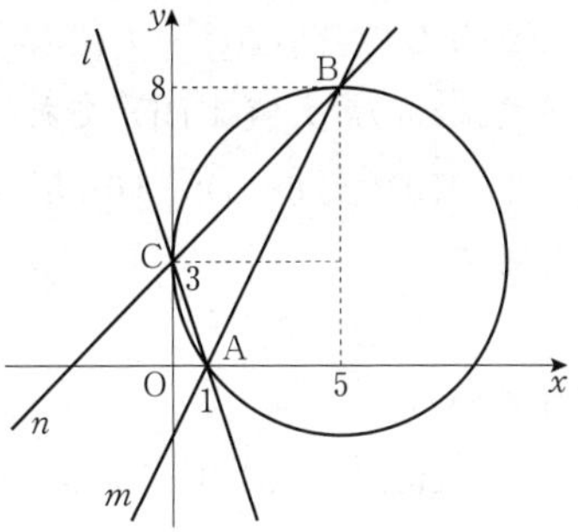

整理すると

$$\begin{cases} p+r+1=0 \\ 5p+8q+r+89=0 \\ 3q+r+9=0 \end{cases}$$

解を求めると

$$\begin{cases} p=-10 \\ q=-6 \\ r=9 \end{cases}$$

よって求める円の方程式は

$$x^2+y^2-10x-6y+9=0 \quad \to オ\sim ク$$

変形すると

$$(x-5)^2+(y-3)^2=25$$

したがって

中心の座標は　　(5, 3)　→ケ，コ

半径は　　5　→サ

(3)　$L=(x-6)^2+y^2$ とする。また三角形ABCの辺上および内部の点をP(x, y)，座標(6, 0)の点を点Dとすると，Lは2点P，D間の距離の平方である。

Lが最小となるのは，点Dから直線mに垂線を引きその交点をHとするときの距離DHの平方である。

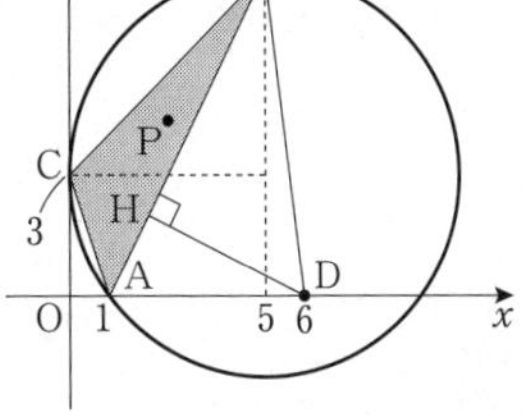

$$\mathrm{DH}=\frac{|2\cdot6-0-2|}{\sqrt{2^2+(-1)^2}}=\frac{10}{\sqrt{5}}$$
$$=2\sqrt{5}$$

だから L の最小値は　$(2\sqrt{5}\,)^2=20$

また，L の最大値は BD^2 である。

$$\mathrm{BD}^2=(6-5)^2+(0-8)^2=65$$

よって

$$20\leqq L\leqq 65$$

すなわち

$$20\leqq(x-6)^2+y^2\leqq 65\quad\rightarrow シ〜ソ$$

問十九　Ⅴ―③　Ⅵ―①　Ⅶ―⑥
問二十　②
問二十一　⑤
問二十二　⑤・⑦

解説　問十六　傍線部カを含む段落に「両者の間の折り合いをつけることは、科学技術を現代社会に組み入れるプロセスの一つであるといえる」とあることから、④が答えである。

問二十一　甲の波線部⑵を含む段落に「エビデンス重視の政策立案」は「政府が説明責任を果たすうえでも有利だった」、「実証的なデータは説明責任を担保するうえで強みを発揮した」とあることと、乙の後ろから四つ目の段落に「科学的な知見というよりも、統計的なデータから導き出したエビデンス」とあることから、⑤が答えである。

問二十二　乙の後ろから二つ目の段落に「ＥＢＰＭの概念的ルーツはエビデンスに基づく医療（ＥＢＭ：Evidence-Based Medicine）にある」とあることから、⑤が答えである。本文と⑤とでは「ＥＢＰＭ」と「ＥＢＭ」の関係が逆転している。乙の空欄Ⅴを含む段落に「一般の人々のリスク認識を重視するほうが合理的な場合もある」とあることから、⑦が答えである。

発見されると、「デラニー条項」により、それが「使えなくなる」が、「従来使われていた化学物質は基本的に引き続き使用可能とされたため、仮に新たな化学物質のほうがリスクが低い場合でもダイタイできない」とあることから、②が答えである。

問九　甲の後ろから二つ目の段落に「原子力事故のリスクはゼロではないという事実を受け入れ、そのリスクを定量的に管理するアプローチが確立していった」とあることから、⑤が答えである。

問十　傍線部エを含む段落に「巨大技術システムではたった一つの部品の不具合やソフトウェアのバグ、人為的ミスなどがシステム全体の故障につながる。他方、それを防ぐための多重の仕組みも設けられている」とあることから、④が答えである。③は「システム全体の故障につながる」説明がないので適当ではない。

問十三　波線部(4)を含む段落に「生活に関わるあらゆるリスクをゼロに抑えることはできないことを受け入れ、代わりに限られた資源をどう配分すれば最大の社会的効果につながるかを決めていくべきだ」とあることから、①が答えである。波線部(2)の三つ後の段落に「ベック」は「富の分配に加え、リスクの分配が重要な問題となる」と指摘したとあることから、⑤が答えである。

乙

出典　甲に同じ。

解答

問十四　(5)―④　(6)―③

問十五　⑤

問十六　④

問十七　⑤

問十八　(α)―④　(β)―⑨　(γ)―⑧

国語

甲

出典 佐藤靖『科学技術の現代史』〈第5章　リスク・社会・エビデンス―財政再建とデータ志向〉（中公新書）

解答

問一　a―①　b―③　c―②　d―④　e―②　f―⑤　g―⑤
問二　(1)―③　(2)―②　(3)―①　(4)―⑤
問三　⑥
問四　③
問五　Ⅰ―④　Ⅱ―①　Ⅲ―⑦　Ⅳ―⑤
問六　②
問七　⑤
問八　⑤
問九　⑤
問十　④
問十一　②
問十二　C―⑥　D―③
問十三　①・⑤

解説

問六　傍線部アを含む段落とその前の段落に、「分析技術が進歩」し「新たな化学物質」に「発がん性物質」が

■一般選抜　一般入試前期日程：１月26日実施分

問題編

▶試験科目・配点

区　分	教　科	科　　　　目	配　点
３教科型	英　語	コミュニケーション英語Ⅰ・Ⅱ・Ⅲ，英語表現Ⅰ・Ⅱ	100点
	選　択	日本史Ｂ，世界史Ｂ，政治・経済，「数学Ⅰ・Ⅱ・Ａ・Ｂ（数列・ベクトル）」から１科目選択	100点
	国　語	国語総合（古文・漢文を除く）・現代文Ｂ	100点
２教科型	英　語	コミュニケーション英語Ⅰ・Ⅱ・Ⅲ，英語表現Ⅰ・Ⅱ	100点
	国　語	国語総合（古文・漢文を除く），現代文Ｂ	100点
英 数 型	英　語	コミュニケーション英語Ⅰ・Ⅱ・Ⅲ，英語表現Ⅰ・Ⅱ	100点※
	数　学	数学Ⅰ・Ⅱ・Ａ・Ｂ（数列・ベクトル）	200点※

※　国際学部は英語配点200点，数学配点100点とし，300点満点で判定する。

▶備　考

【３教科型・２教科型】

- 文・国際・心理（心理学）・社会・法・経済・経営・地域創造学部で実施。
- スタンダード方式・高得点科目重視方式の２つの選考方法がある。また，大学入学共通テスト併用入試への出願も可能である。

〔スタンダード方式〕

配点は上の表のとおり。

すべての科目について，標準得点換算により点数調整を行う。方式は次のとおり。

$$\frac{素点-平均点}{標準偏差}\times 10+60$$

３教科型：一般入試前期日程英数型にも出願する場合，選択科目で数学を選択する必要がある。

2教科型：国際学部は点数調整後の英語の得点を2倍にして英語配点200点とし，300点満点で判定する。

〔高得点科目重視方式〕

3教科型：スタンダード方式で受験した科目から最も高得点だった科目の得点を2倍にして合否判定を行う。なお，文（日本文学）学部は国語の得点を，国際学部と心理（心理学）学部は英語の得点を2倍にする。

2教科型：スタンダード方式で受験した結果，国語あるいは英語の高得点だった科目の得点を2倍にした合計点で合否判定を行う。なお，文（日本文学）学部は国語の得点を，心理（心理学）学部は英語の得点を2倍にする。

また，国際学部は高得点科目重視方式を実施しない。

【英数型】

- 全学部・専攻で実施。
- 大学入学共通テスト併用入試への出願も可能である。
- 英語および数学について，標準得点換算により点数調整を行う。方式は次のとおり。

$$\frac{\text{素点}-\text{平均点}}{\text{標準偏差}}\times 10+60$$

数学は，点数調整後の得点を2倍にする（国際学部を除く）。

国際学部の英語は，点数調整後の得点を2倍にする。

●大学入学共通テスト併用入試について

3教科型・2教科型：スタンダード方式で受験した英語・国語に大学入学共通テストの得点を加えた合計点で合否判定を行う。

英数型：英数型で受験した英語・数学に大学入学共通テストの得点を加えた合計点で合否判定を行う。

●英語資格保持者「みなし得点制度」について

大学の定める英語に関する各種資格・スコアを，英語の点数（70点・85点・100点のみなし得点）に換算する制度。3教科型・2教科型・英数型のいずれも利用できる。ただし，当日の英語の試験は受験必須である。合否判定には当日の得点換算後の点数と比較して得点の高い方を採用する。

英語

(60分)

〔Ⅰ〕次の文章を読み、問いに答えよ。

The children's television series *Sesame Street* is getting ready to welcome a new friend. Ji-Young is joining the neighborhood filled with puppets, known as Muppets. She will be the first Asian American Muppet on *Sesame Street*. The program has been broadcast for 52 seasons. Reporters with the Associated Press recently got to know Ji-Young and her story.

Ji-Young is seven years old. She is Korean American. She has two favorite activities: playing her musical instrument, an electric guitar, and going skateboarding. She explained the meaning of her Korean name this way. "Ji means, like, smart or wise. And Young means, like, brave or (1) and strong," Ji-Young said. "But we were looking it up and guess what? Ji also means sesame." Sesame is a kind of small seed. It is also, (2), in the name of the program.

Ji-Young will officially be introduced in "See Us Coming Together: A *Sesame Street* Special." The television special will be broadcast on HBO Max on November 25. That is the same day as the American Thanksgiving holiday. It will also be (3) on *Sesame Street* social media services and local public television stations in the United States. Simu Liu, Padma Lakshmi and Naomi Osaka are among the famous people appearing in the special.

Some of Ji-Young's personality comes from her puppeteer—the human behind her performance. Her puppeteer is Kathleen Kim, who is

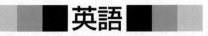

also Korean American. She is 41 years old. She got into puppetry when she was in her 30s. In 2014, she was accepted into a *Sesame Street* workshop. The next year, she became part of the team.

Being a puppeteer on the show was a dream come true for her(4). And helping shape a new Muppet is extraordinary. "I feel like I have a lot of weight that maybe I'm putting on myself to teach these lessons and to be this representative that I did not have as a kid," Kim said.

Ji-Young's appearance is the result of many discussions following the events of 2020. Among them was a (5) in reports of anti-Asian hate crimes. Those working for *Sesame Street* thought about how the show could "meet the moment," said Kay Wilson Stallings. She is executive vice-president of Creative and Production for Sesame Workshop, the nonprofit organization behind *Sesame Street*.

Sesame Workshop established two task forces—one to look at its content and another to look at its own diversity. What developed was "Coming Together," a major project centered on how to talk to children about race, ethnicity, and culture. One result was eight-year-old Tamir. While he was not the show's first Black Muppet, he was one of the first to talk about subjects like racism.

These newer Muppets—their personalities and their looks—were created in just a few months. The process normally takes at least several years. Kim said it was important to her that Ji-Young not be only "pan-Asian." In other words, she wanted Ji-Young to be identified as Korean American, and not an Asian puppet that could be from anywhere. "Because that(6) is something that all Asian Americans have experienced," Kim said. "So it was very important that she was specifically Korean American, not just like, Korean, but she was born here."

One thing Ji-Young will help teach children is how to be a good "upstander." *Sesame Street* first used the term on its "The Power of We"

TV special last year. That show also included the Muppet Tamir. Stallings said, "Being an upstander means you point out things that are wrong or something that someone does or says that is based on (7) attitude toward the person because of their race or culture."

Vanessa Leung is co-executive director of the Coalition for Asian American Children and Families. The organization was not involved in Ji-Young's creation. But in the past it has helped develop anti-racism material for Sesame Workshop. Leung said she is pleased about Ji-Young's inclusion on *Sesame Street*. Leung added that the program helps develop an "early understanding of the diversity of our community, the beauty in the diversity of our community."

問1 空所(1)を満たすものとして最も適切なものを①～④の中から一つ選べ。 1

① comfortable ② courageous
③ clumsy ④ calm

問2 空所(2)を満たすものとして最も適切なものを①～④の中から一つ選べ。 2

① however ② thus
③ of course ④ on the other hand

問3 空所(3)を満たすものとして最も適切なものを①～④の中から一つ選べ。 3

① available ② agreeable ③ standard ④ successful

問4 下線部(4)の内容として最も適切なものを①～④の中から一つ選べ。 4

出典追記：Voice of America

① Ji-Young　② Naomi Osaka
③ Kathleen Kim　④ Padma Lakshmi

問5　空所（　5　）を満たすものとして最も適切なものを①～④の中から一つ選べ。　［5］

① rise　② fall　③ decrease　④ note

問6　下線部(6)の内容として最も適切なものを①～④の中から一つ選べ。　［6］

① being recognized as Korean American
② being recognized as Korean
③ being seen as “pan-Asian”
④ being born in Korea

問7　空所（　7　）を満たすものとして最も適切なものを①～④の中から一つ選べ。　［7］

① a negative　② a positive
③ an encouraging　④ a neutral

問8　本文の表題として最も適切なものを①～③の中から一つ選べ。　［8］

① *Sesame Street* Encourages Children to Make New Friends
② *Sesame Street* Welcomes Its First Asian American Muppet
③ *Sesame Street* Celebrates Its 52nd Season

問9　本文の内容と一致するものを①～⑥の中から三つ選べ。ただし、解答の順序は問わない。　［9］～［11］

① Kathleen Kim has been a puppeteer for more than 15 years.

② While Kathleen Kim was growing up, she did not have a representative like Ji-Young.

③ People working for *Sesame Street* felt it was a great time to include an Asian American Muppet.

④ Tamir is the first Black Muppet to appear on the show.

⑤ It usually takes more than a year to create a new Muppet's character and its looks.

⑥ Vanessa Leung is one of the people who brought Ji-Young into the show.

〔Ⅱ〕次の文章を読み、問いに答えよ。

Going to the movies is not always a fun experience for people who cannot hear. Film showings in theaters with captions—the written words the actors are saying—are limited. And the special equipment needed to read the captions is often broken or unavailable. A new movie aims to change that.

"CODA" is a coming-of-age story about the only hearing member of a deaf family. It opens in theaters Friday. The film will be shown with captions that require no special equipment to see. Marlee Matlin plays a deaf mother in the film. [12] in "Children of a Lesser God" in 1987. Matlin said, "It couldn't be more groundbreaking." In other words, the film is introducing new ideas and ways of filmmaking to the world.

"CODA" won four awards at the Sundance Film Festival earlier this year. Along with playing in theaters across the United States and Britain, "CODA" also will be available with full subtitles in more than 36 languages on Apple TV+, starting Friday.

Apple worked with movie theater operators to make sure the film would be played with captions for all moviegoers. This kind of captioning is known as open captions. Experts believe it is the first film released in theaters to offer open captions. “It is historic. It is huge for all of us,” said Daniel Durant, a deaf actor who plays son Leo in the film. “This is a day we have waited to see for so many years,” he added.

The letters in the film’s name “CODA” stand for “children of deaf adults.” The film tells the story of a high school student named Ruby. [13] . The family communicates with sign language. All three of the deaf characters in the film are played by deaf actors. Durant said that, while some parts of the movie are from the position of deaf people, the appeal of “CODA” is universal.

“Anyone who watches this can feel connected with it because everyone comes from a family, and every family goes through similar struggles—kids growing up, what are they going to do in their future, becoming independent, maybe they’re moving away from their family,” Durant said.

Writer-director Sian Heder, who can hear, learned American Sign Language for the project. [14] . “Oftentimes I think deaf people are left out of the movie-going experience because of devices that don’t work and lack of devices in theaters,” Heder said.

The filmmakers hope the open captions that appear in “CODA” will lead others in the movie industry to follow their example. They also hope it will urge deaf people to try movie theaters again. Heder described the emotional reaction of a deaf man at a recent screening with the open captions in Massachusetts. “He was like, ‘I don’t go to the movies. I can’t wear those glasses.’ ” Heder continued, “He hadn’t seen a movie in the theater in 10 years and he was very moved and excited.”

問 1　下線部 [12] ～ [14] を補うものとして最も適切なものを①～③の中から一つ選べ。

出典追記：Voice of America

① She wanted to be sure "CODA" was available for everyone to watch and enjoy

② She has grown up having to interpret for her deaf father, mother, and brother

③ She is the only deaf performer to ever win an Oscar, which she won for her work

問2 以下の設問の答えとして最も適切なものを①～③の中から一つ選べ。

1. In what way is "CODA" historic, according to Daniel Durant? 15

① "CODA" is a closed caption film.

② "CODA" is an open caption film.

③ "CODA" is a film with no captions.

2. Why is "CODA" so popular? 16

① Because all of us have family issues.

② Because the movie has open captions.

③ Because Apple makes quality movies.

問3 本文の表題として最も適切なものを①～③の中から一つ選べ。 17

① "CODA": The Most Award-Winning Film of This Year

② "CODA" Aims to Make Movie-Going More Available to the Deaf Community

③ "CODA" and Apple Rise to the Challenge of Producing a Movie with Captions in Many Languages

問4 本文の内容と一致するものを①～④の中から二つ選べ。ただし、解答の順序は問わない。 18 ～ 19

① When deaf people watch "CODA," they will have to use special devices.

② All three of the deaf characters in the movie can hear in real life.

③ Devices for deaf people in theaters are often out of order.

④ A deaf man at a recent screening was excited to watch the movie in the theater for the first time in a long time.

〔Ⅲ〕 次の問いに答えよ。

問1 各文の空所（ 20 ）～（ 23 ）に入る最も適切なものを①～④の中から一つ選べ。

1．My grandmother lent me some money. (20), I couldn't have traveled abroad.

① Instead ② Likewise
③ Moreover ④ Otherwise

2．Our English teacher is very good at creating an atmosphere (21) we can speak English freely.

① which ② that ③ what ④ where

3．The ease (22) he solved the difficult question surprised us greatly.

① from what ② in that

③ to whom ④ with which

4. Recently, consumer values have become (23).

① more diverse and more ② diverse more and more

③ more and more diverse ④ diverse more diverse

問2 以下の英文には、誤りがそれぞれ一か所ある。下線部(1)~(4)の中から一つ選べ。

1. (1)As soon as you arrive in New York, I would like you (2)to give this message to (3)whomever (4)come to pick you up at the airport. 24

2. (1)Since the 1980s, several attempts (2)have been making to hold these performances in Japan, but they have so far (3)proved impossible, mainly (4)because of their massive scale. 25

3. My teacher warned me that practice (1)is worthless unless (2)you don't do it (3)every day (4)without fail. 26

〔Ⅳ〕 次のそれぞれの会話文の下線部 27 〜 36 を補うのに最も適切な英文を①〜⑤の中から一つ選べ。英文はすべて使用し、同じ英文を二度使うことはない。

1. Holly: ＿＿＿ 27 ＿＿＿
   Roger: Sometimes I think he is smarter than me.
   Holly: ＿＿＿ 28 ＿＿＿
   Roger: ＿＿＿ 29 ＿＿＿
   Holly: How could he train you?
   Roger: ＿＿＿ 30 ＿＿＿
   Holly: What's wrong with that?
   Roger: ＿＿＿ 31 ＿＿＿

① For example, if he does something without being asked and gets a reward, then I am doing what he wants.
② If he doesn't get a reward, he'll just stare at me, and that makes me feel bad.
③ Why do you say that?
④ It can be hard to tell if I am training him or if he is training me.
⑤ Your dog seems really smart!

2. Max: ＿＿＿ 32 ＿＿＿
   Swapna: I should have it ready in a few days.
   Max: ＿＿＿ 33 ＿＿＿
   Swapna: ＿＿＿ 34 ＿＿＿
   Max: What will happen if you are late?
   Swapna: ＿＿＿ 35 ＿＿＿
   Max: ＿＿＿ 36 ＿＿＿
   Swapna: She won't even look at it.

① You know the deadline is on Friday, right?

② I don't think I am going to finish it by then.

③ And the worst case?

④ How are you coming with your paper?

⑤ Best case: The teacher will deduct a few points.

〔V〕次の各文の意味内容に合うように、与えられた語①〜⑤をすべて用いて英文を完成させた際に、空所（ 37 ）〜（ 40 ）に入る最も適切なものを一つ選べ。

1．この新たに発見された証拠は消えたデータの謎を解明するかもしれない。

This newly discovered evidence (　　) (　　) (37) (　　) (　　) mystery of the missing data.

① light　② may　③ on
④ shed　⑤ the

2．どこでヨガをしているのかを教えてください。

Can you let me (　　) (　　) (38) (　　) (　　)?

① do　② know　③ where
④ yoga　⑤ you

3．ほぼ2年ぶりに復学した。

I'm back at school (　　) (　　) (　　) (39) (　　) almost two years.

① first　② for　③ in
④ the　⑤ time

4．私があなたにしたことを心からお詫び申し上げます。

I (　　) (　　) (　　) (**40**) (　　) have done to you.

① apologize　② for　③ I
④ truly　⑤ what

日本史

（60分）

〔Ⅰ〕次のA～Fの文章を読んで，提示された白地図とあわせて，設問に答えよ。なお，白地図の記号は，現在の都道府県で示している。

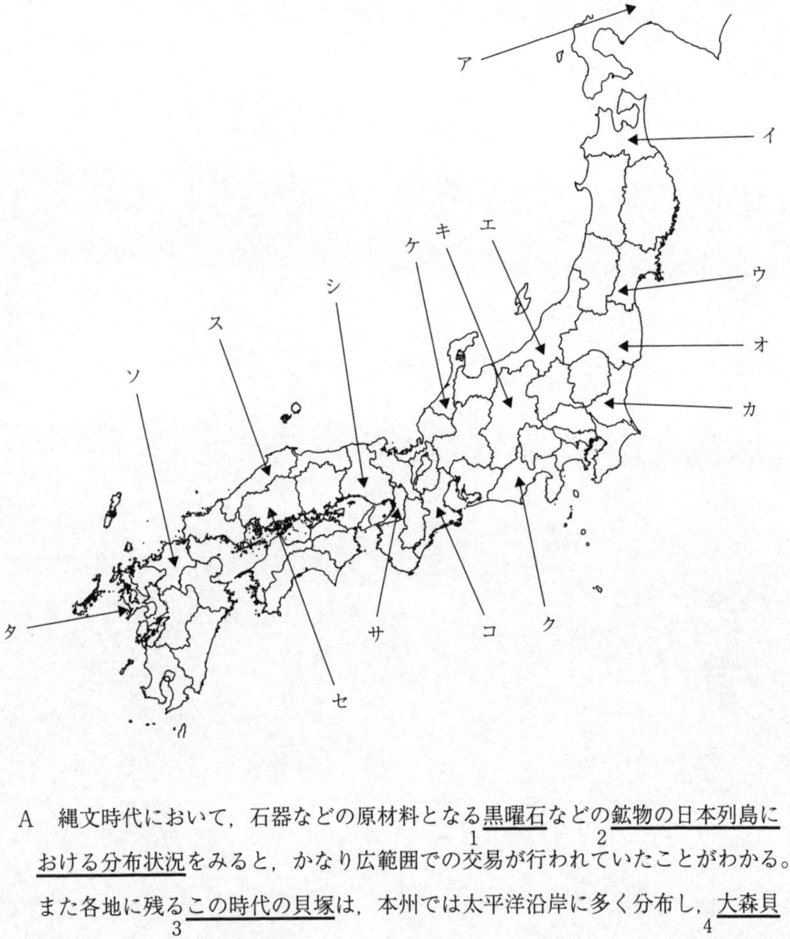

A　縄文時代において，石器などの原材料となる黒曜石$_{1}$などの鉱物の日本列島における分布状況$_{2}$をみると，かなり広範囲での交易が行われていたことがわかる。また各地に残るこの時代の貝塚$_{3}$は，本州では太平洋沿岸に多く分布し，大森貝$_{4}$

塚などが有名である。

1 下線部1「黒曜石」の原産地として有名な和田峠が含まれるのは白地図中のどれか。

① ア　② イ　③ キ　④ ク

2 下線部2「鉱物の日本列島における分布状況」に関連して，大阪府と奈良県のあいだにある二上山，香川県などを産地とする，石器石材として用いられた鉱物はどれか。

① サヌカイト　② ひすい
③ アスファルト　④ 琥　珀

3 下線部3「この時代の貝塚」に関する説明として，適切でないものはどれか。

① 貝塚とは，人びとが捨てたものがたい積して層をなす遺跡のことである。
② 貝塚からは，採集によって得られる植物性食物の痕跡も発見されている。
③ 貝塚からは，人びとの共同漁労の様子をうかがわせるものとして，クジラやイルカの骨も発見されている。
④ 貝塚からは土器・石器・青銅器・鉄器などの人工遺物のほか，貝殻に含まれるカルシウム分で保護された人骨や獣・魚などの骨も出土する。

4 下線部4「大森貝塚」を発見した人物はどれか。

① ベルツ　② モース　③ コンドル　④ フェノロサ

B　5世紀を通じて倭の五王があいついで，中国の南朝に朝貢の使者を遣わしていることが，中国の歴史書に記載されている。現在の埼玉県に所在する【 5 】から出土した鉄剣の銘文からこの五王のうちの1人の存在を確認することができる。

6世紀[6]になると，ヤマト政権の組織の整備も進んだ。豪族たちは【 7 a 】を中心にまとまり，政権の中での地位や職務を表す【 7 b 】を大王から与えられた。また，地方豪族は，【 8 】に任ぜられ，地方支配を認められる一方で，その子女を舎人・采女として出仕させ，軍事行動にも参加するなどして，ヤマト政権に奉仕した。

【 5 】　空欄【 5 】に適切なものはどれか。

①　誉田御廟山古墳　　　②　稲荷山古墳
③　江田船山古墳　　　　④　高松塚古墳

【 6 】　下線部6「6世紀」ごろの文化や社会の説明として，適切なものはどれか。

①　6世紀中ごろ，唐が南北朝を統一し，高句麗などに進出し始めた。
②　朝鮮半島では，加耶諸国がつぎつぎに高句麗と百済の支配下に入ったため，ヤマト政権の影響力が後退した。
③　竪穴式の埋葬施設にかわって，朝鮮半島と共通の横穴式石室が一般的となった。
④　新羅から渡来した五経博士により仏教が伝えられた。

【 7 】　空欄【 7 a 】と【 7 b 】の組み合わせとして，適切なものはどれか。

①　7 a：氏　　7 b：姓　　　②　7 a：姓　　7 b：氏
③　7 a：臣　　7 b：連　　　④　7 a：連　　7 b：臣

8 空欄 **8** に適切なものはどれか。

① 名 代 ② 伴 造 ③ 部 曲 ④ 国 造

C 鎌倉時代後期，幕府に対する御家人の反発が高まっている情勢から，後醍醐天皇[9]は，2度目の倒幕[10]を試みたが，失敗し，1332年には配流[11]された。

しかし，後醍醐天皇の皇子護良親王や楠木正成は粘り強く倒幕の戦いを続けた。幕府により畿内に派遣された有力御家人の足利高氏（のちの尊氏）[12]が幕府に背いて六波羅探題を攻略した。関東では，新田義貞が鎌倉を攻め落とし，1333年，鎌倉幕府は滅亡した。

9 下線部9「後醍醐天皇」は，鎌倉幕府滅亡後，配流先から直ちに京に戻り，建武の新政と呼ばれる新しい政治を始めた。その説明として，明らかに間違っているものはどれか。

① 天皇は，幕府だけではなく摂政・関白も否定し，自らへの権限集中をはかった。

② 天皇は，職制として重要政務をつかさどる記録所，所領関係の裁判をつかさどる雑訴決断所を設置した。

③ 天皇は，東北・関東地方には陸奥将軍府・鎌倉将軍府を設置した。陸奥将軍府には皇子が派遣されたものの，鎌倉将軍府には派遣されず，足利直義のみが派遣された。

④ 天皇は，武士社会の慣習を無視した改革を急速に進めたため，政務の停滞を招き，人々の信頼を失った。こうした情勢は二条河原落書で風刺された。

10 下線部10「2度目の倒幕」計画となった1331年の事件はどれか。

① 正中の変 ② 元弘の変

③ 中先代の乱 ④ 観応の擾乱

11　下線部11「配流」に関連して，後醍醐天皇の配流先を含むものは白地図中のどれか。

①　エ　　②　ス　　③　シ　　④　タ

12　下線部12「足利高氏（のちの尊氏）」は，1338（暦応元）年，征夷大将軍に任じられ，新たな幕府（のちの室町幕府）を開いた。室町幕府が存在していた期間の出来事の説明として，正しいものはどれか。

①　足利義満は，守護の統制を図るため，有力守護を攻め，その勢力を削減した。山名氏は幕府に対して反乱を起こしたものの鎮圧された。これを応永の乱という。

②　東国支配のために鎌倉公方を設置したが，鎌倉公方はその補佐である関東管領としばしば対立した。時の鎌倉公方が上杉禅秀と対立しておこった永享の乱はその一例である。

③　近畿地方を中心に土一揆がひんぱんに発生した時期があった。1428（正長元）年の正長の徳政一揆の結果，私徳政が展開され，その内容は柳生の徳政碑文からうかがえる。

④　室町期には，禅の精神を具体化した水墨画が広く伝わった。水墨画は五山僧である夢窓疎石によってその基礎が築かれた。

D　戦国時代には，農村の市場や町が飛躍的に増加した。地方の中小寺院の門前町（13 a）だけでなく，寺院や道場を中心とする寺内町（13 b）が建設された。また，遠隔地商業の発展の結果，港町（14）や宿場町が繁栄した。

13　下線部13 a「門前町」としてではなく，下線部13 b「寺内町」として，有名な町はどれか。

①　宇治・山田（伊勢）　　②　長　野（信濃）

③　石　山（摂津）　　④　坂　本（近江）

14　下線部14「港町」のなかで，36人の会合衆と呼ばれる豪商の合議で運営されていた自治都市を含むのは白地図中のどれか。

①　コ　　②　サ　　③　セ　　④　ソ

E　江戸時代初期には外交や貿易も盛んにおこなわれた。1613（慶長18）年には伊達政宗15が家臣16をスペインに派遣し，メキシコとの貿易を開こうと試みたが失敗に終わった。この頃は日本人の海外移住者17も増えるなど日本人商人の海外渡航も盛んであった。のちに鎖国体制がひかれた後も，蝦夷地や陸奥の **18** は長崎の出島で清国商人を通じて輸出された。

15　下線部15「伊達政宗」のように海外との交易を行った大名は少なくなかったが，アンナンやルソンとも交易のあった薩摩藩主で，のちに琉球王国を征服した人物はどれか。

①　島津斉彬　　②　島津家久　　③　島津久光　　④　島津貴久

16　下線部16「家臣」として適切なものはどれか。なお，彼は太平洋および大西洋を初めて横断した日本人としても有名である。

①　田中勝介　　②　三浦按針　　③　有馬晴信　　④　支倉常長

17　下線部17「海外移住者」に関連して，アユタヤ日本人町の長となり，のちにタイ王室に重用されリゴール太守となった人物はどれか。

①　高山右近　　②　大村純忠
③　大友義鎮（宗麟）　　④　山田長政

18　空欄 **18** に適切なものはどれか。

① 生　糸　　② 砂　糖　　③ 俵　物　　④ 綿織物

F　第4代将軍徳川家綱[19]は，叔父の保科正之[20]の助けも得て，牢人やかぶき者の対策に取り組み，様々な改革をおこなった。なかでも [21] の禁止は下剋上の根絶につながったとされる。この時代は名君による藩政があったことでも有名である。岡山藩主であった [22] はわが国初の郷学である閑谷学校を設立し教育にあたった。

[19]　下線部19「徳川家綱」の治世の出来事として，適切でないものはどれか。

① 明暦の大火　　② 慶安の変（由井正雪の乱）
③ 鄭成功の死去　　④ 赤穂事件

[20]　下線部20「保科正之」が藩主であった地域が含まれるのは白地図中のどれか。

① ウ　　② オ　　③ カ　　④ ケ

[21]　空欄 [21] に適切なものはどれか。

① 末期養子　　② 殉　死　　③ 私的同盟　　④ キリスト教

[22]　空欄 [22] に適切なものはどれか。

① 上杉治憲（鷹山）　　② 徳川光圀
③ 前田綱紀　　④ 池田光政

〔Ⅱ〕次のA・Bの史料を読み，設問に答えよ。なお，史料には改めた部分がある。

A　御旗本に召し置かれ候御家人，御代々段々相増し候。御蔵入高も先規よりは多く候得共，御切米御扶持方，其外表立ち候御用筋の渡方に引合候ては，畢竟《ひっきょう》年々不足の事に候。（略）今年に至て御切米等も相渡し難く，御仕置筋の御用も御手支の事に候。それに付御代々御沙汰候これなき事に候得ども，万石以上の面々より八木差上げ候様に仰付けらるべしと思召し，左候らはねば，御家人の内数百人，御扶持召放たるべくより外はこれ無く候故，御耻辱をも顧みられず，仰出され候。高壱万石に付八木百石の積り差上げらるべく候。（略）これに依り在江戸半年充御免成され候間，緩々休息いたし候様にと仰せ出され候。

（『御触書寛保集成』）

23　史料Aの内容の説明として，明らかに誤っているものはどれか。

① 幕府の年貢収入は増加している一方で，旗本や御家人に対する切米などの必要経費がかさんでおり，幕府の財政はひっ迫している。
② 旗本や御家人に対する俸米の定額を決めて，経費節減と人材登用を図ることとした。
③ 大名に対して1万石につき米100石を献上することを命じた。
④ 大名に対して一定量の米を献上させるかわりに参勤交代の期間を半減させた。

24　史料Aにある改革を行ったときの将軍はどれか。

① 徳川綱吉　② 徳川吉宗　③ 徳川家斉　④ 徳川家慶

25　史料Aにある改革の後に起きた「天明の飢饉」の説明として，明らかに誤っているものはどれか。

① 東北地方を中心に多くの被害が出て，このため各地で百姓一揆がおこり，江戸や大坂などにおいてはうちこわしが発生した。

② 陸奥の諸藩での被害はひどく，津軽藩などでは，餓死者が十数万人にも達し，絶滅した村も少なくなかった。

③ 大坂では，大坂町奉行所元与力の大塩平八郎が，飢饉の影響を受けた貧民救済のために門弟らと武装蜂起したが，わずか半日で鎮圧された。

④ 1782（天明２）年の冷害から始まり，翌年の浅間山の大噴火を経て，大飢饉となった。

B　第三条　締約国は，個別的に及び相互に協力して，継続的かつ効果的な自助及び相互援助により，武力攻撃に抵抗するそれぞれの能力を，憲法上の規定に従うことを条件として，維持し発展させる。

第四条　締約国は，この条約の実施に関して随時協議し，また日本国の安全又は極東における国際の平和及び安全に対する脅威が生じたときはいつでも，いずれか一方の締結国の要請により協議する。

第五条　各締約国は，日本国の施政の下にある領域における，いずれか一方に対する武力攻撃が，自国の平和及び安全を危うくするものであることを認め，自国の憲法上の規定及び手続に従つて共通の危険に対処するように行動することを宣言する。

第六条　日本国の安全に寄与し，並びに極東における国際の平和及び安全の維持に寄与するため，アメリカ合衆国は，その陸軍，空軍及び海軍が日本国において施設及び区域を使用することを許される。

第十条　(略) この条約が十年間効力を存続した後は，いずれの締約国も，他方の締約国に対しこの条約を終了させる意思を通告することができ，その場合には，この条約は，そのような通告が行なわれた後一年で終了する。

（『日本外交年表竝主要文書』）

26　史料Ｂの説明として明らかに誤っているものはどれか。

① 第三条では，日本の「防衛力」増強義務が明文化されている。

② 第五条では，アメリカ軍の日本防衛義務が明文化されている。

③ 第六条では，アメリカ軍の日本駐留の期限が明文化されている。

④ 第十条では，どちらかの国が相手国に対して通告を行った１年後に終了することができることを定めている。

27 史料Ｂの条約として適切なものはどれか。

① サンフランシスコ平和条約 ② 日米安全保障条約

③ 日米行政協定 ④ 日米相互協力及び安全保障条約

〔Ⅲ〕 次のＡ～Ｅの文章を読んで，設問に答えよ。

Ａ 明治政府は，1871年に文部省を設置し，1872年には， **28** の学校制度を参考にして学制を公布し，国民皆学教育の建設を目指した。しかし，地方の実情を無視した画一的な制度であり，現実の国民生活とかけ離れている計画との批判が起こり，1879年には **29** が公布された。

28 空欄 **28** に適切なものはどれか。

① イギリス ② ドイツ ③ フランス ④ アメリカ

29 空欄 **29** に適切なものはどれか。

① 学校令 ② 教育令 ③ 大学令 ④ 小学校令

30 Ａの文章に関連して，明治期の教育に関する説明として適切なものはどれか。

① 1879年の [29] の公布によって義務教育は広く普及することになり，男女ともに就学率は50パーセントを超えた。

② 1879年の [29] は画期的な内容であり，1941年の国民学校令の公布まで改正されることなく日本の教育制度の基礎となった。

③ 学制の公布以降，1900年に義務教育の授業料が廃止されてもなお，男女の就学率で差がつくことはなかった。

④ 教育政策は国家主義的な方向へ移行し，1890年の教育に関する勅語（教育勅語）によって忠君愛国が学校教育の基礎であることを強調した。

B 明治期には，一時期西洋画は衰退することとなったが，明治美術会の結成と黒田清輝[31]の帰国によって盛んになった。彫刻の分野では [32 a] が伝統的な木彫を特徴とし， [32 b] は西洋流の彫塑を特徴としていた。

[31] 下線部31「黒田清輝」の作品はどれか。

①

②

③

④

[32] 空欄 [32 a] と [32 b] の組み合わせとして適切なものはどれか。

① 32 a：荻原守衛　32 b：高村光雲
② 32 a：岡倉天心　32 b：荻原守衛
③ 32 a：高村光雲　32 b：荻原守衛
④ 32 a：高村光雲　32 b：岡倉天心

C　普通選挙権を求める運動は大正期33，特に1920年代前半に盛んとなった。1924年には，政党と距離を置いた [34] が首相となり，第二次護憲運動が起きた。総選挙の結果，護憲三派の勝利に終わり，加藤高明が首相となった。1925年5月にいわゆる普通選挙法が成立し，満25歳以上の男性が衆議院議員の選挙権をもつこととなった。

しかし，同年4月には [35] が公布され，「国体」の変革，私有財産の否認を目的とする結社が禁止された。政府にとっては，普通選挙における社会主義運動の活発化に備える側面を持った。

[33] 下線部33「大正期」の出来事の説明として，明らかに誤っているもの

はどれか。

① この時期，鈴木文治によって労働者階級の地位向上と労働組合の育成のために友愛会が組織された。その後，大日本労働総同盟友愛会に改称され，1920年に第１回メーデーを主催した。

② 西光万吉らを中心に全国水平社が結成され，被差別部落の住民に対する社会的差別の解消を目指す運動が本格化した。

③ アメリカは，第一次世界大戦に参戦するにあたって，太平洋方面の安定を確保するために，中国の領土保全と門戸開放を認める公文を日本と交換した。

④ 第一次世界大戦による好景気の結果，資本家を潤し成金を生み出し，物価が安定した結果，工業の順調な発展に加えて，農業も飛躍的に発展した。

34　空欄 **34** に適切なものはどれか。

① 西園寺公望　　② 山本権兵衛
③ 清浦奎吾　　④ 寺内正毅

35　空欄 **35** に適切なものはどれか。

① 集会条例　　② 保安条例
③ 治安警察法　　④ 治安維持法

D　1945年８月，アメリカ軍は広島，長崎に相次いで原子爆弾を投下した[36]。第二次世界大戦後はアメリカを中心とする自由主義陣営[37]とソ連を中心とする社会主義陣営との両極に分かれ冷戦が続いた。1946年３月に **38** はヨーロッパが東西陣営に分裂していることを述べた。これは「鉄のカーテン」演説として知られている。

36 下線部36「アメリカ軍は広島，長崎に相次いで原子爆弾を投下した」に関連して，原爆が投下されたときの首相はどれか。

① 東条英機　② 鈴木貫太郎
③ 東久邇宮稔彦　④ 幣原喜重郎

37 下線部37「アメリカを中心とする自由主義陣営」に関連しないものはどれか。

① トルーマン＝ドクトリン　② マーシャル＝プラン
③ 北大西洋条約機構　④ ワルシャワ条約機構

38 空欄 **38** に適切なものはどれか。

① チャーチル　② アトリー
③ トルーマン　④ スターリン

E　1945年12月の衆議院議員選挙法の改正によって，女性参政権$_{39}$がはじめて認められた。満20歳以上の成人男女に選挙権が付与され，有権者数はこれまでの３倍近くに拡大した。翌年４月に戦後初の総選挙が実施された。1946年５月の日本国憲法公布に続いて改正された民法（新民法）では，男女同権$_{40}$の新しい家族制度が定められた。

39 下線部39「女性参政権」に関連して，戦前において婦人参政権獲得期成同盟会を結成し，女性の参政権を要求する運動を展開した人物はどれか。

① 津田梅子　② 市川房枝　③ 山川菊栄　④ 与謝野晶子

40 下線部40「男女同権」に関連した説明として，適切でないものはどれか。

① GHQは，占領改革の基本方針として，いわゆる五大改革を指令したが，そこには女性の解放が挙げられていた。

② 刑法においても一部改正がなされ，女性は男性を告訴することができなかった姦通罪が廃止された。

③ 戦後初の総選挙には78人の女性が立候補し，39人の女性議員が誕生した。

④ 新民法では，戦前の戸主制度や家督相続制度における男性優位規定は残された。

世界史

（60分）

〔Ⅰ〕問題文を読んで以下の設問に答えよ。

　川北が注目するのは，「世界商品システム」（ステイプル）です。世界商品を主人公にして歴史を描くことによって，各地の人々の具体的な姿と，人々の「世界的なつながり」(A)が見えてくる仕掛けになっているのです。具体的に言えば，砂糖はイスラーム教徒の拡大(B)とともに地中海(C)東部で生産が活発になり，十字軍(D)の時代にヨーロッパに伝播します。やがてコロンブスが２回目の航海でサトウキビの苗をアメリカに持ち込み，次第にブラジル(E)やカリブ海の島々にサトウキビプランテーション(F)が林立していきます。その労働力としてアフリカから連行された黒人奴隷(G)が酷使されました。栄養価の高い砂糖は，白い色が神聖さの象徴と見なされたことと相まって，薬(H)や権威のシンボルとしても扱われました。やがて十七世紀(I)以降，砂糖がイギリス社会で広く消費されるようになります。アジアからもたらされた茶に，アメリカからの砂糖を入れて飲むことがスノッブ（流行気取り）としてイギリス社会で流行(J)したのです。特に貴族・ジェントリ・商人(K)の間で，この二つのステータス・シンボルの同時消費が熱烈に嗜好されました。そして本国イギリスの模倣をした北米植民地でも砂糖入り紅茶が流行し，その関税をめぐる対立が，アメリカ独立革命の原因の一つになっていきます。十八世紀半ばになると，アメリカからの砂糖・タバコ，インドからの綿織物，中国からの茶などの輸入が激増(L)して，イギリスの「商業革命」が実現します。(…)

　そして，川北はさらに十九世紀まで筆を進めます。マンチェスター派と呼ばれる工場経営者たちの代表である政治家が，穀物法の廃止，砂糖関税の引き下げ，東インド会社の特権廃止，奴隷制の廃止といった自由主義改革を実現します。それはあくまで労働者たちの朝食の価格を下げ，賃金を抑制するためでした。イギリス植民地(M)の奴隷制が廃止されても，ブラジルやキューバといった他国の植民地での奴隷制による安価な砂糖の輸入を促進していったわけです。つまり，イギリスは，資本主義が世界を支配・被支配に構造化する体制（世界システム）を巧みに利用しながら，自国の資本主義と自由主義を展開させたのでした。

（小川幸司・成田龍一編『世界史の考え方』岩波新書，2022。出題の都合上，一部を省略し表記を改めた。）

下線部(A)について

物品・技術の伝播について述べた文のうち**誤りを含むもの**を，次の①～④から一つ選べ。 1

① 17世紀になるとロンドンやパリでもコーヒーハウス（カフェ）が出現した。
② 火薬がヨーロッパに伝わった結果，騎士の地位が大幅に向上した。
③ 中国製紙法技術はタラス河畔の戦いをきっかけにイスラーム教徒に伝わった。
④ 中国の宋で知られていた羅針盤は，14世紀のイタリアで改良された。

下線部(B)について

イスラーム教徒が勢力を拡大する中で起きた戦いと戦った相手の組み合わせとして**誤っているもの**を，次の①～④から一つ選べ。 2

① ニハーヴァンドの戦い／ササン朝
② トゥール・ポワティエ間の戦い／フランク王国
③ タラス河畔の戦い／元
④ コソヴォの戦い／バルカン諸国軍

「イスラーム教徒」が統治する政権の下で異教徒が支払う人頭税を指すものを次の①～④から一つ選べ。 3

① ウンマ　② ジズヤ　③ ズィンミー　④ ハラージュ

8世紀，ウマイヤ朝に対する革命運動から成立し，13世紀にモンゴル軍によって滅亡したイスラーム王朝として正しいものを，次の①～④から一つ選べ。 4

① ファーティマ朝　② マムルーク朝
③ セルジューク朝　④ アッバース朝

下線部(C)について

地中海世界に関する次の①～④の記述を古い順に並べた場合，３番目に位置する出来事を選べ。　5

① ローマでホルテンシウス法が制定された。

② カイロネイアの戦いでマケドニアが勝利した。

③ ハンニバルがイタリアに侵入した。

④ ペロポネソス戦争が始まった。

下線部(D)について

第３回十字軍を退けたアイユーブ朝創始者を，次の①～④から一つ選べ。　6

① トゥグリル＝ベク

② サラディン（サラーフ＝アッディーン）

③ マンスール

④ ムアーウィヤ

下線部(E)について

トルデシリャス条約によって，ブラジルの領有を認められた国として正しいものを，次の①～④から一つ選べ。　7

① ポルトガル　　② オスマン帝国

③ フランス　　④ スペイン

下線部(F)について

17世紀末から18世紀にかけてアメリカ大陸や西インド諸島の大農園（プランテーション）で主に栽培されたものとして**ふさわしくないもの**を，次の①～④から一つ選べ。　8

① タバコ　　② 綿花　　③ 藍　　④ アヘン

下線(G)について

奴隷および農奴に関する説明のうち**誤りを含むもの**を，次の①～④から一つ選べ。

9

① ローマには，奴隷を多数使った大土地所有制（ラティフンディア）があった。
② インド最初のイスラーム王朝は奴隷王朝と呼ばれた。
③ イギリスでは19世紀前半，奴隷制が廃止された。
④ ロシアのニコライ２世は農奴解放令を発布した。

下線部(H)について

インドでは医薬品としても用いられていた 10 は，ヨーロッパでは生活必需品として需要が高く，14世紀には同重量の銀と等価で交換された。 10 にあてはまるものを，次の①～④から一つ選べ。

① アヘン　② 胡椒　③ 茶葉　④ 丁子

下線(I)について

17世紀の出来事①～④を古い順に並べた場合，４番目に位置するものを選べ。 11

① イギリスでチャールズ１世が処刑された。
② 三十年戦争が始まった。
③ イギリスで航海法が制定された。
④ 第一次イギリス＝オランダ戦争が始まった。

下線部(J)について

17世紀中ごろからイギリスの都市部で流行したコーヒーハウスについての説明のうち**誤っているもの**を，次の①～④から一つ選べ。 12

① 各種の新聞や雑誌を閲覧することが可能であった。
② 貴族・上流階級の女性などが主催し，芸術家にとっては自身の才能を認められる機会でもあった。
③ 市民層が政治，経済，文化など多様な議論を交わす場として機能した。
④ 18世紀のロンドンでは2000以上のコーヒーハウスが営業していた。

同時期のイギリス市民層に広まった海外からの商品についての説明として**誤っているもの**を，次の①～④から一つ選べ。 13

① コーヒーは中東，のちにアメリカ大陸からもたらされた。

② 中国産の毛織物が一般に普及した。

③ インド産の綿布は圧倒的な人気を誇った。

④ 中国産に加え日本産の陶磁器も出まわった。

下線部(K)について

商人やジェントリの出資によって東インド会社を設立したイギリスが，通商活動を展開するために基地とした都市に**あてはまらないもの**を，次の①～④から一つ選べ。なお地名は現在の名称で記述してある。 14

① チェンナイ ② ムンバイ ③ ゴア ④ コルカタ

下線部(L)について

18世紀後半，中国茶の輸入が急増していたイギリスは，交易による利益拡大のため従来の貿易を三角貿易に再編した。その影響を説明したものとして**誤っているもの**を，次の①～④から一つ選べ。 15

① 中国ではアヘンの吸飲が広がり，アヘンの密貿易が増えた。

② アヘン戦争で実際に闘ったのは，中国農民とインド人傭兵であった。

③ 林則徐が密輸アヘンの厳しい取り締まりを行った結果，清朝からアヘンが一掃された。

④ イギリス国内ではアヘン貿易について批判が強かったが，イギリス政府は自由貿易の実現を推し進めた。

下線部(M)について

イギリス・フランス間でたたかわれたインドをめぐる争奪戦のうち，3次にわたって展開されたものを，次の①～④から一つ選べ。 16

① プラッシーの戦い

② カーナティック戦争

③ 三十年戦争

④ アン女王戦争

〔Ⅱ〕 問題文を読んで以下の設問に答えよ。

第二次世界大戦後，ヨーロッパ(A)はソ連とアメリカがそれぞれ主導する東西世界に分けられました。西側はアメリカの対ヨーロッパ復興計画である（　B　）を受け容れ，アメリカを中軸とする，反ソ・反共の資本主義経済陣営に組みこまれ，軍事的には（　C　）に加盟します。一方，東欧諸国ではソ連の影響下に共産主義政権が成立し，政治・軍事機構であるワルシャワ条約機構(D)と経済機構のコメコンに加わりました。この冷戦構造でドイツは東西に分裂し，その分断の象徴がベルリンの壁でした。

冷戦は，大国が軍拡競争をくり返し，別の地域の紛争に介入して代理戦争を行うなど，戦争準備体制の，緊張に満ちた両陣営のにらみあいですが，それは二つの世界観の対峙でもありました。一方には近代ヨーロッパ文明とそこから大きく派生したアメリカ大衆社会があり，それに対抗する他方のソ連型社会主義は，ヨーロッパ文明の掲げる民主主義，平等，人権などは自分たちの体制でこそ完全に実現しうるのだと主張しました。アメリカが東側ブロックを暴力・恐怖・弾圧・検閲でしめ付けられた個人の自由の抑圧された世界と呪えば，対するソ連は西側陣営を，民主主義を破壊し世界を帝国主義的に制覇することをねらう悪辣な体制だと非難しました。

アメリカを頂点とする西側ブロックとソ連を頂点とする東側ブロックは，ヨーロッパのみならず，世界を二分して対立し，いつ軍事衝突が起きてもおかしくない緊張がずっと走っていました。大きな国際危機―台湾海峡危機（1954年と58年），ベルリン問題（1958～72年），キューバ危機(E)（1962年），泥沼化するベトナム戦争(F)（1954～75年）など―を契機として何度か緊張緩和（デタント）(G)の模索がありましたが，決定的に緊張を解きほぐすにはいたりませんでした。

アメリカによる（　B　）やその他の助成金，および低利の長期融資によって，第二次世界大戦直後から1951年にかけて西欧諸国では生産性を劇的に向上させ，労使間および加盟国間の協力を促進する近代的な経営が始まりました。経済の成長・安定(H)とともに政治も安定していきました。西側は1970年から1990年にかけて発生した経済危機(I)にもかかわらず，いつまでも経済的停滞から脱出できなかった東側諸国より先を進んでいました。対する東側は，ソ連をのぞいて状況はずっと厳しいままでした。

ソヴィエト連邦は，東欧諸国の犠牲のもとに，自身の回復に集中しました。たとえば東ドイツの産業プラントのほとんどを押収して移転し，また東ドイツ，ハンガリー(J)，ルーマニア，ブルガリア(K)からの戦争賠償を厳しく取り立てました。首都モスクワは衛星国を統治する共産党を支配し，彼らはクレムリン（ソ連共産党の中枢）からの命令にしたがうことを強制されました。つまり西欧が完全に民主主義へと歩みを進めた時期に，東欧では共産主義体制とソヴィエト支配が強要され，各国の政権が国民を抑圧し，ときには銃口を向けることも辞さない独裁制がつづいたのです。

民衆蜂起・反抗運動がまったくなかったわけではなく，1953年のスターリン没後の「雪どけ」(L)の雰囲気のなか，ハンガリーでは，1956年10月，学生と市民の連帯デモに治安部隊が発砲したことをきっかけに蜂起が始まり，新政権が国民からの強い要望によりワルシャワ条約機構からの脱退を宣言，ついで共産党が少数派連立政権を樹立すると，ソ連軍が全土を占領し弾圧，数千人の犠牲者が出ました（ハンガリー事件）。

チェコスロヴァキアでは，党第一書記に選ばれた（　M　）が「人間の顔をした社会主義」を掲げて検閲を廃止し改革を始めたプラハの春（1968年）がありましたが，やはりソ連軍が侵入・占領して弾圧しました。

ポーランド(N)では1980年８月，食品価格値上げに反対するストが拡大してできた，電気技師の（　O　）を委員長とするストライキ委員会についで，９月に自主管理労働組合「連帯」が発足，年末までに950万人の労働者が集結しました。しかし，戒厳令が出されて「連帯」関係者が拘束され，二年後には「連帯」は非合法化されてしまいます。

（池上俊一『ヨーロッパ史入門―市民革命から現代へ』岩波ジュニア新書，2022年。出題の都合上，一部を省略，表記を改めた。）

下線部(A)について

中世の東ヨーロッパにおいて，皇帝がギリシア正教を服従させて中央集権的一元支配を維持した帝国として正しいものを，次の①～④から一つ選べ。 **17**

①　ビザンツ帝国　　②　神聖ローマ帝国

③　オスマン帝国　　　　　　　　　　④　オーストリア=ハンガリー帝国

空欄（　B　）について

空欄に入るものとして適当なものを，次の①〜④から一つ選べ。 **18**

①　マーシャル=プラン　　　　　　　②　大躍進

③　第一次五カ年計画　　　　　　　④　第二次五カ年計画

空欄（　C　）について

空欄に入るものとして適当なものを，次の①〜④から一つ選べ。 **19**

①　EU　　　②　NASA　　　③　NATO　　　④　ASEAN

下線部(D)について

1955年に設立されたワルシャワ条約機構の**構成国でないもの**を，次の①〜④から一つ選べ。 **20**

①　ポーランド　　　　　　　　　　②　東ドイツ

③　ユーゴスラヴィア　　　　　　　④　チェコスロヴァキア

下線部(E)について

キューバでは1959年にキューバ革命が成功し，1962年にはキューバでのミサイル基地建設計画によって米ソ間で一挙に緊張が高まるというキューバ危機が発生した。これらに関する記述として**誤っているもの**を，次の①〜④から一つ選べ。

21

①　1959年，カストロが指導する革命運動により，親米的なバティスタ政権が打倒された。

②　革命によって誕生したカストロ政権は土地改革を実行し，アメリカ合衆国系の砂糖企業を接収すると，1961年に合衆国のケネディ政権はキューバと国交を断絶した。

③　1962年にキューバでソ連の支援によるミサイル基地建設が発覚すると，合衆国のケネディ政権はソ連船の機材搬入を海上封鎖で阻止した。

④　キューバ危機は合衆国のキューバ内政への不干渉と交換にソ連がキューバか

らミサイル基地を撤去することで合意が成立し，米ソ間の戦争が回避された。

下線部(F)について

アメリカ合衆国内外のベトナム戦争反対世論を背景にして，1973年にアメリカ軍のベトナムからの撤退を実現させた合衆国大統領として正しいものを，次の①～④から一つ選べ。 22

① リンカーン　② アイゼンハワー
③ ジョンソン　④ ニクソン

下線部(G)について

緊張緩和（デタント）に関する記述として正しいものを，次の①～④から一つ選べ。 23

① 1970年代に米ソ間で核軍縮などの対立緩和が進行するなか，ヨーロッパでも東ドイツのホネカー政権の「東方外交」により東西対話の機運が高まった。
② 西ドイツ首相のブラントはソ連や東欧の社会主義諸国との関係改善をはかる東方外交を展開した。
③ 1972年，東西ドイツは相互に承認しあい，1973年には両国ともに国際連盟に加入した。
④ 1975年，アルバニアを除く全ヨーロッパ諸国とソ連，カナダの首脳が参加した全欧安全保障協力会議において，不戦条約が調印された。

下線部(H)について

西欧諸国の経済の成長と安定に関する記述として**誤っているもの**を，次の①～④から一つ選べ。 24

① 1952年，フランス・西ドイツ・イタリア・ベネルクス3国のあいだで石炭・鉄鋼資源の共同利用をめざす石炭鉄鋼共同体（ECSC）が発足した。
② 1950年からの10年間にコール政権の下で西ドイツが達成した経済発展は「経済の奇跡」といわれる。
③ 1958年には，石炭鉄鋼共同体の成功をうけヨーロッパ経済共同体が設置され，これにより域内関税撤廃，農業政策，資本の移動が可能となった。

④　ヨーロッパ石炭鉄鋼共同体，ヨーロッパ経済共同体，ヨーロッパ原子力共同体は1967年に合併してヨーロッパ共同体となり，これによって西欧統合の基礎がつくられた。

下線部(I)について

1970年代の経済危機に関する記述として正しいものを，次の①～④から一つ選べ。

25

①　1971年にニクソン大統領が発表したドルと金の兌換停止はドル=ショックといわれる。

②　第4次中東戦争でイスラエルがとった石油戦略によって，世界中に経済混乱がもたらされた。

③　第一次石油危機を契機として，1975年に世界経済の主要問題を討議するため先進国首脳会議（サミット）が，フランス・アメリカ・イギリス・西ドイツ・イタリア・ソ連の首脳の参加で開催された。

④　1979年におこったイラク革命によるイラクとアメリカの対立激化を契機に，中東産油国が実施した減産や原油価格引き上げは先進国のみならず発展途上国に経済的な打撃となった。

下線部(J)について

ハンガリーを建国した人々として正しいものを，次の①～④から一つ選べ。

26

①　ノルマン人　②　スラヴ人　③　ケルト人　④　マジャール人

下線部(K)について

ブルガリアに関する記述として**誤っているもの**を，次の①～④から一つ選べ。

27

①　ブルガリア帝国はトルコ系遊牧民ブルガール人によって，681年，イベリア半島に建てられた。

②　1878年のサン=ステファノ条約によって領土を拡大し，ロシア保護下の自治国となった。

③　1878年，サン＝ステファノ条約を破棄して締結されたベルリン条約で領土が縮小，オスマン帝国支配下の自治領となった。

④　第一次世界大戦においてブルガリアは同盟国として連合国と戦った。

下線部(L)について

スターリン死後のソ連の「雪どけ」に関する記述として**誤っているもの**を，次の①～④から一つ選べ。 28

①　1956年ソ連共産党第20回大会で，フルシチョフ第一書記はスターリン批判をし，自由化の方向を打ち出した。

②　フルシチョフは資本主義国との平和共存を提唱した。

③　フルシチョフは平和共存政策の一環として，1956年にコミンテルンを解散した。

④　アメリカ合衆国との直接対話を追求したフルシチョフは1959年に訪米し，アイゼンハワー大統領と会談した。

空欄（　M　）について

空欄に入る人物として適当なものを，次の①～④から一つ選べ。 29

①　スターリン　　②　ドプチェク

③　ティトー　　④　サダム＝フセイン

下線部(N)について

ポーランドに関する記述として**誤っているもの**を，次の①～④から一つ選べ。

30

①　1830年に愛国派士官らはロシア皇帝の支配強化に対して蜂起したが，翌1831年失敗に終わった。

②　1863年から1864年にかけて，ロシアの「上からの改革」に乗じてポーランドの民族主義者が蜂起した。

③　1920年から1921年にかけて領土拡大を目指してロシアに侵入し，ソヴィエト政権と戦った。

④　1956年６月，ポーランド西部のポズナニで，労働者が待遇改善，学生が民主

化を掲げて，反政府反米暴動をおこした。

空欄（　O　）について

空欄に入る人物として適当なものを，次の①〜④から一つ選べ。 31

① ゴムウカ　　② ゴルバチョフ

③ チャウシェスク　　④ ワレサ

〔Ⅲ〕 以下の小問に答えよ。

マウリヤ朝において自ら仏教に帰依し，またこれを積極的に保護した人物として正しいものを，次の①〜④から一つ選べ。 32

① アショーカ王　　② チャンドラグプタ王

③ ガウタマ=シッダールタ　　④ ヴァルダマーナ

『リグ=ヴェーダ』について述べた文として正しいものを，次の①〜④から一つ選べ。 33

① 太陽などの自然を神格化し，その神々に捧げた賛歌集である。

② 人類の始祖であるマヌが述べたものとされ，バラモンの特権的地位が強調されている。

③ 宮廷詩人カーリダーサによる戯曲。サンスクリット文学の代表作とされる。

④ 古代インドの宗教・哲学書。祭式至上主義のバラモン教に対する批判からうまれた。

第一次世界大戦後の国際関係を規定した，ヴェルサイユ条約について記述した文A，Bの正誤の組み合わせとして正しいものを，次の①〜④から一つ選べ。

34

A：1919年にドイツと連合国間で結ばれたこの条約の内容は，オーストリアとの合併の推進，アルザス・ロレーヌのフランス返還，ドイツの軍備制限，賠償金の支払いなどである。

B：1919年に結ばれたこの条約には，中国は山東問題の処理に反対して調印せず，アメリカ合衆国は上院の反対で批准を拒否した。

① A－正 B－正 ② A－正 B－誤
③ A－誤 B－正 ④ A－誤 B－誤

1920年代のアメリカ合衆国の繁栄について記述した文A，Bの正誤の組み合わせとして正しいものを，次の①～④から一つ選べ。 **35**

A：1920年代の合衆国経済は「永遠の繁栄」を謳歌していた。この時期にフォード車に代表される自動車や家庭電化製品の普及などによって大量生産・大量消費社会が形成されるとともに，ラジオ・映画・スポーツなどの大衆娯楽も発展した。

B：人々が「永遠の繁栄」を謳歌した1920年代は，また，伝統的な白人社会の価値観が強調された時期でもあった。1924年に成立した移民法では，東欧や南欧系の移民の流入が制限されたり，日本を含むアジア系移民の流入が事実上禁止された。

① A－正 B－正 ② A－正 B－誤
③ A－誤 B－正 ④ A－誤 B－誤

1905年日本で中国同盟会を組織し，辛亥革命で中華民国を建設して臨時大総統に就任した人物として正しいものを，次の①～④から一つ選べ。 **36**

① 袁世凱 ② 蔣介石 ③ 劉少奇 ④ 孫文

官吏の任用制度として郷挙里選を導入した王朝として正しいものを，次の①～④から一つ選べ。 **37**

① 秦 ② 漢 ③ 魏 ④ 隋

モンゴル帝国の拡大を古い順に並べたとき3番目に来るものを，次の①～④から選べ。 **38**

① バグダード占領 ② ワールシュタットの戦い
③ ホラズム＝シャー朝を倒す ④ 金を滅ぼす

明の正統帝が捕らえられた出来事として正しいものを，次の①～④から一つ選べ。

39

① 靖難の役　② 土木の変　③ 靖康の変　④ 安史の乱

洪武帝の政策として**誤っているもの**を，次の①～④から一つ選べ。 40

① 首都を南京から北京に移した。

② 海禁政策をとって朝貢貿易を推進した。

③ 六部を皇帝に直属させた。

④ 里甲制を実施し，魚鱗図冊などを整備した。

政治・経済

（60分）

〔Ⅰ〕次の文章を読み，後の問いに答えよ。

(a)第二次世界大戦末期に，広島と長崎で実証された核の威力は世界に衝撃を与えた。しかし，(b)冷戦突入とともに，アメリカとソ連は相手に優越する核兵器の開発にしのぎを削り，核抑止論によって果てしのない軍拡競争を展開した。両国の核破壊力は，人類を何度も死滅させることが可能なまでの量に達したが，(c)キューバ危機ののち，(d)核実験や核開発を制限する動きもはじまった。

1970年代前半には，アメリカ政府によってデタント政策が進められ，米ソ間には軍備管理が進展したが，1979年にソ連が［ 7 ］に侵攻すると米ソ関係は再び悪化した。しかし，ソ連は1985年に［ 8 ］が政権を握ると，民主化などの改革と，西側との協調に向けて新思考外交を展開するようになり，米ソ関係は急速に改善され，1989年12月，マルタ会談で米ソ首脳は(e)冷戦終結を宣言した。

冷戦の終結は，(f)国際社会に新しい状況を生み出した。第一に，「資本主義」対「(g)社会主義」というイデオロギーの対立が終わったことである。EUやNATOは加盟国を東欧諸国へ拡大するとともに，ロシアと協力関係を築くなど，ヨーロッパは新時代を迎えた。

第二に，東西の接近によって，アメリカとロシアは(h)第三世界に援助する必要がなくなり，対外援助を停止・削減した。そして，大国の支援が弱まった発展途上国では，新たな(i)権力闘争が発生し，(j)民族対立や宗教対立が表面化した。これらの対立が(k)難民を生み，大きな問題となった。

第三に，世界的に(l)民主主義と人権意識が広まり，地域協力にも進展がみられた。EUやOSCE，OASなどの(m)地域協力機構が，人権や(n)安全保障で重要な役割を果たすようになった。

問1　文中の下線部(a)に関する次の記述のうちから，正しいものを一つ選べ。　1

① 1941年にローズベルトとチャーチルの米英首脳によって太平洋憲章が作られ，戦後の国連憲章の基礎となった。

② 1943年の米英ソの3か国外相によるダンバートン・オークス会議で国際連合の設立方針と運営原則が定められた。

③ 1945年のヤルタ会談では，安全保障理事会の拒否権などが決められたが，同時に対独戦後処理とソ連の対日参戦が話し合われ，ソ連には対日参戦の見返りとして南樺太《からふと》・千島列島の帰属などが密約された。

④ 1946年6月，サンフランシスコでの連合国会議に51か国が参加し，国際連合憲章（国連憲章）が採択された。

問2　文中の下線部(b)に関する次の記述のうちから，最も不適当なものを一つ選べ。　2

① イギリスのチャーチルによる「鉄のカーテン」演説以来，米ソ両大国間の対立を中軸とする東西対立が表面化した。

② 1947年3月，トルーマン大統領は，議会において，ポーランドとトルコで展開されていた反政府ゲリラ活動を共産主義の浸透と判断し，ポーランド・トルコ政府への援助を要請，共産主義封じ込め政策を提唱した。

③ アメリカは資本主義世界経済再建のため，ヨーロッパに対してマーシャル・プランを実施し，日本に対してはガリオア・エロア資金で援助をおこなった。

④ 1950年代の半ばまでには朝鮮戦争とインドシナ戦争が終わり，米英仏ソ首脳によるジュネーブ四巨頭会談も開かれるなど，平和共存への舵が切られた。

問3　文中の下線部(c)に関連する次の文中の　3　～　5　に入れるのに最も適当なものを，下の各選択肢のうちから一つ選べ。

ソ連は社会主義国のキューバをミサイル基地化しようとした。 3 ，これを察知した 4 米大統領は，ソ連との全面核戦争も辞さないという決意を表明し，一触即発の状態となった。これに対してソ連の 5 首相は，アメリカがキューバを侵攻しないことを条件に，ミサイルを撤去した。そのため，戦争の危機は回避された。

［選択肢］

3 ① 1956年　② 1959年　③ 1962年　④ 1968年

4 ① ケネディ　② ニクソン　③ レーガン　④ ブッシュ

5 ① レーニン　② スターリン
③ フルシチョフ　④ ゴルバチョフ

問4 文中の下線部(d)に関する次の記述のうちから，正しいものを一つ選べ。 6

① SALTは，米ソ間の保有兵器の廃棄や削減を目指す軍縮交渉であり，1972年にSALTⅠ諸条約，1979年にSALTⅡ条約が結ばれた。

② 1987年に包括的核実験禁止条約が結ばれ，米ソ間の包括的な軍縮交渉が進んだ。

③ STARTⅡ条約は，戦略攻撃兵器のいっそうの削減を規定し，2011年に発効した。

④ 冷戦期にも，部分的核実験禁止条約，核拡散防止条約，海底核兵器禁止条約，生物兵器禁止条約などの多国間軍縮条約が結ばれた。

問5 文中の 7 ， 8 に入れるのに最も適当なものを，下の各選択肢のうちから一つ選べ。

［選択肢］

7　① アフガニスタン　　② グレナダ
　　③ ポーランド　　④ チェチェン

8　① レーニン　　② スターリン
　　③ フルシチョフ　　④ ゴルバチョフ

問6　文中の下線部(e)に関する次の記述のうちから，正しいものを一つ選べ。

9

① ECは1993年のリスボン条約によってEUへと発展した。

② 1995年には独立国家共同体の発足とともにソ連が崩壊した。

③ アフリカでは，1991年にソマリア，1994年にニカラグアで絶対的貧困などを背景とした部族間紛争が起きた。

④ コソボ紛争でNATOは「人道的介入」を理由に空爆をおこなったが，安保理を経由する介入には国際法上の疑念が指摘され，国連はこれにかわって「保護する責任」という考えを採用した。

問7　文中の下線部(f)に関する次の記述のうちから，最も不適当なものを一つ選べ。 10

① 化石燃料に課税する炭素税など，環境悪化の原因となるものの排出や消費の抑制のために課す税のことを環境税といい，日本では，2012年に地球温暖化対策税が導入された。

② 「人間の安全保障」は，1994年にUNEPの『人間開発報告書』ではじめて提唱された。

③ 国際人権規約は，社会権的人権を保障する「経済的，社会的及び文化的権利に関する国際規約」（A規約）と，自由権的人権を保障する「市民的及び政治的権利に関する国際規約」（B規約）の二つからなっている。

④ 日本では1973年の第一次石油危機を契機に，資源安全保障や食料・エネルギー安全保障の観点が安全保障政策に組み込まれることになった。

問8 文中の下線部(g)に関する次の記述のうちから，最も不適当なものを一つ選べ。 11

① 1917年のロシア革命により，世界で最初のマルクス主義に基づいた社会主義国であるソ連が成立した。

② 社会主義社会を建設する過程で，資本家階級の権力を排除して労働者階級が一切の権力を握り，権力分立を否定した政治形態をプロレタリア独裁体制という。

③ 第一次世界大戦後に結成された，ヒトラーを指導者とするナチ党は1933年に政権を獲得し，その後，独裁体制を樹立した。

④ 社会主義やファシズムが台頭する中で，アメリカ合衆国やイギリスなどの自由主義諸国は，資本主義体制を維持しながらも，政府が社会保障や社会福祉政策などの積極的な措置をとることによって，危機に対処する夜警国家という体制を採用した。

問9 文中の下線部(h)に関する次の記述のうちから，正しいものを一つ選べ。

12

① 欧米の植民地であったアジア・アフリカの国々は，米ソいずれの側にも属さない第三世界を形成して，非同盟の立場をとり，1955年に非同盟諸国首脳会議を開催して結束した。

② 中国の周恩来とインドのネルーは，1954年に平和十原則を発表した。

③ 1960年には，アフリカの29か国が独立し，アフリカの年と呼ばれた。

④ 途上国における資源ナショナリズムの高まりが，第四次中東戦争における石油戦略の発動や，国際連合での NIEO 樹立の宣言などにも示された。

問10 文中の下線部(i)に関する次の記述のうちから，最も不適当なものを一つ選

べ。 **13**

① 17世紀の絶対主義の時代には，絶対主義を正当化するために，国王の権力は神から与えられたもので，神聖不可侵であるとする王権神授説が盛んに唱えられたが，一方では，これを批判する自然法思想に基づく社会契約説があらわれた。

② ロックは，国家権力を立法権と執行権・同盟権に分離する権力分立を唱え，立法権の優越を主張した。

③ モンテスキューは，国家権力を立法権・行政権・司法権に分離し，三権をそれぞれ異なる機関で運用させ，権力の抑制と均衡をはかるべきだとする三権分立を唱え，三権を握る国王の絶対主義を批判した。

④ 19世紀にプロイセンで発達した考え方である法治主義は，行政権の発動が法律に従ってなされなければならないとする，法の形式よりも法の内容を重視した原則である。

問11 文中の下線部(j)に関する次の記述のうちから，最も不適当なものを一つ選べ。 **14**

① インドとパキスタンは，1990年代に入り，インドでヒンドゥー至上主義，パキスタンでイスラーム原理主義の風潮が広がり紛争が再燃，1999年には軍事衝突が起こり，2001年末から2002年半ばにかけて，核戦争が危惧される事態になった。

② アフリカのルワンダでは，アラブ系の軍事独裁政権が西部のダルフール地方や南部に居住する非アラブ系住民に対する弾圧を強め，1970年代以降内戦が続いていた。

③ 多民族国家旧ユーゴスラビア連邦は，チトーの死の前後から連邦内の各共和国間に亀裂が生じ，1990年４月以降，各共和国で自由選挙がおこなわれ，セルビアと他の共和国との間の対立と内戦のなかで解体した。

④ イラン・イラク戦争当時，クルド人はイランと連携してイラクと戦ったが，劣勢のイラクのフセイン政権は毒ガスを使ってクルド人を大量虐殺し

た。

問12　文中の下線部(k)に関する次の記述のうちから，正しいものを一つ選べ。 **15**

① 難民とは，戦争や紛争のため，あるいは人種・民族・宗教・思想・政治的意見の相違などのため，外国に逃れ，本国の保護を受けられない人々のことをいい，亡命者は含まれない。

② 難民条約では，経済的理由によって祖国を離れた人々や，国境を超えないで国内にとどまっている国内避難民も保護と救済の対象となっている。

③ 国連は，難民条約の採択とUNCTADの設置により，難民の国際的保護と救援活動を進めている。

④ すでに母国を逃れて難民となっているが，避難先では保護を受けられない人を第三国が受け入れる制度を第三国定住といい，日本政府も2010年から，試験的にミャンマー難民の受け入れをおこなっている。

問13　文中の下線部(l)に関する次の記述のうちから，最も不適当なものを一つ選べ。 **16**

① 19世紀にフランスではチャーチスト運動とよばれる普通選挙運動が起こり，数度にわたって選挙法が改正され，19世紀末の労働運動も参政権の拡大を求め，徐々に参政権は拡大していった。

② 議会制民主主義には，国民代表の原理，審議の原理，監督の原理という三つの原理がある。

③ イスラーム諸国のうち，インドネシアやマレーシア，トルコなどは，議会選挙を実施するなど，民主主義的な政治制度を採用している。

④ 地方自治は，身近な問題への取り組みを通して人々が国政の運営に必要とされる能力を養う場と考えられており，トックビルやブライスといった政治学者たちはこうした考えから，「地方自治は民主主義の学校」とした。

問14　文中の下線部(m)に関する次の記述のうちから，正しいものを一つ選べ。

17

① ASEANは，経済・社会・文化などの交流を目的とし，タイ・ベトナム・マレーシア・フィリピン・シンガポールの5か国で1967年に発足した。

② ASEAN地域フォーラムは，1999年に発足され，アジア太平洋地域の安全保障問題を協議している。

③ OSCEは，ヨーロッパにおける地域的安全保障機構であり，冷戦時代の1975年に発足したCSCEを1995年に改組・発展させたものである。

④ イギリスは2016年にEUからの離脱を問う国民投票をおこなったが，離脱は否決された。

問15　文中の下線部(n)に関連する次の文中の **18** ～ **20** に入れるのに最も適当なものを，下の各選択肢のうちから一つ選べ。

一定の国際組織をつくることによって，国際社会に恒久的な平和をもたらそうとする構想は，18世紀に生まれていた。**18** は，『永久平和案』で，**19** は，『永遠の平和のために』において，諸国家からなる連邦ないし国家連合の構想を示した。しかし，現実の国際社会では実力の行使を排除することはできず，持続的に平和を実現することは難しかった。アメリカ合衆国大統領ウィルソンは，第一次世界大戦による惨状を教訓として「**20** か条の平和原則」を教書で示し，新たな勢力の均衡ではなく，敵国も含めた多数の国家から構成される集団的安全保障の機構設立を提唱した。

［選択肢］

18　① エドワード＝クック　② マックス＝ウェーバー
③ サン＝シモン　④ サン＝ピエール

19　① ラッサール　② ボーダン

③ グロティウス　　④ カント

20　① 14　② 16　③ 17　④ 19

〔Ⅱ〕次の文章を読み，以下の問いに答えよ。

資本主義(a)経済が確立すると，国家は経済活動の自由を保障し，資本(b)蓄積を促す役割を果たすべきだという考え方が強くなった。 A は，市場(c)での自由競争によって経済が調整され，結果的に社会の富が増えていく機能を神の「見えざる手」と表現した。こうした自由放任主義や「小さい政府(d)」の考え方は，19世紀資本主義の基本原理となった。

19世紀後半になると，資本主義経済のマイナス面があらわれるようになった。第一に，19世紀に入るとほぼ10年ごとに景気(e)が極度に悪化する恐慌が発生するようになり，そのたびに多くの失業(f)と貧困問題が生み出されるようになった。第二に，いったん貧困に陥ると抜け出すのが難しく，社会階層間の格差(g)が固定化した。

1922年に誕生した社会主義国ソ連(h)による社会保障政策と1929年の世界大恐慌による大量失業の発生は，資本主義各国に社会保障(i)の実施を促した。アメリカではニューディール政策の一環として，公的扶助と社会保障を統合した社会保障法が制定された。イギリスでは1942年に，社会保険，公的扶助，公的医療などによる貧困撲滅《ぼくめつ》計画である B 報告が出され，「ゆりかごから墓場まで」といわれる社会保障の基礎をつくった。

日本では，第二次世界大戦後，「すべて国民は，健康で文化的な最低限度の生活を営む権利(j)を有する」という日本国憲法第25条の理念に基づき，社会保障制度が整備された。高度経済成長期には，国民生活が向上し，経済成長に合わせて日本も福祉国家への道を歩むことになった。しかし，第一次石油危機を機に，経済成長が鈍化すると，国の財政再建の必要から社会保障制度の見直しがおこなわれた。

問1　文中の A ， B に入れるのに適当な語句の組み合わせを，以下

の選択肢のうちから一つ選べ。 **21**

（A・Bの組み合わせ）

① A：アダム=スミス　B：プレビッシュ
② A：ケインズ　B：ベバリッジ
③ A：アダム=スミス　B：ベバリッジ
④ A：ケインズ　B：プレビッシュ

問2 文中の下線部(a)に関する次の記述のうちから，最も不適当なものを一つ選べ。 **22**

① 資本主義経済が進展する前の社会では，ほとんどの地域が自給自足経済であり，特産物の貿易がおこなわれてきた。資本主義経済の進展とともに，国家と国家のあいだで貿易が活発におこなわれるようになり，国際経済が成立するようになった。
② 企業は，労働・資本・土地の三つの生産要素を用いて生産活動をおこなっている。資本主義経済における企業の目的は，利潤の追求であり，そのために，労働者を雇い，投資を決定する。
③ 社会主義の計画経済では，政府が財の生産・分配・支出について目標を設定して，計画的に経済問題に対処しようとする。国民経済が大きくなり，人々のニーズも多様化すると，政府がすべてを適切に計画的に管理することは困難になるため，企業による経済活動に委ねられるようになる。
④ 資本主義経済は，私有財産制と契約の自由という法的枠組みの中で，自由（放任）主義を基調とし，生産が利潤獲得をめざす商品の生産としておこなわれるような経済のことである。

問3 文中の下線部(b)に関する次の記述のうちから，正しいものを一つ選べ。 **23**

① 中小企業とは，すべての業種において，従業員が100人以下，資本金規

模が5,000万円以下に該当する企業のことをいう。

② 2006年に施行された会社法では，株式会社を設立する際の資本金の下限が100円と定められたほか，合同会社の設立が可能になり，ベンチャービジネスの起業が容易になった。

③ 国際的な資本移動が激増したことで，財・サービスの取引など実体をともなう経済活動に対する金融の影響力が飛躍的に強まった。

④ 金融機関の総資産のうち，自己資本に対するリスクのある資産の割合を自己資本比率という。金融機関の健全性維持のため，国際決済銀行の自己資本比率規制が義務付けられており，国際金融業務をおこなうためには5％以上が必要とされる。

問4 文中の下線部(c)に関する次の記述のうちから，最も不適当なものを一つ選べ。 24

① 資金の貸し手と借り手の間で資金を取り引きする市場が青果市場である。

② 市場には，財やサービスが取り引きされる市場のほかに労働力が取り引きされる労働市場がある。ここでは，労働力の需要と供給の関係に応じて賃金と雇用量が決まる。

③ 規模の小さい市場で，既存企業による商品やサービスの供給がおこなわれていない市場をニッチ市場という。

④ 労働の売買は，資本家と労働者が対等な関係で労働契約を結ぶ契約の自由があるが，実際には労働者は雇用されないと賃金が得られず生活できないという不利な立場にある。また労働条件についても低賃金や長時間労働など不利益をこうむる場合が多かった。

問5 文中の下線部(d)に関する以下の記述のうちから，正しいものを一つ選べ。 25

① 大きな政府の下での財政赤字などを背景に，1970年代後半から1980年代前半には，アメリカやイギリスを中心に，市場機構を重視して小さな政府

をめざす修正資本主義が台頭した。

② 日本では2000年代に入り，民主党政権の下で，生産性を改善するために，不良債権の処理や規制緩和などが進められた。

③ 自由競争や市場原理の利点を生かしながら，政府が積極的に経済活動に介入するのが，いわゆる修正資本主義であり，その理論的裏づけとなったのがピケティの経済学である。

④ 1980年代後半，政府は財政再建を進め，三公社（国鉄・電信電話公社・専売公社）の民営化，規制緩和，社会保障の財政削減と受益者負担の増加がおこなわれた。

問6　文中の下線部(e)に関する次の記述のうちから，最も不適当なものを一つ選べ。 26

① 景気変動とは，景気の好況，後退，不況，回復の四局面が一つの周期をなし，好景気と不景気が交互に起こる現象のことである。

② デフレと景気の悪化が悪循環に陥ることをクーリングオフという。

③ ポリシー・ミックスとは，景気の調整と物価の安定というような複数の政策目標を同時に達成するため，金融政策と財政政策などの各種の政策をうまく組み合わせることをいう。

④ 賦課方式の年金制度の意義の一つとして，現役世代の所得からの保険料が年金の原資となるため，インフレによる価値の目減りに対応できることがある。

問7　文中の下線部(f)に関連する次の記述のうちから，正しいものを一つ選べ。 27

① 正社員とそれ以外の労働者（非正規労働者）の違いの一つは雇用期間の有無である。原則として定年まで働くことができるのは正社員であり，長期雇用のため生活が安定している。半面，非正規労働者は雇用期間が終了すると契約が打ち切られること（雇い止め）があり，正社員に比べて生活

が不安定になりやすい。

② 産業構造が大きく変化している場合には，衰退する産業では雇用条件が悪くなるので，より高い賃金やよりよい労働条件を求めて，労働者が職場を移動する。その過程で生まれる失業が循環的失業である。

③ 雇用保険（かつての失業保険）は，失業した場合に以前の賃金の全額を支給すると同時に，雇用促進をはかるものである。

④ 2008年秋以降の世界的な大不況によって，雇用問題が一挙に深刻化した。完全失業率は12％と過去最悪の水準となり，大学卒業者の就職率も最悪となり就職氷河期とよばれた。

問8 文中の下線部(g)に関連して，日本ではさまざまな差別や格差がある。これについて以下の記述のうちから，最も不適当なものを一つ選べ。 28

① 1990年代以降の「失われた20年」といわれる不況下で，中核社員として正規採用した少数の社員と，派遣労働者やパートタイマー，アルバイトなどの非正規労働者に労働者が二極分解している。

② 消費者問題は，大量生産・大量販売がもたらした大量消費社会の産物といえる。多種多様な商品を購入する消費者と，特定の商品を扱う生産者（企業）とでは，商品に関する情報に大きな格差がある。

③ 高度経済成長期に，人口が集中した首都圏では過密化による交通ラッシュや住宅難，都市型公害などの問題がおこった。一方，首都圏を除く他の地方はいずれも人口流出による過疎化の問題が深刻化し，公共交通機関の路線廃止や医師不足，小売店の店じまいなど地域社会の維持ができない状況が生まれた。

④ 1981年，最高裁は，ある自動車メーカーの定年年齢の規定（男性55歳・女性50歳）は性別のみによる不合理的な差別であるとして無効とした。

問9 文中の下線部(h)に関する次の記述のうちから正しいものを一つ選べ。

29

① ソ連崩壊後のロシアでは，通貨切り下げによって2003年にルーブル危機が起こった。

② アメリカは1947年に共産主義勢力を封じ込める目的で北太平洋条約機構を結成した。ソ連はこれに対抗して，1947年にコミンフォルムを結成し，1949年にコメコンを設立した。

③ 社会主義経済の特徴は，生産手段の公有（社会的所有）と計画経済にある。そこでは，私有財産制度と利潤追求の自由は否定され，財の生産と分配は，中央政府の計画と指令に基づいておこなわれる。

④ 資本主義経済はみずからの問題を解決できないため，社会主義にもとづく計画経済への移行が必然だとピグーは説き，1917年のロシア革命によって社会主義経済はソビエト連邦のもとで実現した。

問10 下線部(i)に関連する次の文章を読み，以下の問いに答えよ。

日本の社会保障制度は，社会保険・公的扶助・社会福祉・公衆衛生の四つの柱からなっている。このうち社会保険(ア)は，被保険者と事業主および中央・地方政府の三者が費用を負担し，疾病や高齢・失業・労働災害・要介護(イ)などに直面した人に，医療や所得を保障しようとするものである。

社会福祉は，障がい者(ウ)・児童(エ)・高齢者・ひとり親世帯など，援護を必要とする人に対して，各種の法律によって，生活指導・厚生補導の援護育成をおこなう制度である。

また公衆衛生は，感染症の予防，エイズ対策や公害(オ)健康被害補償制度などにより，国民の健康を維持促進することを目的とする。

問10－1 文中の下線部(ア)に関する次の記述のうちから，正しいものを一つ選べ。 **30**

① 農林水産業や自営業などに従事する人々に対しては，1958年に国民健康保険法，1959年に国民年金法が制定された。これによって，1961年には全国民をいずれかの制度に強制的に加入させる，国民皆年金・国民皆保険制

度が実現した。

② 労災保険は，業務上の傷病や死亡に対して補償給付をするため，労災に対する賠償的性格から全額を国が負担する。

③ 日本の医療・年金保険制度は歴史的な経緯から居住地によって制度に差異があり，給付額にも格差がある。

④ 2008年から70歳以上の高齢者は健康保険や国民健康保険の対象からはずれ，新しく後期高齢者医療保険による制度に組み入れられた。

問10－2　文中の下線部(イ)に対して介護保険制度がある。これに関する次の記述のうちから，正しいものを一つ選べ。 **31**

① 市町村は保険者として，被保険者からの保険料などを財源に，介護保険サービスを提供する介護サービス事業者への費用の原則７割を支払う。

② この制度が施行された2000年には，総人口に占める65歳以上の人口の割合が25％に達していた。

③ 主な介護サービスには，介護老人保健施設や特別養護老人ホームなどの施設サービス，訪問介護・通所介護などの居宅サービス，および介護で休業する人の所得保障がある。

④ 現在，すべての高齢者が自らの住んでいる地域で，医療や介護・生活支援サービスを受けられるような，地域包括ケアシステムを構築することがめざされている。

問10－3　文中の下線部(ウ)に関する次の記述のうちから，正しいものを一つ選べ。 **32**

① 障害者雇用促進法で，一定規模以上の事業主は一定割合以上の障がい者を雇用すべきことが定められている。ただし企業が達成しているのに対し，国・地方公共団体は半数以下である。

② 公職選挙法では，視覚障がいやけがなどの場合，代理や点字による投票として代理投票が認められている。

③　2006年には国連総会で障害者権利条約が採択された。日本はこの条約の批准に先立って，2009年に障害者差別解消法を制定するなど，障がい者支援制度の充実を進めている。

④　高齢者や障がい者を施設に入れて隔離するのではなく，健康な人や若者などとともに生きる国民総幸福の考え方が広がっている。

問10－4　文中の下線部(エ)をとりまく動向に関する次の記述のうちから，最も不適当なものを一つ選べ。 **33**

①　政府は2000年に新エンゼルプランを立てて，子育てと仕事が両立できるような社会を整備しようとしている。さらに，2003年には少子化社会対策基本法を制定した。

②　児童手当は，すべての中学校就学前の子の父母などに支給される制度である。

③　非正規雇用は正規雇用に比べて賃金や社会保障が格段に不利である。既婚者の割合をみれば，男性の非正規労働者は正規労働者の三分の一程度でしかなく，少子化問題の原因となっている。

④　1911年に制定された工場法は，12歳未満の就労の禁止，女子と15歳未満の労働者の労働を1日12時間以内に制限するなどの労働者保護立法であった。

問10－5　文中の下線部(オ)に関する次の記述のうちから，正しいものを一つ選べ。 **34**

①　高度経済成長期以降の都市化の進行につれ，主に都市住民による消費生活から生じる公害である都市公害が発生した。近年は，高度経済成長期のような深刻な産業公害は減少したが，都市公害は解消せず，また建設資材のアスベスト（石綿），ハイテク汚染，ダイオキシンなどの新しい公害源も出現している。

②　2018年に，プラスチックごみの削減を目的としたプラスチック資源循環

促進法が制定された。

③　1967年に公害対策を総合的に推進するための基本となる公害対策基本法が制定され，1971年に公害行政を一元化しておこなうために，環境省が設置された。

④　新しい都市型・生活型公害や地球環境問題に対応するため，1993年に公害対策基本法と自然環境保全法を発展させた環境基本法が制定され，環境影響評価が制度化された。

問11　下線部(j)に関する以下の記述のうちから，最も不適当なものを一つ選べ。

35

①　生活保護法による生活保護基準がこの権利の保障する生活水準に十分ではないとして，その違憲性が争われた裁判の一つが，朝日訴訟である。

②　この権利が世界で最初に確立されたのは「すべてのものに人間たるに値する生活を保障する」と謳《うた》ったドイツのワイマール憲法である。

③　この権利を実現することは，法的拘束力をもつ権利として解するべきだとする法的権利説が司法判断で採用された一方，この規定は国に対して政策の方針や目標を示したものに過ぎず法的拘束力をもたないという学説は否定された。

④　この権利の保障を実現するために，国は各種の社会保障政策を実施する義務を負うことになった。

〔Ⅲ〕次の文章を読み，後の問いに答えよ。

1つの国の経済活動は，その国の中だけで完結するのではなく，他国の経済活動に依存している。そのため，外国の動向により経済は大きな影響を受ける。例えば，国家間で紛争が勃発《ぼっぱつ》すると，紛争当事国より資源を輸入している場合は，必要な資源の入手が困難になる。資源を外国からの輸入に依存している日本のような国においては，こうした影響が価格に反映され，私たちの日常生活に大きな影響を及ぼすことになる。

そもそも財の取引はどのように決定されるのだろうか。いくらの価格でどれだけの量の財やサービスが売買されるかは，原則として，市場における需要と供給(a)の関係で決まる。市場経済では価格は財・サービスの過不足を示しその変化を通して需要と供給が調整され，ひいては限られた財・サービスの有効活用がはかられる。このような市場の働きは市場メカニズム(b)とよばれる。市場メカニズムが十分に機能するためには，完全競争市場のもとで取り引きされることが前提となる。

市場メカニズムは，資源配分の効率性を達成する上で優れた性質をもっているが，競争の状態(c)や財・サービスの性格(d)などにより，市場本来の機能が発揮されず市場の失敗(e)が生じることがある。市場メカニズムをうまく働かせるためには，政府が市場の失敗を是正する政策や制度をどう整えていくのかが重要となる。

市場メカニズムでは，資源配分の効率性を達成することはできたとしても，所得再分配のメカニズムが備わっていないため，所得や資産の格差(f)が拡大する恐れもある。よって，政府は機会の平等の確保と所得再分配で重要な役割を担わなければならない。

問1　文中の下線部(a)に関連する次の文中の [36] ～ [41] に入れるのに最も適当なものを，下の各選択肢のうちから一つ選べ。

家計は [36] を最大にするように，財・サービスを選択したり，その消費量を決定したりするため，財・サービスの価格や所得の大きさに応じて，消費行動を変える。例えば，ある財の価格が上昇すると， [37] する。また，家計の商品に対する好みが変わると，消費行動も変わる。ある財の人気が高まると，購入しようと思う人が増えるため，この 38 する。企業は 39 を最大にするように，生産量や価格，生産要素の組み合わせを調整する。例えば，ある財の価格が下落すると， 40 する。また，生産要素の価格が上昇すると，企業は生産量を減少させるため， 41 する。このように，家計も企業も価格以外の要因が変化すると，消費や生産の水準を変更させる。

［選択肢］

36 ① 所得 ② 効用 ③ 利潤 ④ 収入

37 ① 需要量は減少 ② 供給量は減少 ③ 需要量は増加 ④ 所得は増加

38 ① 需要曲線は右に移動 ② 需要曲線は左に移動 ③ 供給曲線は右に移動 ④ 供給曲線は左に移動

39 ① 所得 ② 効用 ③ 利潤 ④ 収入

40 ① 需要量は減少 ② 供給量は減少 ③ 所得は減少 ④ 供給量は増加

41 ① 需要曲線は右に移動 ② 需要曲線は左に移動 ③ 供給曲線は右に移動 ④ 供給曲線は左に移動

問2 文中の下線部(b)に関する次の記述のうちから，正しいものを一つ選べ。 42

① 超過需要が発生している場合は，価格が下落して超過需要は解消され，需給を一致させる市場均衡が達成される。

② 超過供給が発生している場合は，価格が上昇して超過供給は解消され，需給を一致させる市場均衡が達成される。

③ 超過供給が発生している場合は，価格は変化せず，企業は供給量を減少させるため，市場均衡が達成される。

④ 超過需要が発生している場合は，価格が上昇して超過需要は解消され，需給を一致させる市場均衡が達成される。

問3　文中の下線部(c)に関する次の文中の [43] ～ [45] に入れるのに最も適当なものを，下の各選択肢のうちから一つ選べ。

特定の企業が巨大化して市場を支配するようになると企業間の競争が弱まり，価格は資源の最適な配分をはかるという役割を果たさなくなってしまう。寡占市場では最有力企業が [43] となって価格を設定し，他の企業がこれに追随《ついずい》することがある。これを [44] という。[44] の下では価格競争ではなく，品質・デザインを競う [45] や，宣伝・広告，アフターサービスを競う非価格競争がおこなわれる傾向があるため，技術の開発や生産の合理化等によって生産費用が低下しても，価格が下がりにくくなる。

［選択肢］

[43]
① プライス・フォロワー　② プライス・リーダー
③ リストラクチャリング　④ ステークホルダー

[44]
① ピークロードプライシング　② 均衡価格
③ 管理価格　④ ダイナミックプライシング

[45]
① 製品の差別化　② デファクト・スタンダード
③ ユニバーサルデザイン　④ 市場の分割

問4　文中の下線部(c)に関して，独占の形態とその説明文の組み合わせとして，

正しいものを一つ選べ。 **46**

［独占の形態］

A：カルテル

B：トラスト

［説明文］

ア：独立した企業同士が，競争制限目的で価格や生産量について協定を結ぶこと。

イ：親会社が株式保有を通じて，異業種産業の企業を支配すること。

ウ：独占的な支配力を得るため，企業同士が合併して一体化し，新企業を組織すること。

① A－ア，　B－ウ

② A－イ，　B－ア

③ A－ウ，　B－イ

④ A－イ，　B－ウ

問5　文中の下線部(d)に関連して，公共財に関する次の記述のうちから，正しいものを一つ選べ。 **47**

① 公共財は，生産量が増加すればするほど，単位当たりの生産費用が低下する財であり，独占が成立しやすく，公益性が高い財である。

② 公共財は，対価を支払わない消費者は消費できない財・サービスであり，市場では取り引きされない。

③ 公共財には，消費の非排除性と消費の非競合性という二つの特徴がある。

④ 公共財には，売り手と買い手の間で財・サービスに関する情報に偏りが生じるという特徴がある。

問6　文中の下線部(e)について外部性の例に関する次の記述のうちから，最も不

適当なものを一つ選べ。 48

① 養蜂場と果樹園が隣接することで，互いの生産性が高まる。

② 新駅の建設により，周辺地域の利便性が高まる。

③ 生産・消費といった経済活動により，感染症の拡大が加速する。

④ 中古車の購入後に，性能に重大な欠陥が判明する。

問7 文中の下線部(e)に関する次の記述のうちから，最も不適当なものを一つ選べ。 49

① 独占・寡占による弊害をなくすために，独占禁止法を設け，競争を促進する政策をとっており，これを実施する機関として公正取引委員会が設けられている。

② 規模の経済性がみられる産業では，独占が成立しやすいため，地域独占を認めるかわりに許認可を通じて，価格水準を抑《おさ》えるなど公的規制の枠組みでコントロールする必要がある。

③ 政府は景気を安定化させるため，不景気には公共事業を増やし，総需要を縮小させ，景気回復をはかろうとする。

④ 外部不経済を排除するには，汚染物質の排出量を制限するといった直接規制と，排出量に応じた公害の原因企業への課税などの方法がある。

問8 文中の下線部(f)に関する次の記述のうちから，最も不適当なものを一つ選べ。 50

① 所得格差を是正するための方法として，累進所得税が有効である。

② 社会の平等，不平等さを表す係数としてジニ係数があり，0に近づくほど格差が大きい。

③ 地方公共団体間の財政格差を是正するために，国税の一部が地方交付税交付金として地方に交付されている。

④ 日本では生まれた年代によって社会保障の給付と負担のバランスが異なる世代間格差の問題がある。

数学

（60分）

解答上の注意

1　解答は，解答用紙の問題番号に対応した解答欄にマークしなさい。

2　問題の文中の $\boxed{\text{ア}}$ ，$\boxed{\text{イウ}}$ などには，特に指示がないかぎり，符号（－），数字（０～９），又は文字（ａ～ｅ）が入ります。**ア**，**イ**，**ウ**，…の一つ一つは，これらのいずれか一つに対応します。それらを解答用紙の**ア**，**イ**，**ウ**，…で示された解答欄にマークして答えなさい。

例　$\boxed{\text{アイウ}}$ に $-8a$ と答えたいとき

ア	●	⓪	①	②	③	④	⑤	⑥	⑦	⑧	⑨	ⓐ	ⓑ	ⓒ	ⓓ	ⓔ
イ	⊖	⓪	①	②	③	④	⑤	⑥	⑦	●	⑨	ⓐ	ⓑ	ⓒ	ⓓ	ⓔ
ウ	⊖	⓪	①	②	③	④	⑤	⑥	⑦	⑧	⑨	●	ⓑ	ⓒ	ⓓ	ⓔ

なお，同一の問題文中に $\boxed{\text{ア}}$ ，$\boxed{\text{イウ}}$ などが２度以上現れる場合，原則として，２度目以降は，$\boxed{\text{ア}}$ ，$\boxed{\text{イウ}}$ のように細字で表記します。

3　分数形で解答する場合，分数の符号は分子につけ，分母につけてはいけません。

例えば，$\dfrac{\boxed{\text{エオ}}}{\boxed{\text{カ}}}$ に $-\dfrac{4}{5}$ と答えたいときは，$\dfrac{-4}{5}$ として答えなさい。

また，それ以上約分できない形で答えなさい。

例えば，$\dfrac{3}{4}$，$\dfrac{2a+1}{3}$ と答えるところを，$\dfrac{6}{8}$，$\dfrac{4a+2}{6}$ のように答えてはいけません。

4　小数の形で解答する場合，指定された桁数の一つ下の桁を四捨五入して答えなさい。また，必要に応じて，指定された桁まで⓪にマークしなさい。

例えば，$\boxed{\text{キ}}$. $\boxed{\text{クケ}}$ に2.5と答えたいときは，2.50として答えなさい。

5　根号を含む形で解答する場合，根号の中に現れる自然数が最小となる形で答えなさい。

例えば，$4\sqrt{2}$，$\dfrac{\sqrt{13}}{2}$，$6\sqrt{2a}$ と答えるところを，$2\sqrt{8}$，$\dfrac{\sqrt{52}}{4}$，$3\sqrt{8a}$ のように答えてはいけません。

〔1〕

(1)　$P=x^2-2xy+6x-4y+8$ とする。P を因数分解すると

$$P=\left(x+\boxed{\text{ア}}\right)\left(x-\boxed{\text{イ}}\,y+\boxed{\text{ウ}}\right)$$

となる。$P=9$ となるような正の整数 x，y の組は

$$(x,\ y)=\left(\boxed{\text{エ}},\ \boxed{\text{オ}}\right),\ \left(\boxed{\text{カ}},\ \boxed{\text{キ}}\right)$$

である。ただし，$\boxed{\text{エ}} < \boxed{\text{カ}}$ とする。

(2)　次の $\boxed{\text{ク}}$，$\boxed{\text{ケ}}$ に当てはまるものを，下の①～④のうちからそれぞれ一つずつ選べ。

(ア)　a，b は実数で $a \leqq b$ とする。

$ac \leqq bc$ であることは，$c>0$ であるための $\boxed{\text{ク}}$ 。

(イ)　m，n を整数とする。

$m+n$ が奇数であることは，mn が偶数であるための $\boxed{\text{ケ}}$ 。

①　必要十分条件である

②　必要条件であるが，十分条件ではない

③　十分条件であるが，必要条件ではない

④　必要条件でも十分条件でもない

(3)　a を実数の定数とする。放物線

$$C：y=x^2-ax+2a+3$$

がある。

C を原点に関して対称移動すると点 $(2,\ -2)$ を通るとき

$$a=\frac{\boxed{\text{コサ}}}{\boxed{\text{シ}}}$$

である。

$a=4$ とする。C を y 軸方向に p だけ平行移動すると，x 軸の $0<x<3$ の部分と異なる2点で交わるとき，p のとり得る値の範囲は

$$\boxed{\text{スセ}} < p < \boxed{\text{ソタ}}$$

である。

〔2〕 赤玉，白玉，青玉がそれぞれ5個ずつあり，同じ色の玉は1から5までの整数が1つずつ書かれて区別されている。これら15個の玉から無作為に3個の玉を同時に取り出す。

(1)　3個とも同じ色である確率は $\dfrac{\boxed{\text{ア}}}{\boxed{\text{イウ}}}$ である。

(2)　3個の玉に書かれた数がすべて異なる確率は $\dfrac{\boxed{\text{エオ}}}{\boxed{\text{カキ}}}$ である。3個の玉に書かれた数がすべて異なるとき，3個の玉の色もすべて異なっている条件付き確率は $\dfrac{\boxed{\text{ク}}}{\boxed{\text{ケ}}}$ である。

(3)　3個の玉に書かれた3つの数の積が2の倍数である確率は $\dfrac{\boxed{\text{コサ}}}{\boxed{\text{シス}}}$ である。また，3個の玉に書かれた3つの数の積が4の倍数である確率は

$\dfrac{\boxed{\text{セソタ}}}{\boxed{\text{チツテ}}}$ である。

〔3〕

(1)　方程式 $x^3=1$ の虚数解の一つを ω とすると

$\omega^2+\omega+1=\boxed{\text{ア}}$，$\omega+\dfrac{1}{\omega}=\boxed{\text{イウ}}$，$\omega^{2023}+\dfrac{1}{\omega^{2023}}=\boxed{\text{エオ}}$

である。

(2)　関数 $f(x)=\displaystyle\int_1^x(2t^2-t-1)\,dt$ がある。

$f(x)$ の導関数は

$$f'(x)=\left(\boxed{\text{カ}}\,x+\boxed{\text{キ}}\right)\left(x-\boxed{\text{ク}}\right)$$

であるから，$f(x)$ の極大値は $\dfrac{\boxed{\text{ケ}}}{\boxed{\text{コ}}}$ である。

(3)　AD∥BC の台形 ABCD において，AB＝2，AD＝1，BC＝2，∠BAD＝120°とする。

$\overrightarrow{\mathrm{AB}}$ と $\overrightarrow{\mathrm{AD}}$ の内積は

$$\overrightarrow{\mathrm{AB}}\cdot\overrightarrow{\mathrm{AD}}=\boxed{\text{サシ}}$$

である。辺 CD を 2：1 に内分する点を P とすると

$$\overrightarrow{\mathrm{AP}}=\frac{\boxed{\text{ス}}}{\boxed{\text{セ}}}\overrightarrow{\mathrm{AB}}+\frac{\boxed{\text{ソ}}}{\boxed{\text{タ}}}\overrightarrow{\mathrm{AD}}$$

であり，$\overrightarrow{\mathrm{AP}}$ の長さは

$$\left|\overrightarrow{\mathrm{AP}}\right|=\frac{\boxed{\text{チ}}\sqrt{\boxed{\text{ツ}}}}{\boxed{\text{テ}}}$$

である。

〔4〕 関数 $f(\theta)=\sin 2\theta-\sqrt{2}(\sin\theta+\cos\theta)+3\ (0\leqq\theta\leqq\pi)$ がある。

(1) $f\left(\frac{3}{4}\pi\right)=$ [ア] である。

(2) $t=\sin\theta+\cos\theta$ とする。

$\sin 2\theta$ を t を用いて表すと

$$\sin 2\theta = t^{\boxed{イ}} - \boxed{ウ}$$

である。また，

$$t=\sqrt{\boxed{エ}}\sin\left(\theta+\frac{\pi}{\boxed{オ}}\right)$$

と変形できるので，$0\leqq\theta\leqq\pi$ のとき t のとり得る値の範囲は

$$\boxed{カキ}\leqq t\leqq\sqrt{\boxed{ク}}$$

である。

(3) $f(\theta)$ の最小値は $\dfrac{\boxed{ケ}}{\boxed{コ}}$ であり，このときの θ の値は

$$\theta=\frac{\boxed{サ}}{\boxed{シス}}\pi$$

である。

(4) $f(\theta)=\dfrac{7}{4}$ を満たす θ の値は全部で [セ] 個ある。

問二十二 乙 文の内容に合致するものを、次の中からひとつ選べ。 42

① 「古典論」の名で呼ばれたのは、十七世紀以前の理論物理学である
② 理論物理学の系譜は、物質観と宇宙観の確立とその更新の歴史である
③ 今日の理論物理学の中心は、自然現象のなかでも物体の運動の忠実な解明にある
④ 神話に描かれた神々の力は、物理学の発展によりいまや完全に人の支配下にある
⑤ 二十世紀には、予想外の実験的事実が次々明らかになったことで、物理学は解体した

⑤　個人的ないし社会的要因によって学説の当否が左右されることは、中世にはほぼ見られなくなった

問十九　傍線部⑽「十七世紀前後」の物理学にかんする記述として**適当でないもの**を、次の中からひとつ選べ。　39

①　ニュートンは、微分積分法という数学的方法を発見し、力学の体系を完成させた

②　ガリレイが、観察と実験に基づく帰納的方法によって新しい物理学の基礎を確立した

③　ガリレイは、師と仰いだアルキメデスの「動力学」を、数学的方法の精緻化により完成させた

④　ガリレイは、物体の運動は条件を変えることで連続的に推移するものであることをはっきりと認めた

⑤　ガリレイとニュートンの貢献が、十九世紀末までの二百余年にわたる物理学の順調な発展の礎となった

問二十　傍線部⑾「経験的事実の忠実なそして合理的な解釈」の基盤となったものは何か。もっとも適当なものを次の中からひとつ選べ。　40

①　思弁的思考　　②　根拠を持たぬ多くの独断論　　③　素朴実在論的見解

④　実証的精神　　⑤　相対性理論

問二十一　空欄 K ・ L に入る語の組み合わせとしてもっとも適当なものを、次の中からひとつ選べ。　41

①　K 革新・L 抵抗　　②　K 構築・L 応用　　③　K 信頼・L 接近

④　K 否定・L 服従　　⑤　K 表現・L 誘導

③　原質とは、水・火・土・空気の混合体であると想像された
④　原質の発見は、あらゆる自然哲学のもっとも重要な成果であった
⑤　原子の存在を仮定しない限り、原質の性質は説明がつかなかった

問十七　傍線部(8)「原子論と連続論とは長い間対立して存続し得た」のはなぜだというのか。その理由としてもっとも適当なものを、次の中からひとつ選べ。37

①　連続論を支持したアリストテレスの個人的権威が、両論の公正な比較を妨げていたから
②　原子や原質の状態を経験的に確認出来ない以上、両論のうちどちらが正しいか確定できなかったから
③　神話や伝統を重視するキリスト教と経験や事実を重視する科学が対立し、両論の決着がつかなかったから
④　あまりに多くの原子模型が提案されたため、連続論の支持者がそのすべてを検証することは不可能だったから
⑤　水や火のような原質はたいへん身近なものであるために、どちらの論の支持者も相手の説を否定しきれなかったから

問十八　傍線部(9)「発展段階」で起こったことがらとして、本文中ではどのようなことが例示されているか。もっとも適当なものを次の中からひとつ選べ。38

①　西欧においては、古代から中世にかけて、原子論が正統の学説として流布した
②　アルキメデスやダ・ヴィンチらの思弁的な探求が、自然哲学の発展をもたらした
③　今日の理論物理学の原型となった「錬金術」が、自然哲学の一部として生まれた
④　今日では合理的根拠のない知識の代表例である「占星術」も、かつて天文学の発展に寄与した

(ち) 風靡

① 一部の人々から絶大な人気を博すこと　② 多くの人をある傾向に従わせること
③ 権力を及ぼして意のままに動かすこと　④ 激しい勢いで勢力範囲を広げること
⑤ 世の中で批判的に受け止められること　31

問十四 空欄 H ～ J に入るもっとも適当なものを、次の中からそれぞれひとつ選べ。ただし、同じものを二度用いることはできない。　H 32　I 33　J 34

① いつまでも　② おいおいと　③ かならずしも　④ さらに　⑤ なぜならば

問十五 傍線部(6)「自然哲学」にかんする記述として**適当でないもの**を、次の中からひとつ選べ。　35

① 神話を完全に否定することによって、自然哲学はその地歩を確立した
② 洋の東西を問わず、「宇宙観」と「物質観」の両方を含んでいた
③ 自然哲学においてはじめて、理論物理学と天文学が接点をもつようになった
④ 当初より、地球や星々を含む宇宙全体の組立が自然哲学の中心問題の一つであった
⑤ 神の力によらずとも、人が自然をある程度自由に出来るということの自覚から生まれた

問十六 傍線部(7)「原質」にかんする記述としてもっとも適当なものを、次の中からひとつ選べ。　36

① 連続論においては、原質の存在は否定された
② 宇宙を組立てる物質の本性として、原質が仮定された

限り、それは永遠に最も古く、且つ最も新しい学問として存続するであろう。

（湯川秀樹『目に見えないもの』による）

問十一　二重傍線部**e**～**h**のカタカナを漢字になおすとき、もっとも適当なものを次の中からそれぞれひとつ選べ。

e　ホッタン　①丹　②担　③単　④短　⑤端　22

f　シュウトウ　①収　②秀　③周　④修　⑤集　23

g　シュウトウ　①当　②到　③答　④等　⑤踏　24

h　カンジュ　①甘　②完　③貫　④関　⑤観　25

問十二　二重傍線部**x**「巧」・**y**「拙」の漢字を**訓読み**したとき、その最初の一文字は何か。次の中から、もっとも適当なものをそれぞれひとつ選べ。　**x** 26　**y** 27

①こ　②せ　③た　④つ　⑤で　⑥へ

問十三　波線部(ほ)～(ち)の意味としてもっとも適当なものを、次の中からそれぞれひとつ選べ。

(ほ)　対蹠的な　①基盤を異にする　②正反対の　③対等の　④無関係の　⑤矛盾しない　28

(へ)　背馳　①競い合うこと　②そむき離れること　③戦って負けること　④同時に存在すること　⑤同等の勢力をもつこと　29

(と)　誇り　①欠点　②待遇　③非難　④評価　⑤偏見　30

貌せしめた実証的精神は、いままた十七世紀以後の理論物理学自身にも、それがある極限的な場合にしか成立しないという廉《かど》で「古典論」の名を付けてしまった。マイケルソンの実験を頂点とする一連の(11)経験的事実の忠実なそして合理的な解釈の結果として生まれた相対性理論は、古典論において自明と思われていた絶対時間や絶対空間を否定した。たがいに高速度で運動する二人の観測者の各自が空間と呼んでいたところのものは、同一のものではなかった。二人の時計の針の進み方は同じではなかった。ここにまったく新しい宇宙観が出来上がったのである。原子物理学の方面における多くの実験的事実の蓄積は、古典論にとってたがいに相容《あいい》れない波動と粒子の二つの概念を、同一の対象の属性として認めることを強要した。

　その結果として生まれた新しい物質観の代表者が量子力学であった。それは波動と粒子の二概念が、たがいにその適用性の範囲を制限しあっていることを明らかにした。同一の電子の位置と速度とを同時に測定する手段はあり得ないということと、それが波動性を有することとが表裏一体をなしていたのである。量子力学からの帰結の中で最も注目すべきはしかし、観測によって一般に対象の状態の突発的、且つ非因果的な変化が惹起《じゃっき》されるということであった。連続的にそして因果的に変化していく合法則的世界が、そのまま現実世界の再現ではなかったのである。それはいわば可能の世界であった。対象に対して観測を行なうことは、多くの可能性の中から一つを選び出すことを意味していた。*

　さて今日の理論物理学の中心問題が、素粒子論の建設にあることはいまさらいうまでもないが、それは単に相対性理論と量子力学の形式的統一というようなことによって達成される見込みはほとんどない。むしろ時間空間とか素粒子とかいう概念までももう一度根本的に反省してみることによって、初めて素粒子論の一貫した体系を築き得ると予想されるのである。*

　これを要するに理論物理学はその長い歴史を通じて、自己を［K］して事実に［L］するという当然の運命を幾度でもhカンジュしてきた。その結果、神話時代や自然哲学時代とはすっかり見違えるような姿に変わってしまった。そして今後といえども、何度か生まれ変わらねばならぬことであろう。しかし自然の合法則性と斉一性に対するわれわれの信頼が裏切られぬもちろんこれらの特徴が前代の学問にまったく欠如していたわけではない。第一の点に関しては、われわれはすでにプラトンなどにおいて数学とくに幾何学による自然の模型的表現の多くの例を見いだすのであり、第二の点に関しては例えば、アルキメデスの静力学の諸定理に対する幾つかの有名な実験を想起することが出来るのである。しかし自然現象、とくに物体の運動を忠実に且つ時間の経過に従って連続的に追跡していく近代の力学、詳しくいえば「動力学」は、確かに十七世紀の産物であった。ガリレイが古代から中世を(ち)風靡《ふうび》していたアリストテレスの自然哲学にかわる新しい物理学の基礎を確立し得たのは、いうまでもなくfシュウgトウなる観察と実験に基づく帰納的方法の賜物《たまもの》であった。そして彼がはるかに師と仰いだアルキメデスよりも数歩前進することが出来たのは、とくに一連の現象がたがいに質的に異なるものではなく、条件を変えることによって、連続的に一から他へ移り得ることを、よりはっきりと認めた点にあった。力学的現象は、その発生条件の変化と時間的経過という二重の方向において連続性を持つことが明らかとなってきたのである。しかしガリレイ自身は、まだこの特質を的確に表現すべき数学的方法を知らなかったのである。彼の後継者たるニュートンが微分積分法を発見し、それによって初めて力学の体系が完成され得たのみならず、それ以後十九世紀末までにいたる物理学の順調な発展が約束されたのも、故あることである。この二百余年は科学にとってまことに幸福な時代であった。なぜかといえば、近代科学を前代の自然哲学から区別したところの実証的精神は、経験に確固たる根拠を持たぬ多くの独断論を破壊したとはいえ、科学者はなお物質世界に対する素朴実在論的見解を世人と共有することが出来たからである。そしてそこでは物理学的理論が、そのまま現実世界の忠実なる再現であり得たからである。

三　現代物理学

二十世紀の物理学には、もはやそのような安定感は伴わなくなった。つぎつぎと現われてくる予想外の実験的事実に当面して、理論物理学は自分自身のよって立つ基礎を何度も疑ってみなければならなかった。ギリシア以来の自然哲学を近代科学にまで変なっても、空気のごとく少しの隙間もなく空間に充満すると考えなければならなかった。経験事実との比較によって、この両説の当否を決定することは不可能であったから、(8)原子論と連続論とは長い間対立して存続し得たのみならず、原子論の側においては原子自身が人間の肉眼には見えない想像の産物であったから、たがいに類似し、あるいはたがいに相違する種々の原子模型が幾種類でも考え得たのである。これらの多くの学説の栄枯盛衰を左右したのは、主唱者ないし追随者の人格や識見に対する信頼の程度とか、表現のx巧y拙とか、宗教的権威とかいう多かれ少なかれ個人的ないし社会的な幾つかの因子であった。とくに西欧において連続論が古代から中世にわたって正統の学説として繁栄したのが、主としてアリストテレスの個人的権威と、キリスト教の支持によるものであったごときは、その著しい例である。しかしこのような事態は、むしろ科学がその長い歴史の途中において当然踏むべき(9)発展段階の一つと見るべきである。そしてここからまず「錬金術」の形で発芽した化学が今日の姿にまで成長し、そこにさらに原子物理学の美しい花を開くにいたったことや、あるいはまた、現代の人々にとって迷信の標本に過ぎぬ「占星術」が長い間、一面においては真の天文学と(へ)背馳《はいち》しつつも、反面においてはその進歩の促進者でもあったことなどに対して、軽々に一方的な判断を下してはならぬ。この意味において古代から中世にわたる自然哲学は――アルキメデスや、ダ・ヴィンチのごとき少数の例外を除けば――概して思弁的という(と)誹《そし》りを免かれ得ないにもかかわらず、やはり神話についで理論物理学の第二の祖先たるの資格をそなえているといわねばならぬ。

二　近代物理学

しかし、われわれが今日理論物理学と称しているところの学問の原型が出来上がったのはいうまでもなく(10)十七世紀前後のことである。そこには前代の学問と区別さるべき二つの特徴が見いだされるのである。一つは数学の助けによる自然記述の精密化ないしは体系化であり、他の一つは推論の前提ないしは結果の実験による検証であった。

乙　一　自然哲学

理論物理学の系譜を逆に辿っていけば、おそらくは「神話」にまでさかのぼり得るかも知れない。なぜかといえば、今日の常識からすれば科学と(ほ)対蹠《たいしょ》的な存在と考えられる神話こそは、目に見えぬ神々の力のケンゲンとして、自然現象相互の関連を解明せんとする最初の試みであったからである。

しかし神話が［H］物質現象の理論として通用するはずはなかった。自然の持っている力のすくなくとも一部分は、直接神々の助けを借りずとも人間の手で自由に出来ることが、［I］わかってきたのである。自然界のさまざまな事象を現出せしめる仕掛けが、よしどんなに複雑微妙なものであったとしても、そしてそれがもともと人智《じんち》を超越する全能の神の手によって創り出されたものであったとしても、この仕掛けさえのみこめば、自然を理解し、［J］進んである程度までこれを支配し得るという希望がわいてきたのである。

「(6)自然哲学」がそこに生まれた。それは常に「宇宙観」と「物質観」の二つの部分を含んでいた。西欧における古代の自然哲学の代表者であるギリシア時代の多くの学説ばかりでなく、東洋におけるインドの諸派哲学もまた、この例にもれなかったのである。地球及びこれを繞《めぐ》る無数の星からなる宇宙全体の組立、それはあらゆる自然哲学の中心問題の一つであった。そしてここに、長い歴史時代を通じての天文学と理論物理学との絶えざる交渉のホッeタンが見いだされるのである。しかして宇宙観と物質観とは、しばしばたがいに表裏一体をなしていた。この宇宙を組立てる素材としての物質の本性が、やがて問題とならざるを得なかったのである。そしてどの自然哲学もなんらかの「(7)原質」を仮定した。それは最初は人間の生活に最も親しく、且《か》ついたるところに遍在すると考えられる水であり、火であり、土であり、空気であった。他のあらゆる物質はこれらの原質の複雑な混合体と想像された。しかるに水や土のごとき原質自身がまた、多くの小さなそして同質の部分に分けられるという事実を説明するためには、原質を構成する最小の単位としての「原子」をなんらかの意味で認めるか、しからざれば原質はいかに稀薄《きはく》と

⑥ 素粒子を扱う今日の物理学は、運動学的性質を物質に固有なものと見ている点で、ギリシアの原子論と異なっている

問八 文中の【i】～【iv】を正しい順序に並び替えるとき、三番目にくるものはどれか。もっとも適当なものを次の中からひとつ選べ。 17

① 【i】 ② 【ii】 ③ 【iii】 ④ 【iv】

問九 傍線部(5)「自然の法則性」をめぐる数論派の主張やその特徴について、筆者はどのように説明しているか。その内容としてもっとも適当なものを、次の中からひとつ選べ。 18

① 数論派がとなえた自然の法則性にかんする主張は、「因中無果論」と呼ばれている

② 数論派は極微の存在は認めなかったが、原質の結合の仕方に注目した点では勝論派と一致していた

③ 数論派は、空間に遍在する原質が一切の事物を生むのであり、またその性質は不変であると主張した

④ 数論派は、自然の法則性を明らかにしようとする中で時間に注目し、その最小単位に刹那と名づけた

⑤ 数論派の説は、事物の属性を一義的に確定できないとみなす点で量子力学の立場と部分的に似ている

問十 空欄 E ～ G に入るもっとも適当な語を、甲 文の内容をふまえて次の中からそれぞれひとつ選べ。 E 19 F 20 G 21

① 運動 ② 可見 ③ 実体 ④ 属性 ⑤ 無常

① 多神教的思想が、文化の進展とともに一神教的思想へと置き換えられていくこと
② 「神話」において、神々と自然界のさまざまな現象とが関連づけられるようになること
③ 自然界の成り立ちや自然現象の原因が人々の重大な関心事となり、「神話」を生み出すこと
④ 「自然哲学」が生まれるにつれて、多数の学説が現われ、それらが対立したまま存続すること
⑤ 「自然哲学」は「神話」よりも、抽象的かつ体系的に自然現象を理解しようとするものであること

問六　傍線部(2)「極微」にかんする記述として**適当でないもの**を、次の中からひとつ選べ。　14

① それが集まると四塵を構成する　② 異なる極微は異なる性質を有する
③ 自然現象はその離合集散によって起こる　④ それ以上分割できない最後の要素である
⑤ 今日の物理学でいえば「原子」に相当する

問七　傍線部(3)「古代の物質観」と(4)「今日の物理学に立脚する物質観」の共通点と相違点について、筆者はどのような指摘をしているか。指摘の内容に合致するものを次の中からふたつ選べ。なお、解答の順は問わない。　15　16

① 倶舎論における「四塵」に相当すると考えられるものが、今日の物理学にも存在する
② 極微の性質のうち「動性」だけは、現代科学が想定する物質の幾何学的性質と一致している
③ 素粒子や極微といった、目に見えぬ微小な要素を最小単位として想定している点で共通している
④ 古代の物質観は、どの地域でも物質の性質を人間の感覚と関連づけている点で、現代科学と異なっている
⑤ インドには古来「諸行無常」の思想があり、今日明らかにされている物質の不変性は信じられてこなかった

② 一般的な理論によって、特殊なものを推論し説明すること
③ 個々の具体的な事例から、一般に通用するような法則などを導きだすこと
④ 事物からある要素や性質を抜き出して把握すること
⑤ 類似の点をもとにして、一方から他方の性質を推しはかること

(に) 蓋然 [8]

① いろいろの点から見て、たぶんこうだろうと十分に予測できること
② そうなるべき必然的な理由が考えられないのに、思いがけなく起こること
③ 表面ではよくわからないが、見えないところで大きな影響力のあること
④ もとのままで、変化や進歩がないこと
⑤ ものごとの道理から考えて、これ以外はあり得ないと判断すること

問三 空欄 [A] ～ [C] に入るもっとも適当なものを、次の中からそれぞれひとつ選べ。ただし、同じものを二度用いることはできない。 A [9] B [10] C [11]

① いまだ ② かりに ③ けれども ④ すでに ⑤ すなわち ⑥ やがて ⑦ ゆえに

問四 空欄 [D] に入るもっとも適当なものを、次の中からひとつ選べ。 [12]

① 祈らしめ ② 言わしめ ③ 帰せしめ ④ 知らしめ ⑤ 問わしめ

問五 傍線部(1)「このこと」とはどういうことか。もっとも適当なものを次の中からひとつ選べ。 [13]

いインドの思想がなんらかの形で復活してこないとも限らないのである。

問一 二重傍線部a〜dのカタカナを漢字になおしたとき同じ漢字を含むものを、次の中からそれぞれひとつ選べ。

a　コウネン　1

①　コウカイの念　②　コウダイな砂漠　③　コウヘイな分配
④　スウコウな思想　⑤　リョコウに行く

b　フヨ　2

①　エイヨに浴する　②　生殺ヨダツの権　③　ヨコウ演習
④　ヨを時めく　⑤　欄外のヨハク

c　ケンゲン　3

①　ケンアン事項　②　ケンチョな功績　③　ケンボウ術数
④　ケンメイな判断　⑤　ガンケンな体

d　ケンゲン　4

①　活力のゲンタイ　②　計画のジツゲン　③　ゲンシリョク発電
④　国家ゲンシュ　⑤　提出キゲン

問二 波線部(い)〜(に)の意味としてもっとも適当なものを、次の中からそれぞれひとつ選べ。

(い)　漸次　5

①　一般的に　②　うたがいなく　③　確実に
④　しだいに　⑤　次々と

(ろ)　嘱目　6

①　目に余ること　②　目に触れること　③　目を疑うこと
④　目を丸くすること　⑤　目をみはること

(は)　帰納　7

①　あることがらの全体にわたって、そのあらましを説明すること

かしたり、結合せしめたりする原理ないし原因が考えられているのである。すなわち極微のごとき［E］概念と、それが具有する堅性などの［F］概念のほかに、その離合集散を表わす概念――広義の［G］概念――が重要となってくるのである。勝論派ではこれらをそれぞれ実句義・徳句義・業句義と名づけた。そしてこの派によると、具体的な現象はすべて基本的な諸要素の結合と見られるのであって、ある結果が現われるのは、必ずしも材料因の中にそれが内在していたためではなく、むしろ諸要素の集合の仕方に関係する――いいかえれば材料因たる実体が業の規定を経て特定の果を生ずる――と考えられるのである。これを「因中無果論」と呼んでいる。

　これに対して数論《すろん》派などでは、一切の事物は空間に遍在する原質から開展してくるものと考えられている。この意味において「因中有果論」といわれている。ここでは極微のごとき恒常不変の実体の存在を認めないのである。この説はさらに発展して「実在は無限に多くの属性を有するから、ある一つの物に関するあらゆる賓辞《ひんじ》（注：論理学の用語。判断（命題）において、主題について述べられている概念。「太郎は学生である」を例とすれば、太郎が「主題」であり学生が「賓辞」である）は一面的であって、他の観点からすればその反対の賓辞もまた同様に正しいといえる」という一種の「(に)蓋然論」となったのである。ところがこの説は今日の物理学、とくに量子力学の立場と奇妙に類似しているのである。前に述べた通り、今日の物理学でいう電子その他の素粒子に対しては、粒子性と波動性のごとき相互に矛盾した属性を(b)フヨしなければならぬのである。しかもわれわれが電子に対して行なう観測方法によって、相手の異なる属性が(c)ケン(d)ゲンされるものと考えられるのである。*

　なおまた因果の問題は時間の問題と離すことの出来ぬ関係にあるが、古代インドにおいては時間自身をも何か実体的に考える傾向があった。そして時間にも不可分な最小単位を考え、これを刹那《せつな》と呼んだのである。これを今日の時間の単位で表わせば、十分の一秒程度であって、自然界ではもっともっと短かい時間内に著しい変化が起こることが知られているのみならず、時間の最小単位があり得るかどうかもいまだよくわからないのである。しかし素粒子に関する理論が今後発展していけば、あるいは古

「速さ」とかは、それがいつでも持っているいわゆる「第一性質」ではなく、むしろそのときどきの状態、あるいはわれわれの見方に応じて現われてくる性質であると考えられるのである。十九世紀までの物質概念では、幾何学的ないし運動学的性質が、他の性質よりもより本質的な、物質に固有なものとして、優越性が認められていたのであるが、今日ではそれはもはや程度の差に過ぎぬと考えられるようになってきたのである。

古代の原子概念と現代のそれとの間のいま一つの著しい相違は、その永続性という点である。

【i】またギリシアの原子もこの点には変りがなかったのである。

【ii】それどころか、なかには中間子のように短時間で自然に他の種類の素粒子に転化してしまうものさえある。

【iii】近代科学においても最近までは「原子」の不変性が信ぜられていたのであるが、今日のいわゆる素粒子なるものは、もはやけっして恒常なものではない。

【iv】例えばインドの場合において、極微は永久不変なものと考えられていた。

インドにはしかし物質がその本質において無常なものであるという思想、仏教でいう「諸行無常」という思想もあったのであって、この点では今日の物理学の見解との間にある共通性を見いだすのである。

三　因果と時間の問題

いままで述べてきた通り、物理学のおもな課題の一つは物質とは何かという問に答えることにあるが、他の一つの課題は「自然界に生起するもろもろの現象はいかなる法則に支配されているか」という問に答えることである。この二つの課題はおたがいに密接に関連しているのであって、古代哲学の中にも、第一の課題に対する答えと相並んで後の方の(5)自然の法則性に関するいろいろの説が見いだされるのである。例えば上述の極微論においてもそれ自身としては恒常不変なものであるところの極微を動順序で次第に集合し、ついに可見的にして、しかも無常なる四大の現象を呈するにいたると考えるのである。

二　現代の物質観との対比

しからば、かような(3)古代の物質観が、(4)今日の物理学に立脚する物質観と、いかなる点において共通性を有し、いかなる点において異なるかを明らかにしたいと思う。今日の物理学において、極微に相当するものといえば、それは「素粒子」にほかならぬ。また倶舎論では極微が集まって色・香・味・触の四塵《しじん》を構成し、さらに集積して四大となるというのであるから、この四塵は原子あるいは分子に当たると考えられる。極微自身がすでに堅性・湿性・温煖《おんだん》性・動性をそなえているのであるが、その中で、ある性質は強く、他の性質は弱い。したがって例えば堅性の強い極微が集まると、金石のごとき固形物となり、これが地界を構成すると考えられるのである。同様にして湿性は水界、温煖性は火界、動性は風界に対応すると考える。これに対して今日のいわゆる素粒子がそれ自身として持っているのは、質量・電気量などである。極微の持っている堅性・湿性・温煖性等の諸性質が人間の感覚と関係しているのとくらべて、素粒子自身は直接感覚の対象とはならないのである。ただ極微の持つ一性質たる「動性」――あるいは現代的な言葉でいえば「運動性」――だけは、素粒子の質量の大小、すなわち慣性の大小と密接に関係していると考えることも出来るであろう。

これにくらべるとギリシアの原子論の方が、はるかに現代科学の観点に近いように見える。そこでは原子は位置とか形状とかいう幾何学的性質のみを持ち、その他の感覚的性質を排除されていたのである。このような原子はしかし十九世紀末までの物質観とはよく一致しているが、今日の物理学でいう素粒子との間には、本質的な差異を認めねばならぬのである。なぜかというと、今日の素粒子に対しては幾何学的な模型を想像することさえ正しくないからである。よく知られた不確定性原理によれば、粒子の占める位置とその動く速さとを、同時に正確に知ることは出来ないのである。これを別の言葉でいえば、粒子の「位置」とかサラスヴァティなどが信仰の対象となっていた。かかる多神教的信仰は、爾来《じらい》長くインド思想の一つの特徴として伝えられ、いまもなおインド教（ヒンドゥー教）の中に見られるということである。

しかしこの種の多神教的、ないしは自然神的思想は、文化の進展とともに(い)漸次一神教的思想によって置き換えられていくのが、多くの民族に共通な過程である。例えば同じリグヴェーダの中でも、後に出来たと考えられる部分には宇宙の諸現象を唯一最高原理、唯一の大神に［ D ］、他のもろもろの神も万有もすべてこれから派生したものとして、第二次的地位に置かんとする傾向が見いだされるのである。これに伴って神話はおいおいと哲学的色彩を帯びるようになる。すなわち自然現象を抽象的な思弁によって理解し、体系づけんとする「自然哲学」の形を取るようになるのである。するとそこに種々の学説が現われてくるのであるが、そのいずれが正しいかは日常(ろ)嘱目《しょくもく》の自然現象に対する表面的な観察や、これを基《もとい》とする(は)帰納理論だけでは、容易に判定し得ない場合が多かったのである。その結果たがいに相反する考え方が対立し、あるいは栄えあるいは衰える等の経過を辿《たど》りつつも、多くの思想が存続し得たのであった。

(1)このことはとくにギリシア哲学において明瞭に見られるのであるが、インドにおいても古代の哲学書「ウパニシャッド」を経て、諸派の自然哲学が順次に現われてくるのである。その中で今日の物理学から見て最も興味の深いのは、「(2)極微《ごくみ》」という概念である。この概念はとくに勝論《かつろん》派によって体系づけられたのであるが、その思想は仏教にも取り入れられ、世親（インド仏教の大学者）の著わした倶舎《くしゃ》論に、その詳細の論述が見いだされる。これを簡単に述べると、自然現象は地・水・火・風の四大《しだい》の離合集散に基づくものと考える。そしてそのおのおのを分析していけば、ついにそれ以上分割し得ざる最後の要素に到達するものと考え、これを極微と名づけたのである。それは他を作る素因であるが、他によって作らるることなき無始無終の実体であり、その形はすべて球形であると考えられた。四大各自の極微はそれぞれ性質を異にし、例えば水の極微は色・味・触の性質を有し、液体にして潤いを有すると考えられたのである。しかして二個の極微が合して二微となり、それがさらに他の二微と合する等の

国語

（六〇分）

問題文の中の「＊」の記号は、原文にあったその直後の文章が省略されていることを示しています。解答にあたって考慮する必要はありません。

［甲］［乙］の文章を読んで、あとの問いに答えよ。これらはいずれも、一九四四〜四五年に物理学者湯川秀樹によって書かれたものである。なお、設問の都合上、一部改変・省略した箇所がある。

［甲］

一　古代インドの自然観

自然界が何から出来ているか、自然界に起こるさまざまな現象の究極の原因、［A］支配者は何であるかという問題は、自然科学の［B］発達していなかった古代において、［C］人々の重大な関心事の一つであった。どの民族においても、これに対する最初の答えは、「神話」の形となって現われたのであった。例えばaコウネン、仏教を生み出したところのインドのアーリア人種もまた、いまから三千年ないし三千五百年の昔から語り伝えられた神話「リグヴェーダ」を残しているのである。それは自然界に起こる諸現象を、種々の神の力の顕《あら》われと考える点において、他のすべての神話と同様である。二三の例をあげると、太陽のごとき天体の運行の支配者としてのスールヤ、雷の支配者としての軍神インドラ、あるいは火の神アグニ、河の神

解答編

英語

I

解答 1—② 2—③ 3—① 4—③ 5—① 6—③
7—① 8—② 9～11—②・③・⑤（順不同）

解　説　≪セサミストリートの新たな仲間ジヨン≫

1．brave や strong という語と並列関係にある語なので，②「勇気のある」が正解。

2．空所を含む文は「それ（＝Sesame）はまた，（　2　），番組の名前にもなっています」という意味。③「もちろん」が正解。

3．第3段第1文（Ji-Young will officially …）と第2文（The television special …）より，ジヨンはテレビ放映されるセサミストリートの特別番組で正式に紹介されることがわかる。空所を含む文は，「その番組は，ソーシャルメディアサービスや米国の地方公共テレビ局でも（　3　）」という意味なので，①が正解。available「利用できる」は，文脈を考えると「視聴できる」という意味。

4．下線部を含む文は，「セサミストリート」において操り人形師になることは，彼女の夢であったという文意。誰の夢であったかを考えると，③が正解。キャスリーン＝キムは，ジヨンの操り人形師。

5．第6段第1文（Ji-Young's appearance is …）と第2文（Among them was …）は，「ジヨンの出演は，2020年の出来事に続く多くの議論の結果であった。その中には，反アジアのヘイトクライムの報告の（　5　）があった」という意味。①「増加」が正解。

6．第8段第3文（Kim said it …）で，キムは，ジヨンが単なる「汎アジア人」として見られないことが大切だと述べており，続く第4文（In other words, …）でその内容が言い換えられている。すなわち，キムはジヨンのことを，どこかから来たであろうアジア人の人形としてではなく，韓国系アメリカ人の人形として見てもらいたいということである。下線部を含む文章は，「それはすべてのアジア系アメリカ人が経験してきたことだ」という意味であるが，「それ」とは，韓国系アメリカ人がどこかから来たアジア人と見られてきたことだと考えられる。よって正解は③「汎アジア人とみなされること」

7．空所を含む文は，「アップスタンダーであるということは，誤りや，人種や文化が原因で誰かに向けられる（　7　）な態度に基づく行動や発言を指摘するということ」という意味。①「否定的な」が正解。

8．本文全体を通して，セサミストリートに新しく加わったアジア系アメリカ人の人形であるジヨンについて記されている。ジヨンは多様性が進む社会を表したものであり，最終段最終文（Leung added that …）には，ジヨンがセサミストリートに登場することによって，子ども達が早期から多様性やその美しさを理解できると記されている。よって②が正解。

9．①第4段第3文（She is 41 …）より，キムは現在41歳である。続く第4文（She got into …）より，キムは30代で操り人形師になったことがわかる。よって，キムの操り人形師としてのキャリアは長くても11年なので，一致しない。

②第5段第3文（“I feel like …）後半に，キムが子どもの頃には，自分達を代表するジヨンのような存在がいなかったことが記されているので，一致する。

③第6段第2文（Among them was …）と第3文（Those working for …）より，アジア人に対するヘイトクライムが起こる中で，『セサミストリート』で働いている人は，その番組をどのように「時代に合わせられるか」を考えていたことがわかる。その結果数カ月で誕生したのが韓国系アメリカ人の人形，ジヨンであるので，一致する。

④第7段最終文（While he was …）に，タミールはその番組に登場した最初の黒人の人形ではないと書かれているので一致しない。

⑤第8段第2文（The process normally …）より，セサミストリートに新しい人形を登場させるには，少なくとも数年かかると記されているので，一致する。

⑥「ヴァネッサ＝レオンはジヨンをその番組に連れてきた人の中の1人である」最終段第1文（Vanessa Leung is …）と第2文（The organization was …）より，ヴァネッサ＝レオンが所属した組織は，ジヨンの制作に関

解答編

わっていないことがわかるので，一致しない。

Ⅱ **解答**　12―③　13―②　14―①　15―②　16―①　17―②
18・19―③・④（順不同）

解説　≪聴覚障がい者に映画鑑賞の機会を広げる映画≫

12．第2段第4文（Marlee Matlin plays…）以降に，俳優マーリー＝マトリンに関する記述がある。③を選ぶと「彼女はオスカーを取った，唯一の耳が不自由な俳優であるが，そのオスカーは1987年の“Children of a Lesser God”で受賞した」という意味になり，文意が通る。

13．下線部に続くThe familyに注目する。下線部に家族に関する記述が入らなければ，続く文章でThe familyとは言えないので，②「彼女は耳が不自由な父，母，兄のために通訳をしなければならない環境で育ってきた」が正解。

14．第7段第1文（Writer-director Sian Heder, …）は「耳が不自由ではない作家兼監督のシアン＝ヘダーは，そのプロジェクトのためにアメリカ手話を学んだ」という意味。手話を学んだ理由となる①「彼女は『CODA』を皆が見て楽しめるかを確かめたかった」が正解。

15．第4段第4文（“It is historic.）で，ダニエル＝デュラントは「これは歴史的なことだ」と述べている。「これ」とは第4段第1文（Apple worked with…）から第3文（Experts believe it…）に記されている，アップル社が映画館の運営者と協力し，常時表示される字幕「オープンキャプション」付きで映画を初めて上映したことである。

16．①「なぜなら，私達は皆家族の問題を抱えているから」が正解。第6段（“Anyone who watches…）のbecause以下に説明されている。

17．第1段に，耳の聞こえない人にとって，映画を見に行くことは必ずしも楽しい経験ではないが，新しい映画はそれを変えることを目指していることが記されている。②「聴覚障がい者にも映画鑑賞の機会を広げる映画『CODA』」が正解。

18．第7段第3文（“Oftentimes I think…）に聴覚障がい者が映画鑑賞で取り残されてしまう原因として，「（字幕の）装置が作動しなかったり，設置されていなかったり」したことが書かれている。よって，③は正しい。また，最終段最終文（Heder continued, …）に「10年間にわたって映画を見たことがなかった人がとても感動して興奮した」とあるので④は正しい。①は“CODA”という映画についての説明の第2段第3文（The film will…）の内容と異なる。②は第4段第5文（It is huge…）に，息子のレオ役で出演したダニエル＝デュランが実際に聴覚障がい者であったことが書かれているので一致しない。

III 解答

20―④　21―④　22―④　23―③
24―(4)※　25―(2)　26―(2)

※解答番号24については，正答を(4)comeとしていたが，(3)whomeverも正答となり得たため，全員加点する措置が取られたことが大学から公表されている。

解説　20. 仮定法の過去完了が続き「私は海外旅行ができなかっただろう」となるには④が正しい。otherwise「そうでなければ」

21. 空所に続く文章は完全文なので，関係副詞whereが正解。

22. 「彼がその難問をいとも簡単に解いたので我々は大いにびっくりした」the ease with which「簡単に」

23. more and more「ますます」は通例，修飾する形容詞や副詞の前に置く。

25. 「1980年代以来，日本で公演が行われるために様々な試みがなされてきた」　主語が「いくつかの試み」なので，(2)は受け身であるhave been madeが正しい。

26. unlessはif～notと否定の意味があるので，「～することがなければ」と肯定のかたちになるため(2)はyou do itが正しい。

IV 解答

27―⑤　28―③　29―④　30―①　31―②
32―④　33―①　34―②　35―⑤　36―③

解説　1. ≪賢い飼い犬≫

ホリー　：君の犬って本当に賢そうだね！（⑤）
ロジャー：時々，彼は僕よりも賢いって思うんだ。
ホリー　：どうしてそう思うんだい？（③）
ロジャー：僕が彼を訓練しているか，彼が僕を訓練しているかわからないことがあるよ。（④）
ホリー　：彼はどうやって君を訓練するの？

ロジャー：例えば，彼が何も頼まれていないのに何かをして，ご褒美をあげると，彼の望むことを僕がやっていることになる。(①)

ホリー　：それのどこが悪いの？

ロジャー：彼がご褒美をもらえないと，僕をただじっと見つめるんだ。そうすると僕は気まずくなるのさ。(②)

解説　2．≪レポートの提出≫

マックス：レポートの進み具合はどう？（④)

スワプナ：あと数日のうちに終わらせないといけないわ。

マックス：締め切りは金曜日だよね？（①)

スワプナ：それまでに終わらせられるとは思えないわ。(②)

マックス：もし遅れるとどうなるの？

スワプナ：一番良い場合は，先生が数ポイント減点する。(⑤)

マックス：それで，一番悪い場合は？（③)

スワプナ：見てもくれないでしょうね。

V 解答　37―①　38―⑤　39―⑤　40―⑤

解説　37.（This newly discovered evidence）may shed light on the（mystery of the missing data.） shed「～（光など）を当てる」

38.（Can you let me）know where you do yoga(?)

39.（I'm back at school）for the first time in（almost two years.）

40.（I）truly apologize for what I（have done to you.） what は先行詞を含む関係代名詞。

日本史

I

解答 1－③ 2－① 3－④ 4－② 5－② 6－③
7－① 8－④ 9－③ 10－② 11－② 12－③
13－③ 14－② 15－② 16－④ 17－④ 18－③ 19－④ 20－②
21－② 22－④

解説 ≪原始～近世の文化・政治・外交≫

2．サヌカイト（讃岐石）は，黒曜石同様ガラス質であり石器材料として広く用いられた。

3．④誤文。青銅器・鉄器は縄文時代ではなく弥生時代にみられる特徴である。

6．③正文。6世紀になると，埋葬施設が竪穴式石室から横穴式石室へと変わり，朝鮮半島との共通の様式が見られるようになった。
①誤文。589年に，隋が南北朝を統一した。
②誤文。6世紀初期に加耶諸国は百済や新羅の支配下に入った。
④誤文。仏教は百済の聖明王が伝えた。百済から渡来した五経博士は儒教を伝えた。

7．ヤマト政権において，大王のもと豪族たちは血縁関係にもとづき氏を中心にまとまっており，政権内で臣や連などの姓を与えられていた。

9．③誤文。後醍醐天皇は，鎌倉将軍府を設置し，皇子である成良親王を派遣し，足利直義を補佐とした。

10．後醍醐天皇が起こした2回の倒幕計画は，1度目が正中の変，2度目が元弘の変と呼ばれる。

11．後醍醐天皇が配流された隠岐島は，現在の島根県に位置する。

12．③正文。土民が蜂起した正長の徳政一揆は，近江国で発生して山城・摂津国など近畿一円に広がり，大和国では興福寺による大和国一国の私徳政が認められた。
①誤文。足利義満が山名氏清を滅ぼした戦いを明徳の乱という。
②誤文。永享の乱は鎌倉公方足利持氏と関東管領上杉憲実の争いである。
④誤文。日本における水墨画の基礎は雪舟により築かれた。

13．摂津国石山は，一向宗の本拠地である石山本願寺を中心とする寺内町として発展した。

16. 仙台藩主伊達政宗は，家臣支倉常長を正使としてスペイン・イタリアへ派遣し，通商交渉を行ったが叶わなかった。

18. 俵物は，蝦夷地や陸奥などを主産地とした海産物。ふかひれ・いりこなどが俵に詰められ，長崎貿易の主力輸出品として清に輸出された。

19. ④が誤り。赤穂事件は徳川家綱ではなく5代将軍徳川綱吉の時代のこと。

20. 2代将軍徳川秀忠を父とし，3代将軍徳川家光を兄に持つ保科正之は，初代会津藩主として藩政改革を進め，幕政においても重きをなした。

21. 殉死を禁止することで，家臣は主人個人ではなく主家に仕えることが明確になり，下剋上の根絶につながった。

Ⅱ　解答　23－②　24－②　25－③　26－③　27－④

解説　≪近世・現代の政治・外交≫

史料Aは享保の改革を推進した8代将軍徳川吉宗による上げ米。

23. ②誤文。吉宗は，旗本・御家人への俸禄米を定額とするのではなく，大名に対し米の上納を行わせて財政再建を進めた。

25. ③誤文。大塩平八郎が反乱を起こしたのは天明ではなく天保の飢饉の時。

史料Bは日米相互協力及び安全保障条約（日米新安保条約）。

26. ③誤文。第六条では，駐留期限が明文化されているわけではなく，アメリカ軍による日本の施設・区域の使用可能について定めている。

Ⅲ　解答　28－③　29－②　30－④　31－①　32－③　33－④　34－③　35－④　36－②　37－④　38－①　39－②　40－④

解説　≪近現代の文化・政治・外交≫

29. 1879年の教育令は，アメリカの自由主義的な教育制度を導入すべく公布された。

30. ④正文。1890年公布の教育勅語では，忠君愛国が強調されるなどの教育理念が示された。

①誤文。教育令の発布後も，1894 年までは女子の就学率は 50％を超えなかった。

②誤文。教育令はその公布の翌年である 1880 年に改正されている。

③誤文。義務教育の授業料が廃止されても女子の就学率は男子よりも低かった。

31. 写真①は明治時代を代表する西洋画家の黒田清輝による「湖畔」。

33. ④誤文。第一次世界大戦後は物価が高騰し，農業も停滞した。

36. 海軍出身の鈴木貫太郎は，小磯国昭内閣の総辞職を受け組閣し，広島・長崎への原子爆弾投下，ソ連参戦，ポツダム宣言受諾などを経験した。

37. ④が誤り。ワルシャワ条約機構は，NATO（北大西洋条約機構）に対抗すべくソ連・ポーランドなど社会主義陣営が加盟し発足した東欧諸国の相互安全保障機構。

39. 大正時代に新婦人協会発足に加わり，婦人参政権獲得期成同盟会を結成して婦人参政権獲得運動を展開した市川房枝は，昭和戦後に国会議員に当選し参議院議員として活躍した。

40. ④誤文。新民法では，戸主権や家督相続制度がなくなるなど男性優位規定は廃止された。

世界史

I 解答

1－②　2－③　3－②　4－④　5－①　6－②
7－①　8－④　9－④　10－②　11－④　12－②
13－②　14－③　15－③　16－②

解 説　≪世界商品と世界の一体化≫

1．②誤文。火薬の伝播により火砲が普及し，騎士の地位は低下した。

2．③が正解。タラス河畔の戦い（751 年）はイスラーム勢力（アッバース朝）と唐王朝の戦い。

5．①のホルテンシウス法制定は前 287 年，②のカイロネイアの戦いは前 338 年，③のハンニバルが活躍したカンネーの戦いは前 216 年，④のペロポネソス戦争は前 431 年。

9．④誤文。ロシアで農奴解放令を発布したのはアレクサンドル 2 世。

11．①のチャールズ 1 世の処刑は 1649 年，②の三十年戦争の始まりは 1618 年，③の航海法の制定は 1651 年，④の第一次イギリス＝オランダ戦争の始まりは 1652 年。

12．②誤文。貴族や上流階級の女性などが主催した文化人の社交の場は，フランスで流行したサロン。

13．②誤文。17 世紀から 18 世紀のイギリスでは，中国産ではなく国内産の毛織物が普及していた。

14．③が正解。ゴアはポルトガルの拠点都市。

15．③誤文。林則徐によるアヘン取り締まりを契機にアヘン戦争が行われ清朝が敗北すると，以降アヘンの流入は増加した。

II 解答

17－①　18－①　19－③　20－③　21－②　22－④
23－②　24－②　25－①　26－④　27－①　28－③
29－②　30－④　31－④

解 説　≪冷戦期の世界≫

21．②誤文。1961 年にキューバと国交を断絶したのはアイゼンハワー政権。

23. ①誤文。「東方外交」を行ったのは西ドイツのブラント政権。
③誤文。東西ドイツは1973年に国際連合に加入した。
④誤文。全欧安全保障協力会議ではヘルシンキ宣言が調印された。
24. ②誤文。「経済の奇跡」といわれた経済発展を達成したのはアデナウアー政権。
25. ②誤文。第4次中東戦争で石油戦略をとったのはアラブ石油輸出国機構（OAPEC）。
③誤文。1975年のサミットにソ連は参加していない。参加したのは仏・米・英・西独・伊と日本。
④誤文。1979年にイラン革命がおこり，イランとアメリカが対立するようになった。
27. ①誤文。ブルガリア帝国はバルカン半島に建てられた。
28. ③誤文。フルシチョフはコミンフォルム（共産党情報局）を解散した。
30. ④誤文。1956年のポーランドで発生したのは反政府反ソ暴動。

III 解答

32―①　33―①　34―③　35―①　36―④　37―②
38―②　39―②　40―①

解説　≪アジア史・欧米史についての小問集合≫

33. ②誤文。マヌが述べたものとされるのは『マヌ法典』。
③誤文。『リグ＝ヴェーダ』はカーリダーサの作品ではない。
④誤文。『リグ＝ヴェーダ』はバラモン教最古の聖典であり，のちにバラモン教の祭式至上主義批判からうまれた哲学はウパニシャッド哲学。
34. A．誤文。ヴェルサイユ条約ではドイツとオーストリアの合併が禁止された。B．正文。
38. ①のモンゴル帝国によるバグダード占領は1258年，②のワールシュタットの戦いは1241年，③のホラズム＝シャー朝を倒したのは1220年，④の金を滅ぼしたのは1234年。
40. ①誤文。南京から北京に遷都したのは永楽帝。

政治・経済

I 解答　1－③　2－②　3－③　4－①　5－③　6－④
7－①　8－④　9－④　10－②　11－④　12－④
13－④　14－②　15－④　16－①　17－③　18－④　19－④　20－①

解説　≪第二次世界大戦後の国際社会≫

1．①誤文。1941年にローズベルトとチャーチルが発表した共同声明は，太平洋憲章ではなく，大西洋憲章。

②誤文。ダンバートン・オークス会議は1943年ではなく，1944年に開かれた。

④誤文。サンフランシスコ会議が開かれたのは，1946年ではなく，1945年。また，この会議までに代表を一元化できなかったポーランドは招かれていないので，サンフランシスコ会議に参加したのは，51カ国ではなく50カ国である。

2．②誤文。いわゆるトルーマン・ドクトリンについての記述であるが，この時にトルーマン大統領が議会へ要請したのは，ポーランドとトルコへの支援ではなく，ギリシャとトルコへの支援である。

6．①誤文。SALTは，保有兵器の廃棄や削減を目指す軍縮交渉ではなく，軍備拡張競争抑制のために，互いの核兵器の数を制限することを目指した交渉である。

②誤文。包括的核実験禁止条約は1996年に国連総会で採択されたが，発効に必要な国が批准していないため2023年現在未発効である。

③誤文。START Ⅱ条約ではなく，新START条約に関する記述。START Ⅱ条約は1993年に締結されたが，未発効であった。

9．①誤文。ECは1993年のマーストリヒト条約によってEUへと発展した。

②誤文。ソ連が崩壊したのは1991年。崩壊と同時に，独立国家共同体（CIS）が結成された。

③誤文。1990年から1994年に，ニカラグアではなくルワンダで部族間対立が発生した。

11. ④誤文。政府が社会保障や社会福祉政策などの積極的な措置をとる国家は夜警国家ではなく，福祉国家である。夜警国家は政府が最低限のことしか行わない国家をいう。

12. ①誤文。非同盟諸国が1955年に開催したのは，非同盟諸国首脳会議ではなく，アジア・アフリカ会議（A・A会議，バンドン会議ともいう）である。第1回非同盟諸国首脳会議は，1961年にユーゴスラビアのベオグラードで開催された。

②誤文。周恩来とネルーが1954年に発表したのは，平和十原則ではなく平和五原則。平和十原則は，1955年に開催されたA・A会議で採択された。

③誤文。アフリカの年と呼ばれる1960年に独立したアフリカ諸国は，29カ国ではなく，17カ国。

13. ④誤文。19世紀のプロイセンで発達した法治主義は，法の内容よりも法の形式を重視する考え方である。

14. ②誤文。ルワンダでの紛争についての記述ではなく，スーダン西部ダルフール地方での紛争についての記述である。1950年代以降，スーダンでは内戦がながらく続いていた。

15. ①誤文。亡命者は本国の政府からの政治的弾圧や宗教的・民族的理由による圧迫を逃れるため，または避けるために外国に保護を求める人々なので難民に含まれる。

②誤文。難民条約では，経済難民や国内避難民は保護の対象となっていない。

③誤文。難民の国際的保護や救援活動を進めている国連の機関は，UNCTAD（国連貿易開発会議）ではなく，UNHCR（国連難民高等弁務官事務所）である。

16. ①誤文。チャーチスト運動とよばれる普通選挙運動が起こったのは，フランスではなくイギリスである。

17. ①誤文。ASEANはタイ・マレーシア・フィリピン・インドネシア・シンガポールの5カ国で1967年に発足した。ベトナムが加盟したのは1995年。

②誤文。ASEAN地域フォーラムが発足したのは，1999年ではなく，1994年。

④誤文。イギリスで行われたEUからの離脱を問う国民投票では，離脱賛成が多数となり，2020年にイギリスはEUから離脱した。

Ⅱ 解答

21―③　22―③　23―③　24―①　25―④　26―②
27―①　28―③　29―③　30―①　31―④　32―②
33―②　34―①　35―③

解説　≪資本主義経済の発展≫

21. ③適切。空欄Aは，「見えざる手」への言及よりアダム＝スミス，空欄Bは，イギリスにおける1942年の社会保険，公的扶助，公的医療に関する報告からベバリッジ報告を選ぶことができる。

22. ③誤文。社会主義の計画経済では，国民経済が大きくなっても経済活動が企業に委ねられるわけではない。

23. ①誤文。中小企業の定義は中小企業基本法で定められており，その定義は業種によって異なる。

②誤文。2006年に施行された会社法では株式会社を設立する際の資本金の最低金額が撤廃されたため，資本金が100円以下でも株式会社を設立できる。

④誤文。国際金融業務を行う金融機関の自己資本比率規制は，５％以上ではなく８％以上である。

24. ①誤文。資金の貸し手と借り手の間で資金を取り引きする市場は，青果市場ではなく金融市場である。

26. ②誤文。デフレと景気の悪化が悪循環に陥ることは，デフレスパイラルと呼ばれる。クーリングオフは訪問販売等で一定の期間内であれば無償で契約を解除できる仕組み。

27. ②誤文。労働者がより良い労働条件を求めて発生する失業は，循環的失業ではなく，構造的・摩擦的失業という。

③誤文。雇用保険の支給額は，離職時の給与額の50～80％をもとに決定される。よって，以前の賃金の全額を支給するものではない。

④誤文。2008年に発生したリーマン・ショックによって雇用問題が深刻化したが，完全失業率は年平均で4.0％であった（総務省統計局）。
なお，日本の失業率が最も高かったのは，2001年の年平均５％超。

29. ①誤文。ロシアでルーブル危機が起こったのは，2003年ではなく

1998年。
②誤文。アメリカが北大西洋条約機構（NATO）を結成したのは，1947年ではなく1949年。また，ソ連はアメリカのマーシャルプランに対抗して，1947年にコミンフォルムの結成，1949年にコメコンの設立を行った。
④誤文。ピグーは新古典派経済学者のため，彼が「社会主義にもとづく計画経済への移行が必然」と主張したという記述は誤り。
30. ②誤文。労災保険の保険料は事業主が全額を負担する。
③誤文。医療保険は職種によって異なる保険に加入し，年金保険は全国民が同じ保険に入るため，居住地による格差は発生しない。
④誤文。後期高齢者医療保険に加入するのは70歳ではなく75歳以上である。
31. ①誤文。市町村が負担するのは，介護費用の1割程度である。
②誤文。2000年時点での総人口に占める65歳以上人口の割合は，17.2％である（厚生白書）。
③誤文。介護休業の所得保障は，介護サービスには含まれない。
35. ③誤文。最高裁判所は法的権利説を採用していない。朝日訴訟や堀木訴訟において最高裁判所は憲法25条の生存権の規定は，国に対して政策の方針や目標を示したものに過ぎず，法的拘束力をもたないというプログラム規定説を採用した。

Ⅲ　解答

36―②　37―①　38―①　39―③　40―②　41―④
42―④　43―②　44―③　45―①　46―①　47―③
48―④　49―③　50―②

解説　≪市場メカニズム≫

42. ①誤文。超過需要が発生している場合は，価格は上昇する。
②・③誤文。超過供給が発生している場合は，価格は下落する。
47. ①誤文。「生産量が増加すればするほど……独占が成立しやすく」という記述は，公共財ではなく規模の経済に関する記述。
②誤文。公共財は対価を支払わない消費者も使用できる。
④誤文。公共財は対価を支払わない消費者も使用できるため，買い手という概念がそもそも生じない。よって，情報の非対称性も存在しない。
48. ④誤文。情報の非対称性から発生する問題なので，外部性の例として

は不適当。①は外部経済の例。②・③は外部不経済の例。

49. ③誤文。不景気のときには，政府は公共事業を増やし，総需要を拡大させることで景気回復をはかろうとする。

50. ②誤文。ジニ係数は社会の平等，不平等さを表す係数であるが，０に近づくほど格差が小さく，１に近づくほど格差が大きいことを表す。

数学

1

解答　(1)ア．2　イ．2　ウ．4　エ．1　オ．1　カ．7　キ．5

(2)ク―②　ケ―③　(3)コサ．−5　シ．4　スセ．−8　ソタ．−7

解説　≪小問3問≫

(1)
$$P=x^2-2xy+6x-4y+8$$
$$=x^2+(-2y+6)x-2(2y-4)$$
$$=(x+2)\{x-(2y-4)\}$$
$$=(x+2)(x-2y+4)\quad \rightarrow ア〜ウ$$

$P=9$ とすると
$$(x+2)(x-2y+4)=9$$

x，y は正の整数だから，$x+2$ は3以上の整数である。したがって

ⅰ）　$x+2=3$ のとき $x-2y+4=3$ だから　　$x=1$，$y=1$

ⅱ）　$x+2=9$ のとき $x-2y+4=1$ だから　　$x=7$，$y=5$

以上により，$P=9$ となるような正の整数 x，y の組は
$$(x,\ y)=(1,\ 1),\ (7,\ 5)\quad \rightarrow エ〜キ$$

(2)(ア)　a，b が実数で $a\leqq b$ のとき

$ac\leqq bc$ であるとき $c>0$ とはいえない。(反例 $c=0$)

$c>0$ ならば $ac\leqq bc$ である。

よって，$ac\leqq bc$ であることは，$c>0$ であるための必要条件であるが，十分条件ではない。　→ク

(イ)　m，n が整数のとき

$m+n$ が奇数ならば m，n いずれか一方が奇数で他方は偶数である。

よって mn は偶数である。

逆に mn が偶数のとき，$m+n$ が奇数であるとはいえない。

(反例 $m=2$，$n=2$)

よって，$m+n$ が奇数であることは，mn が偶数であるための十分条件であるが，必要条件ではない。　→ケ

(3)　$y=x^2-ax+2a+3$

$$=\left(x-\frac{a}{2}\right)^2-\frac{a^2}{4}+2a+3$$

よって放物線 C の頂点の座標は $\left(\frac{a}{2},\ -\frac{a^2}{4}+2a+3\right)$，方程式の x^2 の係数が 1 であることから，放物線 C を原点に関して対称移動するとその頂点の座標は $\left(-\frac{a}{2},\ \frac{a^2}{4}-2a-3\right)$，方程式の x^2 の係数は -1 となる。したがってその方程式は

$$y=-\left(x+\frac{a}{2}\right)^2+\left(\frac{a^2}{4}-2a-3\right)=-x^2-ax-2a-3$$

これが点 $(2,\ -2)$ を通るので

$$-2=-2^2-a\cdot 2-2a-3$$

ゆえに　$4a+5=0$

よって

$$a=-\frac{5}{4}\qquad \to コ〜シ$$

$a=4$ のとき，放物線 C の方程式は

$$y=x^2-4x+11$$

C を y 軸方向に p だけ平行移動した放物線の方程式は

$$y=x^2-4x+p+11$$

変形すると

$$y=(x-2)^2+p+7$$

この放物線は下に凸で軸が $x=2$，頂点の座標が $(2,\ p+7)$ であるから x 軸の $0<x<3$ の部分と異なる 2 点で交わる条件は以下の i)〜iii)を満たすことである。

i)$x=0$ のとき　$y>0$

ii)$x=3$ のとき　$y>0$

iii)頂点の y 座標が負なので　$p+7<0$

よって

$$\begin{cases} 0^2-4\cdot 0+p+11>0 \\ 3^2-4\cdot 3+p+11>0 \\ p+7<0 \end{cases}$$

整理すると

$$\begin{cases} p>-11 \\ p>-8 \\ p<-7 \end{cases}$$

したがって

$-8<p<-7$　→ス～タ

2 解答

(1)ア．6　イウ．91

(2)エオ．54　カキ．91　ク．2　ケ．9

(3)コサ．53　シス．65　セソタ．263　チツテ．455

解説　≪確　率≫

(1)　3個とも赤玉，3個とも白玉，3個とも青玉となる確率はそれぞれ同じ値で

$$\frac{{}_5C_3}{{}_{15}C_3}=\frac{\dfrac{5\cdot4\cdot3}{3\cdot2\cdot1}}{\dfrac{15\cdot14\cdot13}{3\cdot2\cdot1}}=\frac{5\cdot4\cdot3}{15\cdot14\cdot13}=\frac{2}{91}$$

だから

$$(\text{3個とも同じ色である確率})=\frac{2}{91}\times3=\frac{6}{91}\quad\text{→ア～ウ}$$

(2)　3個の玉に書かれた数がすべて異なる場合の数は

（5個の異なる数から3個の異なる数を選ぶ場合の数）

×（選んだ3個の異なる数それぞれで3色から1色を選ぶ場合の数）

$={}_5C_3\times3^3$

であるから

$$(\text{3個の玉に書かれた数がすべて異なる確率})=\frac{{}_5C_3\times3^3}{{}_{15}C_3}$$

$$=\frac{\dfrac{5\cdot4\cdot3}{3\cdot2\cdot1}\times3^3}{\dfrac{15\cdot14\cdot13}{3\cdot2\cdot1}}=\frac{54}{91}$$

→エ～キ

3個の玉に書かれた数がすべて異なり，玉の色もすべて異なる場合の数は

（赤玉5個から1個の選び方）

×（選んだ赤玉に書かれた数以外で，白玉から1個を選ぶ選び方）

×（赤玉，白玉に書かれた数以外で，青玉から1個を選ぶ選び方）

$=5\times4\times3=60$

であるから

（3個の玉に書かれた数がすべて異なり，玉の色もすべて異なる確率）

$$=\frac{60}{{}_{15}C_3}=\frac{60}{\frac{15\cdot14\cdot13}{3\cdot2\cdot1}}=\frac{12}{91}$$

よって

（3個の玉に書かれた数がすべて異なるとき，

3個の玉の色もすべて異なっている条件付き確率）

$$=\frac{(\text{3個の玉に書かれた数がすべて異なり，玉の色もすべて異なる確率})}{(\text{3個の玉に書かれた数がすべて異なる確率})}$$

$$=\frac{\frac{12}{91}}{\frac{54}{91}}=\frac{12}{54}=\frac{2}{9}$$　→ク，ケ

(3)　（3個の玉に書かれた3つの数の積が2の倍数である確率）

=1−（積が奇数である確率）

$$=1-\frac{{}_9C_3}{{}_{15}C_3}$$

$$=1-\frac{9\cdot8\cdot7}{15\cdot14\cdot13}$$

$$=1-\frac{12}{65}=\frac{53}{65}$$　→コ～ス

（3個の玉に書かれた3つの数の積が4の倍数である確率）

=1−{（積が奇数である確率）+（数2の玉が1個，残り2個の玉に

書かれた数が奇数である確率）}

$$=1-\left(\frac{{}_9C_3}{{}_{15}C_3}+\frac{{}_3C_1\times{}_9C_2}{{}_{15}C_3}\right)$$

$$=1-\left(\frac{12}{65}+\frac{3\times\frac{9\cdot8}{2\cdot1}}{\frac{15\cdot14\cdot13}{3\cdot2\cdot1}}\right)$$

$$=1-\left(\frac{12}{65}+\frac{108}{65\cdot7}\right)$$

$$=1-\frac{192}{455}=\frac{263}{455}$$　→セ〜テ

3 解答

(1)ア．0　イウ．−1　エオ．−1

(2)カ．2　キ．1　ク．1　ケ．9　コ．8

(3)サシ．−1　ス．1　セ．3　ソ．4　タ．3　チ．2　ツ．3　テ．3

解説　≪小問3問≫

(1)　ω は方程式 $x^3=1$ の解だから

$$\omega^3=1$$

よって

$$\omega^3-1=0$$

$$(\omega-1)(\omega^2+\omega+1)=0$$

ω は虚数なので $\omega-1\neq0$ だから

$$\omega^2+\omega+1=0$$　→ア

$\omega^2+\omega+1=0$ より　$\omega^2+1=-\omega$

よって

$$\omega+\frac{1}{\omega}=\frac{\omega^2+1}{\omega}=\frac{-\omega}{\omega}=-1$$　→イウ

$2023=3\times674+1$ より

$$\omega^{2023}=\omega^{3\times674+1}=(\omega^3)^{674}\cdot\omega=1^{674}\cdot\omega=\omega$$

よって

$$\omega^{2023}+\frac{1}{\omega^{2023}}=\omega+\frac{1}{\omega}=-1$$　→エオ

(2)　一般に $\dfrac{d}{dx}\displaystyle\int_a^x f(t)dt=f(x)$ なので，$f(x)=\displaystyle\int_1^x(2t^2-t-1)dt$ より

$$f'(x)=2x^2-x-1$$

$$=(2x+1)(x-1)$$　→カ〜ク

関数 $f(x)$ の増減を調べると

x	$\cdots$	$-\frac{1}{2}$	$\cdots$	1	$\cdots$
$f'(x)$	$+$	0	$-$	0	$+$
$f(x)$	↗	極大	↘	極小	↗

$x=-\dfrac{1}{2}$ のとき極大となり

極大値は

$$f\left(-\frac{1}{2}\right)=\int_{1}^{-\frac{1}{2}}(2t^2-t-1)dt$$

$$=\left[\frac{2}{3}t^3-\frac{1}{2}t^2-t\right]_{1}^{-\frac{1}{2}}$$

$$=\left\{\frac{2}{3}\left(-\frac{1}{2}\right)^3-\frac{1}{2}\left(-\frac{1}{2}\right)^2-\left(-\frac{1}{2}\right)\right\}-\left(\frac{2}{3}-\frac{1}{2}-1\right)$$

$$=\frac{7}{24}+\frac{5}{6}=\frac{27}{24}=\frac{9}{8}$$ →ケ，コ

(3)　$$\overrightarrow{AB}\cdot\overrightarrow{AD}=|\overrightarrow{AB}|\times|\overrightarrow{AD}|\times\cos\angle BAD$$

$$=2\times1\times\cos120^\circ$$

$$=2\times1\times\left(-\frac{1}{2}\right)=-1$$ →サシ

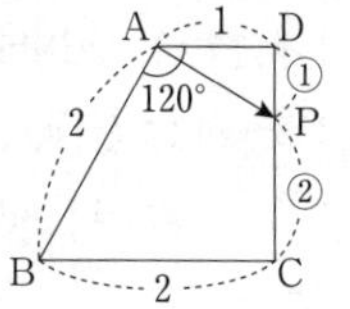

$$\overrightarrow{AP}=\frac{1\cdot\overrightarrow{AC}+2\cdot\overrightarrow{AD}}{2+1}$$

$$=\frac{(\overrightarrow{AB}+\overrightarrow{BC})+2\overrightarrow{AD}}{3}$$

$$=\frac{(\overrightarrow{AB}+2\overrightarrow{AD})+2\overrightarrow{AD}}{3}=\frac{1}{3}\overrightarrow{AB}+\frac{4}{3}\overrightarrow{AD}$$ →ス～タ

$$|\overrightarrow{AP}|^2=\overrightarrow{AP}\cdot\overrightarrow{AP}=\left(\frac{1}{3}\overrightarrow{AB}+\frac{4}{3}\overrightarrow{AD}\right)\cdot\left(\frac{1}{3}\overrightarrow{AB}+\frac{4}{3}\overrightarrow{AD}\right)$$

$$=\frac{1}{9}|\overrightarrow{AB}|^2+\frac{8}{9}\overrightarrow{AB}\cdot\overrightarrow{AD}+\frac{16}{9}|\overrightarrow{AD}|^2$$

$$=\frac{1}{9}\times2^2+\frac{8}{9}\times(-1)+\frac{16}{9}\times1^2=\frac{4}{3}$$

$|\overrightarrow{AP}|>0$ より

$$|\overrightarrow{AP}|=\sqrt{\frac{4}{3}}=\frac{2}{\sqrt{3}}=\frac{2\sqrt{3}}{3}$$ →チ～テ

4　**解答**　(1)ア．2　(2)イ．2　ウ．1　エ．2

オ．4　カキ．−1　ク．2

(3)ケ．3　コ．2　サ．7　シス．12　(4)セ．3

解 説　≪三角関数≫

(1)　$f(\theta)=\sin 2\theta-\sqrt{2}(\sin\theta+\cos\theta)+3$

より

$$f\left(\frac{3}{4}\pi\right)=\sin\frac{3}{2}\pi-\sqrt{2}\left(\sin\frac{3}{4}\pi+\cos\frac{3}{4}\pi\right)+3$$

$$=-1-\sqrt{2}\left(\frac{1}{\sqrt{2}}-\frac{1}{\sqrt{2}}\right)+3=2\quad\to ア$$

(2)　$t=\sin\theta+\cos\theta$

より

$$t^2=\sin^2\theta+2\sin\theta\cos\theta+\cos^2\theta=1+2\sin\theta\cos\theta=1+\sin 2\theta$$

だから

$$\sin 2\theta=t^2-1\quad\to イ，ウ$$

また

$$t=\sin\theta+\cos\theta=\sqrt{2}\left(\frac{1}{\sqrt{2}}\sin\theta+\frac{1}{\sqrt{2}}\cos\theta\right)$$

$$=\sqrt{2}\left(\sin\theta\cos\frac{\pi}{4}+\cos\theta\sin\frac{\pi}{4}\right)$$

$$=\sqrt{2}\sin\left(\theta+\frac{\pi}{4}\right)\quad\to エ，オ$$

$0\leqq\theta\leqq\pi$ のとき $\frac{\pi}{4}\leqq\theta+\frac{\pi}{4}\leqq\frac{5}{4}\pi$ なので

$-\frac{1}{\sqrt{2}}\leqq\sin\left(\theta+\frac{\pi}{4}\right)\leqq 1$ だから

$$-1\leqq\sqrt{2}\sin\left(\theta+\frac{\pi}{4}\right)\leqq\sqrt{2}$$

よって t の取り得る値は

$$-1\leqq t\leqq\sqrt{2}\quad\to カ～ク$$

(3)　(2)より

$$f(\theta)=(t^2-1)-\sqrt{2}t+3$$

$$=t^2-\sqrt{2}t+2$$

$$=\left(t-\frac{\sqrt{2}}{2}\right)^2+\frac{3}{2}$$

$-1\leqq t\leqq\sqrt{2}$ だから $t=\dfrac{\sqrt{2}}{2}$ のとき $f(\theta)$ は最小となり

最小値は　$\dfrac{3}{2}$　→ケ，コ

このとき

$$\frac{\sqrt{2}}{2}=\sqrt{2}\sin\left(\theta+\frac{\pi}{4}\right)$$

よって

$$\sin\left(\theta+\frac{\pi}{4}\right)=\frac{1}{2}$$

$\dfrac{\pi}{4}\leqq\theta+\dfrac{\pi}{4}\leqq\dfrac{5}{4}\pi$ だから

$$\theta+\frac{\pi}{4}=\frac{5}{6}\pi$$

すなわち

$$\theta=\frac{7}{12}\pi \quad \text{→サ～ス}$$

(4)　$f(\theta)=\dfrac{7}{4}$ とすると(3)より

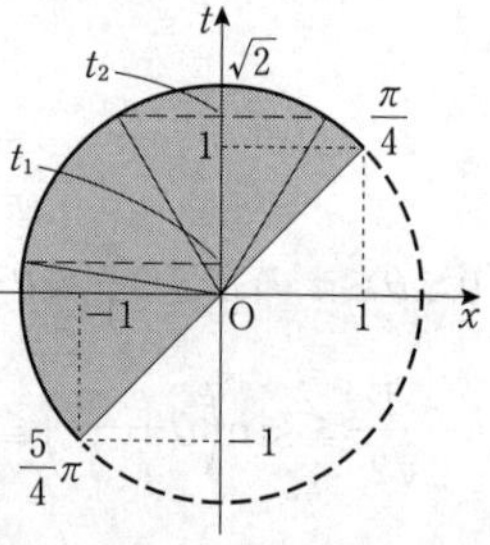

$$t^2-\sqrt{2}\,t+2=\frac{7}{4}$$

$$4t^2-4\sqrt{2}\,t+1=0$$

この方程式の解は

$$t=\frac{2\sqrt{2}\pm\sqrt{(2\sqrt{2})^2-4\cdot 1}}{4}$$

$$=\frac{\sqrt{2}\pm 1}{2}$$

$$t_1=\frac{\sqrt{2}-1}{2},$$

$$t_2=\frac{\sqrt{2}+1}{2}$$

とする。

$$0<t_1<1,\ 1<t_2<\sqrt{2}$$

したがって

$t_1=\sqrt{2}\sin\left(\theta+\dfrac{\pi}{4}\right)$ となる θ は

$\dfrac{\pi}{4}\leqq\theta+\dfrac{\pi}{4}\leqq\dfrac{5}{4}\pi$ の範囲で 1 個。

$t_2=\sqrt{2}\sin\left(\theta+\dfrac{\pi}{4}\right)$ となる θ は

$\dfrac{\pi}{4}\leqq\theta+\dfrac{\pi}{4}\leqq\dfrac{5}{4}\pi$ の範囲で 2 個。

以上により

$f(\theta)=\dfrac{7}{4}$ を満たす θ の値は全部で 3 個ある。　→セ

問二十　④

問二十一　④

問二十二　②

解説　問十五　第二段落に「もともと人智を超越する全能の神の手によって創り出されたものであったとしても」とあることから、①の「神話を完全に否定する」が適当ではなく、これが答えである。

問十六　傍線部⑺を含む一文とその前の一文に「宇宙を組立てる素材としての物質の本性が、やがて問題とならざるを得なかったのである。そしてどの自然哲学もなんらかの『原質』を仮定した」とあることから、②が答えである。

問十七　傍線部⑻の直前に「経験事実との比較によって、この両説の当否を決定することは不可能であったから」とあることから、②が答えである。

問十八　傍線部⑼を含む一文の後の一文に「現代の人々にとって迷信の標本に過ぎぬ『占星術』が長い間、一面においては真の天文学と背馳しつつも、反面においてはその進歩の促進者でもあった」とあることから、④が答えである。

問十九　傍線部⑽を含む段落の次の段落に「アルキメデスの静力学」とあることから、③が答えである。

問二十　傍線部⑾を含む一文の前の一文に「ギリシア以来の自然哲学を近代科学にまで変貌せしめた実証的精神は、いままた十七世紀以後の理論物理学自身にも、それがある極限的な場合にしか成立しないという廉で『古典論』の名を付けてしまった」とあることから、④が答えである。

問二十二　傍線部⑹を含む段落に「自然哲学」は「常に『宇宙観』と『物質観』の二つの部分を含んでいた」、最終段落に「理論物理学」は「神話時代や自然哲学時代とはすっかり見違えるような姿に変わってしまった。そして今後といえども、何度か生まれ変わらねばならぬことであろう」とあることから、②が答えである。

ぬ」とあることから、⑤が答えである。

問七　傍線部(3)、(4)を含む段落に「倶舎論では極微が集まって……四塵を構成し」、「この四塵は原子あるいは分子に当たる」とあることから、①が答えである。また、傍線部(1)、(2)を含む段落に「それ以上分割し得ざる最後の要素に到達するものと考え、これを極微と名づけた」とあり、それが問六で解説したように「素粒子」に当たることから、③が答えである。

問九　波線部(に)を含む段落に「実在は無限に多くの属性を有するから、ある一つの物に関するあらゆる賓辞……は一面的」であるが、「この説は今日の物理学、とくに量子力学の立場と奇妙に類似している」とあることから、⑤が答えである。

乙

出典　甲に同じ。

解答

問十一　e―⑤　f―③　g―②　h―①

問十二　x―③　y―④

問十三　(ほ)―②　(へ)―②　(と)―③　(ち)―②

問十四　H―①　I―②　J―④

問十五　①

問十六　②

問十七　②

問十八　④

問十九　③

国語

甲

出典　湯川秀樹『目に見えないもの』＜古代の物質観と現代科学＞（講談社学術文庫）

解答

問一　a―①　b―②　c―②　d―②
問二　(い)―④　(ろ)―②　(は)―③　(に)―①
問三　A―⑤　B―①　C―④
問四　③
問五　④
問六　⑤
問七　①・③
問八　③
問九　⑤
問十　E―③　F―④　G―①

解説

問五　傍線部(1)を含む一文から、「このこと」は「ギリシア哲学」で起こっていることであるとともに、「インドにおいても」起こっていることであり、「諸派の自然哲学が順次に現われてくる」ことであることがわかる。よって、④が答えである。

問六　傍線部(3)、(4)を含む段落に「今日の物理学において、極微に相当するものといえば、それは『素粒子』にほかなら

/////////////////// · memo · ///////////////////

////////////////////// · memo · //////////////////////

教学社 刊行一覧

2025年版 大学赤本シリーズ

国公立大学（都道府県順）

374大学556点
全都道府県を網羅

全国の書店で取り扱っています。店頭にない場合は，お取り寄せができます。

1 北海道大学（文系－前期日程）
2 北海道大学（理系－前期日程） 医
3 北海道大学（後期日程）
4 旭川医科大学（医学部〈医学科〉） 医
5 小樽商科大学
6 帯広畜産大学
7 北海道教育大学
8 室蘭工業大学／北見工業大学
9 釧路公立大学
10 公立千歳科学技術大学
11 公立はこだて未来大学 総推
12 札幌医科大学（医学部） 医
13 弘前大学 医
14 岩手大学
15 岩手県立大学・盛岡短期大学部・宮古短期大学部
16 東北大学（文系－前期日程）
17 東北大学（理系－前期日程） 医
18 東北大学（後期日程）
19 宮城教育大学
20 宮城大学
21 秋田大学 医
22 秋田県立大学
23 国際教養大学 総推
24 山形大学 医
25 福島大学
26 会津大学
27 福島県立医科大学（医・保健科学部） 医
28 茨城大学（文系）
29 茨城大学（理系）
30 筑波大学（推薦入試） 医 総推
31 筑波大学（文系－前期日程）
32 筑波大学（理系－前期日程） 医
33 筑波大学（後期日程）
34 宇都宮大学
35 群馬大学 医
36 群馬県立女子大学
37 高崎経済大学
38 前橋工科大学
39 埼玉大学（文系）
40 埼玉大学（理系）
41 千葉大学（文系－前期日程）
42 千葉大学（理系－前期日程） 医
43 千葉大学（後期日程） 医
44 東京大学（文科） DL
45 東京大学（理科） DL 医
46 お茶の水女子大学
47 電気通信大学
48 東京外国語大学 DL
49 東京海洋大学
50 東京科学大学（旧 東京工業大学）
51 東京科学大学（旧 東京医科歯科大学） 医
52 東京学芸大学
53 東京藝術大学
54 東京農工大学
55 一橋大学（前期日程）
56 一橋大学（後期日程）
57 東京都立大学（文系）
58 東京都立大学（理系）
59 横浜国立大学（文系）
60 横浜国立大学（理系）
61 横浜市立大学（国際教養・国際商・理・データサイエンス・医〈看護〉学部）
62 横浜市立大学（医学部〈医学科〉） 医
63 新潟大学（人文・教育〈文系〉・法・経済科・医〈看護〉・創生学部）
64 新潟大学（教育〈理系〉・理・医〈看護を除く〉・歯・工・農学部） 医
65 新潟県立大学
66 富山大学（文系）
67 富山大学（理系） 医
68 富山県立大学
69 金沢大学（文系）
70 金沢大学（理系） 医
71 福井大学（教育・医〈看護〉・工・国際地域学部）
72 福井大学（医学部〈医学科〉） 医
73 福井県立大学
74 山梨大学（教育・医〈看護〉・工・生命環境学部）
75 山梨大学（医学部〈医学科〉） 医
76 都留文科大学
77 信州大学（文系－前期日程）
78 信州大学（理系－前期日程） 医
79 信州大学（後期日程）
80 公立諏訪東京理科大学 総推
81 岐阜大学（前期日程） 医
82 岐阜大学（後期日程）
83 岐阜薬科大学
84 静岡大学（前期日程）
85 静岡大学（後期日程）
86 浜松医科大学（医学部〈医学科〉） 医
87 静岡県立大学
88 静岡文化芸術大学
89 名古屋大学（文系）
90 名古屋大学（理系） 医
91 愛知教育大学
92 名古屋工業大学
93 愛知県立大学
94 名古屋市立大学（経済・人文社会・芸術工・看護・総合生命理・データサイエンス学部）
95 名古屋市立大学（医学部〈医学科〉） 医
96 名古屋市立大学（薬学部）
97 三重大学（人文・教育・医〈看護〉学部）
98 三重大学（医〈医〉・工・生物資源学部） 医
99 滋賀大学
100 滋賀医科大学（医学部〈医学科〉） 医
101 滋賀県立大学
102 京都大学（文系）
103 京都大学（理系） 医
104 京都教育大学
105 京都工芸繊維大学
106 京都府立大学
107 京都府立医科大学（医学部〈医学科〉） 医
108 大阪大学（文系） DL
109 大阪大学（理系） 医
110 大阪教育大学
111 大阪公立大学（現代システム科学域〈文系〉・文・法・経済・商・看護・生活科〈居住環境・人間福祉〉学部－前期日程）
112 大阪公立大学（現代システム科学域〈理系〉・理・工・農・獣医・医・生活科〈食栄養〉学部－前期日程） 医
113 大阪公立大学（中期日程）
114 大阪公立大学（後期日程）
115 神戸大学（文系－前期日程）
116 神戸大学（理系－前期日程） 医
117 神戸大学（後期日程）
118 神戸市外国語大学 DL
119 兵庫県立大学（国際商経・社会情報科・看護学部）
120 兵庫県立大学（工・理・環境人間学部）
121 奈良教育大学／奈良県立大学
122 奈良女子大学
123 奈良県立医科大学（医学部〈医学科〉） 医
124 和歌山大学
125 和歌山県立医科大学（医・薬学部） 医
126 鳥取大学 医
127 公立鳥取環境大学
128 島根大学 医
129 岡山大学（文系）
130 岡山大学（理系） 医
131 岡山県立大学
132 広島大学（文系－前期日程）
133 広島大学（理系－前期日程） 医
134 広島大学（後期日程）
135 尾道市立大学 総推
136 県立広島大学
137 広島市立大学
138 福山市立大学 総推
139 山口大学（人文・教育〈文系〉・経済・医〈看護〉・国際総合科学部）
140 山口大学（教育〈理系〉・理・医〈看護を除く〉・工・農・共同獣医学部） 医
141 山陽小野田市立山口東京理科大学 総推
142 下関市立大学／山口県立大学
143 周南公立大学 新 総推
144 徳島大学 医
145 香川大学 医
146 愛媛大学 医
147 高知大学 医
148 高知工科大学
149 九州大学（文系－前期日程）
150 九州大学（理系－前期日程） 医
151 九州大学（後期日程）
152 九州工業大学
153 福岡教育大学
154 北九州市立大学
155 九州歯科大学
156 福岡県立大学／福岡女子大学
157 佐賀大学 医
158 長崎大学（多文化社会・教育〈文系〉・経済・医〈保健〉・環境科〈文系〉学部）
159 長崎大学（教育〈理系〉・医〈医〉・歯・薬・情報データ科・工・環境科〈理系〉・水産学部） 医
160 長崎県立大学 総推
161 熊本大学（文・教育・法・医〈看護〉学部・情報融合学環〈文系型〉）
162 熊本大学（理・医〈看護を除く〉・薬・工学部・情報融合学環〈理系型〉） 医
163 熊本県立大学
164 大分大学（教育・経済・医〈看護〉・理工・福祉健康科学部）
165 大分大学（医学部〈医・先進医療科学科〉） 医
166 宮崎大学（教育・医〈看護〉・工・農・地域資源創成学部）
167 宮崎大学（医学部〈医学科〉） 医
168 鹿児島大学（文系）
169 鹿児島大学（理系） 医
170 琉球大学 医

2025年版　大学赤本シリーズ

国公立大学 その他

171 〔国公立大〕医学部医学科 総合型選抜・学校推薦型選抜※ 医 総推
172 看護・医療系大学〈国公立 東日本〉※
173 看護・医療系大学〈国公立 中日本〉※
174 看護・医療系大学〈国公立 西日本〉※
175 海上保安大学校／気象大学校
176 航空保安大学校
177 国立看護大学校
178 防衛大学校 総推
179 防衛医科大学校(医学科) 医
180 防衛医科大学校(看護学科)

※No.171～174の収載大学は赤本ウェブサイト(http://akahon.net/)でご確認ください。

私立大学①

北海道の大学(50音順)

201 札幌大学
202 札幌学院大学
203 北星学園大学
204 北海学園大学
205 北海道医療大学
206 北海道科学大学
207 北海道武蔵女子大学・短期大学
208 酪農学園大学(獣医学群〈獣医学類〉)

東北の大学(50音順)

209 岩手医科大学(医・歯・薬学部) 医
210 仙台大学 総推
211 東北医科薬科大学(医・薬学部) 医
212 東北学院大学
213 東北工業大学
214 東北福祉大学
215 宮城学院女子大学 総推

関東の大学(50音順)

あ行(関東の大学)

216 青山学院大学(法・国際政治経済学部－個別学部日程)
217 青山学院大学(経済学部－個別学部日程)
218 青山学院大学(経営学部－個別学部日程)
219 青山学院大学(文・教育人間科学部－個別学部日程)
220 青山学院大学(総合文化政策・社会情報・地球社会共生・コミュニティ人間科学部－個別学部日程)
221 青山学院大学(理工学部－個別学部日程)
222 青山学院大学(全学部日程)
223 麻布大学(獣医、生命・環境科学部)
224 亜細亜大学
226 桜美林大学
227 大妻女子大学・短期大学部

か行(関東の大学)

228 学習院大学(法学部－コア試験)
229 学習院大学(経済学部－コア試験)
230 学習院大学(文学部－コア試験)
231 学習院大学(国際社会科学部－コア試験)
232 学習院大学(理学部－コア試験)
233 学習院女子大学
234 神奈川大学(給費生試験)
235 神奈川大学(一般入試)
236 神奈川工科大学
237 鎌倉女子大学・短期大学部
238 川村学園女子大学
239 神田外語大学
240 関東学院大学
241 北里大学(理学部)
242 北里大学(医学部) 医
243 北里大学(薬学部)
244 北里大学(看護・医療衛生学部)
245 北里大学(未来工・獣医・海洋生命科学部)
246 共立女子大学・短期大学
247 杏林大学(医学部) 医
248 杏林大学(保健学部)
249 群馬医療福祉大学・短期大学部
250 群馬パース大学 総推
251 慶應義塾大学(法学部)
252 慶應義塾大学(経済学部)
253 慶應義塾大学(商学部)
254 慶應義塾大学(文学部) 総推
255 慶應義塾大学(総合政策学部)
256 慶應義塾大学(環境情報学部)
257 慶應義塾大学(理工学部)
258 慶應義塾大学(医学部) 医
259 慶應義塾大学(薬学部)
260 慶應義塾大学(看護医療学部)
261 工学院大学
262 國學院大學
263 国際医療福祉大学 医
264 国際基督教大学
265 国士舘大学
266 駒澤大学(一般選抜T方式・S方式)
267 駒澤大学(全学部統一日程選抜)

さ行(関東の大学)

268 埼玉医科大学(医学部) 医
269 相模女子大学・短期大学部
270 産業能率大学
271 自治医科大学(医学部) 医
272 自治医科大学(看護学部)／東京慈恵会医科大学(医学部〈看護学科〉)
273 実践女子大学 総推
274 芝浦工業大学(前期日程)
275 芝浦工業大学(全学統一日程・後期日程)
276 十文字学園女子大学
277 淑徳大学
278 順天堂大学(医学部) 医
279 順天堂大学(スポーツ健康科・医療看護・保健看護・国際教養・保健医療・医療科・健康データサイエンス・薬学部) 総推
280 上智大学(神・文・総合人間科学部)
281 上智大学(法・経済学部)
282 上智大学(外国語・総合グローバル学部)
283 上智大学(理工学部)
284 上智大学(TEAPスコア利用方式)
285 湘南工科大学
286 昭和大学(医学部) 医
287 昭和大学(歯・薬・保健医療学部)
288 昭和女子大学
289 昭和薬科大学
290 女子栄養大学・短期大学部 総推
291 白百合女子大学
292 成蹊大学(法学部－A方式)
293 成蹊大学(経済・経営学部－A方式)
294 成蹊大学(文学部－A方式)
295 成蹊大学(理工学部－A方式)
296 成蹊大学(E方式・G方式・P方式)
297 成城大学(経済・社会イノベーション学部－A方式)
298 成城大学(文芸・法学部－A方式)
299 成城大学(S方式〈全学部統一選抜〉)
300 聖心女子大学
301 清泉女子大学
303 聖マリアンナ医科大学 医
304 聖路加国際大学(看護学部)
305 専修大学(スカラシップ・全国入試)
306 専修大学(前期入試〈学部個別入試〉)
307 専修大学(前期入試〈全学部入試・スカラシップ入試〉)

た行(関東の大学)

308 大正大学
309 大東文化大学
310 高崎健康福祉大学
311 拓殖大学
312 玉川大学
313 多摩美術大学
314 千葉工業大学
315 中央大学(法学部－学部別選抜)
316 中央大学(経済学部－学部別選抜)
317 中央大学(商学部－学部別選抜)
318 中央大学(文学部－学部別選抜)
319 中央大学(総合政策学部－学部別選抜)
320 中央大学(国際経営・国際情報学部－学部別選抜)
321 中央大学(理工学部－学部別選抜)
322 中央大学(5学部共通選抜)
323 中央学院大学
324 津田塾大学
325 帝京大学(薬・経済・法・文・外国語・教育・理工・医療技術・福岡医療技術学部)
326 帝京大学(医学部) 医
327 帝京科学大学 総推
328 帝京平成大学 総推
329 東海大学(医〈医〉学部を除く－一般選抜)
330 東海大学(文系・理系学部統一選抜)
331 東海大学(医学部〈医学科〉) 医
332 東京医科大学(医学部〈医学科〉) 医
333 東京家政大学・短期大学部 総推
334 東京経済大学
335 東京工科大学
336 東京工芸大学
337 東京国際大学
338 東京歯科大学
339 東京慈恵会医科大学(医学部〈医学科〉) 医
340 東京情報大学
341 東京女子大学
342 東京女子医科大学(医学部) 医
343 東京電機大学
344 東京都市大学
345 東京農業大学
346 東京薬科大学(薬学部) 総推
347 東京薬科大学(生命科学部) 総推
348 東京理科大学(理学部〈第一部〉－B方式)
349 東京理科大学(創域理工学部－B方式・S方式)
350 東京理科大学(工学部－B方式)
351 東京理科大学(先進工学部－B方式)
352 東京理科大学(薬学部－B方式)
353 東京理科大学(経営学部－B方式)
354 東京理科大学(C方式、グローバル方式、理学部〈第二部〉－B方式)
355 東邦大学(医学部) 医
356 東邦大学(薬学部)

2025年版　大学赤本シリーズ

私立大学②

357 東邦大学(理・看護・健康科学部)
358 東洋大学(文・経済・経営・法・社会・国際・国際観光学部)
359 東洋大学(情報連携・福祉社会デザイン・健康スポーツ科・理工・総合情報・生命科・食環境科学部)
360 東洋大学(英語〈3日程×3カ年〉)
361 東洋大学(国語〈3日程×3カ年〉)
362 東洋大学(日本史・世界史〈2日程×3カ年〉)
363 東洋英和女学院大学
364 常磐大学・短期大学 総推
365 獨協大学
366 獨協医科大学(医学部) 医

な行(関東の大学)

367 二松学舎大学
368 日本大学(法学部)
369 日本大学(経済学部)
370 日本大学(商学部)
371 日本大学(文理学部〈文系〉)
372 日本大学(文理学部〈理系〉)
373 日本大学(芸術学部〈専門試験併用型〉)
374 日本大学(国際関係学部)
375 日本大学(危機管理・スポーツ科学部)
376 日本大学(理工学部)
377 日本大学(生産工・工学部)
378 日本大学(生物資源科学部)
379 日本大学(医学部) 医
380 日本大学(歯・松戸歯学部)
381 日本大学(薬学部)
382 日本大学(N全学統一方式—医・芸術〈専門試験併用型〉学部を除く)
383 日本医科大学 医
384 日本工業大学
385 日本歯科大学
386 日本社会事業大学 総推
387 日本獣医生命科学大学
388 日本女子大学
389 日本体育大学

は行(関東の大学)

390 白鷗大学(学業特待選抜・一般選抜)
391 フェリス女学院大学
392 文教大学
393 法政大学(法〈I日程〉・文〈II日程〉・経営〈II日程〉学部—A方式)
394 法政大学(法〈II日程〉・国際文化・キャリアデザイン学部—A方式)
395 法政大学(文〈I日程〉・経営〈I日程〉・人間環境・グローバル教養学部—A方式)
396 法政大学(経済〈I日程〉・社会〈I日程〉・現代福祉学部—A方式)
397 法政大学(経済〈II日程〉・社会〈II日程〉・スポーツ健康学部—A方式)
398 法政大学(情報科・デザイン工・理工・生命科学部—A方式)
399 法政大学(T日程〈統一日程〉・英語外部試験利用入試)
400 星薬科大学 総推

ま行(関東の大学)

401 武蔵大学
402 武蔵野大学
403 武蔵野美術大学
404 明海大学
405 明治大学(法学部—学部別入試)
406 明治大学(政治経済学部—学部別入試)
407 明治大学(商学部—学部別入試)
408 明治大学(経営学部—学部別入試)
409 明治大学(文学部—学部別入試)
410 明治大学(国際日本学部—学部別入試)
411 明治大学(情報コミュニケーション学部—学部別入試)
412 明治大学(理工学部—学部別入試)
413 明治大学(総合数理学部—学部別入試)
414 明治大学(農学部—学部別入試)
415 明治大学(全学部統一入試)
416 明治学院大学(A日程)
417 明治学院大学(全学部日程)
418 明治薬科大学 総推
419 明星大学
420 目白大学・短期大学部

ら・わ行(関東の大学)

421 立教大学(文系学部—一般入試〈大学独自の英語を課さない日程〉)
422 立教大学(国語〈3日程×3カ年〉)
423 立教大学(日本史・世界史〈2日程×3カ年〉)
424 立教大学(文学部—一般入試〈大学独自の英語を課す日程〉)
425 立教大学(理学部—一般入試)
426 立正大学
427 早稲田大学(法学部)
428 早稲田大学(政治経済学部)
429 早稲田大学(商学部)
430 早稲田大学(社会科学部)
431 早稲田大学(文学部)
432 早稲田大学(文化構想学部)
433 早稲田大学(教育学部〈文科系〉)
434 早稲田大学(教育学部〈理科系〉)
435 早稲田大学(人間科・スポーツ科学部)
436 早稲田大学(国際教養学部)
437 早稲田大学(基幹理工・創造理工・先進理工学部)
438 和洋女子大学 総推

中部の大学(50音順)

439 愛知大学
440 愛知医科大学(医学部) 医
441 愛知学院大学・短期大学部
442 愛知工業大学 総推
443 愛知淑徳大学
444 朝日大学 総推
445 金沢医科大学(医学部) 医
446 金沢工業大学
447 岐阜聖徳学園大学 総推
448 金城学院大学
449 至学館大学 総推
450 静岡理工科大学
451 椙山女学園大学
452 大同大学
453 中京大学
454 中部大学
455 名古屋外国語大学 総推
456 名古屋学院大学 総推
457 名古屋学芸大学 総推
458 名古屋女子大学 総推
459 南山大学(外国語〈英米〉・法・総合政策・国際教養学部)
460 南山大学(人文・外国語〈英米を除く〉・経済・経営・理工学部)
461 新潟国際情報大学
462 日本福祉大学
463 福井工業大学
464 藤田医科大学(医学部) 医
465 藤田医科大学(医療科・保健衛生学部)
466 名城大学(法・経営・経済・外国語・人間・都市情報学部)
467 名城大学(情報工・理工・農・薬学部)
468 山梨学院大学

近畿の大学(50音順)

469 追手門学院大学 総推
470 大阪医科薬科大学(医学部) 医
471 大阪医科薬科大学(薬学部) 総推
472 大阪学院大学 総推
473 大阪経済大学 総推
474 大阪経済法科大学 総推
475 大阪工業大学 総推
476 大阪国際大学・短期大学部 総推
477 大阪産業大学 総推
478 大阪歯科大学(歯学部)
479 大阪商業大学 総推
480 大阪成蹊大学・短期大学 総推
481 大谷大学 総推
482 大手前大学・短期大学 総推
483 関西大学(文系)
484 関西大学(理系)
485 関西大学(英語〈3日程×3カ年〉)
486 関西大学(国語〈3日程×3カ年〉)
487 関西大学(日本史・世界史・文系数学〈3日程×3カ年〉)
488 関西医科大学(医学部) 医
489 関西医療大学 総推
490 関西外国語大学・短期大学部 総推
491 関西学院大学(文・法・商・人間福祉・総合政策学部—学部個別日程)
492 関西学院大学(神・社会・経済・国際・教育学部—学部個別日程)
493 関西学院大学(全学部日程〈文系型〉)
494 関西学院大学(全学部日程〈理系型〉)
495 関西学院大学(共通テスト併用日程〈数学〉・英数日程)
496 関西学院大学(英語〈3日程×3カ年〉) 新
497 関西学院大学(国語〈3日程×3カ年〉) 新
498 関西学院大学(日本史・世界史・文系数学〈3日程×3カ年〉) 新
499 畿央大学 総推
500 京都外国語大学・短期大学 総推
502 京都産業大学(公募推薦入試) 総推
503 京都産業大学(一般選抜入試〈前期日程〉)
504 京都女子大学 総推
505 京都先端科学大学 総推
506 京都橘大学 総推
507 京都ノートルダム女子大学 総推
508 京都薬科大学 総推
509 近畿大学・短期大学部(医学部を除く—推薦入試) 総推
510 近畿大学・短期大学部(医学部を除く—一般入試前期)
511 近畿大学(英語〈医学部を除く3日程×3カ年〉)
512 近畿大学(理系数学〈医学部を除く3日程×3カ年〉)
513 近畿大学(国語〈医学部を除く3日程×3カ年〉)
514 近畿大学(医学部—推薦入試・一般入試前期) 医 総推
515 近畿大学・短期大学部(一般入試後期) 医
516 皇學館大学 総推
517 甲南大学 総推
518 甲南女子大学(学校推薦型選抜) 新 総推
519 神戸学院大学 総推
520 神戸国際大学 総推
521 神戸女学院大学 総推
522 神戸女子大学・短期大学 総推
523 神戸薬科大学 総推
524 四天王寺大学・短期大学部 総推
525 摂南大学(公募制推薦入試) 総推
526 摂南大学(一般選抜前期日程)
527 帝塚山学院大学 総推
528 同志社大学(法、グローバル・コミュニケーション学部—学部個別日程)

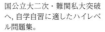

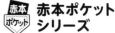

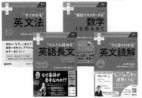

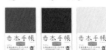

2025 年版　大学赤本シリーズ　No. 469

追手門学院大学

2024 年 7 月 20 日　第 1 刷発行
ISBN978-4-325-26528-3
定価は裏表紙に表示しています

編　集　教学社編集部
発行者　上原 寿明
発行所　教学社
〒606-0031
京都市左京区岩倉南桑原町56
電話　075-721-6500
振替　01020-1-15695
印　刷　共同印刷工業